KB120074

경계의 여성들

한국 근대 여성사

이 도서의 국립중앙도서관 출판시도서목록(CIP)은 서지정보유통지원시스템 홈페이지(http://seoji.nl.go.kr)와 국가자료공동목록시스템(http://www.nl.go.kr/kolisnet)에서 이용하실 수 있습니다.(CIP제어번호: CIP2013008981)

서울대학교 여성연구소 총서 6

경계의 여성들

한국 근대 여성사

서울대학교 여성연구소 엮음

정진성
박정애
강이수
권행가
김혜경
문소정
서지영
안태윤
양현아
이상경
이정옥
지음

한울
아카데미

❖ 차례

책을 내며_ 9

제1부 가족의 변화

제1장 식민지적 빈곤화와 가족 · 여성의 생활 변화 | 문소정 _ 17
    1. 식민지적 빈곤화, 가족과 여성 | 2. 동거 가족 규범과 가족 구성의 스펙트럼 |
    3. 빈곤층의 동거 가족 구성 | 4. 빈곤층 가족, 여성의 생활 변화 | 5. 빈곤층 여성에
    게 각인된 '식민지적 가족'의 의미

제2장 호주제도: 한국의 식민지성과 가부장제의 축도(縮圖) | 양현아 _ 40
    1. 들어가며: 2005년의 호주제 폐지 | 2. 식민지 시기 가족법의 '법원'과 관습 문제 |
    3. 가제도: 국가, 호주, 성씨, 호적제도의 복합물 | 4. 탈식민 가족법의 '전통 존중론'
    헤게모니 | 5. 2000년대: 호주제의 폐지와 식민지성의 침묵 | 6. 나가며: 여성에 관
    한 역사와 여성을 통해 보는 역사

제3장 '어린이기'의 형성과 '모성'의 재구성 | 김혜경 _ 79
    1. 들어가며: 식민지 시대 어린이 담론의 등장 | 2. 근대적 모성론 등장의 이론적 배
    경 | 3. 근대적 모성론 등장의 사회적 기반 | 4. 모성 담론의 유형과 변화 | 5. 나가
    며: 근대적 모성론 등장의 의미

제2부 새로운 직업의 탄생

제4장 일제강점기 제사 여공과 고무 여공의 삶과 저항을 통해 본 공업 노동에서
    의 민족차별과 성차별 | 이정옥 _ 111
    1. 들어가며 | 2. 민족과 성에 따른 경제활동의 분화 | 3. 여성 산업 내의 민족별 ·
    성별 분업 | 4. 여성 산업에서 노동쟁의에 나타난 여성들의 주체적 대응

제5장 근대 서비스직 여성의 등장: 일과 섹슈얼리티의 경계에 선 직업여성 |
강이수 _ 148

1. 도시화와 서비스직 여성의 출현 | 2. 근대 서비스직 여성의 유형 | 3. 근대 서비스직 여성의 노동조건과 사회적 이미지 | 4. 나가며

제6장 식민지 도시 유흥 풍속과 여성의 몸 | 서지영 _ 173

1. 식민지 유흥과 향유되는 몸 | 2. 전통 기예와 풍류의 공급자: 기생 | 3. 자본주의적 향락의 상품화: 카페 여급 | 4. 근대 도시 공간과 욕망의 지형

제3부 타자화된 성

제7장 근대 시각문화와 기생 이미지 | 권행가 _ 199

1. 제국의 시선: 관광 엽서 속의 기생 | 2. 남성 작가의 시선: 전람회 공간 속의 미인, 조선 풍속, 기생 | 3. 전복의 시선: 새장 속의 기생 | 4. 나가며

제8장 법 안의 성매매: 일제시기 공창제도와 창기들 | 박정애 _ 235

1. 들어가며 | 2. 공창제, 일본의 근대화 프로젝트 | 3. 조선의 공창제 도입 과정 | 4. 법 안의 성매매, 창기 되기와 그만두기 | 5. 나가며

제9장 일본군 위안부제도 | 정진성 _ 262

1. 들어가며 | 2. '일본군 위안부' 개념 | 3. 일본군 및 정부의 일본군 위안소 설립 | 4. 일본군이 주도한 군 위안부 강제 연행 | 5. 피해자의 성격과 역사적 사실의 은폐 | 6. 나가며

제4부 신여성: 페미니즘과 민족주의
제10장 근대 여성 문학사와 신여성 | 이상경 _ 295
　　　1. 신여성과 여성 작가 | 2. 신여성의 개인적 자각 | 3. 신여성의 사회적 자각 |
　　　4. 신여성의 국가와 민족

제11장 조선은 그녀들에게 무엇이었나: 식민지 조선에 살았던 일본 여성들 |
　　　안태윤 _ 355
　　　1. 조선과 일본의 사이에서: 경계에 살았던 여성들 | 2. '문명국 여성'이 된 일본 여
　　　성들 | 3. 제국의 여성이 경험한 식민지 조선 | 4. 제국의 신여성에서 식민지의 전
　　　통 여성으로 | 5. 균열과 모순, 그리고 '보이지 않는' 조선 여성

우리에게 '근대'란 참으로 복잡다단한 의미를 지닌 시기다. 근대사회를 지향한 변화의 힘겨운 노력이 일제에 의해 억압되었기 때문이다. '식민지적 근대'라는 이름으로 묘사되는 일제 시기의 변화에 대한 해석은 지금도 사회과학적 논쟁의 한가운데에 있다. 더욱이 근대를 전쟁 준비로 시작한 일본 제국주의가 식민 통치의 성격을 규정했으며 1930년대부터는 실제 전시기로 돌입했으므로, 이 모든 식민지 시기의 변화는 '군국주의(軍國主義)적 식민지 근대'라고 표현해야 맞을 것이다. 근대화와 민족, 계급과 전쟁에 더해 젠더(gender)의 조건들이 중층적으로 맞물려 있던 여성 상황의 변화는 더욱 복잡했다. 전 세계적으로 확산되었던 여성주의의 물결이 일제가 친 막을 뚫고 식민지 조선에 침투했지만 극심한 빈곤과 일제의 억압적 통치로 그 모습이 일그러졌다. 여성들은 봉건적인 가부장제의 무게를 인식하기 시작했으면서도 계급과 민족해방의 절실한 명제 앞에서 자신들의 목소리를 내기 힘들었다. 전쟁은 이 상황을 극심하게 비틀었다. '왜곡된 근대'였다. 이러한 가운데에서도 여성들의 조건은 차츰 근대의 표상을 드러내고 있었다. 해방과 억압, 주체화와 타자화, 독립과 의존 등 근대 공간이 열어놓은 양날의 칼날 위에서 여성들은 역사를 만들어갔다. 이 책의 제목을 『경계의 여성들: 한국 근대 여성사』라고 붙인 이유도 이 때문이다.

이 책에서는 이와 같이 근대 한국의 여성을 둘러싼 독특한 조건을 분석해 보고자 했다. 전체적으로 가족과 직업, 성(섹슈얼리티), 여성주의 의식의 네 가지 영역으로 나누어 살펴보았다. 가족과 직업 문제는 근대 여성에게 영향을 미친 가장 기본적인 사회 조건이다. 섹슈얼리티는 근대와 민족 문제를 넘나들면서 여성을 대상화하기도 하고 상품화하기도 했으며, 전쟁 발발기에는 강제 동원의 영역이 되기도 했다. 신여성과 재조(在朝) 일본인 여성은 제국주의와 식민지성, 근대성이 교차하는 식민지 조선의 공간에서 근대 여성주의 의식이 어떻게 내면화되고 표현되었는지 살펴볼 수 있는 주요한 여성 주체다.

제1부는 가족의 변화를 다루었다. 일제에 의해 급속히 도입된 산업화와 근대적 이념 및 법제도의 이식으로 인해 가족이 근대적 모습으로 변화하기 시작했다. 문제는 이 근대로의 변화에 민족적 모순이 내포되었다는 것이다. 산업화는 민족차별적·성차별적으로 이루어졌으며, 근대 이념과 법제도는 일본의 프리즘에 의해 굴절되어 우리의 전통이 왜곡되고 '일본적' 이념과 제도가 이식되었고, 때로는 우리의 민족주의적 지향이 혼합되어 근대 가족의 복합적인 성격을 형성했다. 문소정은 산업화로 인해 가족이 전반적으로 빈곤화되고 해체 현상이 생겨났다는 점에 주목했다. 일제의 다산(多産)주의에 따라 가족의 크기가 증대했는데 경제적인 이유로 가족 성원의 일부가 일시적·계절적으로 또는 장기간 외부로 이동하는 경우가 많아진 것을 관찰했다. 미혼 여성이 가족 바깥에서 임노동을 경험하는 경우가 늘었고 가장의 이동으

로 모(母) 중심 가족도 많아져서, 전체적으로 여성 역할이 강화되는 경향을 보였다. 양현아는 흔히 한국 고유의 관습에 기초한 것이라고 여겨졌던 호주제를 포함한 근대 가족법이 실은 일제에 의해 이식된 것임을 여러 사료를 통해 증명한다. 그는 한국 사회에서 이룩한 호주제 폐지는 식민지 국가 유산의 극복 과정이라고 역설했다. 한편 김혜경은 근대성과 민족주의 지향의 결합에 눈을 돌렸다. 서구 근대 가족사에서 자주 논의되었던 어린이기와 근대적 모성의 형성이 일제시기 조선에서도 발견되는데 이러한 근대성은 민족주의적 이념과 혼합되어 독특한 모습을 띠었다. 예컨대 지식층을 중심으로 민족 개량과 실력 양성을 위해 어린이에 대한 관심을 촉구하게 되었으며 어린이 교육과 건강을 책임지는 민족주의 모성론이 확산되었다.

제2부는 직업의 변화에 관한 내용이다. 전통 사회에서 1차 산업에 집중되어 있던 여성 노동이 산업화로 인해 2·3차 산업으로 분화됨에 따라, 새로운 여성 직업이 등장했으며 계급 현상도 나타났다. 공장 노동과 서비스직으로 대표되는 일제시기 새로운 근대적 여성 노동의 영역은 민족차별과 성차별의 모순이 곳곳에 침윤되어 비극적인 모습을 형성했다. 이정옥은 기혼 여성과 미혼 여성이 분절된 채 공장 노동에 편입되어 극히 낮은 임금을 받으며 민족차별과 성차별이 중첩된 봉건적 가부장제 통제 방식에 고통받는 모습을 분석했다. 강이수는 데파트 걸, 할로 걸, 엘레베타 걸 등 현란한 이름으로 새롭게 등장한 서비스직을 일과 섹슈얼리티의 경계에 선 직업이라고 평했다. 좀 더 섹슈얼리티에 근접한 서비스직도 증대했다. 1920~1930년대 경성의 일상에 뿌리를 내리던 자본주의적 소비문화와 새로운 유흥 풍속을 표상하는 것이었다. 기생을 활용한 유흥 공간과 카페 여급을 통한 서구적 취향의 향락은 식민지 근대 풍경의 일부를 이루었는데, 서지영은 여기서 여성의 몸의 상품화가 진전되었다고 분석했다.

이렇게 상품화된 성을 기반으로 서비스직이 확산되는 가운데 일제시기 여성의 성은 점점 더 타자화되었다. 제3부는 이러한 타자화된 성의 모습을 다룬다. 위의 서비스직 여성들은 이미 정부의 성 통제 정책 속에 놓인 사람들이었는데 권행가는 특히 기생에 대한 제국의 시선을 다루었다. 식민지 조선에 관광 여행을 오는 일본인이 많아지는 가운데, 이들을 조선으로 이끌기 위한 관광 소개 책자나 관광 엽서에 조선의 대표적인 관광 상품으로서 기생이 가장 많이 등장했다. 권행가는 이것을 타자화된 조선 풍속, 식민지 은유로서의 기생이라고 묘사했다. 그는 이미지로서의 기생은 제국, 남성, 성 이데올로기, 여성의 신체, 민족정체성, 전통의 창출 등 식민지 근대의 담론이 충돌하는 시각적 장(場)이었다고 분석했다.

좀 더 직접적으로 국가에 의한 성의 상품화와 통제가 일제에 의해 이식되었다. 근대적 공창제도의 이식이 그것이다. 성매매가 국가에 의해 공인되고 관리된 경험이 전혀 없는 조선 사회에 공창제가 전면적으로 실시된 것은 근대성과 식민성, 일본 사회의 특성까지 결합되어 형성된 성의 타자화 과정이었던 것이다. 박정애는 구체적인 사료에 기초해 식민지 조선에 공창제가 도입된 과정을 설명하고 이를 계기로 합법이란 명분 아래 창기들이 어떠한 인권 억압을 당했는지 세밀하게 분석했다. 성의 타자화가 극단적으로 표상된 것이 1930년대 이후 전시에 국가 주도하에 조직적으로 시행된 강제적 성 동원이었다. 이것은 공창제의 연장선상에 있으면서도 공창제와는 근본적으로 성격을 달리한 일본군 위안부제도로서, 처음부터 주로 식민지 조선 여성을 대상으로 국가에 의해 이루어진 엄청난 규모의 전시 성 동원이었다. 1930년대 이후 일본에서 앞서 언급한 다산주의와 모성 동원이 본격적으로 이루어진 것과 대비되는 일이다. 일본군 위안부제도를 통한 국가의 전시 성 동원은 세계에서 그 유례를 찾기 힘든 것으로서 근대성, 식민지성 및 전쟁이라는 여러 요소에 더해 일본적 특수성까지 결합되어 만들어진 양상이라고 정진성은 해석한다.

이러한 여성들의 상황을 교육을 받은 여성들은 어떻게 생각했는가를 고찰한 것이 이 책의 마지막 부분으로 제4부다. 신여성과 조선에 거주했던 일본 여성들의 생각과 행태를 분석했다. 전 세계적인 여성주의의 물결을 조선의 신여성들은 계급과 민족의 맥락 속에서 힘겹게 받아들였으며 조선에 살았던 일본 여성들은 제국주의 입장에서 왜곡했던 것이다. 이상경은 신여성의 작품을 분석해 1910년대 말부터 1920년대 초의 제1세대, 1920년대 중반부터 1930년대 초의 제2세대, 그리고 1930년대 중반 이후의 제3세대로 신여성을 범주화했다. 나혜석, 김명순 등으로 대표되는 제1세대 신여성들이 성적 억압으로부터 자유를 추구해 개인사에 몰두한 데서 나아가, 제2세대 신여성들은 사회문제에 눈을 뜨고 계급이라는 새로운 인식 지평을 넓히면서 교육받은 여성으로서의 사회적 책무를 인식했다. 제3세대 여성에 이르러 개인의 자각과 계급해방이 식민지 조건에서는 모두 힘들다는 것을 깨닫고, 여성해방과 민족해방을 동시에 추구하고자 했다. 한편에서는 이러한 추구를 포기하고 친일적 행위를 한 여성도 나왔다.

신여성의 또 하나의 범주는 일제시기 조선에 거주한 일본 여성이다. 이제까지 거의 연구가 이루어지지 않았던 일본 여성을 안태윤이 분석했다. 1933년 내선일체 정책을 연구한 녹기연맹 산하에 '조선부인문제연구회'를 조직한 여성을 포함한 교육받은 일본 여성들은 조선 신여성들의 여성주의를 서구 모방과 숭배라고 폄하하고, 언니의 마음으로 이들을 이끌어야 한다고 생각했다. 천황주의, 자민족 중심주의, 전쟁 지지로 요약되는 이들의 이념이 당시 조선 여성에게 미친 영향에 대한 주의를 환기시킨 점이 특기할 만하다.

이 책의 연구들은 이렇게 왜곡된 근대가 어떻게 여성을 통해 표상되었는지를 분석해 현대 한국 사회의 여성의 조건들에 대한 중요한 암시를 하는 한편 식민지 근대성에 대한 연구에도 큰 기여를 했다고 평가할 수 있다.

서울대학교 여성연구소에서 한국의 근현대 여성사를 기획한 것은 거의 10년 전의 일이다. 한국 사회에서 여성의 조건이 엄청난 속도로 바뀌는 동안 1990년대 초에 일제시기의 일본군 위안부 동원이 공론화되기 시작했으며, 광주 민주화운동에서의 여성의 역할, 여성운동의 대약진, 성매매 등에 관한 연구가 나오기 시작했고, 한국의 근대성에 대한 학문적 관심도 높아졌다. 서울대학교 여성연구소는 공동 작업을 통해 전체적인 정리가 되어 있지 않은 한국의 근현대 여성사를 '근대 여성사'와 '현대 여성사' 두 권의 책으로 묶어 내기로 했다. 『한국 현대 여성사』(2004)가 먼저 출간되었고, 이제야 『경계의 여성들: 한국 근대 여성사』가 출판되기에 이르렀다.

훌륭한 원고를 집필하고 책 출판을 인내심 있게 기다려준 여성학, 사회학, 역사학 등의 분야에서 활동하는 필자들에게 우선 감사드린다. 책 출판의 기획부터 원고 수집, 연표 작업 등 전체적인 실무를 맡아준 박정애 박사의 노고가 없었다면 이 책은 세상의 빛을 보지 못했을 것이다. '현대 여성사'에 이어 '근대 여성사'까지 출판해주신 도서출판 한울에 머리 숙여 감사드린다. 여러 학문 분야에서 이 책이 널리 읽히기를 진심으로 바라는 마음이다.

2013년 6월
필자들을 대신하여 정진성

제 **1** 부
가족의 변화

제1장 식민지적 빈곤화와 가족 · 여성의 생활 변화_ 문소정

제2장 호주제도: 한국의 식민지성과 가부장제의 축도(縮圖)_ 양현아

제3장 '어린이기'의 형성과 '모성'의 재구성_ 김혜경

제**1**장

식민지적 빈곤화와 가족·여성의 생활 변화

문소정
서울대학교 여성연구소 전 연구교수

1. 식민지적 빈곤화, 가족과 여성

식민지 시기 가족에는 '식민지 근대성'이라고 정의되는 많은 변화가 일어났다. 이러한 변화 중에 어떤 변화가 어떻게 일어났으며, 이러한 변화 속에서 여성의 삶은 어떻게 구성되었는가, 그리고 이러한 변화를 가져온 힘과 논리는 무엇인가는 관점에 따라 여러 가지 측면에서 접근할 수 있을 것이다.

식민지 시기 생활 단위인 가족의 변화를 추동해간 힘과 논리에 주목할 때 아무래도 식민지적 빈곤화를 도외시할 수 없다. 가족과 긴밀하게 관련된 경제적 변동, 특히 식민지 시기의 자원이나 노동력을 약탈하고 식민지적 초과이윤을 추구하는 식민지적 자본주의화에 따른 농민층 분해, 임노동자의 출현과 빈곤화는 가족에게 변화를 일으킨 무시할 수 없는 힘이자 논리이기 때문이다.

이 장에서는 식민지적 빈곤화에 주목해 가족과 여성에게 일어난 변화의 내용을 살펴보고 이러한 변화를 통해 빈곤층 여성에게 각인된 '식민지적 가족'의 의미를 탐색한다. 이를 위해 다음과 같은 점에 초점을 맞춘다.

첫째, 시기는 1930년대를 중심으로 한다. 1930년대는 식민지 시기를 단계별로 구분할 때, 1910년대의 토지조사사업을 기반으로 1937년 중일전쟁에 이어 1941년 아시아 태평양전쟁이 일어나면서 본격적인 전쟁체제로 이행되기 전까지로 식민지체제가 안착·작동되었던 시기다. 따라서 전쟁체제 이전에 가족과 여성에게 일어난 식민지적 특성과 변화를 발견할 수 있는 시기이기 때문이다.

둘째, 가족과 여성의 삶을 농촌의 빈곤층을 중심으로 살펴본다. 식민지 시기 한국 인구의 80%는 농촌에서 농사를 지으며 거주했는데, 이들은 식민지적 자본주의화로 추동된 농민층 분해 속에서 빈곤층의 나락으로 떨어지면서 가족과 여성의 생활에서 식민지적 빈곤화를 집약적으로 경험했기 때문이다.

셋째, 농촌 빈곤층의 실태를 보여주는 구체적 사례로 경남 울산읍 달리 부락의 사례를 활용한다. 달리 부락에 대한 조사는 1936년 7~8월의 1개월 동안 현지 조사를 통해 이루어져 전시체제 돌입 이전의 식민지적 자본주의화에 따른 농촌 사회의 가족과 여성에 대한 다양한 정보가 계층별로 조사되어 있기 때문이다.

넷째, 가족의 변화 중에서 실제 동거 가족의 변화와 그에 따른 여성의 생활 변화를 중심으로 살펴본다. 실제 동거 가족은 '함께 살아도 되는, 살아야 되는 범위의 사람들'을 의미하는 관념적 규범을 매개로 '실제 함께 살며 한솥밥을 먹는 사람들의 범위'를 의미한다. 실제의 동거 가족은 동거 가족 규범 외에도 보건인구학적 조건, 사회경제적 변동 등의 여러 가지 조건을 배경으로 구성되는 생활 단위로서, 그 변화를 실증적으로 포착할 수 있을 뿐만 아니라 가족 구성원 개인의 삶과 당시 사회의 변화를 연관 지을 수 있는 매우 중요한 지점이기 때문이다.

2. 동거 가족 규범과 가족 구성의 스펙트럼

가족 변동에 대한 역사적 연구에 의하면, 관념적 의미의 동거 가족과 실제의 동거 가족, 즉 가구(家口)는 일치하거나 일치하지 않는 경우가 있다. 이는 실제 동거 가족 구성이 동거 가족 규범을 매개하면서도 가족발전주기, 보건인구학적 조건, 사회경제적 조건 등의 영향을 받아서 실현되기 때문이다.

실제 동거 가족과 그 변화를 파악하기 위해서는 우선 당시 지배적인 동거 가족 규범을 먼저 고찰할 필요가 있다. 실제의 동거 가족은 다양한 조건과 다양한 계기에 따라 다양하게 구성되지만 이것은 당시 지배적인 동거 가족 규범을 매개해 일어나기 때문이다.

식민지 시기 지배적인 동거 가족 규범은 흔히 '전통적'이란 용어로 지칭되는 조선 시대 동거 가족 규범이었다. 그것은 바로 유교의 종법적 가족 이념에 따라 부계의 가계 계승을 중요시하는 '부계 혈통 중심의 직계가족을 본질로 한 확대가족' 규범이었다. 이러한 규범에 따르면 동거 가족은 부모 세대와 기혼자녀 세대, 손자녀 세대가 함께 사는 3세대 가족이면서, 가족 구성원은 부모, 부모 중 한쪽, 장남 부부, 장손 3세대로 이루어지는 부계직계를 중심으로 한 확대가족이었다.

부계직계 중심의 확대가족 규범은 가족발전주기, 보건인구학적 조건, 계층 등에 따라 다양한 스펙트럼에 걸쳐서 실제 동거 가족을 구성하는 데 작용했다.

우선 가족발전주기에 따라 부계 혈통 중심의 부계직계 확대가족 규범은 차남 이하 아들의 분가를 전제하므로 분가한 차남 이하의 아들이 형성하는 가족(생식가족, procreate family)은 부모와 그들의 미혼 자녀들로 구성되는, 근대적 핵가족은 아니지만 형태상 핵가족이었다. 또한 차남 이하 아들의 분가 시기에 따라, 즉 부모가 생존했을 경우 혼인한 차남 이하의 아들은 보통 자신이 태어나고 성장한 가족에서 3~4년 동안 부모 및 장남 부부와 동거한 후 분가하므로 분가하기 전 성립되는 가족의 형태는 부모 및 장남 부부, 기혼 차남 부부, 기타 미혼의 형제자매들, 손자녀들로 이루어지는 '기타 확대가족(fraternal joint family)', 즉 제도적으로 다르지만 형태상으로는 형제결합가족(fraternal joint family)과 유사한 가족으로 구성된다.

그 결과 특정 시점에서 보면 가족의 지형은 부계직계가족, 부모 모두 또는 어느 한쪽과 장남 부부, 기혼 형제들과 미혼의 형제자매들, 손자녀들로 이루어지는 기타 확대가족, 부부와 미혼 자녀들로 구성되는 핵가족이 나타났다. 이때 핵가족은 근대적 핵가족이 아니라 부계직계 가족제도를 바탕으로 구성되는, 즉 제도적으로 근대적 핵가족과는 다르지만 형태상으로 핵가족의 구성과 모양을 취하는 것이었다. 기타 확대가족 형태에는 부모와 동거하면서 형제 또는 기타 친척의 기혼자와 동거하는 유형, 기혼 형제의 가족만으로 이루어지는 유형, 부모와 동거하지 않으면서 기혼 친척과 동거하는 유형, 혹은 부모가 없으면서 기혼 친척 및 기혼 형제가 동시에 동거하는 유형 등으로 다양하게 나타났다.

보건인구학적 조건도 실제 동거 가족 구성에 영향을 미쳤다. 일반적으로 낮은 출생 시 기대여명, 높은 영아사망률, 높은 조사망률(粗死亡率)은 대가족을 실현하는 데 제약 조건으로 작용했다. 식민지 시기 보건인구학적 조건이 그 이전 시기에 비해 개선되고는 있었지만 당시에도 낮은 출생 시 기대여명, 높은 영아사망률, 높은 조사망률은 동거 가족을 대가족으로 만드는 데 일정한 제한을 가했다.

또한 동일한 동거 가족 규범과 보건인구학적 조건 아래에서도 실제 동거 가족 구성이 집단별로 차이가 나타나는데 이것은 가족이 처한 사회경제적 조건 때문이었다. 가족은 생활 단위이자 경제적 단위의 성격을 지니고 있기 때문이다. 예컨대 상층의 경우, 부계직계 확대가족 규범을 중핵으로, 여기에 다양한 범위의 방계 친족들이 결합할 수 있었다. 그럴 경우 상층에서는 동거 가족 구성원이 부계직계 가족 규범을 바탕으로 한 기타 확대가족을 이루었다. 그뿐만 아니라 부계직계의 경계를 초월해 부계방계, 처계, 사위, 외손, 비혈연 구성원 등까지 포함·확대되어 동거 가족 구성원의 스펙트럼이 상당히 넓은 범위에 걸쳐 있었다. 반면 하층에서는 경제적 어려움으로 규범적 의미의 동거 가족의 범위 이내에서 소규모의 동거 가족이 구성되거나 혹은 다른 모습의 동거 가족 구성이 일어났다. 예컨대 하층의 경우 부계직계 가족 규범을 중핵으로 하면서도 핵가족 형태가 나타날 개연성이 높고, 가족 형태는 부계직계 가족 및 '핵가족 구성'의 경향을 띠며 처계, 부계방계, 비혈연 구성원이 결합될 개연성도 상층에 비해 낮았다.

3. 빈곤층의 동거 가족 구성

식민지 시기 식민지를 식량 및 원료 공급지, 상품판매시장, 자본 수출지로서 재편해 식민지의 자원이나 노동력을 수탈하고 식민지적 초과이윤을 추구하는 식민지적 자본주의화가 진행되면서 빈곤층이 양산되었다.

당시 빈곤층은 다양한 범주의 개념으로 지칭되었다. 농촌의 경우 빈농과 농업 노동자가 대표적인 빈곤층을 지칭하는 범주이었다. 빈농은 "어느 정도의 토지를 경작하면서도 농업 경영만으로 도저히 생계가 해결되지 않아 농업 경영 이외 임금이나 기타 수입에 의존해 생계를 꾸릴 수밖에 없는" 농민층이었다(인정식, 1948: 114). 경지 규모를 기준으로 할 때 1938년 빈농층으로 분류할 수 있는 농가는 전체 농가의 72.8%를 차지했다. 여기에는 경영 형태별로 소작농, 자소작농, 자작농이 있으며, 이들은 반농반노, 반(半)프롤레타리아로 정의할 수 있는 집단이었다. 그리고 농업 노동자는 농사를 짓지 않으며 농업 임노동에 의존해 생계를 유지하는 농민층이었다.

빈농, 농업 노동자로 지칭되는 농촌 빈곤층의 생계유지 실태와 생활은 매우 열악했다. 당시의 여러 가지 자료는 농가 부채, 춘궁기, 굶어서 나타나는 부황기, 구황식물, 영양실조, 유랑하는 농민, 걸인 등으로 이들의 빈곤 상태를 말해주었다.

빈곤층은 이러한 빈곤화에 대응하기 위해 여러 가지 방법을 강구하며 살았다. 그러한 방법 중 하나가 생활 단위인 동거 가족의 조정이었다. 이러한 조정으로 농촌 빈곤층의 동거 가족 구성에 어떠한 변화가 일어났는지 동거 가족의 규모와 형태, 가족 구성원의 이동 등을 중심으로 그 실태와 특성을 살펴보면 다음과 같다.

1) 동거 가족의 크기

식민지 시기 농촌 지역으로 볼 수 있는 군부의 동거 가족, 즉 가구 구성의 추세는 1925년 5.28명, 1930년 5.31명, 1935년 5.36명, 1940년 5.33명으로 추산된다(권태환, 1990: 273).

이러한 추산에 의하면 식민지 시기 농촌의 동거 가족은 그 크기가 점진적으로 커져서 5명을 초과하고 있었다. 당시 동거 가족의 크기가 커진 것은 부

<표 1-1> 농촌의 계층별 평균 가족 크기

(단위: 명)

구분	상층(8호)	중층(37호)	빈농(59호)	농업 노동자(22호)	계(126호)
동거 가족	6.25	5.27	4.25	4.32	4.68
이동(비동거) 가족	0.87	0.72	0.93	0.55	0.79
동거+비동거 가족	7.12	5.99	5.18	4.87	5.47

주: 농민층의 계층 구분에서 빈농, 농업 노동자는 조선농촌사회위생조사회의 구분에 의하면 하층A, 하층B로 범주화되어 있음.
자료: 朝鮮農村社會衛生調查會, 『朝鮮の農村衛生』(岩波書店, 1940), pp.132~133, p.141.

계 혈통 중심의 직계가족을 본질로 한 확대가족 규범이 유지되는 가운데 식민지 시기 다산주의 가치에 의한 높은 출생률의 유지와 보건위생학적 환경의 개선으로 영아사망률이 조금 떨어졌기 때문이다.

그런데 농촌의 동거 가족의 크기를 계층별로 보면, <표 1-1>에서와 같이 빈곤층에 해당하는 빈농 59호는 4.25명, 농업 노동자 22호는 4.32명이었다. 이러한 동거 가족 크기는 같은 부락의 상층 8호, 중층 37호의 동거 가족 크기, 즉 6.25명, 5.27명인 것과 비교하면 작았다. 비동거 가족 구성원까지 포함한 가족의 크기를 보더라도 빈곤층의 가족 크기는 중층이나 상층보다 작았다.

또한 <표 1-1>에 나타나듯이, 모든 계층의 가족에서 가족 구성원의 가족 바깥으로의 이동이 일어났다. 식민지 시기 가족과 헤어져 사는 가족이 많았으며 가족과 헤어져 사는 가족 구성원 수도 많았다. 그중에서도 빈농과 상층에서 이동 가족 구성원이 많이 나타났다. 상층이나 빈곤층인 빈농에서 가족 바깥으로 이동하는 가족 구성원이 많이 나타나는데, 이것은 아마도 다른 맥락과 이유 때문이라는 것을 짐작할 수 있을 것이다. 상층의 경우 교육이나 도시 거주 등으로, 하층인 빈농의 경우 경제적 이유로 가족 구성원이 가족 바깥으로 이동했을 것으로 추정할 수 있다.

2) 가족 구성원의 이동

빈곤층에 초점을 맞추어보면, 〈표 1-2〉에서 가족 구성원을 가족 밖으로 이동시킨 호수는 37호이며 가족 구성원 총 68명을 가족 밖으로 이동시켰다. 빈농의 경우 전 농가 호수의 49.2%, 전 가족 구성원 수의 22.0%가 가족 밖으로 이동했으며 농업 노동자의 경우 전 호수의 36.4%, 전 가족 구성원 수의 13.8%가 이동했다.

가족 구성원 중 누가 이동하는가를 보면, 보통 가족의 지주가 되는 장남보다는 2남 이하의 아들들이 가족 밖으로 이동할 것으로 생각되지만 실제는 장남이 제일 많이 이동했다. 그리고 당시 전통적 내외법 문화와 정절 규범에서 허용되기 힘들 듯 보이는 딸의 이동이 그다음 순위를 차지했다. 특히 한 가족의 세대주인 남편이 이동하는 경우도 있었다.

〈표 1-2〉 빈곤층의 이동 가족 구성원 보유 호수, 규모와 비율

(단위: 명, %)

구분	이동 호수(%)	전 호수(%)	이동 가족 구성원 수(%)	전체 가족 구성원 수(%)
빈농	29(49.2)	59(100.0)	55(22.0)	250(100.0)
농업 노동자	8(36.4)	22(100.0)	13(13.8)	94(100.0)
계	37(45.7)	81(100.0)	68(19.8)	344(100.0)

자료: 朝鮮農村社會衛生調査會, 『朝鮮の農村衛生』(岩派書店, 1940), p.135.

〈표 1-3〉 이동 가족 구성원의 지위와 규모

(단위: 명)

구분	남편	장남	이남	삼남	형제	딸	형제의 처, 며느리	손자녀
빈농	6	18	7	3	6	10	4	1
농업 노동자	2	4	3	1	–		–	–
계	8	22	10	4	6	13	4	1

자료: 朝鮮農村社會衛生調査會, 『朝鮮の農村衛生』(岩派書店, 1940), p.135.

〈표 1-4〉 이동 가족 구성원의 이동 후 직업

구분		공장 노동	일용 노동	정고	교통 노동	농업	상업	공직	기타	불명	계
빈농	남편	–	3	2	1	–	–	–	–	–	6
	아들 및 형제	5	7	10	2	2	2	–	–	6	34
	딸	–	–	4	–	–	–	–	–	6	10
	형제 처, 손자, 자부(子婦)	–	–	–	–	–	–	–	–	5	5
농업 노동자	남편	–	–	2	–	–	–	–	–	–	2
	아들 및 형제	–	1	7	–	–	–	–	–	–	8
	딸	–	–	3	–	–	–	–	–	–	3
계		5	11	28	3	2	2			17	68

자료: 朝鮮農村社會衛生調査會, 『朝鮮の農村衛生』(岩派書店, 1940), p.138.

　빈곤층에서 가족 구성원이 이동한 이유는 앞에서 언급했듯이 경제적 이유 때문이었다. 즉 가족 생계를 해결하기 위한 하나의 방법으로 식구 수를 줄일 뿐만 아니라 농업 경영 이외의 임금이나 기타 수입 획득을 추구함으로써 가족 노동력을 조정했기 때문이다. 식민지 시기 생활 단위인 가족이 빈곤화에 대응하기 위해 출산력, 결혼연령, 가족 분가의 시기, 가족 바깥의 임노동의 참여 등 여러 가지 방법을 활용했는데 그중에서도 가족 바깥의 임노동 참여와 결혼 시기는 식민지 시기 실제 동거 가족을 조정하는 주요한 메커니즘이었다. 식민지 시기 오늘날과 같은 피임이나 낙태 등 생식 기술이 발전하지 않아서 출산력 조절을 선택하는 데 일정한 제약이 있었기 때문이다.

　이러한 정황은 이들이 가족을 떠나 종사한 직업에서 확인된다. 〈표 1-4〉에서 이들이 가족을 떠나 종사한 직업을 보면, 정고(定雇: 남의집살이)가 제일 많고 다음으로 불명, 일용 노동, 공장 노동 등의 순이었다. 이것을 가족 구성원의 지위별로 보면 남편은 일용 노동 3명, 정고 4명, 교통 노동 1명이며 아들이나 형제는 공장 노동 5명, 일용 노동 8명, 정고 17명, 교통 노동 2명, 농

〈표 1-5〉 이동 가족 구성원의 이동지

(단위: 명, %)

구분	일본	경남 외부	경남 내부	달리 부락 내	불명	계
빈농	32(58.9)	4(7.3)	5(10.9)	13(23.6)	1(1.8)	55(100.0)

자료: 朝鮮農村社會衛生調査會, 『朝鮮の農村衛生』(岩派書店, 1940), pp.37~40, 135~138.

업 2명, 상업 2명, 불명 6명이며 딸의 경우 정고 7명, 불명 6명이었다. 딸 13
명 중 6명이 불명인 것은 아마 당시 주선업자 등의 중개에 의해 도시의 천업
에 종사한 것으로 추정된다.

그리고 빈농 55명에 대한 조사에서 이들의 이동지를 보면, 일본이 32명, 경
남 외부 4명, 경남 내부 5명, 달리 부락 13명, 불명 1명이었다. 55명 중에서
32명이 일본으로 이동했다.

3) 가족 형태

중상층에 비해 빈곤층의 가족 구성은 핵가족 중심의 단순한 구성을 취한
다. 그러나 빈곤층 가족에서 비핵가족 구성원이 없지 않았다. 다만 상층, 중
층에 비해 비핵가족 구성원 수는 매우 적었다. 〈표 1-6〉에서 동거 가족 구성
중 핵가족 구성원이 아닌 기타 확대가족 구성원이 차지하는 비율은 빈농이
11.2%, 농업 노동자는 3.2%인 반면 상층은 46.0%, 중층은 22.4%이었다.

〈표 1-6〉 농촌 가족 구성원의 계층별 비교

(단위: 명, %)

구분	상층(8호)	중층(37호)	빈농(59호)	농업 노동자(22호)	계(126호)
비핵가족 구성원	23(46.0)	44(22.4)	28(11.2)	3(3.2)	98(16.6)
전체 가족 구성원 수	50(100.0)	196(100.0)	250(100.0)	94(100.0)	590(100.0)

자료: 朝鮮農村社會衛生調査會, 『朝鮮の農村衛生』(岩派書店, 1940), p.129.

〈표 1-7〉 빈곤층 동거 가족 구성원의 내용

(단위: 명)

구분			빈농(59호)	농업 노동자(22호)
세대주대 (世帶主代)	세대주(남)		48	18
	처 및 여 세대주		54	21
	형제		–	1
	자매	(기혼)	1	–
		(미혼)	3	–
	형제의 처		–	–
	처의 자매		–	1
	처의 형제		1	–
	종형제		–	–
선대 (先代)	부		1	–
	모		10	–
	처의 모		1	–
	양모		1	–
자식대 (子息代)	아들	(혼인)	2	–
		(미혼)	32	18
	딸	(혼인)	1	–
		(미혼)	37	17
	아들의 처(며느리)		2	–
	딸의 남편(사위)		1	–
	조카(형제의아들)		–	–
	조카(형제의 딸)		–	–
손자대 (孫子代)	손자		1	–
	손녀	(아들의 딸)	1	–
		(딸의 딸)	2	–
	손자의 처		–	–
기타 친척			–	1
정고	남		–	–
	여		–	–

자료: 朝鮮農村社會衛生調査會, 『朝鮮の農村衛生』(岩派書店, 1940), p.126.

〈표 1-8〉 세대주의 남녀 구성 및 비율

(단위: 명)

구분	세대주 부부 생존	처 없는 남자 세대주			여 세대주		
		과부	미혼자	불명	과부	남편 이동	불명
빈농	42	3	2	1	5	5	1
농업 노동자	17	1	−	−	1	2	1

자료: 朝鮮農村社會衛生調査會, 『朝鮮の農村衛生』(岩派書店, 1940), p.130.

빈곤층의 가족 구성원 내용을 〈표 1-7〉에서 구체적으로 보면 세대주, 처, 미혼 자녀로 구성되는 핵가족이 많았지만 비핵가족 구성원인 모, 며느리, 자매, 형제, 처의 모, 처의 형제, 처의 자매, 혼인한 딸과 사위, 기타 친척 등이 있었다. 즉 비핵가족 구성원에 모계, 처계, 사위도 포함되어 있었다.

특히 빈곤층에서 주목되는 것은 여 세대주다. 이들은 남편이 가족 바깥으로 이동한 후 과부로 살면서 실제 생활에서 남편 부재의 모 중심 가족을 형성했다. 〈표 1-8〉에서 빈농의 경우 전체 59호 가운데 여 세대주가 11명(과부 5명, 남편 이동 5명, 불명 1명), 농업 노동자 전체 22호 가운데 4명(과부 1명, 남편 이동 2명, 불명 1명)이었다.

지금까지 고찰했듯이 빈곤층의 가족 구성원의 내용에는 비핵가족 구성원 비율이 중층이나 상층에 비해 떨어지고 있었지만 그렇다고 아주 없는 것은 아니었다. 부계 외 모계, 처계, 사위도 포함되었다. 또한 중층이나 상층에 비해 빈곤층에는 일반적으로 세대주, 처, 미혼 자녀로 구성되는 핵가족이 많았다. 이들의 핵가족은 근대적 핵가족제도에서 구성된 핵가족이라기보다 부계 직계 가족제도를 바탕으로 구성된 형태상 핵가족이었다.

그리고 빈곤층 가족의 경우 남편이 가족 바깥으로 이동해 과부로 사는 여성이 있었으며 이들은 실제 생활에서 남편 부재의 모 중심 가족, 즉 모자 가족을 이루며 생활했다. 이러한 가족 형태는 식민지 시기 빈곤화에 적응하는 과정에서 형성된 특수한 가족 형태였다.

4. 빈곤층 가족, 여성의 생활 변화

식민지 시기 농사만으로 생계가 해결되지 않는 농촌의 빈곤화 속에서 빈곤층이 생계를 유지하기 위해 다양하게 적응하는 과정에서 동거 가족 구성에 변화가 일어났다. 그중에서도 눈에 띄는 것은 가족 구성원의 가족 밖으로의 이동이었다. 이러한 이동 중에는 이후 헤어져 만날 수 없는 가족 이산을 내포하고 있었다.

빈곤층의 동거 가족 구성의 변화는 여성의 생활에 변화를 가져다주었다. 대표적인 예를 들면, 미혼 여성의 가족 바깥의 임노동 경험과 민며느리제라는 조혼일 것이다. 그리고 기혼 여성의 경우 가족 구성원이 가족 바깥으로 이동함으로써 그들이 분담했던 노동이 그녀에게 집중되는 노동 생활이었다. 여기에 앞에서 언급했듯이 기혼 여성은 남편의 이동으로 모 중심 가족을 이루며 생활하게 되었다.

1) 임노동 경험

식민지 시기, 7~14세는 학령기로 정의되어 여성에게도 보통학교 교육이 개방되었다. 그러나 동아일보 1936년 1월 29일 자에 의하면, "농촌의 남자아이는 열 가운데 셋, 여자아이는 겨우 하나가" 보통학교 교육을 받았던 실정에서 빈곤층의 여아가 보통학교 교육의 세례를 받는다는 것은 꿈도 꾸지 못할 일이었다. 대신 빈곤층 여아는 예닐곱 살만 되면 방 청소, 설거지, 아이

보기, 마당 쓸기 등 재생산 노동을 하는 것이 생활의 전부였다.

이러한 생활마저도 빈곤층 여아들이 유지하기는 쉽지 않았다. 이들 중 일부는 생계와 가족생활을 유지하기 위해 농업 소득 외 수입 확보, 혹은 식구(食口)를 줄이기 위해 가족을 떠났다. 이들이 가족을 떠나 종사한 노동은 여관, 음식점 등의 여급, 공창 및 사창의 창기, 주인 가족과 동거하는 가사 사용인, 공장 노동 등이었다. 당시는 도시 산업의 발달로 인해 방직공업, 고무공업을 중심으로 한 공장 노동뿐만 아니라 가사 사용인 등과 같은 기타 부문이 발달해 아동 노동력, 미혼 여성 노동력에 대한 수요가 발생했기 때문이다.

달리 부락 빈곤층의 경우 가족을 떠난 미혼 여성 13명 중 7명은 공장 노동, 나머지는 천업에 종사한 것으로 조사되었는데 천업이란 바로 가사 사용인, 여급, 창기 등을 주로 지칭했다. 천업 중에서도 빈곤층의 여아는 당시 남의집살이로 불린 가사 사용인으로 많이 고용되었다. 가사 사용인의 경우 여아의 연령을 고려하고 남의집살이의 기간을 고려해 노임을 계약금 형태의 일시불로 아버지가 받는데, 이때 계약금의 액수는 어린 나이의 여아일 경우 먹여주는 조건으로 계약금을 대신하기도 했다.

빈곤층 여성이 천업에 종사할 수밖에 없었던 것은 공장 노동이 빈곤층 미혼 여성들을 충분히 고용할 만큼 제공되지 못했기 때문이다. 예컨대 "조선 제사주식회사 근경에 있는 빈가 소녀들은 저마다 어떻게 하면 천우신조하여 제사 공장 같은 데나 좀 들어가 볼까 하고 이 제사 공장이 큰 선망의 표적이 되어 있다"는 것에서 공장 노동에 대한 경쟁이 치열했음을 알 수 있다(류준범, 1996: 231). 다행히 빈곤층 여성들이 선망했던 공장에 취업한다 해도 공장 노동 생활은 고되었다. 그 일면을 방직 여공의 노동 생활을 통해 보면 아래와 같다(≪신동아≫, 1932.6: 69~71).

요란스런 기계소리, 돌아가는 바퀴! 이리 감기고 저리 감기는 거미줄 같은 오색 가지 비단실들의 얼크러짐! 이 속에서 그들은 한눈팔지도 못하고 보일 락 말락하는 수천 가지의 비단실을 일일이 노려보며 하늘거리는 비단을 짜고 있다. 아침부터 밤까지 앉지도 못하고 서서 한마디 이야기도 재미있게 하지 못하고 짜내어내는 그 비단 필들이 돈 많은 아가씨들의 호사스런 치마와 저 고리가 되어 도시의 거리를 장식하는 것이다. 여공들의 전부가 20세 내외의 젊은 여자들이다. 비단을 하루에도 팔십여 척씩 정성을 다 들여 짜내면서도 자기네 몸에는 한 오라기 걸쳐보지도 못하는 설움! 비단 대신에 검푸른 작업 복! 햇빛 대신에 전깃불! 그 속에서 썩히는 꽃다운 시절! 불행한 조선의 딸들 이 어찌 그이들뿐이랴. ……

빈곤층 여성은 이와 같이 힘든 공장 노동으로 번 임금에서 기숙사비와 벌 금, 강제 저축 등을 공제하고 남은 돈을 농촌 가족에게 송금했다. 송금한 액 수는 크지 않았다. 동아일보 1932년 9월 1일 자에 의하면, 1932년 제사 공장 여공의 경우 하루 13시간 노동하고 벌금, 기숙사비를 제하고 나면 한달 1~2 원이 남는 실정이었기 때문이다.

2) 조혼

식민지 시기, 도시 산업의 발달로 인한 임노동 기회의 발생, 여성의 교육 확대 등으로 전반적으로 여성의 평균 초혼 연령은 높아졌다. 이러한 추세에 서 농촌 여성의 평균 초혼 연령도 1925년 16.6세, 1930년 16.7세, 1935년 16.9세로 점진적으로 높아졌다(Tai Hwan Kwon, 1977: 101).

그런데 여성의 평균 초혼 연령의 상승화는 계층에 따라 차이가 있는데 일

〈표 1-9〉 농촌 여성의 계층별 평균 초혼 연령(만)과 초혼 연령의 빈도 분포

(단위: 명)

구분	12세	13세	14세	15세	16세	17세	18세	19세	20세	21세	22세	23세	불명	계 (평균 초혼 연령)
상층	–	–	2	1	4	–	6	6	3	–	–	1	–	23(18.33)
중층	–	2	3	8	6	11	9	7	1	1	–	–	–	48(17.15)
빈농	–	–	5	13	15	9	11	5	2	3	–	–	1	64(16.83)
농업 노동자	1	2	8	2	2	2	2	2	–	1	–	–	–	22(15.90)
계	1	4	18	24	27	22	28	20	6	5	–	1	1	157(17.02)

자료: 朝鮮農村社會衛生調査會, 『朝鮮の農村衛生』(岩派書店, 1940), p.159.

반적으로 경제적으로 여유가 있을수록 여성의 초혼 연령이 늦었다. 반면 경제적으로 어려운 계층일수록 당시 법정 혼인 연령인 16세 미만에서 혼인하는, 즉 당시 사회 관념에서 조혼으로 여겨진 혼인을 하는 경우가 있었다. 이러한 조혼의 대표적인 형태가 일정한 시기가 지난 후 혼인할 것을 예정하고 미리 시집갈 집에 옮겨 가서 사는 형태인 민며느리제 혼인이었다.

〈표 1-9〉에서 보듯이, 달리 부락에서 여성의 평균 초혼 연령은 17.02세이지만 상층은 18.33세, 중층은 17.15세, 빈농은 16.83세, 농업 노동자는 15.90세였다. 여성의 평균 초혼 연령의 빈도 분포를 보면 상층은 18~19세, 중층은 17세, 빈농은 16세, 농업 노동자는 15세에 주로 혼인했다. 그 가운데 15세 이하에 혼인한 여성을 보면 상층 3명, 중층 13명, 빈농 18명, 농업 노동자 11명이었다. 특히 농업 노동자의 경우 22명 중 11명이 15세 이하에 혼인했다. 빈곤층에서 조혼하는 여성이 상당히 많이 있었음을 말해준다.

한편 당시 남성의 평균 초혼 연령은 상층일수록 빠르고 하층일수록 늦었다. 이 점을 감안하면 조혼한 여성의 경우 부부의 연령 차가 큰 상태라는 것을 짐작할 수 있다. 예컨대 달리 부락의 경우, 여성의 초혼 당시 배우자의 연령을 통해 남성의 평균 혼인 연령을 조사하면 빈농의 경우 24.40세, 농업 노동

자는 25.40세로 거의 10살 정도의 차이가 있었다. 심한 경우 부부의 연령 차는 22살이나 되었다. 빈곤층 여성 중에서 부부의 연령 차가 10살 이상 차이나는 것은 44명으로 전체 86명의 51.2%이었다(朝鮮農村社會衛生調査會, 1940: 160).

3) 노동 생활

식민지 시기 농촌의 기혼 여성은 논농사, 밭농사 등 생산 노동뿐만 아니라 의식주 생활을 중심으로 한 재생산 노동의 담당자였다. 가족 형태별로 보면, 농가에서 이루어지는 재생산 노동의 주 담당자는 핵가족에서 처와 딸이며 직계가족이나 기타 확대가족에서는 며느리와 미혼의 딸이고 시누이, 시어머니도 함께했다. 당시 농가에서 이루어지던 재생산 노동의 일종인 땔나무 채취, 지붕 잇기, 마당 쓸기 등은 남성이 했지만 전체 재생산 노동에 대한 남성의 참여는 여성에 비해 매우 미약했다. 이러한 노동 생활로 인해 농촌의 기혼 여성은 일 년 열두 달 생산 노동과 재생산 노동 등으로 바늘귀만한 여유도 없었다. 이러한 생활의 단면을 보면 아래와 같다(이성환, 1927: 4~6).

아츰은 샛별을 이고 나가는 농부들의 아츰밥을 지어주기 위하여 가마귀 소리가 나기 전에 니러나지 아니면 안 됩니다. 그러고는 등에 어린애를 들너 지고 머리에 무거운 짐을 이고 농터로 나갑니다. …… 날이 저물면 또 식사 때문에 꼬부랏다 됩니다. 그우에 아해들 걱정, 빨래까지 바느질까지 안 하면 안 됩니다. 또 밤이 늦도록 절구를 찧어여 합니다. …… 일 년 열두 달, 설명절, 단오명절, 추석명절과도 갓흔 농민 유일의 휴식일, 위안일이라 할 만한 명절조차 농촌 여자에게는 도리혀 보통 때보다 더욱 큰 고통의 날이 됩니다. …… 이 명절을 압두고 가속에게 옷을 입힐 준비를 하여야 되고 또 농촌

〈표 1-10〉 빈곤층 가족의 연간 농업 노동, 재생산 노동, 총노동 배치 상황(1930년대 초)

농가 유형	가족 구성원(연령/노동 능력)	재생산 노동 일수	농업 노동 일수	총노동 일수
①	경영주(46세/1.0)	26.8	194.7	221.5
	처(38세/0.8)	201.9	31.0	232.9
	장남(15세/0.6)	20.0	70.1	90.1
	장녀(10세/0.3)	87.1	1.4	88.5
②	경영주(33세/1.0)	22.0	192.7	214.7
	처(35세/0.8)	199.0	37.1	236.1
	장남(5세/0.2)	–	–	–
	장녀(11세/0.4)	95.4	2.7	98.1
	2녀(2세/0.1)	–	–	–

주: 1) 가족 구성원의 노동 일수는 가족 구성원의 1년 동안의 총노동시간을 지방별·월별의 보통 1일 노동시간
으로 나눈 뒤, 그러한 노동 일수에 가족 구성원의 노동 능력을 곱하여 구한 것임. 따라서 노동 능력을
고려하지 않은 노동 일수에서는 노동 능력 1단위로 평가받지 못하는 여성이나 다른 가족 구성원의
노동 일수는 표보다 많을 것이다.
2) 농업 노동 일수에는 농업 수입을 획득하기 위한 것 외에 재료, 비료, 사료, 기계 등의 구입·채취 및
생산물의 판매에 들어간 것도 포함됨.
자료: 朝鮮農會, 『農家經濟調査(京畿)』(1930).

재래의 습관으로 남 다 하는 떡도 안 해서는 안 되고 집 안도 터러내고 애질
도 하지 안으면 안 됩니다. 사당제사의 제사의 재물을 차려야 됩니다. 어린
아희들 머리를 감겨주어야 됩니다. …… 혹 비오는 날 갓흔 때에도 …… 더
욱 밀려오든 일을 정돈하는 정해진 날이외다. …… 바느질, 빨래로 이러케 어
대까지든지 농촌 여자에게는 바늘귀만한 안식의 여유가 엄습니다.

빈곤층 기혼 여성의 노동 생활도 마찬가지였다. 이러한 일반적인 노동 생
활보다 심하면 심했지 못하지는 않았을 것이다.

왜냐하면 빈곤층은 가족 형태가 핵가족이고 가족 규모가 작기 때문에 재
생산 노동을 분담할 여성 구성원 수, 생산 노동을 분담할 가족 구성원 수가
적기 때문이었다. 예컨대 〈표 1-10〉은 식민지 시기 경기도 지역의 소작빈농

가족의 연간 노동 일수 배치 상황을 나타낸 것이다. 농가 유형 ①, ②에서 나타나듯이 핵가족 소가족의 총노동 일수에서 기혼 여성인 처의 노동 일수가 제일 많았다.

여기에 더해 빈곤층의 기혼 여성은 가족의 생계를 해결하기 위해 농업 노동, 재생산 노동 외 다른 노동도 했다. 대표적으로 당시 농촌 근처의 각종 공사장 노동이었다.

공사장 노동은 1931~1935년 사이 농가 경제가 어려워지던 시기, 일제가 궁민을 구제한다는 이름으로 사회간접자본을 저렴하게 건설하기 위해 '궁민구제공사'라는 대대적인 토목공사, 사방공사, 수도공사, 하천공사, 하수공사, 도로공사 등 각종 공사를 추진하면서 일어났다. 이러한 공사장 노동은 하루 12~14시간을 노동해야 하는 힘든 것임에도 임금은 하루 30전 내외밖에 되지 않았다. 심지어 10전 내외의 것도 있었다. 또 궁민구제공사가 대부분 청부제로 운영되어 전표제의 중간착취, 일제에 의한 강제 저금의 강요와 체납된 조세공과금 공제 등의 횡포가 있었다. 그 결과 성인 남성은 공사장 노동을 기피하는 실정이었다. 그러나 빈곤층의 기혼 여성은 이러한 공사장 노동도 마다하지 않았다. 동아일보 1931년 8월 18일 자에 의하면, 이러한 상황은 구체적으로 아래와 같다.

전라남도 소위 빈민구제공사인 광주 송정 간 도로개축 공사장 채산부의 인부 200여 명은 그 노동 임금이 8전으로부터 20전까지로 이 고을에 이른 아침부터 종일토록 쉬지 않고 구슬 같은 땀을 흘려가면서 벌어야 그 날의 생활도 해나갈 수 없는 비참한 현상임으로 불평이 자자하던 중 설상가상으로 광주군 당국에서는 빈민구제공사라 하여 하루 20전도 되지 못하는 임금 중에서 1할의 저금을 강요함으로 우선 먹을 것이 없는데 어떻게 저금을 할 수 있느냐

하면서 출역을 단념하고 대개 귀가해 버렸는데 지금은 14~15세 된 아이들과 부인들만 40여 명가량 남아 있다고 한다.

그뿐만 아니라 빈곤층 기혼 여성은 농업 노동과 재생산 노동에 참여했던 가족 구성원, 즉 장남을 포함한 아들, 딸이 생계를 위해 가족을 떠나거나 심지어 남편마저 돈을 벌기 위해 일시적·계절적으로 가족을 떠날 경우, 이들이 했던 노동을 할 수밖에 없었다. 농가에서는 남성이나 여성 모두 농업 노동, 재생산 노동을 각각의 노동력의 특성에 맞게 분담하는 가족노동체제이므로 이들 가족 구성원이 가족을 떠나면 남아 있는 가족 구성원이 나누어 하지 않으면 안 되었고, 그럴 때 이러한 노동은 집에 남아 있는 기혼 여성에게 집중될 수밖에 없었기 때문이다. 따라서 농촌 빈곤층의 기혼 여성은 농업 노동과 재생산 노동, 각종 공사장 노동을 비롯한 기타 임노동 등으로 과중한 노동 생활을 이어나갔다.

5. 빈곤층 여성에게 각인된 '식민지적 가족'의 의미

비록 농촌의 빈곤층에 한정했지만 지금까지 식민지 시기에 식민지적 빈곤화로 양산된 빈곤층의 가족, 특히 동거 가족 구성의 변화와 그로 인한 여성의 생활의 변화를 고찰했다. 이러한 고찰을 통해 빈곤층 여성에게 각인된 '식민지적 가족'의 의미를 탐색하면 다음과 같다.

식민지 시기 빈곤층에서는 빈곤으로 가족 구성원의 일부가 가족 밖으로 이동하는〔家出〕 가족이 많았다. 가족 구성원의 이동은 장남을 필두로 아들과 딸, 그리고 아버지이자 남편의 계절적·일시적 이동까지 포함되었다. 특히 딸의 이동, 아버지인 남편의 이동까지 일어났다는 것은 빈곤층에서 가족의 생계와 생활을 유지하기가 매우 어려웠으며, 생계유지 전략의 일환으로 가족 구성원의 이동을 활용하고 있었다. 이러한 가족 구성원의 이동은 그 이동지가 국내에 한정되지 않고 일본에까지 미쳐서 이후 가족이 서로 헤어져 만나지 못하는 이산가족을 결과하는 것도 포함되었다.

빈곤층 동거 가족의 크기와 형태는 중상층에 비해 그 크기가 작았고, 가족 형태는 부계뿐만 아니라 모계, 처계, 사위 등 비핵가족 구성원이 없지는 않았지만 핵가족을 중심으로 구성되었다. 이러한 핵가족은 근대적 핵가족이 아니라 한국의 전통적 부계직계 가족 규범을 바탕으로 구성된 핵가족이었으며, 그것도 완결된 핵가족이라기보다는 일부 자녀, 남편 등이 일시적으로나 계절적·장기적으로 부재하는 일그러진 핵가족이었다. 그러한 가운데 남편이나 아버지 부재의 모자가족, 모 중심 핵가족이 형성되었다.

일그러진 핵가족, 남편이나 아버지 부재의 모자가족, 모 중심 핵가족에서 어머니인 기혼 여성의 책임과 역할이 강화되었다. 이러한 강화의 일면은 노동 생활에서 극명하게 나타났다. 하나의 생산 단위인 농가에서 농업 노동과 재생산 노동에 참여했던 가족 구성원, 즉 장남을 포함한 아들, 딸이 생계를 위해 가족을 떠나고 심지어 남편마저 돈을 벌기 위해 일시적·계절적으로 가족을 떠나 이동할 경우 이들이 했던 노동이 기혼 여성에게 집중되었기 때문이다. 그 외에도 가족의 생계를 위해 공사장 노동을 비롯한 각종 임노동까지 하지 않으면 안 되었다.

빈곤층 동거 가족의 변화와 그로 인한 여성의 생활 변화는 식민지적 빈곤화에 적응하기 위한 여성의 주체적인 행위라기보다는 가족의 고육지책의 선택이었다. 식민지 시기에도 한국 가족은 조선 시대 이래 '유교적' 가부장제 가족 규범이 유지되었고 이러한 가족에서는 가족이 개인, 특히 여성에 대해 지배적 우위에 있었기 때문이다. 그럼에도 여성에게 일어난 변화, 특히 미혼 여성의 가족 바깥의 다양한 임노동 경험, 아버지나 남편의 일시적·계절적 부재로 인한 모 중심 핵가족에서 기혼 여성의 책임과 역할 강화, 노동 생활의 심화 등은 여성에게 가족에 대한 주체성을 강화시키는 계기가 되었다. 비록 그것이 식민지 시기에는 구현되지 않았지만 한국 여성사에서 여성이 가족에 대해 주체적인 선택과 행위를 하는 '여성의 가족'을 만들어가는 장정의 시작을 알리는 것이었다.

참고문헌

권태환. 1990. 「일제시대의 도시화」. 『한국의 사회와 문화』, 제11집.

김두헌. 1949. 『한국가족제도연구』. 을유문화사.

고광민 외 엮음. 2002. 『사진으로 보는 1940년대의 농촌풍경: 다카하시노보루사진집』. 대원사.

류준범. 1996. 「1930년대 경성지역 공장 노동자의 구성」. ≪한국사론≫, 제34집.

문소정. 1991. 「일제하 한국농민가족에 관한 연구」. 서울대학교 박사학위논문.

_____. 2003. 「일제하 농촌의 인구와 가족의 변화」. 『한국 근대농업·농촌100년사 논문집』, 제2집.

_____. 2007. 「식민지 시기 도시가족과 여성의 현실에 관한 연구: 京城府(서울) 지역을 중심으로」. ≪鄕土서울≫, 제70호.

이성환. 1927.9. 「조선의 농촌여성」. ≪조선농민≫, 제3권.

이해영·권태환. 1968. 「한국가족형태의 한 연구」. ≪동아문화≫, 제8권.

인정식. 1948. 『조선농촌문제사전』. 신학사.

≪신동아≫. 1932.6. 「레뷰化한 近代生活, 都會가 나은 近作七景」.

朝鮮農村社會衛生調査會. 1940. 『朝鮮の農村衛生』. 岩派書店.

朝鮮農會. 1930. 『農家經濟調査(京畿)』.

Tai Hwan Kwon. 1977. *Demography of Korea*. Seoul National University Press.

호주제도
한국의 식민지성과 가부장제의 축도(縮圖)

양현아

서울대학교 법학전문대학원 교수

1. 들어가며: 2005년의 호주제 폐지

2005년 3월 2일은 한국 가족법 역사의 새로운 장이 열린 날이다. 이날 국회는 호주제도가 완전히 삭제된 '민법 개정안'을 의결했고, 한 달 전인 2005년 2월 3일 헌법재판소(이하 헌재)는 민법의 호주제도를 구축하는 조항들(제778조, 제781조 제1항, 제826조 3항)에 대해 헌법 불합치 결정을 내린 바 있다. 2005년 3월 2일 의결된 개정안은 같은 해 3월 31일부터 시행되었지만, 호주제 관련 조항의 폐지 등은 2008년 1월 1일부터 시행되고 있다.[1] 이렇게 입법부와 사법부가 거의 같은 시기에 내린 결정으로 1950년대 민법 제정 시기부

---

[1]　호주제 관련 규정은 2008년 1월 1일부터 그 효력을 상실했다. 호주제도 외에도 가족의 범위, 자의 성과 본, 친양자에 관한 규정 역시 2008년 1월 1일부터 시행되었다〔개정 「민법」 부칙 제1조(시행일) 참조〕.

▌헌법재판소의 호주제도 헌법 불합치 결정 이후 호주제 폐지 측 시민 대표들이 기자회견을 하고 있다
(2005.2.3.).

자료: 한국가정법률상담소(http://lawhome.or.kr/law1/index.asp).

터 시작된 50여 년의 가족법개정운동에서 가장 험준한 봉우리였던 호주제도
폐지가 실현되었다. 호주제라는 산을 옮긴 것이다.

호주제도는 「민법」 제4편 친족 및 제5편 상속을 통상적으로 의미하는 한
국 가족법에 규정되었다. 호주제도는 호주와 가족이라는 관계 속에 모든 국
민을 틀 지우고 법률적 의미의 '가족'을 확정 지었고, 양성(兩性)을 현저히 차
별적으로 대우했으며 호주를 통해 가(家)의 계승 의식을 심어주었고 아들 선
호의 제도적 근거가 되었다. 나아가 그 부속법인 「호적법(戶籍法)」에 따른 호
적부는 개개인의 신분을 공식적으로 알리는 공부(公簿)가 되었는데 이 호적

에는 개개인이 속한 가내(家內) 가족 모두의 출생, 혼인, 이혼, 양자, 파양, 사망 등의 정보를 총괄하고 있어서 호적을 관장하는 국가행정기관은 모든 국민의 가족 관계 및 친족 정보를 손쉽게 알 수 있고 추적할 수 있었다. 이상과 같이 호주제도는 한국인이라면 누구도 빠져나갈 수 없었던 법률적 의미의 가족제도일 뿐 아니라 국민 통치제도였다.

호주제가 민법에서 사라져야 한다는 호주제폐지운동은 대한민국의 최초 민법안이 마련되었던 1950년대부터 여성 법률가들과 선각자들에 의해 시작되었다. 호주제도는 남성에 비해 여성을 그야말로 체계적으로 차별해 여성을 호주 승계에서 한갓 예외적 존재로 만드는 호주 승계의 부계 계승주의(patrilineage), 혼인하면 남편가의 호적에 자동적으로 편제되는 부처제 결혼제도(patrilocal marriage), 연령이나 특성과 무관하게 남성이 집안의 우두머리가 되도록 하는 좁은 의미의 가부장제(patriarchy)제도를 두고 있었다. 성별 간 차별뿐 아니라 장남과 차남 이하, 어른과 아이, 적자와 서자 등 가족 내 개인들을 모두 차등적으로 대우하는 가족 내의 신분제도라 할 수 있다. 한국 최초의 여성 법조인으로 일컬어지는 이태영 변호사는 호주제가 고스란히 존치된 1953년 대한민국 민법안을 보고 분개해 새로운 가족법안을 마련하기 위해 다양한 활동을 전개하고 수많은 시민과 함께 사회운동을 벌였으나 가족법의 제1차 개정(1962), 제2차 개정(1977), 제3차(1989) 개정에서도 호주제도는 폐지되지 않았다. 오히려 호주제는 유림과 국가가 가족법 '전통'의 보루로 여기면서 폐지와 존치를 놓고 가장 치열한 투쟁이 벌어졌던 의제였다.

그런데 호주제도는 대한민국 민법전에서 처음 고안된 법제도가 아니며 대한민국 입법부와 한국 사회의 가부장성을 나타내는 제도도 아니다. 호주제도가 식민지 시기에 한국에 이식된 제도로서 이른바 가(家)제도의 중심적 요소라는 사실은 그리 널리 논의되지 않았다. 후술할 것처럼 호주제도가 한국의 '전통'이라고 주장하는 입장에서는 일제 시기의 호주제 도입에 대해 이의를 가질 수 있겠지만, 법제도로서 호주제도가 일제 시기에 도입되었다는 사실을 부정하기는 어려운 일이다. 그렇다면 일제 시기에 어떤 경로와 이유로 호주제도를 도입했는가, 그리고 식민지로부터 벗

▌'가족법개정을 위한 여성연합회' 회원들이 벌인 가족법 개정을 위한 가두 캠페인 장면(1984.8.)
자료: 한국가정법률상담소(http://lawhome.or.kr/law1/index.asp)

어난 대한민국에서 호주제도가 '전통 수호'라는 이름으로 민법에 버젓이 규정된 것을 어떻게 보아야 하는가, 개인의 존엄과 양성평등의 기본권을 규정한 헌법이 존재하는 국가에서 2005년까지 호주제도가 지속되었다는 것을 어떻게 해석해야 하는가와 같은 문제들이 제기된다. 이 글은 이러한 질문을 가지고 호주제도의 도입에 대해 추적해보고 그 성격을 식민지성과 가부장성이라는 견지에서 분석하고자 한다. 그리하여 오늘날 한국에서 이러한 유산들이 극복되었는지를 성찰해보려 한다.

이에 따라 이 글은 식민지 시기의 가족 법규, 그리고 탈식민 후 민법의 친족상속편 제정의 '전통' 원칙, 그리고 1980년대와 1990년대의 호주제폐지운동과 존치운동, 2000년대의 호주제 폐지라는 긴 시간 축 위에 서게 된다. 이 글은 이렇게 1세기라는 시간성의 맥락 속에 위치하되 지면의 한계로 인해 주로 식민지 시기에 초점을 두어 서술하고자 한다. 이를 통해 가족법의 식민지성과 포스트 식민지성, 그리고 가부장성의 만남을 담아낼 수 있는 사유의

공간을 열고자 한다. 우선 식민지 시기 '법원(法源)'의 문제에서부터 시작하겠다.

2. 식민지 시기 가족법의 '법원'과 관습 문제

식민지 시기 가족법의 실체적 논의에 들어가기 전에 법원, 즉 법의 원천의 문제를 간략히 살펴본다. 식민지 시기 가족법의 법원은 조선의 '관습' 문제로 우리를 인도해준다.

1) 「조선 민사령」 제11조와 조선의 '관습'

조선의 식민지 통치와 함께 일본 식민지 정부는 「조선(朝鮮)에 시행(施行)할 법령(法令)에 관한 건(件)」이라는 긴급 칙령을 1910년 8월 29일 공포했다. 이 칙령은 일제 통치하 조선의 법률은 조선 총독의 명령(제령)으로써 규정할 수 있다는 것과 일본의 법률 중 조선에 시행할 것은 칙령으로 정한다는 것을 선포했다(정광현, 1967: 21; Chen, 1984: 248).[2] 이러한 조선 총독의 제령 중 제7호로서 1912년 3월에 선포되고 4월부터 시행된 「조선 민사령(朝鮮 民事令)」은 식민지 조선에서 민법에 해당하는 법령으로 식민지 통치 기간 내내 유효했다. 친족 상속에 관한 규정인 제11조는 아래와 같이 규정되었다.

---

2   이 칙령은 일본 제국주의 의회를 통과한 위임입법으로서 일제 의회와 식민지 정부
    모두를 만족시키는 것이었다. 다른 식민지와 비교해볼 때, 조선의 경우는 일제 의회
    에 대해 총독부에게 상당한 자율권을 부여한 입법이라고 할 수 있다(Chen, 1984:
    242~248).

第11條: 第1條의 法律中, 能力, 親族及相續에 關한 規定은 朝鮮에는 이것을 適用하지 않는다. 朝鮮人에 對한 前項의 事項에 關했은 慣習에 依한다.

이에 따라 친족 및 상속 분야에 관해서는 일본 구(舊)민법이 아니라 조선의 관습을 법원으로 삼는 것을 원칙으로 하고, 식민지 정부는 식민지 시기 조선의 관습을 계속해서 조사·해석·확정했다. 이렇게 아무 특정화 없이 그저 '관습'을 가족법의 중심적 근거로 삼은 「조선 민사령」 제11조는 가족법 영역에 두고두고 깊은 영향을 남기게 된다.

조선 '관습'의 원천은 어디에 있었을까. 그것은 먼저, 일제가 행한 조사에서 찾을 수 있다. 일제는 여러 차례 조사의 주체를 변경해가면서 조선의 관습 조사에 매진했다. 일본은 국권 침탈 이전 통감부 시대에 이미 한국에 시행할 민법 편찬 자료로 삼기 위해 부동산법조사회와 법전조사국을 설치했고 1908년 5월부터 1910년 9월까지 한국 민사(民事)·상사(商事) 관습 전반에 걸쳐 전국적인 규모로 관습을 조사해 1910년 「한국관습조사보고서」를 간행했다. 국권 침탈 후 조선 총독은 법전조사국을 폐지하고 1910년 10월 총독부 내에 취조국(取調局)을 설치해 그 사무를 인계했다. 취조국은 조선 전역의 관습을 조사하고 문헌을 번역하는 작업을 했고, 조사한 관습을 정정 보충해 1912년 3월 다시 「관습조사보고서」를 간행했다. 1915년부터는 이 구관제도 (舊慣制度) 조사 사업을 중추원(中樞院)에서 담당한다. 이에 따라 중추원은 민사 관습, 상사 관습, 제도 조사, 풍속 조사를 수행하고 '구관제도 관련 자료 (舊慣制度 關聯資料)'를 편찬했다. 이후 1933년 중추원은 1909년부터 1933년까지 법원 등의 관청이 조선의 관습을 조회한 사항 324건을 총정리한 『민사관습회답휘집(民事慣習回答彙輯)』을 간행했다(정광현, 1967: 159; 정긍식, 1992: 24~30).

이렇게 친족 상속에 관한 한 조선에서 실행해온 '관습'에 의거한다는 원칙을 의미하는 것으로 보이는 관습 원칙은, 실제로는 일본 관리와 학자가 조사하고 작성한 문서에 의존하게 했다. 이렇게 조선 문화의 고유성을 인정하는 듯한 '관습'이란 일본 제국주의 국가 권위에 의해 그 내용이 마련되는 기이한 원칙이었다. 이는 조선의 관습이 일본인에 의해 해석되고 형성된 지식 생산의 과정이었다.

2) 관습 판단 및 관료의 해석

관습 조사가 갖는 기본적인 문제와 함께 일제 시기에 관습 법원이 이곳저곳에 산재했다는 점도 지적되어야 한다. 위의 「관습조사보고서」 이외에도 행정관청의 심의와 회답, 통첩 등이 법원으로서 효력이 있었다. 따라서 일제 시기의 관습 법원은 다음과 같이 다양했다. 사법부장(司法部長), 법부국장(法務局長), 법원장, 정무총감(政務總監), 중추원의장(中樞院議長)과 같은 고위 관료의 통첩(通牒), 회답(回答), 훈령(訓令), 사법협회, 판례조사회, 조선호적협회, 구관습제도조사위원회와 같이 관련 위원회의 결의 및 회답, 조선 고등법원의 판결 등이 모두 관습의 법원으로 여겨졌다(정광현, 1967: 23~24; 정긍식, 1992: 24~30). 이때 법원 간의 상하 관계마저 명백하지 않았는데 단지 관료들의 결정이 가장 상위의 관습 법원인 것으로 여겨질 뿐이었다(정광현 1967: 24). 이렇게 볼 때 관습이라는 법원은 그때그때 새롭게 형성될 수 있는 가변적인 상태였고 관료들에 의해 자의적으로 판단될 가능성이 상당히 있었음을 알 수 있다.

3) 일본 구민법의 의용

조선의 '관습'에 따른다는 「조선 민사령」 제11조가 있었음에도 일본 민법전의 친족 상속편의 조항이 점차로 조선에 도입되었다. "해당 분야에 적절한 관습이 없다"(정광현, 1967: 21), 또 "시세의 진운과 함께 발생한 신사정"(정긍식, 1992: 12) 등이 그 이유였다. 그런데 이때 일본 민법의 도입이 의용(依用)이었다는 점에 유의할 필요가 있다. 식민지 조선에서 일본 구(舊)민법전의 전체가 아니라 필요한 조문만 적용되었고 또 조선에 효력이 있다고 할지라도 해당 법조문의 해석이 때로는 일본과 동일하지 않았다(정광현, 1955: 22~26). 여기서 조선에서 법의 운용이 부분적으로 그때그때 편의적으로 이루어진 것임을 알 수 있다. 일본 민법의 의용과 가제도의 의식은 「민사령」의 개정과 호적법의 제(개)정을 통해 이루어졌다. 「조선 민사령」 제11조의 1차 개정(1921.11.14)으로 친권, 후견인, 친족회에 관한 일부 조항의 의용이 가능해졌고, 이듬해 제2차 개정(1922.12.7)으로 일본 민법의 더 많은 조항이 조선에서 효력을 갖게 되었다. 혼인 연령, 재판 이혼, 인지, 재산 상속, 1차 개정에서 의용되지 않은 친족회의 나머지 조항이 그것이다. 다시 1939년 11월 10일 3차 개정에 의해 일본법의 효력이 확장되었는데 이때 앞서 살펴본 일본식 씨에 관한 규정, 재판상 이연〔離緣, 즉 파양(破養)〕에 관한 규정, 서양자(壻養子) 연조의 무효 내지 취소에 관한 규정을 의용하기로 했다. 동시에 기존 양자제도의 이성불양(異姓不養) 원칙을 파기했다. 또한 이때 이른바 창씨개명(創氏改名)으로 알려진 「씨선정제한(氏選定制限) 및 씨명변경(氏名變更)에 관한 제령(制令)」이 발표되었다.

이렇게 볼 때 식민지 조선의 가족법은 원칙적으로 크게 두 법원 내지 세 법원으로 구성되었다. 첫째, '관습'이라는 불문법으로 앞서 보았듯이 일제 시기의 끊임없는 관습 조사를 통해 자료가 생산되었다. 둘째, 관료와 사법 당국의 해석과 결정으로 소송과 행정 문의에 대한 관료와 법률가들의 해석과 판단이 축적되었다. 셋째, 앞에서 본 대로 일본 민법에서 의용되는 조문 역시 조선 가족법의 성문 법원이 되었다. 그런데 이러한 법원들은 서로 분리되지 않고 오히려 '조선의 관습'이라는 이름 아래 서로 얽히게 된다. 이러한 현상이 가족법의 식민지성에서 주목되는 논점이기도 하다. 특히 '조선의 관습'이라는 기표에 의해 식민지 당시의 조선(혹은 '조센')뿐 아니라 조선왕조 시대의 친족 관련 법전 및 법규범도 지시했다는 점은 대단히 심각한 문제다. '조선의 관습'이라는 문법에서 그 시간성이 실종되는 경향을 보이기 때문이다(양현아, 2000).[3] 이렇게 「조선 민사령」 제11조에 따라 판결의 전거가 된 '조선의 관습'에는 시간적으로 500년이 넘는 이질적인 사회의 관습적 실천과 성문 법규가 포함되었고, 역사적 맥락이나 차이의 고려도 없이 조선의 관습을 그저 '관습'으로 천명했다. 이렇게 일종의 역사적 상상 공간인 '관습' 개념이 오늘날까지 유효한 한국인의 가족 개념과 중첩된다는 점에서 매우 중요한 문제라고 본다. 이상과 같은 기초 위에 일본의 가제도에 대해 살펴본다.

3. 가제도: 국가, 호주, 성씨, 호적제도의 복합물

식민지 시기 조선 가족법의 큰 틀은 가〔家, 이에(いえ)〕제도의 도입에 있었는데 이 절에서는 그 내용과 성격을 살펴본다.

---

3 이에 따라, '조선의 관습'이란 다의적이다. 이 글에서 '조선 시대'란 조선왕조 시대를 뜻하며, 이외 '식민지 시기 조선' 등으로 식민지 시기임을 특정화하기로 한다.

1) 국가제도로서의 가(家)

일본의 이에제도는 메이지 정권(1868~1912)하에서 주로 정치적인 산물로서 고안된 '근대적' 고안물이라는 주장이 설득력이 있다(Ueno, 1995). 메이지 시대 이전에 '이에'라는 제도는 대부분의 일본인에게 실행되지도 알려지지도 않았다고 한다. 이에는 무사 계층인 사무라이의 가족제도를 모델로 삼아 만들었는데 사무라이 계층은 인구의 아주 적은 비율만을 차지하고 있었다(Watanabe, 1963: 369; Ueno, 1995). 1898년 일본 민법전의 초안을 만드는 책임을 맡았던 유교 엘리트들은 전국적 규모의 조사를 통해 널리 실행되는 관습에 대해 알아보기 시작했는데 평민의 90%가 '변칙적인', 즉 조사자들이 이해하는 유교적 규율을 따르지 않는 혼인, 친족 계산, 가계 구성을 하고 있음을 발견했다(Smith, 1996: 165; Ueno, 1995). 펠젤(John C. Pelzel)이 언급하듯이 일본의 민법전 초안은 유교 엘리트들의 조사보다는 자신들의 이상(ideal)을 바탕으로 했다(Pelzel, 1970: 240~241).

19세기 일본에서 일어난 신유교(neo-confucianism)의 융성은 천황과 국가를 재건하고자 하는 국가적 노력에 상응하는 것이었다. 이 과정에서 유교뿐 아니라 토착 신도(Shinto)와 불교의 요소가 모두 혼합되었다(Smith, 1996: 162, 172). 이러한 맥락에서 일본 사회의 근대화를 달성하고자 했던 메이지 제국은 하나의 가족과 같은 형태로 디자인되었다(Watanabe, 1963: 363). '이에'라는 가족 단위는 국가의 살아 있는 세포였고 국가 자체가 하나의 확대된 형태의 '이에'라고 할 수 있기에 가족은 국가라는 유기체의 세포가 된다. 이러한 성좌(星座) 속에서 가장인 호주는 한 가족의 어른인 동시에 천황의 자녀로서 제국과 가족의 일원들을 연결해주는 연결점이다. 가족적 국가는 이렇게 전체 인구를 '가(家)'라는 구체적인 관계 틀 속에 배치하고 '가'와 국가를 위계적으로 구성함으로써 전체 인구를 효과적으로 지배할 수 있었다. 또 다른 이에 제도의 속성은 신분제도와 관련이 있다. 메이지 국가하에서 고안된 가제도에 따르면 모든 일본인은 동일한 법적 지위를 가진 '가'와 호적에 속하게 되었다. 이는 일종의 가의 평준화·균질화(홍양희, 2005: 186)를 가져왔고 높은 가문에 속하지 않는 대다수 일본 백성의 입장에서 호적의 구성은 일종의 신분 상승과 같은 효과를 지녔을 것이며, 이것은 더욱 당시 국가에 충실한 신민 만들기에 기여했을 것이다.

이렇게 가제도는 소규모의 가족을 일본 국가의 기본 단위로 확립하고자 했고 여기서 유럽의 핵가족이 모델이 되었으며 봉건적 신분 타파의 결과임을 감안할 때 일견 '일본판 근대 가족'이라 할 수 있다.[4] 가족은 한 남성의 결혼으로 시작되며 이렇게 형성된 가족은 그의 부모나 형제의 가족과는 분리될 수 있기에 '이에' 가족의 이념은 핵가족의 이념과 유사해 보인다. 하지만 핵가족처럼 보이는 이 가족의 우두머리 지위인 호주(戶主)는 부계 '상속(相續)'을 통해서 지위가 주어진다는 점을 기억해야 한다. 이렇게 가족의 호주 지위에는 핵가족과 동시에 직계가족의 원리가 동시에 구현되었다. 또한 호주 승계제도의 연장선상에 전체 일본 민족의 아버지인 천황까지 이어지는 것이다. 이 점에서 "우리가 ('이에'에서) 발견하는 것은 핵가족에 살고 있는 확대 가족이다"라고 말한 우에노 치즈코(Chizuko Ueno)의 표현은 정확하다 (Ueno, 1995). 이렇듯 이에제도 자체가 일본의 전통과 근대성의 혼합 산물이고 일본 민법전 자체가 타협과 갈등을 거친 산물이었지만 그것이 조선에 제

---

4   우에노는 메이지 민법전의 가장 중요한 목적은 일본의 이에를 지역 공동체의 통제로부터 벗어난 국가와 직결된 가정으로 확립시키기 위한 것이었다고 한다(Ueno, 1995).

시될 때는 보편적인 '근대법'으로 화했다.

2) 호적제도

가제도에 따라 국민은 모두 배타적으로 한 가에 속한다는 점에서 가족의 구축은 국민의 구축이 되고, 여기서 호적부는 그 문서적 기반이 되었다. 특히 식민지 조선에서 가족법의 부속법인 호적법이 갖는 의미는 매우 중요하다. 그것은 첫째, 국적법 등 여타의 신분법이 적용되지 않았던 식민지 조선인에게 호적이란 어떤 사람의 정체를 밝히는 유일한 제도였기 때문이다(정광현, 1967: 437; Chen, 1984: 246; 박병호, 1992). 이미 1909년 일본의 통감부는 조선에서 식민지 건설을 염두에 두고 법제 개혁에 착수했다. 1909년 통감부는 기존의 호구조사규칙을 폐지하고 법률 제8호로서 「민적법(民籍法)」을 공포했다. 「민적법」은 조선의 전 인구를 정확히 파악하기 위한 목적, 즉 조선의 물적 자원뿐 아니라 인적 자원을 파악하기 위한 목적으로 필요했다(홍양희, 2005: 176). 한편 1915년 「민적법」을 개정함으로써 기존의 인구조사 방식을 폐지하고 '추상적인 가(家)' 개념이 비로소 조선에 이식되었다. 이때의 '추상적인 가'란 사실적 거주 상태와 상관없이 호주를 중심으로 조직된 호적문서의 가족을 의미하는 것으로 호주제도의 초석이 된다. 「민적법」은 다시 1922년 발효된 「조선 호적령(朝鮮戸籍令)」에 의해 대체되었고 「조선 호적령」은 기존의 호적제도를 한층 효율화했다. 즉 호적의 내용, 형태, 수정 방법, 우선순위에서 자세한 원칙을 정립했고 분실의 가능성에 대비해 모든 호적문서를 2부씩 작성해 따로 보관하기로 했다. 이와 함께 결혼, 출생, 사망, 양자, 파양, 분가·부홍가 등 모든 가족 사항의 변동을 기존의 사실주의에서 등록주의 원칙을 채택하는 대변혁이 일어났다(정광현, 1967; 박병호, 1992).

이렇게 조선에서 민적 사무는 지방행정기구의 정착·개편과 함께 조선의 실질적 지배 역할을 했다. 1915년의 '추상적 가'의 도입 역시 일본 식민지 국가의 성격과 함께 이해할 수 있다. '추상적 가'란 물리적 집이나 실질적 거주 장소와 무관한 호적상의 존재로서 '무형의 관념'이며 그 '가'가 속한 '본적(本籍)' 역시 실질적 거주 장소와 무관하다. '무형의 가'란 '실제적 가'가 아니라는 점에서 오로지 법적 공동체이며 그것을 실효성 있게 해주는 것은 다름 아닌 호적 문서였다. 실제로 해방 후 한국에서 가제도는 호주제도 자체보다는 '가' 중심으로 편제된 호적제도에서 비롯되는 측면이 컸다. 출생하면 호적에 출생신고를 해야 하고, 혼인을 하면 혼인신고를 해야 하며, 여성의 경우 혼인하면 남편의 호적으로 옮겨야 한다는 의식, 즉 인생의 중요 고비마다 주요 사항을 호적에 기재한다는 것에서 비롯되는 '호적 의식'은 매우 뿌리 깊다(이경희, 2003: 68). 앞서 말한 사실주의에서 등록주의로의 전환은 바로 이렇게 국민의 모든 주요 사건을 호적 사무소, 즉 국가행정기관에 보고하고 승인을 받도록 하는 장치였던 것이다. 그것은 마치 국민이라는 자식이 어른에게 보고하고 승인을 받는 것과 다름없다. 더욱이 식민지 조선에서 그 '어른'이란 궁극적으로 일본의 왕이었다는 점에서 가제도란 단지 가족제도에 그치는 것이 아니라 일본과 조선이 하나의 몸이라는, 이른바 내선일체(內鮮一體) 정치학이 구현되는 지점임을 알 수 있다.

추상적 본적 개념 역시 "어느 곳의 행정구획에 가적(家籍)을 두는지를 명확히 하는 방법"으로서 본적이 있는 곳은 실제 가족원이 아니라 가적이 등록된 곳이다. 본적지의 기재는 호적을 통해 각 가적의, 그리하여 각 가족의 '행정적 연고지'를 지정해 최고 행정기구인 국가에 대한 소속감이 생기는 심리적 효과를 기대할 수 있다고 한다(홍양희, 2005: 183). 특히 일본은 일본 본토와 식민지를 내지와 외지로 구분하고 어느 지역에 속하는 사람인가에 따라 적용 법령 등에서 차등적 대우를 했다. 여기서 본적은 매우 중요한 역할을 하는데 내지에 본적을 가진 사람은 내지인이고 외지에 본적을 가진 사람은 외지인이며 지역 간의 본적 이동은 할 수 없었다. 즉 내지인과 외지인은 호적과 본적에 의해 엄격히 구별되고 그 신분이 고정되어 있었다. 이렇게 호적제도는 가제도의 일반적 국가 정책을 넘어 식민지 정책으로서도 결정적인 역할을 했다. 그럼에도 이러한 가제도, 호적제도 그리고 호주제도가 탈식민 한국에서 '전통'의 일환으로 여겨지고 2007년 말까지 존재했다는 것은 기이한 일이다. 어떻게 이런 일이 일어날 수 있었을까. 호주제도의 성격을 통해 좀 더 논의해본다.

3) 호주와 가장제도의 착종(錯綜)

일본의 가제도가 조선에 주입될 때 식민지 조선은 이를 어떻게 받아들였을까. 앞서 본 대로 식민지 조선에서는 민법의 법원을 「조선 민사령」에 의해 조선의 '관습'과 일본국의 민법 조문(조선의 적용이 법으로 규정된 조문에 한해)에 두었다. 이에 따라 일본이 조사한 조선의 가족 관습은 가족 소송 및 사무에 일관되게 적용되고, 다른 한편으로 일본 가제도의 법률이 유입되던 식민지 조선에서 가족을 관장하는 원칙과 규정은 상당한 변화를 겪었을 것으로 사료된다. 여기서는 가제도의 핵심인 호주 지위가 조선에서는 어떻게 수용되고 변형되며 동결되었는지를 논의하기로 한다. 조선 호주의 성격이야말로 식민지 조선의 가족제도가 겪었던 변동을 절묘하게 보여주고 식민지 이후 남한의 가부장성과 식민지성에 대한 탁월한 표상이라고 사료된다. 식민지 시기 일제 당국은 일본의 민법과 가제도를 조선에 도입했을 뿐 아니라 흥미롭게도 조선 '고유'의 가계 계승자의 개념에 일본식의 호주를 대입하는 논리를 구사했다. 실제로 앞서 법원의 논의에서 보았듯이 일본 민법의 도입과 고유 관습의 해석은 동시에 발생했던 일이다. 이에 따라 조선의 호주는 제도적으로 일본 민법에 따른 '호주 지위'임에도 마치 조선의 관습에 따른 '자연스러운 현상'인 듯이 채용될 수 있었다.

일제 시기 조선의 관습을 조사했던 각종 문서를 보면 일제는 조선 시대의 가족제도에 존재했던 종자(宗子), 종손(宗孫), 승중(承重)이라는 지위를 호주 지위와 비교하면서 해석하는 태도를 발견할 수 있다. 여기서 일본 구민법상의 호주와 조선 시대의 제사 계승자 및 가계 계승자는 대동소이하다는 해석이 나타난다. 이는 앞서 본 대로 '가제도'의 확대가 필수불가피한 상황에서 일본 민법상의 호주 지위의 이식에 따른 마찰과 이질감을 최소화하고자 하기 위함이고 「조선 민사령」의 '관습' 원칙과도 부합하는 것이라 보인다. 한편 일본의 호주와 조선 시대 가족의 대표자를 동일시하는 어법은 최근까지 한국에서 나타날 정도로 탈식민 한국에 승계되었다는 점에서 두 지위의 성격을 구분하는 일은 매우 중요하다. 이러한 동일시야말로 호주제도를 한국의 '전통'으로 주장하게 하는 근거가 되어왔다고 하겠다. 실제로 두 지위는 같다고 할 수 없기에 양자의 성격을 비교해보고자 한다.

먼저 조선의 종자, 종손, 승중이란 한 동족 집단에서 제사를 모시는 가장 중심이 되었던 인물이며 조상을 봉사(奉祀)함에 따라 한 가문의 계통을 계승하는 지위를 의미한다. 반면 호주는 이미 시행되고 있던 「민적법」 및 「조선호적령」에 의해 규정된 호적상의 '추상적인 가'의 대표자다. 이 점에서 종자, 종손, 승중이 갖는 권위의 원천은 조상 집단에 있었던 반면 호주는 국가가 승인하는 서류상의 지위라는 점에서 국가가 인정하는 가부장권이며 궁극적으로 국가(일본 국왕)로부터 부여받은 지위라는 점에서 성격의 차이가 있다. 둘째, 연결선상에서 종자, 종손, 승중이 가지는 권위의 흐름은 조상으로부터

'하향하며' 이 가족 대표는 조상들의 후손으로서 친척 집단을 대표한다. 반면 호주는 호적상의 지위를 기반으로 '우두머리'로서 동시대의 가족을 대표한다. 셋째, 종자·종손·승중 역할의 핵심이 조상의 봉사에 있었다면 호주 지위의 핵심은 제사가 아니라 경제, 특히 가족 재산의 집중과 효율적 운용에 있는 것으로 보인다. 이 점에서 호주 지위는 승중자에 비해 세속적이고 법률적이며 국가적인 지위임을 알 수 있다. 그 점에서 호주는 근대적 법제가 고안한 지위라 할 수 있다. 넷째, 그 선정에서 전자의 지위는 조상의 혈통을 계승하는 자라는 점이 가장 중요한 요건이라면 후자는 혈통과 어느 정도 무관할 수도 있다. 이 점은 대단히 중요한 차이라고 할 수 있다. 한 가문의 대를 이를 종자나 종손은 개인적인 요건과 거의 관계없이 선발되었다 할 수 있다. 종손이란 종가(宗家)에서 본처에 의해 태어난 남자일 것, 형제 순위상 가장 먼저일 것, 적장자가 없을 경우에는 촌수 및 세대를 고려해 양자를 선정할 것과 같이 일정한 원리에 의해 결정되는 지위였고 그만큼 가족제도가 가진 규칙성이 개인적인 특성을 훨씬 우선했다고 할 수 있다. 한편 호주 역시 일정한 요건에 따라 계승 순위가 정해지지만 서양자제도 및 후술할 폐제제도(廢除制度)와 같이 운용될 경우, 법적으로 호주로 지정된 자가 호주에 적합한지 여부를 개별 가족이 고려할 여지가 상당히 있었다.

마지막으로, 규모 면에서 두 가족은 대단히 다르다. 위에서 말한 엄격한 기준에 의해 선정되어야 할 종손, 종자 혹은 승중이라는 지위는 다섯 대 위의 조상인 고조부모(高祖父母)로부터 뻗어 나온 문중(門中)이라는 동족 집단의 대표자라고 할 수 있다. 따라서 형제간에도 분가가 허용되었고 호주로 편제되는 가족보다 훨씬 그 규모가 크며 봉사자의 필요성도 다섯 세대의 지도에서 본 종가의 계승 문제로 압축될 수 있었다. 그리고 이러한 규모는 앞에서 지적한 조상 봉사, 가계 계승 원리의 법칙성, 과거 지향성 등의 특징과 모두 유기적으로 엇물려 있다. 이상과 같은 차이는 조선과 일본의 양 가족제도가 상이한 가족 원리를 가지고 있었다는 궁극적인 측면으로 수렴한다.

이렇게 상이한 두 지위가 일제 시기의 가족 '비교'를 통해 호주권의 관점에서 재단되었다는 사실은 매우 중요하다. 이것은 전자의 지위가 기반으로 하는 제사 또는 가계 계통의 의미가 일본의 이에제도의 관점에서 재의미화되었음을 의미하기 때문이다. 이 과정에서 조선의 '관습'이 존중되는 듯하지만 실제로는 조선의 관습이 왜곡·해체되었다고 할 수 있기 때문이다. 그럼에도 그 핵심 중 하나인 부계계승제도가 호주제도를 통해 살아남았다는 사실에 매우 주목하는 것이다.

일본에서 법적으로 인정되었던 폐제제도를 식민지 조선에서 금지했던 것에서 당시의 논리를 엿볼 수 있다. 폐제(廢除) 혹은 폐적(廢嫡)이란 장자, 차자 등의 순위에 따라 법적으로 내정된 호주 계승자에 대해 그 무능력, 불손함 등을 이유로 현재 호주가 그 계승자를 호주 계승에서 제외시킬 수 있는 제도다(일본 구「민법」 제970조). 이 제도는 현재 호주에게 다음 호주에 대한 일정한 선택권을 줌으로써 현재 호주의 권위를 강화시킨 것이기도 하지만 동시에 호주 선정에 어느 정도의 융통성을 부여한 제도다. 일본의 가족제도에서 인정되었던 폐제가 조선에서는 인정되지 않았는데 "조선에서는 법정 호주 계승자가 아무리 무능하고 불손하다 해도 계승에서 제외시키는 관습이 존재하지 않는다"는 이유에서였다. 이 현상은 사소한 것 같지만 여러 의미를 지닌다.

먼저 위의 담론에서 말하는 '조선의 관습'이란 앞서 살펴본 가문의 계통을 잇는 장자, 장손 혹은 승중에 관한 관습을 뜻한다는 것에 유의해야 한다. 이 논리는 앞서 살펴본 조선의 '관습' 원칙에 따라 가족 사항이 결정되었음을 나타낸다. 하지만 한 걸음 더 들어가서 위의 담론을 살펴보면 조선 시대의 부계 계승 원리를 일본 호주제도의 문법에 의해 사고했다는 것을 발견할 수 있다. 이 담론에서 '조선의 관습'이란 특정의 사회적 공간과 시대를 넘어선 것으로 화석화(化石化)되면서 동시에 그 관습을 일본의 이에제도의 관점에서 바라본다. 이미 1914년 11월 정무총감의 회답에는 "한국의 관습에는 장남이 암우(暗愚)해 가를 승계함이 부적합하다고 할지라도 피상속인의 의사에 의해 이를 상속인에서 폐제하고 차남 또는 삼남에게 상속케 할 수 없다"고 나온다. 또 1915년 민적 사무 취급에 관한 관통첩(官通牒)에서 "실자(實子, 양자 아닌 친자녀)인 상속인 폐제의 신고는 이를 수리할 수 없다"고 확정 짓고 있다. 이후 식민지 고위 관리들의 회답에서 같은 견해가 거듭 확인되었다(정광현, 1967: 251~252). 이로써 조선에서는 적장자 및 이외 법률이 정하는 추정 호주 승계인 순위의 사람이 아닌 다른 방식의 호주 승계는 호적사무에서 접수하지 않게 되었으며 폐제라는 쟁점 자체가 등장하지 않은 것으로 되어 있다. 이것은 조선에서 예외적 호주 계승을 인정하지 않음으로써 호주 계승의 법칙성이 일본보다 한층 뚜렷했다는 것을 의미한다. 다시 말해 일제가 그 나름대로 조선의 관습을 확정한 결과 식민지 조선에서 법정 호주 계승자의 포기 및 선택은 불가능했고 이로써 호주제도가 일본보다 한층 융통성 없는 법적 제도로 운영되었던 것으로 보인다.

종자 혹은 승중이라는 가계 계승자의 필요는 주로 조선왕조 후기에 확립된 부계 계승주의적 동족체제에서의 종가의 계승 문제로서, 한국에서 실행한 호적부상 가족보다 그 규모가 훨씬 크다. 더구나 이러한 가계 계승은 대개 조상 봉사의 물질적·문화적 자원을 가진 양반 계층의 관심사였다. 주지하다시피 조선 시대의 가부장적 가족제도의 원리는 당시의 사회적 맥락, 그 정치적 이해, 물적 토대, 신분 구조, 통치 이념과 세계관 등에서 구성된 것이어서 그 시대의 맥락 속에서만 온전하게 의미를 해석할 수 있다(Deuchler,

1992). 하지만 조선의 '관습'을 판단했던 식민지 당국은 조선왕조 사회가 조직되었던 가문, 지역, 계층에 따른 차별성(공간적 차이)과 함께 조선 시대 내부의 시대적 변동 등을 대거 사상시킨 채 조선의 '관습'을 일반화하고 법제화했다. 이렇게 조선 시대 가족 '전통'에 대한 탈맥락적 어법은 오늘날까지 한국 사회의 법적·지적·상식적인 여러 수준의 담론에서 어렵지 않게 발견할 수 있다.

4) 성과 씨, 양자제도

조선의 성(姓)은 혼인이나 입양에 의해서도 결코 변치 않는 불변 원칙을 그 철칙으로 한다. 조선의 성과 본은 부계(아버지 계통)와 남계(남자 형제)를 통해서만 계승되는 철처히 남성 중심적 체계다. 이러한 성제도는 다시 본관이나 파, 소파제도로 분화하고 통합하면서 발전해왔다. 한국은 1997년 헌재에서 위헌판결이 나기 전까지 성과 본을 공유하는 동성동본(同性同本)이란 민법상의 금혼 범위였다. 한국에서 여성은 혼인을 해도 자신의 부계 계통의 표지인 성을 그대로 유지하며 입양에 의해서도 성과 본이 바뀌지 않는다. 이렇게 부계 혈통의 표지인 성과 본은 결코 변하지 않는 것이다.[5] 이에 비해 일본의 씨(氏)는 각 호(戶)의 표지다. 이에 따라 한 사람이 혼인, 이혼, 입양, 파양 등을 이유로 한 호적에서 다른 호적으로 이동하면 각 소속 호에 따라 씨

---

[5] 2013년 현재 한국의 민법은 '부계성본주의'를 유지하고 있지만, 2005년 개정에 의해 부부의 혼인 시 자의 모성(母姓) 선택이 가능해졌고, 어머니의 재혼 이후 자녀의 성과 본을 변경할 수 있게 되었으며, 입양에 의해 성과 본이 변경되는 친양자제도 등이 도입되었다. 이 제도들은 한국의 성제도의 견지에서 획기적이지만 여전히 예외적인 것이다.

도 바뀐다. 일본의 호적에서 각 개인란에는 '명(이름)'밖에 기재되지 않는데 그것은 동일 호적에 등록되어 있는 사람들(가족)의 씨가 모두 동일하다는 점이 전제되어 있는 것이다.

성제도가 한국 가족제도의 핵심임을 부정하기는 어렵다. 그럼에도 앞서 언급한 대로 1921년, 1922년, 그리고 1939년에 걸친 「조선 민사령」 제11조의 개정으로 인해 일본 구민법상의 가제도가 조선에 점점 더 깊이 뿌리를 내리게 되었다. 또한 1940년 2월 11일 이른바 창씨개명으로 알려진 「씨선정제한(氏選定制限) 및 씨명변경(氏名變更)에 관한 제령(制令)」을 발표해 일본식의 씨제도를 강행했다(정광현, 1967: 22, 25). 일본의 서양자제도와 일본식 씨를 조선에 이식한 것은 조선 가족제도의 가장 근본적인 법규에 대한 도전이라고 할 수 있다. 1939년 11월 10일에 공포된 「조선 민사령 중 개정의 건(제령 제19호)」은 서양자(壻養子) 및 이성양자(異姓養子)를 인정할 것, 가의 칭호로서 씨(氏)를 붙일 것, 호주는 씨를 설정해 개정 민사령 시행으로부터 6개월 이내 (1940년 2월 11일부터 6개월간)에 신고할 것, 신고가 없는 경우는 호주의 성(姓)을 씨로 할 것 등을 정하고 있다. 이로써 조선인들은 정해진 기간에 새로운 씨를 정해 신고하거나 기존의 성을 씨로 대체해야 하는 대변화가 일어났다.[6]

흔히 '창씨개명'으로 알려진 이 정책에[7] 따른 조선인의 성명 변경은 비단

---

6 새로운 씨를 설정하는 것은 '설정창씨(設定創氏)'라 하고, 기간 내 씨의 신고가 없는 경우 호주의 성을 그대로 씨로 삼는 형식을 '법정창씨(法定創氏)라 한다.

7 미즈노는 '창씨개명'이라는 용어가 정확하지 않기 때문에 창씨(創氏)와 개명(改名)을 구분해서 살펴볼 필요가 있다고 한다. 창씨(創氏)는 신고서를 관청에 제출하기만 하면 되었고 개명(改名)의 경우는 본적지 또는 주소지를 관할하는 재판소의 허가를 받아야 하는 절차를 요했다. 창씨가 법적 의무였다면 개명은 자발성에 입각한 임의적인 것이었다.

제2장 호주제도 | 양현아 59

1930년대 말에 제기된 의제가 아니다. 그것은 가제도의 통합적 측면으로서 호적과 유기적으로 관련되어 있다. 1939년의 창씨개명 정책은 기존의 호적 정책 및 씨명 정책의 연속선상에 있었다. 1939년 12월 26일에는 창씨개명에 관한 사무절차 등을 정한 일련의 법령이 공포되었는데 그 가운데서 「조선 호적령」의 개정이 중요하다(「조선 총독부령」 제220호). 「조선 호적령」은 종래의 조문에서 '성명'이라 했던 부분을 '씨명'으로 바꿀 것, 호적 양식상의 '본관'란을 '성과 본관'란으로 바꿀 것 등을 정하고 있다. 이렇게 하여 조선인의 '성'이 호적에 남게 되었지만 본명의 자리는 아니었다. 이렇게 창씨란 신고 여부와 관계없이 법적으로 강제되었다. 창씨를 별도로 신고하지 않은 경우에는 호주의 기존 성이 씨의 자리에 등록되었다. '내지풍의 씨'를 붙이는 것에 대해서는 여러 제한이 가해졌다.[8] 그 외에 부부의 성을 합해 두 글자의 성을 만드는 것, 자신의 성에 일본인풍의 씨를 덧붙인 것, 자신의 기존 성명을 이름으로 삼는 일 등은 모두 허용되지 않았다. 결국 실질적으로 일본식의 씨로 인정되는 것은 일본식의 두 문자로 된 성〔苗字〕이라고 할 수 있다(미즈노 나오키, 2008: 79~80). 이러한 변화는 가족의 입장에서도 큰 변동을 가져왔다. 호주의 어머니와 부인은 호주의 성을 자신의 씨로 갖게 되었기 때문이다. 흔히 창씨개명은 일본 제국이 자신들의 씨제도를 조선에 강요한 측면으로만 표상되지만 여성의 입장에서 그것은 자신의 성이 호주의 성으로 바뀌는 일대 변혁을 의미한다. 이 점 역시 기존 역사 연구에서 간과되어온 측면이다.

당국은 이러한 씨제도의 강제를 아래와 같은 담화로 정당화했다. 당시 법

---

8   역대 천황의 휘(諱)나 이름을 씨 또는 이름에 사용하는 것, '자기의 성 이외의 성을 사용하는 것'〔예컨대 성이 김(金)인 사람이 이(伊)나 박(朴)을 씨로 하는 것〕을 금했다. 상세한 내용은 다음을 참조(미즈노 나오키, 2008: 69~70).

무장관의 말이다.

(조선에) 원래 사회 구성의 단위인 가(家)에 이를 표징하는 칭호가 없음은 국가에 국명이 없음과 같이 매우 기이할 뿐 아니라 이성양자가 인정케 되므로 상속이 개시한 경우에 상속인의 성과 피상속인의 성이 상이하게 되어 상속의 관념에 들어맞지 않으므로 이번 개정에 있어서 각각에 그의 칭호인 '씨'를 정해 호주 및 가족은 그 '씨'로 칭하기로 규정한 바다(정광현, 1967: 27 재인용).

또한 법무관 사무관은 다음과 같이 말했다.

일선인(日鮮人, 즉 일본인과 조선인)은 혈연적 연쇄로 굳게 맺어 있으므로 필연적으로 혼연일체가 될 운명을 역사적으로 짊어지고 있다. 혼연일체로 된다고 함은 반도인이 형(形)과 용(容)이 황국신민화하는 것이다. 이것이 여실할 때 반도인에도 일본인식 씨를 칭하고 싶어 하는 요망이 일어나야 될 것이다. ……(정광현, 1967: 27 재인용).

이에 따라 한국의 성은 본관과 함께 기존에 본관을 기록했던 자리에 기재했다. 개인의 신분 증명을 위해서 혈연관계를 밝혀야 하는 경우를 제외하고, 직장이나 학교생활 이력서와 같은 일반적 사회 활동을 위한 공문서에는 일본의 씨만으로 충분하게 되었다. 이에 따라 한국의 성은 마치 숨은 사람인 양 호적의 구석에 자리 잡고 있는 반면 일본의 씨는 개인의 이름이 되었다(정광현, 1967: 28). 이렇게 호적에 성과 본관이 기재되어 있으므로 특정인이 '조선인임'은 명확히 알 수 있었다. 이상과 같은 성과 씨의 차이는 식민지 가

족 정책에서 대단히 중요한 문제다.[9]

한편 일본의 서양자제도 도입에서도 일본 가제도의 이식을 읽을 수 있다. 서양자란 혼인과 연조(緣組)가 동시에 일어나는 독특한 양자 방식이다. 서양자는 양부모의 양자(養子)일 뿐 아니라 양부모의 딸과 결혼함으로써 사위가 된다. 이는 한국 가족제도의 이른바 철칙인 이성불양(異姓不養), 즉 '성이 다른 자는 양자로 삼지 않는다'는 '관습'에 어긋난다. 동시에 이와 같은 양자제도에는 남매가 동시에 부부가 되는 관계를 형성하는 호내혼인〔戶內婚姻 혹은 가녀양자(家女養子)〕제도가 포함된다(정광현, 1967: 32~37). 조선왕조 시대의 가족 규범에 따르면 양자란 대부분 부계 혈통상의 근친에서 선택되었고 생물학적인 아들, 즉 친자(親子)와 다름없는 지위를 가졌으므로(Peterson, 1996), 조선의 관점에서 호내혼인과 같은 결혼은 정확히 근친상간이다.

일본식 씨제도의 도입은 일본과 조선 호적의 통일을 넘어 혼인과 양자연조를 통해 조선인과 일본인이 하나의 가족을 형성하는 것도 촉진할 수 있었다. 예컨대 일본인 남자(물론 다른 씨를 가진)는 보통의 입양이나 서양자제도를 통해서 조선인 가족의 일원이 될 수 있었고 말할 것도 없이 입양 후에는 동일한 씨를 갖게 된다. 이는 '이성불양'이라는 조선의 '관습'하에서는 생각할 수 없는 것이다(정광현 1967: 44). 또한 일본 씨제도의 도입으로 일본인과 한국인 간의 통혼이 촉진되었는데 특히 일본 남자와 결혼한 한국 여자의 경우 한국 혈통의 흔적을 지우고 일본 씨를 얻었다(정광현, 1967: 46). 1921년 6월 7일 「조선 총독부령」 제99호로서 '내선인통혼법안(內鮮人通婚法案)'이 발

---

9 미즈노(2008: 147)는 창씨개명 정책의 '강제성' 여부에 대해 논하면서 법원, 학교 등 기관을 통한 우도, 그리고 행정 지역별로 일어난 경쟁과 감독의 결과, 약 80%의 전체 조선인 호적이 씨 설정을 위한 신고를 했다고 보고한다. 인구가 아니라 호적수가 기준이 된 것은 동일 호적내의 가족은 동일 씨를 가지기 때문이다.

효되고 1922년의 「조선 호적령」이 도입됨으로써 일본과 완전히 동일한 호적제도가 조선에 도입되고 혼인, 이혼, 양자 등의 수속 절차 또한 일본과 동일해졌다.

1939년의 「조선 민사령」 제3차 개정에 따라 양 사회의 차이로 인해 호적에 편입하거나 호적에서 삭제되지 못했던 법적 장애가 완전히 사라졌다. 예컨대 조선인 남자와 결혼한 일본인 여자의 경우 조선인의 호적에 들어갈 수 있게 되었고, 일본인과 결혼한 조선인 여자의 경우 종래에는 일본인 호적에 들어갈 수는 있었지만 조선의 호적에서는 삭제되지 않는 등의 문제점이 존재했다. 1930년대 이후 통혼의 증가는 이러한 법적 장려 정책과 함께 이전의 사실혼 관계의 신고 증가에 따른 것으로 볼 수 있다. 사실상 1939년 강제했던 일본식 씨제도는 조선 주민을 일본 내지(內地)의 주민과 행정적으로 균질하게 만드는 조치이며, 식민지 사회를 일본 천황 아래 혈통적으로 통합하는 가족국가의 완결을 의미한다. 그리하여 일본식 씨제도의 도입은 조선과 일본의 호적 내용을 통일하는 데 필수적이었고 양 인종 간의 통혼이나 양자를 통한 동화 정책을 위해서도 불가피했다. 이렇게 가제도는 호적, 국가, 호주, 그리고 씨제도 및 양자, 혼인제도가 서로 유기적으로 관련된 복합적 제도임을 알 수 있다. 다시 말해 내선 일체와 동시에 구분을 꾀하는 인종 정치의 지점이었다. 호주제도와 달리 일본식 씨제도와 서양자제도는 1945년 식민지 피지배에서 벗어나면서 곧바로 폐지되었다.

4. 탈식민 가족법의 '전통 존중론' 헤게모니

탈식민 후 대한민국 입법부에서 가족법의 입법 방침 중 '전통 존중론'이 그 헤게모니를 이루었다. 여기서는 전통 존중론의 기본 담론을 살펴보면서 그 민족주의와 가부장성이 지닌 식민주의 유산성을 조명해본다.

일본은 식민지 본국으로서 자신들의 가족제도를 별 어려움 없이 조선에 이식할 수 있었다. 앞서 본 대로 가제도에 포함된 호주와 가족 관계, 결혼, 이혼, 재혼, 부모 자녀 관계, 재산상속 등 여러 가족 관계의 법규가 함께 식민지 조선에 이식되었다. 이식된 일본의 가족제도는 씨제도나 서양자제도와 같이 명백한 강제가 아닌 경우 조선에 실행되는 '관습' 또는 식민지 조선의 현시의 필요로 제시되었다. 그리하여 일본의 가족제도가 식민지 당대의 '관습'으로 이어져 이후 한국 사회에 연속되었을 가능성이 농후하다. 과거 회귀적인 관습의 왜곡론으로는 이런 영향력의 지속을 설명하기가 어렵다. 아래는 전통 존중론의 대표자 격인 김병로 법전편찬위원장의 동성동본 금혼제도에 대한 발언이다.

그러나 우리나라가 지금 수천 년 역사 가운데에서 그 기본 도덕과 기본 윤리에 있어서는 세계만방이 공통하는 것이니까 말할 것도 없지마는 민족 윤리와 그 사회도덕 그 방면에 있어서는 우리나라가 물론 중국보다 훨씬 향상되고 우리나라 것이 훨씬 완전하고 완미하다는 것을 나는 자랑하고 있읍니다마는 …… 우리나라 역사와 참말로 우리나라 문화와 전통을 깊이 음미한다면 우리나라 민족은 온 세계에 유가 없는 선진 민족이고 유가 없는 문화민족이에요. …… 우리나라의 본래 근친혼인 …… 혼인의 친족 간 혼인을 금지하게 될 인류 문화의 발달의 시초서부터 가장 최고 문화로 내려온 것입니다. 그러기에 나는 보고 있기를 인제 이것이 서양 각국이라든지 다른 나라도 차차 인제 진화가 …… 문화가 더 그 도덕문화 윤리문화가 생리상 생리학의 연구와 더부러 발전 향상됨과 동시에 우리나라를 차차 모방해오리라고 나는 생각합니다(「국회정기회의속기록」, 1957, 26~30: 7~9).

동성동본 금혼제도는 김 위원장이 숭상하는 가족법의 '전통' 원리를 표상하는 핵심적 제도였다. 이 제도에 대한 자랑스러움의 또 다른 원천은 일제 식민통치에도 그 문화가 굳건히 이어져 왔다는 믿음에 있다. 아래 발언을 살펴보자.

저희(일본)가 아무리 원 정치라든지 법률이라든지 이런 것을 마음대로 한다 하더라도 남의 나라의 역사와 문화를 갖다가 짓밟는 법은 없으니까 그럴 수는 없어서 그 놈들이 친족상속법은 여기에다가 적용을 못했지요. …… 왜 놈의 야촌(野村)이라고 하는 사람이 있는데 그런 것 책자들을 지금 참고로 하고 있는 것은 참 망상이에요. 전의 여기 관의 자료로 한다는 것은 그것은 큰 망발이에요 그러기에 제일 …… 이 친족상속법은 근본적 우리나라 누천년 역사를 존중하고 …… 파괴하느냐 존속하느냐의 기본법입니다(「국회정기회의속기록」, 1957, 26~30: 11).

조선의 가족제도를 변혁하고 가제도를 완결할 의도로 일제가 조선에 '동성동본혼'을 허용하고자 했으나 이를 시행하지 못했던 것은 사실로 보인다(미즈노 나오키, 2008: 51). 하지만 그렇다고 조선에 일본의 친족상속법을 적용하지 '못했던 것'은 아닌 것으로 보인다. 앞서 본 대로 친족상속에 관한 법률 사항은 일본 민법이 아니라 조선의 관습을 따른다는 원칙(「조선 민사령」 제11조)은 조선이 아니라 일본 식민 당국이 세운 것이었다. 게다가 일제 시기 내내 조선의 관습을 조사·해석하고 결정해 '조선의 관습'을 선언한 것도 기본적으로 식민지 조선의 관료, 법률가, 관련 학자들이었다. 행정부 관료, 법률가, 관련 학자들이었다. 그뿐 아니라 일제는 식민 지배가 깊어짐에 따라 일본 구민법을 조선의 땅에 적용하고 그 범위를 확대해가는 데 별다른 장애가 발생하지 않았다. 그 절정이 1939년의 「씨성명변경에 관한 제령」의 시행이 었다. 일본식 가제도 도입은 이미 1915년 기존 「민적법」의 개정에서 이루어 졌고 1922년에는 「조선 호적령」을 재정비해 일본과 매우 유사한 호적제도 를 도입했고 이를 2007년 12월 31일에야 폐지했던 것이다. 그럼에도 '전통존중론'의 담론에는 식민지 영향이 부정될 뿐 그것이 어떤 것인지 대면하지 않았고 '전통'을 외칠 뿐 그 내용이 무엇이며 어째서 필요한지는 논증하지 않았다. 여기서 식민지 시기 조선의 관습과 숭상되는 '전통'의 관계는 더더욱 밝혀질 수 없었다.

5. 2000년대: 호주제의 폐지와 식민지성의 침묵

1) 행정부와 입법부의 역할

1958년 민법 제정 이후 1960년대, 1970년대, 1980년대의 가족법개정운동에서 호주제 폐지는 줄곧 가장 중심적인 어젠다(agenda)였고 관련된 수많은 활동이 이루어졌다(이태영, 1992). 그만큼 호주제도는 한국 가족법의 큰 틀거리였고 호적법을 통해 전체 국민을 파악하고 통제하는 효과가 컸으며 그 성차별성은 극심했기 때문이다. 호주제 폐지는 크게 두 과정을 통해 달성했는데 하나는 행정부와 입법부를 통한 민법 개정안의 입법이고, 다른 하나는 헌재를 통한 호주제의 헌법불합치 결정이 그것이다(양현아, 2010).

2000년대 부활한 시민단체의 호주제폐지운동은 개혁적인 성향이었던 당시 정부에 효과적으로 전달되었다. 이런 흐름에 부응해 최초 여성 장관이자 인권 법률가 출신인 강금실 장관의 법무부는 2003년 6월 '가족법 개정 특별 분과위원회'를 발족했다. 이 위원회는 역사상 처음으로 호주제도를 완전히 삭제한 민법의 친족·상속편(가족법)을 작성해 2003년 9월 4일 민법 개정안을 입법예고했고 9월 25일 공청회를 개최했으며 11월 6일 법안을 국회에 제출했다. 이 법안은 이후 법제사법위원회와 국무회의를 거치면서 수정되었지만 본회의를 통과하지 못한 채 제16대 국회의 임기 만료와 함께 자동 폐기 되었다. 해당 특위는 법안을 다시 손질해 2004년 6월 제17대 국회 출범과 함께 정부안으로 제출했다. 노무현 대통령에 대한 탄핵 국면 이후 구성된 제17대 국회는 그 구성이 바뀌어 여당이 국회의 다수당이 되고 진보적 성향의 국회의원이 다수 등원했다. 제17대 국회 출범 후인 2004년 12월, 마침내 각 정당은 호주제 폐지의 민법 개정안을 2005년에 통과시키는 데 합의했고 마침내 2005년 2월 28일, 국회 법제사법위원회는 민법 개정안을 찬반 표결 끝에 찬성 11표, 반대 3표, 기권 1표로 가결했다. 이어 3월 2일 개최한 국회 본회의에서 호주제가 삭제된 민법안을 의결하기에 이른다. 이로써 1953년부터 시작된 반세기에 걸친 호주제폐지운동은 마침내 마침표를 찍게 된다. 이렇게 김대중·노무현 정부라는 민주 정부의 집권이 호주제 폐지의 주요인임을 부정하기 어렵다.

다른 한편 2003년 9월 25일 개최된 민법 개정 법률안 공청회장에서의 유림의 태도에서 호주제도 폐지의 반감(反感)이 선명하게 드러났다. 이 공청회장에는 두 발표자(김상용 당시 부산대 법과대 교수, 곽배희 한국가정법률상담소 소장)와 네 명의 토론자(구상진 변호사, 이경숙 한국여성단체연합 대표, 정환담 전 남대 교수, 진선미 변호사)가 참여했다. 이날 발표장에는 유림과 '정통가족제도수호범국민연합(이후 정가련)' 소속 회원 60여 명이 참석했는데 첫 발표자

▌'정가련' 회원들이 항의를 계속하자 법무부 관계자들이 말리고 있다.

자료: ≪오마이 뉴스≫, 2003.9.25(http://www.ohmynews.com/NWS_Web/view/at_pg.aspx?CNTN_
　　CD=A0000145236).

인 김상용 교수가 조선 시대의 성과 본, 그리고 신분제도에 대해 발표를 시
작하자마자 "너는 성도, 본도 없나", "너 어디 김 씨야? 너부터 성과 본을 밝
혀!", "우리 조상님들의 50%가 노예였단 말이야!" 등 욕설이 난무해 공청회
장은 아수라장이 되었다.[10] 정가련 회원은 민법 개정의 절차가 지나치게 호
주제 폐지 측에 치우쳐 있어 절차적 공정성이 없음을 비판했다. 이러한 논란

10　이 공청회는 서초동 변호사회관 대회의실(지하 1층)에서 개최되었다. 정가련 측의
　　한 변호사는 "나도 김 교수의 먹살을 잡아 내치고 싶다"고 발언하기도 했고, 방청석
　　으로 내려와 "오늘은 토론자로 나왔으니 토론회가 원만히 진행돼야 할 것 아니냐"며
　　"내 절을 받고 여러분이 자중해달라"고 엎드려 큰 절을 하기도 했다.

은 한국 가족법 개정운동이 놓여 있었던 전통과 근대성의 이분법, 즉 상호 조화점을 찾지 못했던 구도를 보여주었다는 점에서 '역사적'이다.

2) 헌법재판소의 해석

2005년 호주제 위헌법률 심사를 행한 헌재의 결정문은 당대 한국의 진보적·법적 논리를 집대성한 것으로서 의의가 있다. 헌재는 먼저 가족법 역시 헌법적 원리에 의해 구속된다는 것을 분명히 했다. 그리하여 가족법과 헌법 간의 관계에 대해 다음과 같이 판시했다.

가족제도는 역사적·사회적 산물이라는 특성을 지니고 있기는 하나 그렇다고 하여 가족제도나 가족법이 헌법의 우위로부터 벗어날 수 있는 특권을 누릴 수 없다. 만약 이것이 허용된다면 민법의 친족상속편에 관한 한 입법권은 헌법에 기속되지 않으며, 가족 관계의 가치 질서는 헌법의 가치 체계로부터 분리될 수 있다는 결론에 이르게 되는데 이것이 입헌 민주주의에서 용납될 수는 없다(헌법재판소 2005.2.3. 2001헌가9·10 등 결정, 제16면).

사실 헌법이 한 주권국가의 최고 법규범이라는 점에서 하위법인 민법이 이에 구속된다는 것은 어쩌면 자명한 논리다. 하지만 동성동본 금혼 규정의 민법 도입에서 보았듯이 한국 가족법의 '전통 존중론'은 그리 합리적인 추론의 대상이 아니었다. 이 점에서 이 결정의 큰 의의가 있는데 베일에 싸여 있던 전통을 합리적·법적 추론 아래 놓았다는 점이다. 이렇게 헌법 제36조 제1항과 제9조 간의 조화적 해석, 요컨대 전통과 양성평등 간의 조화를 꾀하기 위해 헌재는 아래와 같은 해석론을 제시했다. 헌재는 먼저 전통이란 고정불

변하는 것이 아니라 시대와 역사성을 띠는 것으로 인식하고 다음과 같이 새로운 전통 개념을 피력한다.

"전통이란 역사와 시대 속에서 재구성되는 것이며 그 과거 존재성과 함께 현재 적합성을 모두 충족해야 한다"(Hobsbawm and Ranger, 1983; Fabian, 1983). 따라서 헌법 제9조에서 말하는 '전통'과 '전통문화'란 '오늘날의 의미'로 재해석되지 않으면 안 된다는 것이다. 이에 따라 가족제도에 대한 헌법 이념인 개인의 존엄과 양성의 평등에 반하는 것이어서는 안 된다는 한계가 도출된다. 헌법 이념에 반하는 역사적 전승은 '사회적 폐습'이 될지언정 헌법 제9조가 '계승·발전'시키도록 한 전통문화에 해당하지 않는다는 것이다(김하열, 2006: 26~7).

이와 같이 헌재는 헌법 제9조와 제36조 1항 내지 제11조 간을 조화롭게 해석하는 합리적 논변을 제공했다고 할 수 있다. 특히 헌재가 '전통'을 역동적이고 역사적인 산물로 파악하고 헌법을 포함한 보편 가치를 담지했을 경우에 한해 헌법적 보호 가치가 있는 '전통'이라고 천명한 부분을 높이 평가한다. 이는 이 결정의 논증에서 하나의 '돌파구(breakthrough)'였다.

다른 한편 이 논증에 따라 호주제도가 성차별적 제도인가를 우선 판단하면 족하고 호주제도가 성차별적 제도라면 전통성 여부는 그 합헌성을 판단하는 데 핵심 사안이 아닌 것이 되었다. 즉 이러한 의견에 따라 가족법, 즉 호주제도의 전통성 여부는 그 합헌성을 판단하는 데 핵심이 아니게 되어버렸다. 전통성 여부가 호주제의 위헌성을 판가름할 핵심이 아니라는 논거는 진전인 동시에 후퇴이기도 하다. 이러한 논거를 헌재가 받아들임으로써 호주제도의 역사적 성격 특히 그 식민지성을 규명할 기회를 사실상 놓쳤기 때문이다.

이렇게 헌재는 호주제의 전통성 여부에 따라 위헌성 판단이 좌우되지 않음을 분명히 하고 성차별성의 논증으로 나아갈 수 있었다. 즉 호주제도는 헌법이 보장하는 인간의 존엄성, 성차별 금지, 그리고 혼인과 가족의 양성평등에 반하는 체계적 성차별제도임을 분명히 판단한 것이다. 이렇게 호주제도의 성차별성에 대한 엄격한 심사와 법사회학적인 참신한 논증에도 불구하고 호주제도의 역사적 심의에 이르지는 못했다. 유림과 같이 호주제도의 식민지성을 부정하지는 않았지만 헌재의 결정문 어디에도 식민지적 법적 기원에 대해서는 침묵하고 있다. 앞서 본 대로 호주제도의 전통성 여부를 헌법상 보호해야 할 전통인지 여부의 문제로 심의함으로써 결국 호주제도의 전통성 자체는 불분명하게 남겨두었다. 요컨대 호주제도가 전통임에도 성차별적이어서 헌법에 불합치한 것인지 아니면 그것은 전통으로 논해질 자격이 없는 식민지 제도였는지가 충분히 규명되지 못한 채 헌법불합치 결정이 내려졌다.

6. 나가며: 여성에 관한 역사와 여성을 통해 보는 역사

호주제 폐지는 여성의 위치성을 통해 본 식민지 국가 유산의 극복 과정이라고 평가한다. 호주제 문제는 서구 페미니즘에서 말하는 공적 영역에서의 남녀평등, 개인주의적 평등론으로는 잘 포착되지 않는 고유한 한국 페미니즘의 문제 영역을 보여준다. 한국의 제1세대 여성주의를 대변하는 이태영 변호사는 한편으로는 식민지적 질곡과 그것에 접목된 가부장제에 대한 감수성을 가지고 있었으며, 다른 한편으로는 근대 법학과 인도주의 정신으로 무장하고 있었던 것으로 보인다. 전통 문제에 대한 '감수성'은 있되 그것을 논증해줄 법학적 지식은 근대 지식인 상황이었다. 2010년대를 사는 현재의 여성주의 세대에는 근대의 이름으로 전통을 매장하는 것과는 다른 새로운 페미니즘의 논리가 요청되는 것은 아닐까.

1950년대 민법의 제정에서 전통과 근대성의 철학은 분리되어 가족법 안에서 이분법적 구도를 이루었다. 전통은 조선 시대의 불변하는 무엇이었고 근대성은 현재 사회의 전개에 부응하는 무엇이었다. 이에 따라 특히 1989년의 가족법 개정은 신분 관계와 재산 관계를 지배하는 원리로 극명하게 분리되었다. 신분 관계가 '전통' 원리의 지배 영역이라면 재산 관계는 개인주의·남녀평등 원리의 영역이었다. 가족법 속에 규정된 여성의 위치야말로 이러한 두 체계의 분리를 드라마틱하게 구현했다. 한국 여성은 한 발을 전통과 가부장제의 땅에 딛고 다른 한 발은 개인주의적 자본주의 원리를 딛고 서 있는 형국이다. 따라서 이 모습은 여성이 가진 문제가 아니라 이 땅의 역사가 가진 문제를 뜻한다. 필자는 전통과 현대의 이분법적 분리의 이유는 무엇보다 동결된 '전통' 인식에 기초한다고 진단하며 전통 지식의 동결은 식민주의 법의 지배에서 그 연원을 찾을 수 있다고 본다.

그간 한국 법사학계와 역사학계를 중심으로 구성된 식민지 유산에 대한 이분법적 틀, 즉 순수한 전통 대 전통의 왜곡론은 식민지성의 내밀한 성질을 포착하는 데는 부족했다. 이 글에서 살펴본 대로 법과 사회의 식민지 지배는 순수한 전통의 왜곡을 초래했다기보다 조선인들이 믿는 '전통'에 깊숙이 개입하고 재생산하는 과정이었고 이는 한국 사회의 근대로의 문화혁명을 차단하는 것이었기 때문이다. 흥미로운 것은 여성주의자들의 호주제도의 분석과 비판운동의 개입으로 식민주의 역사와 법에 대한 인식이 고양된 것이지, 그 역이 아니라는 점이다. 식민주의에 대한 기존의 담론에 따르면 호주제도의 식민지성은 '전통의 왜곡' 그 이상도 이하도 아니었다. 식민주의가 행한 가부장적 제도와 지식의 '생산'은 역사 서술의 맹점(盲點)으로 남아 있었다. 이렇게 여성주의적 시각은 식민주의에 대한 새로운 이해를 불러일으켰으며 식민지 법제 역사를 새로 쓸 수 있게 했다. 여성주의적 인식이 아니고는 잘 포착되지 않던 식민지 유산의 젠더적 차원이 드러난 것이다. 여기서 페미니즘 법학은 법과 정의, 한국 사회의 시공간을 새롭게 분석하는 이론이자 방법이 된다.

다른 한편 헌재의 결정에서는 '여성주의'를 이해하는 인식의 한계도 읽을 수 있다. 단적으로 말해 그것은 성차별 혹은 성 평등에 관한 것이지 사회의 구조적이고 역사적 상태에 관한 해석론으로 여겨지지 않았다. 성차별은 다른 변인이나 현상과 분리된 듯 존재했고 성차별성 자체로만 판단되었을 뿐 역사적으로 구성된 가부장제가 갖는 의미를 재조명하고 새로운 전통이나 문화를 만들 수 있는 가치론으로 여겨지지 않았다(양현아, 2010). 이는 여전히 한국 사회에서 여성주의가 사회 이론이나 역사 방법론이 아닌 소수자의 권리 담론으로만 한정되는 모습을 나타내기도 한다. 바로 이 점에서 여성사(女性史)의 의미는 무엇인지를 생각해볼 필요가 있다. 여성사란 자주 여성에 대한 역사, 여성의 삶에 대한 관심으로 이해되었고 이 점은 여성사의 주요 측면이 될 수 있다. 하지만 여성사는 이러한 여성에 대한 실증적 역사를 훨씬 뛰어넘는다. 우리가 과거 여성의 삶에 대해 천착한다고 해서 가부장적 편견과 위치를 넘어서기는 어렵다. 오히려 여성사는 여성이라는 위치와 젠더라는 사회적 축을 중심으로 역사를 다시 보는 역사 서술 방법에 해당한다(Scott, 1988). 이러할 때 여성사는 기존 남성적 역사 서술에서 보이지 않았던 '자연화된' 역사의 흐름을 볼 수 있게 할 것이다. 이 글에서 다룬 호주제도의 식민지성과 가부장성은 남성적 역사관에서 '전통의 왜곡'으로만 문제시되었던 영역이라는 점에서 '여성사'가 무엇인지를 보여줄 수 있는 탁월한 예가 아닐까 한다.

일본에서 이에제도는 제2차 세계대전 패전 이후 개정된 신민법에서 폐지되었다. 하지만 한국에서 호주제도는 2007년 말까지 존재했다. 일제 시기를 거친 한국의 가족제도에서 아들의 필요성은 전 국민의, 모든 소규모 가족의 법적 필요로 변모하게 된다. 이 결과 현대 한국에서 하나의 호적을 구성하는 모든 소규모 가족이 마치 계승해야 할 하나의 계통을 가진 것처럼 되어버리고, 아들은 모든 소가족의 필요가 되었다. 즉 현대 사회를 살아가는 모든 가정이 대를 이어야 한다는 당위를 짊어지게 된 것이며 이것이 근대법과 동시에 한국 전통의 요구가 되어버렸다. 이렇게 식민지 경험을 거치면서 한국에 뿌리를 내린 가족제도는 일본의 이에제도와도 일치하지 않으며 조선 시대의 가부장제도와도 상이한 한국의 '전통-근대적' 가부장제도로 이해해야 한다. 그것은 일본식의 이에제도의 일부를 떼어다 그 안에서 규모가 훨씬 큰 조선의 가족, 특히 문중이라는 동족 단위를 사고하는 제도라고 표현할 수 있다. 외형상 핵가족처럼 보이는 모든 소규모 가족에서, 전인구에 걸쳐 적어도 하나의 아들이 필요하다는 이 충족 불가능한 원칙이 그동안 한국 사회에서 과연 어떻게 실현될 수 있었을까. 이러한 무리(無理)가 주로 여성들에게 부가되어왔다고 할 때 그동안 한국 여성들이 겪어온 남아(男兒) 출산의 수모와 욕망에는 식민지성과 가부장제가 서로 얽힌 역사적 궤적이 고스란히 담겨 있다할 것이다. 이런 몸부림은 지난 한 세기 한국 여성들이 누구였는지 그 주체성을 추적할 수 있는 하나의 단서가 되고, 그들이 걸어온 삶이야말로 식민주의와 가부장제를 독해할 수 있는 역사 교과서가 된다. 하지만 앞서 지적했듯이 한국 사회는 여성주의적으로 제기한 호주제 폐지 문제를 성차별의 측면으로만 바라보았을 뿐 식민지 유산을 대면하지 않았다. 복잡한 과거 문제를 가위로 절단하듯 '해결해'버린 것이다. 이렇게 호주제 폐지는 아직은 다 쓰이지 않은 한국 여성사를 암시하고 있다. 무엇은 '왔으나' 아직 그것이 무엇인지 명확하게 조명되지는 못한 상태가 아닐까 한다. 호주제 폐지의 페미니즘은 전통, 한국, 역사와 같은 기표를 새롭게 바라볼 수 있게 할 것이다. 그것은 여성의 위치에서 여성의 위치에서 전통을 새롭게 쓸 수 있는 영감을 준다.

참고문헌

대한민국 국회. 1957. 「국회정기회의속기록」. 26~30.

미즈노 나오키(水野 直樹). 2008. 『창씨개명: 일본의 조선지배와 이름의 정치학』. 정선택 옮김. 산처럼.

박병호. 1992. 「일제하의 가족 정책과 관습법 형성 과정」. ≪법학≫, 제33권 제2호.

법원행정처. 1985. ≪親族相續에 관한 舊慣習, 裁判資料≫, 제29집.

양현아. 2010. 「호주제도 헌법불합치 결정에 나타난 성차별 판단의 논증: '전통'과 식민지성의 관련성 속에서」. ≪경제와 사회≫, 제88호.

_____. 2000. 「식민지 시기 한국 가족법의 '관습' 문제 I: 시간성의 실종을 중심으로」. 한국사회사학회. ≪사회와 역사≫, 제58집.

_____. 1999. 「한국의 호주제도, 식민지 유산 속에 숨 쉬는 가족제도." ≪여성과 사회≫, 제10호.

이경희. 2003. 「호주제도를 폐지할 경우 호적제도의 정비방안」. ≪가족법연구≫, 제17권 제1호.

이병수. 1977. 「조선 민사령에 관하여: 제11조의 관습을 중심으로」. ≪법사학연구≫, 제4호.

이승일. 1999. 「일제시대 친족 관습의 변화와 조선 민사령 개정에 관한 연구: 조선 민사령 제11조 제2차 개정안을 중심으로」. 한양대학교 한국학연구소. ≪한국학논집≫, 제33집.

이태영. 1982. 『가족법 개정운동 37년사』. 가정법률상담소 출판부.

정광현. 1967. 『한국 가족법 연구』. 서울대학교 출판사.

정긍식. 1992. 『國譯 慣習調査報告書』. 한국법제연구원.

최재석. 1983. 『한국가족제도연구』. 일지사.

홍양희. 2006. 「식민지 시기 친족, 상속 관습법 정책: 조선 민사령 제11조 '관습'의 식민지 정치성을 중심으로」. ≪정신문화 연구≫, 제29권 제3호.

_____. 2005. 「식민지 시기 호적제도와 가족제도의 변용」. ≪사학연구≫, 제79호.

Chen, Edward-Ite. 1984. "The Attept to Integrate the Empire: Legal Perspective." in Ramon H. Myers and Mark R. Peattie(eds.). In *The Japanese Colonial Empire, 1895~1945*. Princeton: Princeton University Press.

De Becker, J. E. 1910. *Annotated Civil Code of Japan*. London & Yokohama: Butter Worth.

Deuchler, Martina. 1992. *The Confucian Transformation of Korea: A Study of Society and Ideology*. Cambridge: Harvard University Press.

Fabian, Johannes. 1983. *Time and Other: How Anthropology Makes Its Object*. New York: Columbia University Press.

Hobsbawm, Eric. 1983. "Introduction: Inventing Traditions." Eric Hobsbawm and Terence Ranger(eds.). In *The Invention of Tradition*. Cambridge: Cambridge University Press.

Mani, Lata. 1989. "Contentious Tradition: The Debate on Sati in Colonial India, in Recasting Women." Kumkum Sangari & Sudesh Veid(eds.). *Essay in Indian Colonial History*. Delhi: Kali for Women.

Munroe, Smith. 1907. "The Japanese Code and the Family." *The Law Quarterly Review*, 23.

Pelzel, John C. 1970. "Japanese Kinship: A Comparison." Maurice Freedman(ed.). In *Family and Kinship in Chinese Society*. Stanford: Stanford University Press.

Peterson, Mark A. 1996. *Korean Adoption and Inheritance: Case Studies in the Creation of a Classic Confucian Society*. Ithaca: Cornell University Press.

Scott, Joan Wallach. 1988. *Gender and the Politics of History*. New York: Columbia University Press.

Smith, Robert. J. 1996. "The Japanese Confucian Family." Tu Wei-Ming(ed.). *Confucian Tradition in East Asian Modernity-Moral Education and Economic Culture in Japan and Four Other mini-Dragons*. Cambridge: Harvard University Press.

Smith, Waren. 1959. *Confucianism in Modern Japan: A Study of Conservatism in Japanese Intellectual History*. Tokyo: Hokuseido Press.

Tanaka, Stefan. 1993. *Japan's Orient: Rendering Past into History*. Berkeley: University of California Press.

Ueno, Chizuko. 1995. "Modern Patriarchy and the Formation of the Nation-State." Unpublished manuscript.

Watanabe, Yozo. 1963. "The Family and the Law: The Individualistic Premise and Modern Japanese Family Law." Arthur Taylor von Mehren(ed.). in *Law in Japan: the Legal Order in a Changing Society*. Cambridge: Harvard University Press.

제**3**장
'어린이기'의 형성과 '모성'의 재구성

김혜경

전북대학교 사회학과 교수

1. 들어가며: 식민지 시대 어린이 담론의 등장

오늘날 세계 각국이 가장 주의하고 힘쓰는 문뎨가 잇스니 그것은 '**민족 개량**'이다. 엇지하면 각기 제 민족을 지금보다 힘 잇는 민족을 만들가 엇지하면 가장 잘살 능력을 가진 민족을 만들가 함이다. …… 각국은 교육의 혁신과 보급에 대하야 전에 못 보던 큰 힘을 쓰게 되엿스니 영국과 미국 아라사의 신교육운동을 보아서 알 것이다. …… 민족 개량, '**민족향상**'이란 전국 민족의 **육체적 건강과 지능과 덕성** 이 세 가지를 할 수 잇는 대로 향상식히는 데 잇고 …… 그 기초가 서는 것이 **아동 시대**'에 있다. …… (≪동아일보≫, 1925. 8. 28~10. 9).[1]

---

1   고딕체 표기는 인용자.

위의 글은 1925년 ≪동아일보≫에 게재된, 총 41회에 이르는 아동교육 관련 본격적인 계몽 기사 중 첫 회에 실린 내용이다. 집필자는 한국 최초의 여의사이자 춘원 이광수의 부인이기도 했던 허영숙이었는데 세계열강의 경쟁이 가속화되는 20세기 초반의 분위기를 반영하듯 민족 개량과 실력 양성을 강조했으며, 특히 '아동 시대'라는 표현에서 아동에 대한 관심을 촉구한 점이 특색이다. 여기서 주목할 점은 연재물의 방향을 제시하는 첫 번째 집필자가 서양식 의학 교육을 받은 의사라는 점이며 어린이에 대한 개조의 관점이 의료적 접근을 취하고 있다는 점이다. 나아가 이 의료 행위 전달 체계의 핵심 고리에는 근대적 아동관과 불가분의 관계에 있는 근대적 모성상이 자리 잡고 있었다. 이 장에서는 식민지적 근대화[2]의 한 계기로서 '어린이기'의 형성이 모성의 등장과 맞물려 있다는 점을 보여주고자 한다.

대체로 '어린이기'의 형성이란 어린이를 보는 태도에 일어난 변화를 말하는 것으로 한 사회가 어린이라는 집단에 대해 생각하고 정의하는 방식, 관행, 관련된 사회제도를 포괄하는 의미이며 역사적으로는 18세기 후반 이후 서구 근대사회로의 발전과 함께 새로운 단계를 맞이했다.[3] 한국의 경우 일

---

2 '식민지적 근대화'란 근대화의 다양한 경로를 상징하는 용어로 근대화의 역설적인 한 계기로서 식민주의(colonialism)를 상정한다. 기존의 인식과는 달리 식민주의란 일방적이고 총체적인 지배와 억압의 구조를 달성하지는 못하며 민족주의와 상호 경쟁하면서 경제, 사회, 문화, 정체성의 제반 측면에서 상이한 결과와 다양한 사회 변화를 야기한다고 새로이 해석한다〔김진균·정근식(1997); 연세대학교 국학연구원(2004); 공제욱·정근식(2006) 등 참조〕.

3 이 장에서 '아동기' 대신에 '어린이기'란 용어를 쓰는 이유는, 당시 어린이에 대한 담론을 보면 어린이, 어린 아이, 어린 아희, 아해, 아동 등의 다양한 명칭이 사용되었으며 1923년부터 시작된 어린이날 행사를 계기로 '어린이'라는 표현이 널리 알려지기 시작했기 때문이다. 한편 어린이기가 포함하는 연령은 조금 복잡한 문제인데 전통

제강점기, 특히 1920년대는 각종 사회개량론이 만개하고 있었으며 특히 어린이에 대한 담론이 급증했다. 시기적으로는 1920년대 전반기까지 어린이에 대한 관심은 실력양성론적 교육론과 어린이운동에서 제기한 어린이 '인권' 문제에 집중되어 있었다. 특히 천도교는 기관지 ≪개벽≫ 등을 통해 어린이 인권유린의 현실을 비판하고 어린이날 행사 개최를 지원하는 등의 활동을 전개하기도 했다.

그러나 1920년대 중반 이후와 1930년대를 거치면서 어린이 관계 신문 기사에서 가장 많은 부분을 차지한 것은 바로 어린이의 육체적 건강 문제와 과학적 자녀양육법이라고 해도 과언이 아니었다. 이러한 담론화 과정에서 자녀 양육의 책임 소재지로 모성이 부상했는데, 이것은 전통적으로 출산자와 며느리로서의 역할을 강조하던 가부장적 부계가족의 여성 규범과는 매우 다른 것이었다.

사회에서는 보정(保精)이라는 생리철학을 배우기 전 단계, 즉 논어를 배우는 서당의 상급 학년인 15·16세경까지로 파악했을 것으로 추측한다(유안진, 1984: 17~20). 한편 식민지하 어린이운동이나 어린이를 대상으로 하는 잡지류의 독자층은 초등학교를 졸업한 중등 과정의 학생까지도 포함했다. 그러므로 어린이기를 포괄적으로 정의하면 유아기부터 중등 과정의 연령 단계까지가 모두 포함될 수 있으며, 어느 단계에서나 어린이의 보호와 훈육을 강조하고 모성 역할을 책임지운다는 점에서 근대성의 공통된 지표가 될 수 있다. 이 글에서는 유아기를 비롯, 초등학교 저학년 등 직접적인 보호가 필요한 연령 단계의 분석에 치중했으며 그 이후의 어린이기 형성의 사회적 기제, 가정의 역할에 대해서는 김혜경(2006)을 참조.

2. 근대적 모성론 등장의 이론적 배경

1) 왜 어린이인가?: 근대적 감성으로서의 '어린이기' 탄생

역사적으로 가족의 근대적 변화는 어린이의 탄생과 불가분의 관계에 있다. 아동 연구의 고전인 『아동기의 시대(Centuries of Childhood)』(1960)를 저술한 아리에스(Philippe Aries)는 아동기라는 연령 단계가 형성된 것을 매우 근대적 현상이라고 했다. 아리에스는 가족 초상화나 교회 장식품, 아동의 의복, 의사의 진료 기록이나 일기와 같은 일상생활과 연관된 역사적 자료를 분석해 봉건사회에는 어린이라는 따로 구분된 생애 주기에 대한 특별한 개념이 존재하지도 않았고 어린이는 마치 작은 어른처럼 대우받았다고 주장했다. 즉 중세까지는 어린이를 어른과 구분하는 특정한 용어도 없었으며 일과 놀이에서 어린이의 생활이란 어른과 혼재되어 있었다는 것이다. 그러나 16~17세기 무렵 어린이에 대한 사회적 태도에 일정한 변화가 발생하는데 한편으로는 어린이만의 어리광이나 응석을 용인해주는 관대함이 그것이다. 다른 한편으로는 지나친 관대함을 비판하면서 어린이란 신의 불완전한 피조물로서 특별한 도덕적 훈련과 교육이 필요한 존재라고 보는 관점이 생겨났다(Aries, 1965). 약함과 순진함, 훈육의 필요성을 내포하는 어린이 개념의 등장은 동시에 그 어린이를 보호하는 어머니나 사적 가족의 존재를 요구한다. 실제로 새로운 어린이상의 등장과 함께 각종 초상화나 교회의 예술 작품 등에서 그러한 어린이를 보호하는 어머니나, 아이들을 중심으로 하는 구도의 가족 그림을 흔히 발견할 수 있었다(Aries, 1965).

이와 같은 아리에스의 연구는 마치 '아리에스 테제'라고 할 만큼 '어린이기' 연구에서 하나의 큰 경향을 대변하는데 이에 대해서는 비판도 적지 않다. 즉 근대사회와 이전 사회의 부모 자녀 관계가 같지는 않지만 산업사회 이전에도 부모는 자녀에 대해 시간, 노력, 애정을 투자했다는 것이다. 다시 말해 어린이의 존재는 근대에 와서 새로이 발견된 현상이라고 보기는 어렵다는 것이다(Pollock, 1983: 2~32).

2) 근대적 인구 관리의 부상과 가정의 의료화

'가정의 의료화(medicalization of the family)'는 '어린이기'가 형성되는 핵심적인 맥락인 동시에 여성의 모성 역할을 구성하는 주요 배경이다. 서유럽의 역사를 보면 18세기 이후 인구가 증가하고 도시화·산업화되면서 의료의 목적이 빈민 구제와 자선적 차원에서 질병 치료로 변화했고, 그 과정에서 가정의 의료적 역할이 강조되고 '어린이기'가 형성되었다고 한다(고든, 1991: 208~214; 푸코, 1993). 즉 노동력의 확보와 인구의 육체 건강의 정치적 중요성을 인식하면서 질병의 치료와 예방 차원에서 의사의 사회 통제적 역할과 경찰의 의료적 감시 기능이 증대했으며, 이와 함께 가정의 의료적 역할이 강화되면서 '어린이기'가 발견되었다. 그 결과 출생률이나 유아사망률 같은 '어린이(child)' 문제가 부각된 것임은 물론, 나아가 '어린이기(childhood)'에 대한 관심이 형성되었다. 즉 어린이가 어른으로 살아남을 수 있는 생존력과 이 생존력을 뒷받침하는 육체적·경제적인 투자의 문제 등 어린이기를 사회 전체의 건강을 위해 특별한 조처가 필요한 시기로 생각하는 현상이 생겼다. 이 과정에서 부모 자식 관계는 지속적이고 세부적으로 규정된 육체적 행위 유형에 의해 강요되었으며 가정은 의학적 지식을 실현하는 가장 중요한 장소가 되었다. 한편 이러한 부모 자식 관계의 긴밀화와 가정의 의료화는 여성의 모성 역할 강화를 동반하는 것이었다(Reiger, 1985: 128~30 등). 가정의 의료화와 모성의 과학화 현상은 의학의 발전과 여성 교육의 증가로 인해 유아사망률과 출산율이 동시에 감소하면서 인구의 양적·질적 확충에 대한 정치적 관심이 급증되는 19세기 말, 20세기 초에 이르러 심화된다.

제국주의가 확장되면서 식민지 경영을 위한 어린이와 가족의 전략적 위치는 지속적으로 중요성을 더해왔다. 특히 식민지에서의 모자보건과 신생아의 영양 문제와 같은 의료적 접근은 식민지민을 서구적 행동 양식으로 사회화하면서 동시에 전통적인 문화와 제도를 파괴하는 데 효과적이었고(도얄, 1989: 167), 따라서 식민지민의 저항을 감소시키는 윤활유의 역할을 할 수 있었기 때문에 중요하게 인식되었다.

한편 자본주의가 경제적으로 팽창하면서 발발하기 시작한 제국주의 전쟁은 가족과 가족의 인구재생산 역할이 갖는 정치적 중요성을 증가시켰다. 특히 제1차 세계대전을 거치면서 전쟁의 개념이 단순한 무력전이 아니라 국가의 총체적인 인적·물적 자원의 투입을 필요로 하는 총력전(total war)이 되면서 자원의 동원을 위한 총체적 노력, 즉 총동원 체계를 구축하려는 시도가 진행된다. 여기서 가족은 인적·물적 자원의 최후 기반으로서 동원의 주요 표적이 되었다. 특히 1930년대 일본의 인구 정책은 전쟁 자원의 확보라는 국가권력의 정책적 필요와 가족과 어린이의 건강에 대한 관심의 기능적 증대를 잘 보여준다(利谷信義, 1975). 예컨대 1933년 설립된 인구문제연구회에서 발전한 인구문제연구소(1939)는 출생 증가와 사망 감소 이론을 연구했으며 인구의 질을 향상하고자 체력과 질병, 우생학에 대한 연구를 했다. 특히 사망률의 저하를 위한 연구에서는 일반 병인은 물론, 유유아(乳幼兒) 사망의 원인과 유유아 건강에 대한 연구를 수행했다.

3) '전문가 체계'의 등장과 모성의 결합

미국의 연구자 에런라이크(Barbara Ehrenreich)와 잉글리시(Deirdre English)에 따르면 19세기부터 20세기 전반에 걸쳐 미국 사회에서 가정의 역할과 가정 내 여성 역할을 강조하는 '가정 중심성(domesticity)' 개념의 수립에 핵심적인 기여를 했던 집단은 바로 '전문가들(experts)'이었다(Ehrenreich and English, 1972). 당대 미국의 교육학·심리학 분야의 전문가들은 아동 연구를 과학적 훈육론으로 발전시켰으며 계량주의와 행동주의의 과학 이념으로 부모의 교육법을 계도했다. 실증주의만이 아니라 프로이트적 정신분석학과 같은 심리 이론과 그에 바탕을 둔 심리 상담가, 의사 등도 프랑스와 유럽 등지의 전문가 체계의 주요한 구성 부분이었다(Donzelot, 1977). 푸코가 근대사회의 특성을 말할 때 그것은 지식이 갖는 권력성과 지식을 통한 사회적 질서의 구축을 특징으로 한 것이었는데 아동과 가정 영역을 대상으로 발달했던 전문가 체계(expert system)도 이러한 근대사회 형성의 일반적인 성격을 공유했던 것이라 할 수 있다.

그러면 근대적 모성의 이념은 여성을 가정으로, 남성을 생계부양자로 귀착시키는 새로운 성별 분업을 가져오고, 여성의 권력을 축소하는 결과를 낳을 것인가? 근대적 모성의 사회적 구성과 여성의 권력화에 대한 논의는 두 가지의 경향을 보인다. 한편에서는 여성의 권력화에 적극적인 의미가 있는 것으로 해석되며, 다른 한편에서는 전문가 체계에 수동적으로 포섭되는 정도의 제한적 의미를 가진 것으로 평가하기도 한다. 즉 한편의 집단에서는 양육 '전문가 집단'과 여성과의 접점을 강조하되, 여성이 적극적인 수용자도 아니었으며 그것을 통해 지위 향상이 된 것은 더더욱 아니었다고 본다. 여성은 과학과 근대 학교제도에 대한 신뢰를 바탕으로 '어머니운동'을 주도하는 등

양육의 과학화와 여성화에 참여하기도 했으나 그들과 전문가의 관계는 점차 위계화되어 20세기를 넘어서면서부터 전문가가 처방을 내리고, 엄마는 그것을 수행하는 상하 관계로 바뀌었다는 것이다(Ehrenreich and English, 1972). 따라서 전문적 양육 지식과 양육 과학은 여성 권한의 원천이 되기는커녕 어머니의 경험과 지혜를 무시한 남성주의 과학에 지나지 않았다고 본다. 그러나 다른 한편 모성의 근대 지식과의 접합을 긍정적으로 바라보는 입장에서는 근대적인 육아 지식의 확산에 따라 출산과 양육이 더는 여성의 생물학적 역할로서 숙명적으로 부과되는 것이 아니라 '문화적'으로 학습해야 할 대상으로 재규정됨으로써 여성의 삶이 계몽의 영역으로 포괄된 점을 강조한다(Reiger, 1985). 이들은 가정생활의 계몽을 통해 지식 대상으로 격상한 근대적인 모성술(母性術, mothercraft)의 등장은 여성에게 긍정적 의미를 지닌다고 본다.

3. 근대적 모성론 등장의 사회적 기반

1) 가구의 인구학적 특성

식민지 시기 가족은 인구학적 특징면에서 낮은 혼인 연령, 높은 출산율, 높은 유아사망률을 보인다. 그러나 의학의 발달과 우두 접종, 위생의 개선 등에 따라 점차적으로 사망률이 감소하면서 식민지 시기 인구 규모는 1910년대 1,700만에서 해방 직전에는 2,500만으로 증가했다. 출생률에 주요한 변수가 되는 평균 초혼 연령은 1925~1940년 사이 16.6~17.8세였으며, 절대다수의 여성이 15~19세 사이에 혼인했다(1935년 72.2%). 그러나 경성과 같은

〈표 3-1〉 1920년대 유아사망률(경성부, 1세 미만)

연도 민족	1921년	1922년	1923년	1924년	1925년	1926년	1927년	1928년	1929년	1930년
조선인	31.5	27.9	22.5	22.1	22.9	22.2	23.6	24.7	25.4	21.2
일본인	18.3	16.7	17.7	14.4	14.0	11.5	13.1	10.8	13.9	11.3

자료: 李覺鐘, 「乳幼兒死亡率調」, ≪朝鮮社會事業≫, 第9集 第5号(1931).

도시의 경우는 혼인 연령이 상대적으로 높아 15~19세 경성에 거주했던 조선 여성의 미혼율은 1925년 52.0%이던 것이 35년에는 72.2%로 증가했다.

여성들은 혼인 이후 약 6명의 아이를 출산했다. 1925~1940년 사이 합계 출산율(total fertility rate: TFR)을 보면 1925~1930년은 6.198명, 1930~1935년 6.126명, 1935~1940년은 6.210명을 기록했다. 그러나 위생과 영양의 미비로 출산한 아동의 적어도 약 4분의 1이 돌이 되기 전에 사망했다(〈표 3-1〉 참조).

유아사망률은 특히 위생과 영양 시설이 빈약한 농촌에서는 더욱 심했다. 높은 유아사망률은 인구의 질에 대한 국가적 관리의 정당성을 제공하는 동시에 아동의 육체 건강 관리자로서의 여성의 모성 역할에 대한 사회적 관심을 증대시키는 하나의 배경이 되었다.

2) 어린이 관리의 사회적 기반: 교육제도와 사회사업

일본 제국주의는 교육을 식민지민 양성의 핵심 수단으로 이해해 초보적 교육 수단으로서 근대 학교를 확대했다. 그 결과 1920년 기껏해야 4.4%였던 초등학교의 취학률은 불과 5년 만에 15.3%로 급등했다. 이후 1930년대 전반기까지는 큰 변화가 없었으나 일면일교제(一面一校制)가 완성되는 1930년대 중반 이후 큰 폭으로 상승해 해방 직전(1943)에는 1934년부터 실시된 2년제 '간이학교'의 학생 수를 제외하고도 취학연령 아동의 약 절반이 초등학교에

▌아동 전문 도서의 출간

도서 제목은 왼쪽부터 각각 『사랑의 선물』, 『어린이 진주』, 『유회 창가집』.
자료: 김혜경, 『식민지하 근대가족의 형성과 젠더』(창비, 2006), 205쪽.[4]

다니고 있었다. 공립보통학교의 규모는 1930년 1,643개교에 약 47만 명이
재학하고 있었으며 1943년에는 3,717개교에 약 200만의 학생이 있었다. 비
록 취원율이 기껏해야 1.1%였지만 새로운 아동관과 교육 이념을 보여주며
언론의 사회면을 장식하던 유치원은 1920년 30개소, 671명에서 1930년에는
206개소, 8,343명(조선인 아동)으로 증가한다. 그 결과 동화책, 어린이 노래
집, 장난감 등 어린이에게 특화된 문화적 산물이 생산되었다. 1922년에 간행
된 『사랑의 선물』은 비록 번안물이지만 최초의 어린이 동화집이었다.

한편 구미 열강 세력은 교육·의료와 같은 문화적 접근을 통해 조선 사회

---

4 구체적으로 살펴보면 다음과 같다. ① 방정환, 『사랑의 선물』(개벽사, 1922) ② 부래
   운, 『어린이 진주』(이화보육학교, 1936) ③ 부래운, 『유희창가집』(이화유치원, 1930).
   각기 그림 ①은 《신여성(新女性)》(개벽사), 그림 ②, ③은 이상금, 『한국 근대 유치
   원 교육사』(이대출판부, 1987)에서 인용했다. 특히 이야기 책 『사랑의 선물』은 5판 이
   상을 출간하는 인기를 누렸다.

에 접근하고자 했다. 1885년에는 미국의 북장로회와 북감리회가 입국했으며 1890년에는 영국 성공회, 1892년에는 미국 남감리회 등이 잇달아 입국하는 등 1910년 일본의 강제병합 이전까지 15개의 해외 기독교파가 입국했다. 실제로 1908년의 사립학교령에 따라 인가를 받은 학교 수 2,250개교(1910) 중 종교계 학교가 823개교로 약 27%를 차지했는데 그중 압도적 다수가 미국의 기독교계 학교로 나타났다. 그러나 강제병합 이후 사립학교는 '사립학교 규칙' 등 사학을 탄압하는 각종 법률로 인해 쇠퇴의 길을 걸었으며 따라서 1920년대 중반 이후 어린이에 대한 공식 교육은 국가가 주도하는 교육체제 내로 통합되었다고 볼 수 있다.

양육과 관련해서 어린이를 대상으로 직접적 영향력을 발휘할 수 있었던 것은 유치원과 모자보건사업이라고 할 수 있다. 유치원 교육의 단계에서도 소수의 일본인 중심의 유치원을 제외하면 유치원의 압도적 다수는 기독교와 연관된 것이었다. 유치원제도를 매개로 서구의 유아교육 이념이 소개되면서 독자적인 연령 집단으로 아동을 바라보는 '아동 중심적' 태도가 고전 강독 훈련을 중심으로 하는 전통 사회의 아동교육법을 대체했다.

한편 기독교의 의료 선교는 의료라는 탈이데올로기적 방법으로 기독교 선교의 마찰을 중화시키는 효과가 있었으며 특히 아동 건강을 담당하는 모자복지사업기구는 일반 가정에 대한 영향력이 컸다. 이들은 절대다수가 감리회 계통의 기구였으며 전국 10여 지역에 걸쳐 주로 영아클리닉, 자모회, 공중보건소 등의 형태로 존재했다. 이러한 의료적 매개 고리를 통해 가정과 어머니 집단은 근대 및 제국주의 권력과 접촉하게 된다.

▌경성 태화관에서의 서양 의사의 진료(1928)
자료: 이덕주, 『태화이야기』(태화기독교사회관, 1997), 22쪽.

4. 모성 담론의 유형과 변화

1) 전통 사회의 여성 역할과 모성 규범

전통 사회의 각종 여성 교훈서는 여성의 역할에 대해 미혼의 딸에서부터, 결혼해서는 며느리, 어머니, 아내의 역할에 이르기까지 그 갖추어야 할 덕목을 자세히 기술하고 있다. 그중에서도 특히 강조된 것은 시부모를 섬기는 며느리의 도리였는데 이것은 이후 여성 역할의 가치가 자녀 양육과 교육자로서의 모성 역할에 집중된 것과는 차이를 보인다.

조선 중기의 유학자 우암 송시열의 『계녀서(戒女書)』에는 시집보내는 딸에게 아버지로서 충고하는 내용이 잘 나타나 있는데 시부모 섬기는 도리, 형제간 화목하는 도리, 친척과 화목하는 도리, 자식 교육의 도리, 제사 받드는 도리, 손님 대접하는 법, 투기하지 않는 도리, 말조심, 재물 쓰는 도리, 병환 모시는 도리, 의복·음식 만드는 법, 노비 부리는 도리 등 집안의 대소사를 관장하는 여성의 역할을 포괄한다. 시부모를 섬기는 것이 가장 먼저 다루어지고 있으며 이외에 대가족제도 속에서 친척 간 화목하는 법, 제사 모시는 법, 노비 부리는 법에 이르기까지 매우 광범위하나 병환 모시는 도리를 따로 제시하는 등 시부모 봉양의 덕목이 두드러짐을 알 수 있다. 또 율곡 이이가 실제 자기 가정의 화목을 위해서 함께 살며 지켜야 할 경계의 글로 집필한 여덟 가지 항목의 『동거계사(同居戒辭)』에서도 가장 먼저 거론된 세 가지는 바로 제사 규범과 효의 규범, 종부상(宗婦像)이었고, 가정교육은 그다음의 항목이었다.

또한 『계녀서』에서 힘주어 가르치던 가사 노동의 규범에서도 가장 큰 특징은 가사 노동을 효의 실천과 동일시한 데 있었다(이길표·주영애, 1995). 이는 『내훈(內訓)』, 『계녀서』 등 여성 규범 서적의 시부모에 대한 장의 공통된 특성으로 "시부모가 며느리를 얻는 까닭은 효도를 받기 위함이요, 며느리 된 사람은 이른 아침부터 밤 늦게까지 공경"할 것으로 기대되었다. 그러므로 시집가지 않은 여아의 가사 실습도 실상은 미래에 있을 며느리의 역할 수행을 위한 준비라는 하나의 목적을 향해 있었다고 해도 과언이 아니다. 반가의 여아들이 일찍부터 어머니의 조수로서 바느질과 음식 만드는 일을 익힌 것도 그러한 배경에서였다고 할 수 있다.

20세기에 들어서도 여전히 여성의 주요 역할은 며느리의 역할이었는데 1905년부터 일본의 강제병합 이전까지의 애국계몽기의 한 잡지는 다음과 같은 항목을 통해 노인 부양의 지식을 가르쳤다. ≪교육월보(敎育月報)≫(1908

년 창간)의 '가정요결(要結)'란에는 '아희 교양하는 법'(1~2호)과 '가정교육'(3호) 외에 '늙은이를 봉양하는 방법'(3~4호), '노인의 거처하는 법'(5호)을 두었는데, 그중 '봉양법'에서는 ① 봉양하는 법의 개괄, ② 의복을 적당케 할 일, ③ 음식의 적당함, ④ 부모의 뜻을 봉양함에 대해 가르쳤으며, '거처'에 대해서는 ① 거처하는 방과 집 안을 깨끗하게 함, ② 노인의 동정을 따라 봉양함, ③ 운동과 목욕함 등으로 구분해 자세히 다루었다.

한편 여성의 모성 역할에서 두드러진 점은 출산자로서의 역할이고 자녀교육 면에서는 출산 후의 교육보다 출산 전의 태교를 중시했던 점이 이후와는 커다란 차이였다. 이사주당의『태교신기(胎教新記)』에서도 대표적으로 지적하는 것과 같이 인간의 기질이 본연의 성(性)에 합일하려면 하늘로부터 성(性)을 부여받는 태내에서부터 수양 교육이 이루어져야 하며, 인간 교육에서 "태 외 10년의 교육보다 태내 10월의 교육이 더 중요"하다고 했다.

2) 모성 역할에 대한 담론의 유형과 변화

1920년대 전반기는 일제의 통치 방식이 문화주의로 전환하면서 일간지 및 잡지의 창간과 같은 매체의 증대, 교육계몽운동의 활성화와 같은 문화적 민족주의 운동의 증대 등 담론의 공간이 활성화되었다. 새로운 가족상과 성 역할에 대한 담론도 대폭 증대·유통되었다. 결론적으로 1920년대 중반 이후 모성에 대한 각종 담론은 분명 이전과는 다른 양상을 취했는데 그 주요 경향을 나누어 보자면 첫째는 자강론으로, 실력양성론적 차원에서 (어머니 될) 여성에 대한 교육과 같은 민족주의적 모성론이 등장했다. 둘째는 의사, 심리학자, 유아교육학, 가정학 등 새로이 도입된 지식 체계가 생산해내는 과학적 모성 역할론, 그리고 1930년대 중반 이후로 전시체제가 심화됨에 따라 건강한 인구(병사) 확보 노력과 함께 여성의 출산 역할을 강조하는 모성 동원적인 담론이 증가한 것이 특징이다.

(1) 민족주의 모성론: 여성 교육론과 모성론의 결합

19세기 말부터 이미 나라의 위기와 근대화 과제라는 대의명분 앞에서 다음 세대를 키워갈 어머니의 중요성은 여성 교육론이라는 형태로 끊임없이 제기되어왔다. ≪독립신문≫은 "그 아내가 남편만큼 학문이 있고 지식이 있으면 …… 그 자식 기르는 법과 가르치는 방식을 알 터이니 그 자식들이 충실할 터이요, 학교에 가기 전에 어미의 손에 교육을 많이 받을 터이라" 하여 여성 교육의 필요성을 강조해왔다(≪독립신문≫, 1896.5.12). 이후 나라가 보호조약하에 들어가면서 위기의식은 심화되고 여자 교육론도 지속되어 "어서 밧비 악습을 변ᄒ여 고치고 문명 공긔를 마서서 녀ᄌ 교육ᄒ는 법을 특별이 힘"쓰지 않으면 제 몸은 물론 집안과 나라에 화가 미칠 것을 경계한다(량긔탁, 1906).

근대 학교제도는 남아 중심의 전통 서당을 대체하면서 여성에게도 교육 기회를 제공하기 시작했다. 1886년 이화학당을 필두로 여학교가 설립되기 시작했으며 강제병합 이전까지 사립여학교 대부분은 서양 선교세력의 선교 확대, 근대화 노력의 일환으로 세워졌다(〈표 3-2〉 참조).

그러나 중등학교의 취학률은 여성의 경우 식민지 기간 내내 1%를 넘지 못한 것으로 추산되며 남자도 1.3%를 넘지 못했다(박철희, 2002). 그러나 1920년대 중반 이후 여학생 규모는 빠른 속도로 증가했으며 1930년대 후반에 이르면 여학생 약 6,500명이 중등 과정을 수학했다.

한편 여성 교육론의 핵심 논조는 기본적으로 어머니 교육, 현모양처 교육에 있었다. 특히 사회적인 관심을 받았던 진명여학교는 초창기 이래 온량정

<표 3-2> 일제강점 이전까지의 사립여학교

학교 명칭	설립 연도	설립지
이화학당	1886	경성
정신여학교	1895	경성
배화학당	1898	경성
숭의여학교	1903	평양
누씨여학교	1903	원산
호수돈여숙	1904	개성
진성여학교	1904	원산
진명여학교	1906	경성
숙명여학교	1906	경성
동덕여자의숙	1908	경성

숙(溫良貞淑), 질소근검(質素勤儉)을 학생 지도의 기본 지침으로 삼아 "며느리는 진명 출신이어야 한다, 진명은 맏며느리감 수양소라는 찬사가 전국적으로 퍼지게 되었다"고 한다(진명여자중·고등학교, 1980: 118~19). 숙명여학교도 "나라 백성으로서의 여자 교육의 필요성"을 강조하는 속에서도 학교의 목적을 "여자의 학자를 작(作)함에 부재(不在)하고 다만 온량정숙(溫良貞淑)하여 장래 가정 '양처현모(良妻賢母)'를 양성코자 하는 외에 타의(他意)가 무(無)한지라"라며 양처현모를 위한 여성 교육의 목표를 표방했다(≪매일신보(每日新報)≫, 1911.4.9).[5]

그러나 당시 일본에서 유학하던 소수의 지식인 여성들은 이와 같은 보수적 성 역할 이념에 반대하는 목소리를 드러냈다. 동경 유학생들이 발간한

---

5 고딕체 표기는 인용자; 숙명여자중·고등학교(1976: 25) 재인용. 그러나 숙명의 학교 설립 인가 청원서에는 '나라백성되기는 남자나 여자나 마찬가지인데 시운의 시급함에 비추어 여자 교육이 필요하다'라는 내용이 있다(숙명여자중·고등학교, 1976: 23).

≪학지광(學之光)≫에서 나혜석은 "현모양처란 여자를 노예 만들기 위한" 것이라고 비판했으며[≪학지광≫, 제3호(1914)], 여자 유학생들의 잡지 ≪여자계(女子界)≫(1919년 발간)에서도 그러한 논조가 두드러지게 나타나, "소위 현모양처라는 기계를 만들지 말고 독립한 인격을 양성할" 것을 촉구하기도 했다(≪여자계≫, 1919.9). 그러나 여성의 근대 학교 교육의 명분에 대해 많은 남성 지식인들은 민족을 살릴 어머니에 대한 교육을 언급한다. 1925년 이광수는 민족을 새로 일으킬 새 국민을 길러낼 어머니 교육의 책무를 학교에 당부한다.

여자 교육은 **모성 중심의 교육**이라야 한다. 여자의 인생에 대한 의무의 중심은 남의 어머니 되는 데 있다 …… 좋은 어머니가 되며 좋은 아이를 길러내는 것이 오직 여자의 인류에 대한 의무요, 국가에 대한 의무요, 사회에 대한 의무요, 또 여자가 아니고는 하지 못할 것이다. …… 그런데 오늘날 우리나라 교육제도는 모성 교육을 중심으로 삼았다고 할 수 없다. …… 여학교를 졸업하고 나오는 학생들에게 "당신이 할 일이 무엇이요?" 하고 물어 본다면 "나는 좋은 어머니가 되어 **좋은 국민을 만들겠소**" 하고 대답하는 이가 한 사람이나 있을까 없을까. 그러나 그들은 학교 문을 나서기가 무섭게 남의 안해가 되고 남의 어머니가 된다. …… 여자들이 **모성 중심의 교육** 없이 남의 어머니가 되겠다고 하는 것은 마치 의학교도 다녀보지 못한 사람이 남의 병을 고치겠다는 것과 같이 위태하고 어리석은 일이다. …… 아! 우리 '이 쓰러져 가는 민족을 새로 일으킬 새 국민을 낳아주소서. 학교에 가시거든 그것을 배와주소서 합니다'(이광수, 1925).[6]

6   고딕체 표기는 인용자.

그러나 재미있는 것은 실제로 당시 여학교 교육을 받은 여학생들의 가치가 모성 역할에만 초점이 맞추어져 있지 않았던 듯이 보인다는 점이다. 이광수 자신도 우려했듯이 "좋은 어머니가 되어 좋은 국민을 만들" 생각을 하는 여학교 졸업생들을 찾기란 쉽지 않았던 듯하다. 가정을 떠나 학교제도를 통해 근대를 체험한 여성들에게 개인으로서의 자각과 의식이 생겼음은 충분히 현실적인 상황이라고 할 수 있다. 근대 학교 교육의 모순적 결과, 의도하지 않은 결과인 셈이다.

그러나 1920년대 초반 내로라하던 필자들은 근대 교육을 받은 여성들을 전통으로 회귀시키고자 하는 보수적인 담론을 지속적으로 생산한다. 이것은 자신들의 이론적 정당성을 민족·국가의 부흥에서 찾는다는 점에서 애국계몽기 이후의 민족주의적 모성 교육론과 상통한다. 이은상은 "여성의 교육을 모성 중심으로 하라. 여성의 교양을 모성 중심으로 하라는 말은 즉 인류나 혹 민족을 위하여 여성은 모성 중심의 발달을 가지고, 그 인격도 모성을 중심으로 한 정돈(整頓)으로 해야 한다는 말"이라고 계도하면서 위대한 조선을 잉태해줄 조선의 여성들은 **자연성적 모성임**에 머리를 숙이고 다못 어머니라는 것 ─좋은 어머니, 새 국민의 어머니─을 명심하라고 강조한다(이은상, 1925).[7] 생물학적 모성론과 민족주의적 모성론을 결합하는 이와 같은 성 역할 보수화의 논리는 20세기 전반기 여성 교육론의 주요 경향이지만 이러한 경향이 1920년대 중반 무렵 특히 강조되었던 이유는 1920년대 전반기 결혼과 성에 대한 자유주의적 논리가 한 단계 쇠퇴하면서 나타난 반동적 현상으로 풀이할 수 있을 것이다.

---

7   고딕체 표기는 인용자 강조.

(2) 의료적·과학적 모성론: 가정 의료화와 모성의 결합

전통 사회에서는 교육의 중심적 장이 가정이었던 탓에 부모가 중요한 교육 책임을 맡았다. 조선 시대 선비들의 일과에서 중요한 부분을 차지하던 자녀의 교육을 보면 아버지는 일과표를 정해 하루 대여섯 차례씩 자녀(아들)의 독서를 지도했다. 이는 독서를 통해 '군자'로서의 교양을 쌓고자 하는 당시의 교육 목표를 반영하는 것이다. 1920년대 초반까지만 해도 남성이 자녀 교육에서 중요한 역할을 차지했으므로 유치원의 학부모 회의나 유아교육을 위한 토론회 등에 아버지들이 참석한 사진이 적지 않게 발견되었다. 그러나 1920년대 중반 이후로는 이러한 모습이 거의 사라지고 어머니가 공식 교육을 지원하는 가정 내 파트너로 부상한다. 그리고 담론의 주요 생산자는 이제 사회적으로 명망 있는 계몽 인사가 아니라 근대 의학을 전공한 전문가에게로 넘어간다. 교육의 내용은 위생과 영양, 수유, 질병에 대한 것들로서 수량적 표준화에 근거한 규칙과 훈육의 가치를 젊은 주부들에게 제시했다. 1930년 당시 조선인 의사는 약 1,000명에 이르렀는데 1916년 총독부의원 부속 의학강습소가 경성의학전문학교로 바뀐 후, 1926년 경성제국대학 의학부가 설립되었으며 대구의전, 평양의전 등 관공립 의학교가 개설되면서 1930년대에는 정식 의학 교육을 받은 졸업생이 증가했다(조형근, 1997). '신시대(新時代)의 최고(最高) 전문학문(專門學問)'이란 평가를 받기 시작한 의사들은 신문 기사나 각종 건강 강습회 등을 매개로 육아와 아동 건강에 대한 정보와 지식을 공급했다.

육아의 의료적 표준과 수량적 기준을 사회적으로 확산시키는 데 중요한 상징이 된 것은 '우량아 선발대회(Baby Show)'와 같은 행사다. 미국 남감리회의 주요 사업 대상이었던 경성의 태화관에서 진행한 1925년 5월의 우량아 선발대회의 광경을 보면 이런 행사를 매개로 수백 명의 여성들이 '어머니의

■우량화대회 수상 아동의 육아기 기사
자료: ≪동아일보≫, 1931. 2. 1.

이름으로' 공적 영역에 참여할 수 있었음을 알 수 있다.

한편 이러한 대회 수상자의 어머니들은 자신의 육아기(수상 소감)를 신문에 게재하면서 근대 지식의 적극적 실천자, 모성적 주체로서 부상했다. "아동보건련합회에 우량아 되기까지: 백팔십 명 중에서 뽑힌 십오 아기의 어머님들의 고심담"이란 제목으로 ≪동아일보≫에 연재된 기사의 주장은 다음과 같다.

나는 늘 **아동보건상담소**가튼 긔관을 리용하야 새로온 법을 좃는 동시에 어른의 경험담도 많이 참고하얏습니다. 시간젓 먹인 것, 아이들 만히 모이는 곳에 아니 데리고 가는 것, 일즉 재우는 것, 종일 볏 아래 마당에서 놀리는 것, 이 몇가지를 평시에 실행해왓습니다(≪동아일보≫, 1932. 5. 29).[8]

'자모회(慈母會, Mother's Meeting)'와 같은 어머니 모임도 근대적 육아법 확산의 중요 통로였다. 태화관 진찰소는 1주일에 한 번씩 자모회를 열어 어머

---

8   고딕체 표기는 인용자 강조.

니들을 모아놓고 위생 강연회를 개최했다. 또한 육아 강습회를 통해서도 "아이 길으는 법, 우유 맨드는 법"을 계몽했다(≪동아일보≫, 1931.5.31). 특히 전국적으로 100개 정도의 감리교계 유치원을 지도하던 미국의 교육 선교사 하워드(Clara Howard, 한국 이름 허길래)의 부모에 대한 교육열은 독보적인 것으로 그녀는 매 유치원에 어머니회를 조직하고 월례회를 개최할 것을 독려했다. 그의 영향을 받아 이후 전국 각지에서 오전에는 유치원 교육을, 저녁 이후 밤에는 자모 강습회를 실시하는 현상이 벌어졌다(허길래 선생님을 사랑하는 사람들의 모임, 1996).

한편 1930년대를 넘어가면서 아동 건강의 수량화·표준화는 점차 보편적 지식으로 자리 잡아가고 있었는데 1930년 한 신문에서는 다음과 같은 아동의 체위를 제시했다. "만 10세 아동의 발육 표준표"라는 제목의 기사에서 신장은 남녀 각기 4척 14와 4척, 체중은 남녀가 6관 736과 6관 826으로 표준화되어 있었다(≪동아일보≫, 1930.4.2). 규율화의 중요한 계기로 시간이 들어온 것도 이 시기다. 수유는 아이가 배고파 보챌 때 하는 것이 아니라, '시간젓'이란 말처럼 정해진 시간의 규칙을 따라서 해야 하는 행위가 되었다(〈표 3-3〉 참조).

일간지 기사는 아이 양육의 기준은 표준화된 수치에 의존하는 것이 좀 더 과학적인 태도이며 현대적인 엄마의 역할이라고 강조한다. 이제 여성 주체는 '효부(孝婦)'나 '절부(節婦)' 그리고 시어머니의 전통적 양육 지혜에 의존하는 미덕과는 거리가 있는 과학적 모성상으로 탈바꿈하게 된다.

그러나 물론 현실에서는 여전히 관습적이며 이른바 비위생적·비과학적 양육 관행이 지배적이었다. 다음은 과학적 육아법이 목소리를 높이던 1920년대 중반기 농촌 부인의 자녀 양육 문제를 비판하는 한 신문 기사의 구절이다.

〈표 3-3〉 아동의 생활시간표(1~4개월 아동)

시간	식품	기타
오전 6시	젓	누여 무시오
8시 15분	어간유와 귤즙	목욕시키시오
9시	젓	
9시 30분		일광욕과 잠자게 하시오
정오	젓	
오후 12시 20분		밖에서 잠자게 하시오
3시	젓	
3시 20분		밖에서 잠자게 하시오
5시 15분		잘 준비로 옷을 갈아입히시오
5시 45분	어간유와 귤즙	
6시	젓	
6시 20분		조용한 방에서 자게 하시오
10시	젓	
오전 2시	젓	

자료: ≪동아일보≫, 1936.6.23.

시골 농촌에서는 제법 벼섬이나 받는다는 집 부인들도 밭일하고 똥오줌 동이를 이고 다니는 일이 많은데, 밭일 나가면서 어린아이에게 소화도 안 되는 누룽지나 고구마를 한 덩이 주고 나가서, 저녁에 돌아와 땀에 절은 젖꼭지를 씻지도 않고 그냥 젖을 먹이는 무식(을 보인다). 그러다가 병에 걸리면 무녀를 불러 굿을 하거나 장님을 청해 경을 읽는다고 야단하다 아기를 죽여버리는 수가 있다(≪동아일보≫, 1927.5.30~6.1).

더욱이 1920년대 후반 급증하던 빈곤화가 산아제한의 불법화와 맞물리면서 버려지거나 살해당하는 어린아이가 적지 않았다. 1928년 8월 ≪동아일보≫에는 "격증하는 길가의 유아시체와 기아(棄兒)"의 원인이 극도의 생활 곤란에 있다는 기사가 게재되었는데 그것은 8년 전에 비하면 네 배나 증가한 수치라고 했다(≪동아일보≫, 1928.8.25, 1928.10.7 참조). 일간지의 기아, 영아 살해 기사도 끊이질 않았으며 관련 기사는 1920년대 초에 비해 약 세 배 이상 증가한다. 1920년대 들어 지속적으로 증가하는 기아 건수는 1919년에 74건이던 것이 1925년에는 155건, 1930년에는 255건으로 증가했다(≪동아일보≫, 1932.7.9. 사설).

(3) 전시동원체제와 출산자로서의 모성론

여성의 모성을 출산자의 역할에서 찾는 전통은 이미 오랜 것이지만 1930년대 이후로 그것은 인구의 질을 향상시키려는 근대적·우생학적 관심과 맞물리면서 양질의 국민을 생산하기 위해 여성의 출산 능력을 통제하는 것으로 확장된다. 특히 1920년대 중반부터 간간이 제기되기 시작한 산아제한론은 경제적 빈곤으로부터의 탈피, 우생학적 관심, 여성주의적 관심 등 다양한 요소를 가지고 있었다(소현숙, 2000 참조). 여성을 '생식의 도구'로 여기는 것을 비판한 일부 신여성의 산아제한에 대한 기대와 유사한 맥락에서, 조선 여성은 마치 닭의 알을 까는 '부란기(孵卵器)'와 같은 노릇을 해왔다고 비판한 경성의학전문학교 교수 우상규의 다음과 같은 의견은 여성의 삶의 질 개선을 언급하는 대표적 예다. 그는 여자의 문제를 해결하자면 먼저 '자유로운 모성'이 되어야 한다고 주장하면서 그러려면 "첫째, 자기의 배우자를 자기가 택하고 둘째, 자식날 시기를 자기가 결정하고 셋째, 낳는 아해의 수를 자기가 규정해야 된다"고 했다. "이렇게만 되면 부인은 상당한 여유를 얻어서 생식하는 능력 이외에 많은 능력을 발휘할 수 있어서 원만하게 발달된 한 개의 인격을 일우게 된다"고 주장했다(≪신여성≫, 1932.3). 즉 출산과 모성 역할을 이제 자연의 섭리로 받아들이지 않고 선택과 통제의 대상으로 변화시키려는 태도인 셈이다.

그러나 이들의 목소리는 산아제한과 피임법의 활용이 성적 방종을 가져올 수 있다는 보수적인 우려와 우량종·열등종을 구분하는 우승열패(優勝劣敗)식의 진화론적 사고방식 및 우생주의 담론에 묻혀서 주류화되지 못했다. 특히 1933년 설립된 '조선 우생협회'는 조선인 의사 및 사회 저명인사로 구성되어 우생운동을 전개하기도 했다(소현숙, 2000: 242~246). 이들은 과학을 믿고 잘 활용하는 것이 조선 민족을 근대로 나아가게 하는 지름길이라 믿었으며 열등자에 대해 결혼과 출산을 금지함으로써 민족적 소질을 향상시킬 수 있다고 생각했다.

특히 1937년 중일전쟁 개시 후 전시체제가 공고해지면서 전시 인구 정책을 위해 인적자원의 증강 정책이 필요하자 일제는 여성의 모성 역할을 인구의 증가를 위한 출산자의 역할로 집중시켰다. 이러한 도구적인 인구 정책은 비슷한 시기 일본에서의 경험과 거의 동일하게 나타난다. 일본의 경우 1939년 인구문제연구소를 설립했으며 1940년에는 '국가총동원을 위한 제조사'를 통해 출산력을 조사했다. 이를 바탕으로 결혼장려협의회를 만들어 '적령 결혼'(남 25세, 여 21세)이라는 개념을 만들거나 다산가정에 표창하는 등 조혼다산 정책을 수행했고, 각 촌에 보건부를 두게 해 모자보건유지사업을 하는 등 직접적인 행정조치를 계획했다.

식민지 조선의 경우 1930년대 후반 무렵부터 청소년의 체위 문제 및 각종 검사의 증가와 더불어 다산과 어린이의 건강을 촉구하는 기사가 발견된다. ≪동아일보≫에서는 "억센 어린이, 조선을 어떻게 건설할가"라는 특집을 구성하기도 하고(≪동아일보≫, 1938.1.1) "만히 나라! 잘 기르자!"와 같은 노골적인 인구 증가 구호가 나타나기도 한다(≪동아일보≫, 1939.1.9). 일제의 인구자원에 대한 관심은 1940년 무렵이면 더욱 노골화되는데 건전한 인구의 확보 자체를 '인구전(人口戰)', 즉 전쟁으로 파악했다(≪朝鮮社會事業≫, 第19集 第10號). 특히 독일의 인구 정책은 여러 차례 소개되는데 독일이 인구 감소에 저항하고자 '출생감퇴항쟁'이라는 것을 벌여 인구 증가를 꾀한 점을 강조했다. 여성 잡지에 나치의 결혼 및 출산지원 정책을 소개하는 글들이 소개되기도 했다.

국민 건강의 도구화와 함께 총독부의 행정기구도 강화되는데 1941년에는 국민체위향상을 도모한다는 계획 아래 후생국이 별개의 부서로 승격한다. 초대 후생국장을 맡은 석전(石田)은, "고도 국방국가체제를 확립하고 성전(聖戰) 완수를 고대해, 대륙병참기지로서의 반도의 사명을 다하려면 국가 활동력의 근기(根基)인 **인적 국력의 배양증강을 꾀해야 한다**"고 강조했다(≪朝鮮≫, 1942.1).[9] 한편 다산이 장려되는 가운데 독신은 '국책을 위반'하는 행위로 비판되었으며 총독부는 1940년부터 다자(多子)가정에 대한 조사를 착수해 1941년부터는 다자녀 가정을 선발, 시상했다. 이러한 정책들은 일본 본국에서와는 달리 직접적인 출산지원의 정책과 병행되지 않음으로써 이념적 구호에 머물렀다고 평가받는다(소현숙, 2000: 249).

5. 나가며: 근대적 모성론 등장의 의미

지금까지 본 것처럼 '어린이'의 문제는 식민지기 전 기간을 통해 담론의 주요한 주제로 부상했으며 시기적으로 그 초점을 달리하면서 발전했다. 이미 19세기 말부터 국가 존립에 대한 위기의식과 근대화에 대한 필요 인식을

---

9 고딕체 표기는 인용자 강조.

바탕으로 자녀 교육자로서의 여성(모성)에 대한 담론이 부상하기 시작했으며 일제 강점 이후에도 이러한 관점은 지속되어 일종의 민족주의적 모성론의 경향을 띠었다. 이것은 1920~1930년대의 식민지적 근대화 과정을 통과하면서 급진전된 사회의 의료적 관리화 경향 속에서 의료적·과학적 모성론으로 발전했다. 그리고 1930년대 말 전시동원체제는 여성의 출산자로서의 역할을 강조하는 등 일종의 동원적 차원의 모성론을 생산했다. 이 중에서도 의료적·과학적 모성론은 미국 기독교회의 의료선교기구와 사회사업, 그리고 근대 의학 및 학교, 의사 등의 전문가 체계와 근대적 사회제도에 근거를 둔 새로운 아동관과 결합하면서 1920년대 중반부터 1930년대 중반 이후까지 강력한 영향력을 발휘했다.

어린이에 대한 사회적 관심의 증가는 여성의 성 역할에 대한 규정의 변화를 동반하는 현상이었다. 즉 자녀의 양육 및 교육자로서의 어머니 역할, 달리 말하면 양육과 교육의 가장 중요한 주체로 어머니가 부상했다는 점이다. 물론 전통 사회에서도 어머니가 양육을 담당했지만 문자 교육과 관련한 자녀 교육은 아버지가 맡았으며, 경험 지식을 바탕으로 할머니가 양육에 동참·지도했다. 그러나 새로운 양육 담론을 통해 아이 기르는 올바른 지식은 교육받은 신여성만 소유한 것이 되자 이제 (신식 교육의 혜택을 받은) 여성은 자신의 가장 중요한 본분으로 규정되어오던 며느리의 역할보다는 아이 어머니의 위치로서의 새로운 정체성과 권리를 취할 수 있게 되었다. 주요 매체에서 자녀 양육에 관한 전통 지식은 지식이 아닌 것, 즉 '무지'나 '무식'으로 평가했으며 따라서 시어머니의 경험과 생활의 지혜란 권위의 원천이 되기 어려워졌다. 이제 여성에게 부모세대를 돌보는 효의 역할보다는 '과학적 지식'으로써 자식세대를 돌보는 교육의 역할이 더 강조되었다.

특히 전통적으로 교육을 중시하던 사회에서 전통적 서당 교육보다는 근대적 학교 교육이 중요한 위치를 차지하게 되자 입시 지원자로서의 여성의 역할이 부상했는데, 중등 과정 이상의 고등교육학교의 수가 극도로 제한된 식민지 상황이었던 탓에 역설적으로 근대적 모성 역할의 중요성은 더욱 커졌다.

한편 과학적·의료적 모성론에 대한 일부 신여성 집단의 적극적 동의 현상은 해석을 필요로 하는 흥미로운 현실이었다. 서구의 '신여성(new woman)' 개념이 근대적 가정 중심적 모성은 물론, 가정 밖 영역에 대한 참여, 즉 취업·사회운동의 참여까지를 포괄한 광범위한 개념이었다면(김수진, 2005 참조), 식민지 조선의 현실은 그러한 새로움(the new)의 기회를 신여성에게 제공하지 못했다. 그러므로 일부 신여성 집단의 자기실현의 기회란 오히려 근대적 육아 지식의 실천 장소가 될 개별 가정에 한정되었다. 결국 가정을 중심으로 자신의 권한 영역과 의미를 재평가하고자 했던 이들 신여성 집단의 현실 적응 전략이 근대적 모성 탄생의 한 배경이 되었다고 볼 수 있을 것이다. 물론 거기에는 이중성이 있어서 그러한 선택은 근대적 계몽의 혜택을 누리는 것인 동시에, 육체에 대한 관리와 통제, 그리고 성별 분업의 근대 질서로 편입됨을 의미하는 것이기도 했다. 그러나 서구와는 비교할 수 없이 낙후한 물질적 조건과 빈곤한 경제 현실 아래서 이러한 모성 전략이 선호되었던 바탕에는 식민지 사회 전반에 퍼져 있던 서구적 근대(지식)에 대한 과도한 열망, 그리고 그것과 결합된 전통 지식에 대한 폄하가 자리 잡고 있었다고 할 수 있다. 실제로 일상 생활에서 구체적인 실천 양식이 발전하지 못했던 점은 이러한 근대 담론과 현실상의 괴리를 반영하는 것이기도 했다.

참고문헌

고든, 콜린(Colin Gordon). 1991. 「18세기 질병의 정치학」. 『권력과 지식: 미셸 푸코와의 대담』. 홍성민 옮김. 나남.

공제욱·정근식. 2006. 『식민지의 일상: 지배와 균열』. 문화과학사.

김수진. 2005. 「1920~1930년대 신여성담론과 상징의 구성」. 서울대학교 박사학위논문.

김은희. 2007. 「대가족 속의 아이들: 일제시대 중상류층의 아동기」. ≪가족과 문화≫, 제19집 제3호.

김진균·정근식. 1997. 『근대 주체와 식민지 규율 권력』. 문화과학사.

김혜경. 1998. 「일제하 '어린이기'의 형성과 가족변화에 관한 연구」. 이화여자대학교 박사학위논문.

_____. 2006. 『식민지하 근대가족의 형성과 젠더』. 창비.

도얄, 레슬리(Lesley Doyal). 1989. 「질병의 정치경제학」. 『한국의 의료: 보건의료의 정치경제학』. 한울.

량긔탁. 1906. 「가뎡교육론」. ≪가뎡잡지≫, 제2호.

박철희. 2002. 「식민지기 한국 중등교육 연구: 1920~1930년대 고등보통학교를 중심으로」. 서울대학교 박사학위논문.

소현숙. 2000. 「일제시기 출산통제 담론 연구」. ≪역사와 현실≫, 제38호.

숙명여자중·고등학교. 1976. 『숙명칠십년사』.

안태윤. 2006. 『식민정치와 모성: 총동원체제와 모성의 현실』. 한국학술정보.

연세대학교 국학연구원. 2004. 『일제의 식민지배와 일상생활』. 혜안.

우상규. 1932.3. 「조선 여성과 산아제한」. ≪신여성≫.

유안진. 1984. 『한국전통사회의 유아교육』. 정민사.

李覺鐘. 1931. 「乳幼兒死亡率調」. ≪朝鮮社會事業≫, 第9集 第5号.

이광수. 1925. 「모성 중심의 여자교육」. ≪신여성≫, 제3권 제1호.

이길표·주영애. 1995. 『전통가정생활문화연구』. 신광출판사.

이덕주. 1993. 『태화기독교사회복지관의 역사』. 태화기독교사회관.

_____. 1997. 『태화이야기』. 태화기독교사회관.

이은상. 1925. 「조선의 여성은 조선의 모성」. ≪신여성≫, 제3권(6·7호 합본).

조형근. 1997. 「식민지체제와 의료적 규율화」. 『근대 주체와 식민지 규율 권력』. 문화과학사.

진명여자중·고등학교. 1980. 『진명칠십오년사』.

푸코, 미셸(Michel Paul Foucault). 1996. 『임상의학의 탄생』. 홍성민 옮김. 인간사랑.

허길래 선생님을 사랑하는 사람들의 모임. 1996. 『허길래』. 양서원.

≪동아일보≫. 1931.5.31. "어머니에 참고될 육아實地講話會: 연합아동보건증진회 주최,
    오일 태화여자관서." 4면.

≪동아일보≫. 1925.8.28~10.9. 총 41회의 연재물 중 1회. "웨 이것을 쓰나".

≪동아일보≫. 1927.5.30~6.1. 총 3회의 연재물 중 1회. "어머니의 무식과 어린 아해의 참
    상: 양육하는 법이 이렇게 참담해".

≪동아일보≫. 1928.8.25, 1928.10.7, 1938.1.1, 1939.1.9.

≪동아일보≫. 1932.7.9. "산아제한을 공인하라: 棄兒件數의 증가에 임하야".

≪동아일보≫. 1936.6.23. "애기 기르는 생활표: 만 여섯 살까지".

≪여자계≫. 1919.9. 「여자교육론」.

朝鮮社會事業協會. ≪朝鮮社會事業≫, 第19集 第10号.

利谷信義. 1975. 「戰時體制と家族」. 『家族: 政策と法』, 6. 福島正夫(編). 東京: 東京大出版會.

Aries, Philippe. 1985. "The Idea of Childhood." *Centuries of Childhood: A Social
    History of Family Life,* translated by R. Baldick. NY: Vintage Books.

Donzelot, Jacques. 1979. *The Policing of families.* translated by R. Hurley. NY:
    Pantheon Books.

Ehrenreich, Barbara and English, Deirdre. 1972. *For Her Own Good: 150 Years of
    Experts' Advice to Women.* New York: Anchor Press/Doubleday.

Pollock, Linda A. 1983. *Forgotten Children: Parent-child relations from 1500 to 1900.*
    Cambridge Univ. Press.

Reiger, Kereen. 1985. *The Disenchantment of the Home.* Melbourne: Oxford Univ.
    Press.

제 **2** 부
새로운 직업의 탄생

제4장 일제강점기 제사 여공과 고무 여공의 삶과 저항을 통해 본
공업 노동에서의 민족차별과 성차별_ 이정옥

제5장 근대 서비스직 여성의 등장: 일과 섹슈얼리티의 경계에 선 직업여성_ 강이수

제6장 식민지 도시 유흥 풍속과 여성의 몸_ 서지영

제**4**장

일제강점기 제사 여공과 고무 여공의 삶과 저항을 통해 본 공업 노동에서의 민족차별과 성차별*

이정옥

대구 가톨릭대학교 사회학과 교수

1. 들어가며

일제강점기, 식민지라는 개념은 '민족차별'이 전면에 부각된다는 것을 뜻한다. 그러나 계급차별에 젠더라는 프리즘을 들이대면 '빈곤은 여성의 얼굴을 하고 있다'는 사실이 드러나는 것처럼 민족차별이 전면에 부각되는 식민지 시기를 젠더의 관점에서 분석해보면 민족차별 이면에서 작동하는 성차별의 기재를 파악할 수 있을 것이라는 출발점에서 이 연구를 시작했다.

식민지 공업화 과정에서 새롭게 범주화된 '민족'과 '성'이 어떻게 씨줄과 날줄로 엮이면서 정교한 여성 노동 통제 시스템을 만들어냈는지를 개괄적으

---

* 이 글은 필자의 서울대학교 대학원 사회학과 박사학위논문인 「일제하 공업노동에서의 민족과 성」(1990)과 ≪한국사회사학회 논문집≫(1990)에 실린 필자의 「일제하 한국의 경제활동에서의 성별 차이와 민족별 차이」를 발췌·요약한 것이다.

로 살펴보기 위해서 민족차별이 가장 표면화된 일제강점기를 살았던 사람들을 그들의 삶터였던 노동시장 속에서 구체적으로 호명해내고자 한다. 알다시피 식민지화라는 외부에서 가해진 변화의 물결은 그 속에 사는 사람들의 삶에 영향을 미치는 새로운 틀을 만들어냈다. 이렇게 만들어진 틀은 때로는 '근대'의 이름으로 재생산되어 식민지가 청산된 이후에도 여성 노동에 대한 고전적인 통제 방식으로 위력을 발휘하게 만들었다. 식민지 공업화 정책은 다양한 방식으로 노동시장을 재편했다. 이렇게 새롭게 재편된 노동시장 안에 조선인[1] 여성, 조선인 남성, 일본인 여성, 일본인 남성은 민족과 성이라는 기준에 따라 분절된 틀 안에 자리 잡게 된다. 또한 식민지 공업화는 그 시작부터 기존의 봉건적 가부장제의 틀에서 활용하던 여성 노동에 대한 남성의 통제 방식을 활용했다. 특히 노동집약적인 공정 과정을 집중적으로 통제하는 여성 산업(편의상 여성이 60% 이상 고용되는 산업으로 정한다)은 식민지 공업화의 특수성을 이용해 여성 노동에 대한 정교한 통제 방식을 활용했다. 여성은 기혼 여성 시장과 미혼 여성 시장으로 분절된 채 노동시장에 편입되었으며 여성 노동을 활용하는 자본도 민족별로 분리해 여성 노동자 집단을 이질화했다. 즉 일본인 자본으로 주로 이루어진 제사업에는 미혼 여공이 주로 동원되었으며 조선인 자본이 주종을 이루었던 고무업에서는 주로 기혼 여성이 동원되었다. 이렇게 분절된 상황 속에서도 여성 노동자들은 끊임없이 계급차별, 민족차별, 성차별에 대해 주체적으로 도전했다.

이 글에서는 1) 일제강점기 전 시기에 노동시장이 어떻게 민족과 성별에 따라 분절되었는지를 개괄적으로 살펴보고 2) 그중에서 식민지 공업화 과정에서 형성된 대표적인 여성 산업인 제사업과 고무업에서 여성 노동이 어

---

1   식민지 시대의 분류 방식을 그대로 따라 '조선인'이라는 범주를 그대로 쓰기로 했다.

떻게 배치되었는지를 살펴보고 3) 여성 산업의 핵심 노동자층인 여성들이 식민지 시대 '노동쟁의'의 전면에서 주체적인 대응을 했는지를 보여주고자 한다.

2. 민족과 성에 따른 경제활동의 분화

1) 경제활동의 수평적 분화: 산업 부문별·직종별 분화

식민지 시대의 주업 종사자의 분포를 산업 부문별로 살펴보면 단적으로 드러나는 사실이 일본인과 조선인 간의 산업 부문별 분화 현상이다. 즉 농림수산업(1차 산업) 분야의 종사자는 조선인의 경우 식민지 전 기간에 걸쳐 80% 내외인 데 비해 일본인은 20%도 안 된다. 또한 식민지 전 기간을 통해 농림수산업 종사자의 비율이 일본인의 경우 빠른 속도로 줄어들어 1915년의 17.8%에서 1940년에는 7.6%까지 감소한 데 비해, 조선인은 1915년의 91.1%에서 1940년 83.0%까지밖에 줄어들지 않는다. 산업화의 가장 특징적인 양상을 농림수산업의 1차 산업 부문에서 2·3차 산업으로의 변화라고 본다면, 식민지 시대의 산업화 효과는 주로 조선에 거주하는 일본인에게만 나타나고 대다수의 조선인과는 무관한 것이었던 것으로 생각되기도 한다. 이러한 현상은 농업(농림수산업을 농업으로 대표해 사용한다. 이하 같음) 부문 이외의 직종 분포에서도 뚜렷이 드러난다. 즉 비농업 부문에서 일본인 종사자의 비중이 압도적으로 높은 산업은 상업과 공무 및 자유업인데 1915년에는 상업 분야의 종사자 비율이 공무 및 자유업 분야의 종사자 비율보다 훨씬 높았지만, 점차 시간이 갈수록 상업 분야의 종사자의 비중은 줄어들고 공무 및 자유업 분야의 종사자의 비중은 늘어나 1925년부터는 공무 및 자유업 분야 종사자의 구성비가 더 높아진다. 그런데 조선인의 경우에는 1915년부터 상업 분야의 종사자의 비중이 다른 비농업 부문의 산업 중에서 가장 높은 편이고 그러한 경향은 시간이 갈수록 더욱 강화된다. 또한 대체로 도시 잡업층으로 구성된 기타 부문의 종사자도 일본인의 경우는 시간이 갈수록 줄어드는 데 비해 조선인의 경우는 시간이 갈수록 더욱 증가하는 것을 엿볼 수 있다.

이와 같은 분화의 양상을 성별을 고려해 다시 검토해보면 전반적으로 남성에 비해서 여성이 농업 부문에 종사하는 자의 비중이 높은 것으로 나타난다. 즉 조선인 남성에 비해 조선인 여성이 농업 부문의 종사자의 비율이 높고 그러한 경향은 시간이 갈수록 더 강화되어 조선인 여성과 남성의 농업 분야 종사자의 비율 차이는 더 커진다. 즉 조선인의 경우에는 농업 부문에서 비농업 부문으로의 전이가 남성의 경우 더 빠른 속도로 진행되는 것이다. 이러한 경향은 일본인 남성과 여성 사이에서도 나타난다. 즉 일본인의 경우에도 일본인 여성이 일본인 남성에 비해 농업 부문의 종사 비중이 높고 농업 부문으로부터의 전이 속도는 더디다.

비농업 부문의 성별 종사 양상의 차이도 민족에 따라 다르게 나타난다. 즉 조선인의 경우에는 비농업 분야의 모든 직종에서 전반적으로 남성의 종사 비중이 여성보다 약간씩 더 높은 것으로 나타난다. 또한 여성의 경우 1935년에서 1940년 사이에 공업 분야의 종사자가 늘어나고 1930년 이후 기타 부문의 종사자의 비중이 약간 더 늘어난 것을 제외하면 전반적으로 산업별 종사자의 비중은 거의 변화가 없는 상태인 데 비해, 남성의 경우에는 각 산업 부문에서 비농업 분야의 종사 직종이 꾸준히 증가하는 것을 볼 수 있다. 이러한 차이는 바로 농업 분야에서의 성별 간 비중의 차이를 반영한다. 즉 조선인 남성의 경우 1920년 이후부터 줄어들기 시작한 농업 분야의 인구가 우선은 상업과 기타업 부문에서, 그다음으로는 공무 및 자유업과 공업 부문에서의 증가로 나타나고 있는 것이다. 그에 비해 여성의 경우에는 농업 분야의 종사자의 비중이 늘어난 1915년에서 1920년 사이에 상업과 기타업 부문의 종사자의 비중이 줄어들고, 그 대신 공업 부문 종사자의 비중이 남성보다 월등하게 높은 정도로 늘어난다. 이 시기가 제1차 세계대전으로 인한 호황기로서 구미(歐美) 시장으로의 섬유류 수출에 주력하던 시기였으므로 공업 부문에 많은 여성 노동력을 필요로 했고 그러한 수요를 농업 부문보다는 일차적으로 도시의 잡업층과 상업 부문 종사자들로부터 충당했음을 말해주는 것이다.

일본인의 경우에는 남녀 간에 약간의 차이는 있지만 전반적으로 비농업 분야의 종사자 비중이 압도적으로 높다. 일본인은 비농업 분야에서 성별 종사 직종 간에 뚜렷한 차이를 보이는데 일본인 남성이 공무 및 자유업 분야에 가장 집중적으로 분포하는 데 비해 일본인 여성의 경우에는 상업 분야에 집중적으로 분포하고 있다. 일본인 남성의 경우 상업 분야의 종사자 비중이 시간이 갈수록 줄어들고 공무 및 자유업 부문의 종사자의 비중이 시간이 갈수록 늘어나는 데 비해, 일본인 여성의 경우에는 정반대의 경향을 보인다. 공업 분야의 경우는 일본인 종사자의 비중이 남녀 모두 점진적으로 하락했으나 1935년에서 1940년 사이에는 갑자기 공업 분야 종사자의 비중이 늘어난다.

산업별·민족별·성별 차이의 양상을 좀 더 구체적으로 살펴보기 위해 각 직업별(대분류) 주업 종사자 중에서 여성이 차지하는 비율(여기서는 편의상 '여성비'라고 통칭하기로 한다)을 민족별로 대비해보면 전반적으로 모든 직종에서 조선인의 여성비가 일본인보다 높은 것으로 나타난다. 특히 조선인과 일본인 사이에 종사자의 여성비 차이가 가장 큰 직종은 공업 분야인 것을 알 수 있다. 즉 공업 분야 종사자의 여성비는 조선인이 일본인의 두세 배에 달하며 그러한 차이는 1930년 이후에 더욱 커지는 것으로 나타난다. 그것은 1930년 이후 종사자의 여성비가 전반적으로 감소하는 추세에서 특히 공업 분야 종사자의 일본인 여성비가 가장 급격하게 감소한 때문인 것으로 여겨진다.

공업 분야에서뿐만 아니라 전반적으로 여성비는 시간이 갈수록 낮아지는 경향을 보인다. 특히 1930년 이후에 여성비의 감소가 두드러지며 그러한 경향은 일본인의 경우에 더 두드러지는 것으로 보인다. 그러한 감소 추세의 영향을 가장 덜 받는 것이 농업 분야의 조선인 여성비이며 특히 1930년에서 1935년 사이에 급격하게 감소했다가 1935년에서 1940년 사이에는 다시 급격하게 반등해 감소 이전 상태인 1930년의 여성비보다 높아진다. 이처럼 전반적으로 일본인의 여성비가 각 직종에서 낮은 것은 이들이 식민지에 이주해온 식민지 모국인(그것도 여성)이라는 특수성 때문일 것이다.

2) 경제활동의 수직적 분화: 계급적 분화

민족과 성에 따라 조선인 남성, 조선인 여성, 일본인 남성, 일본인 여성의 네 개 집단의 계급 구성으로 나누어서 살펴보겠다.

먼저 일본인 남성의 계급 구성을 살펴보면 일본인 남성의 계급 범주에서 가장 비중이 큰 부분은 신(新)중간 제 계층(41.5%)이며 다음이 24.8%의 비중을 차지하는 노동자 계급이다. 노동자 계급 다음으로는 구(舊)중간 계급이 19.4%를 차지하고 있다. 일본인의 계급 구성은 신중간 제 계층이 두텁고 상대적으로 농업 부문이 차지하는 비중이 작은 선진 산업사회와 유사한 계급 구조를 보인다. 그러나 각 계급 범주의 하위 범주들을 좀 더 자세히 살펴보면 식민지적 특수 상황을 이해할 수 있다. 우선 두드러진 특징은 신중간 제 계층을 구성하는 범주의 대부분이 국가 부문이라는 점이다. 단순 사무직 종사자로 분류된 신중간 제 계층도 사실상 국가 부분의 하위직 고용원을 포함하고 있다는 점을 감안한다면 국가 부분의 비중은 더 높아질 것이다. 거기에 인텔리층에 속하는 국공립학교 교장 및 교사를 포함한다면 사실상의 임금 취득 중간층이란 극히 적은 비중의 기업 부분의 기술 감독자를 제외하고는 거의 대부분이 국가 부문에 속한다고 볼 수 있다. 신중간 제 계층의 다음 범주인 노동자 계급의 하위 범주에서 일본인 남자는 거의 모든 부분에 고르게 퍼져 있는 것을 알 수 있다. 즉 24.8%를 구성하는 노동자 계급의 범주 내에서 가장 비중이 큰 부분은 생산 공정 노동자이며 그 외에도 토건 노동자·운수 노동자·판매 노동자에 고르게 분포한다. 다만 상대적으로 광산 노동자와 기타 잡역부의 비중은 작은 편이다. 다음으로 구중간 계급에서는 자영 상인이 해당 범주의 대부분을 구성하며 비중이 가장 낮은 것을 알 수 있다. 농업 부문에서는 중농·소농의 비중이 가장 높은 것으로 나타난다.

일본인 여성의 경우에는 가장 큰 비중을 차지하는 범주가 노동자 계급이다. 노동자 계급 다음으로는 농업 부문·구중간 계급·신중간 제 계층이 거의 비슷한 규모를 차지한다. 그런데 일본인 여성의 계급 구성에서 가장 큰 비중을 차지하는 노동자 계급의 내부 구성을 살펴보면 극히 편중적으로 분포되어 있음을 볼 수 있다. 즉 노동자 계급 내부에서 서비스 노동자와 판매 노동자에 집중적으로 몰려 있고 생산 공정 노동자에 극히 일부분이 분포하는 것을 제외하면 나머지 부분, 즉 광산 노동자·토건 노동자·기타 잡역부·운수 노동자의 비중은 거의 무시해도 될 정도로 미미한 수준이다. 노동자 계급 다음의 범주를 차지하는 구중간 계급 범주의 대부분은 자영 상인과 서비스 자영자로 구성되며 상대적으로 일본인 남성에 비해 자영 생산자·자영 기능인·주변적 무산자층의 비중은 낮은 편이다. 신중간 제 계층에서는 국가 부분의 임금 취득 중간층을 제외하고는 나머지 기업 부분의 임금 취득 중간층과 단순 사무직·인텔리층에 고르게 분포하는 것으로 나타난다. 일본인 여성의 경우 다른 집단에 비해 상대적으로 주변적 무산자층의 비중이 큰 편이다. 그것은 일본인 여성의 경우 가사 고용인과 실직자의 비중이 상대적으로도 높기 때문이다.

조선인 남성의 계급 구성은 우선 농업 부문의 비중이 다른 것에 비해 압도적으로 높다는 점을 확인할 수 있다. 농업 부문 다음으로 비중이 큰 부분은 노동자 계급 부문인데 농업 부문의 비중이 80%를 웃도는 데 비해 노동자 계급의 비중은 불과 9.7%이고 그다음으로 비중이 큰 구중간 계급은 5.0%, 신중간 제 계층은 1.6%에 지나지 않는다. 압도적인 비중을 차지하는 농업 부문의 내부 구성을 볼 때 조선인 남성의 대다수는 중농·소농·농업 수조, 빈농·농업 노무자로 구성되어 있는 것을 알 수 있다. 상대적으로 농업 기술자·농업 관리인 감독이 차지하는 비중은 농업 부문에서의 비중이 가장 적은 일본인 남자의 경우보다 낮은 것을 알 수 있다. 다음으로 조선인 남자 가운데 노동자 계급의 내부 구성을 살펴보면 기타 잡역부의 비중이 높다는 것이 단적으로 드러난다. 기타 잡역부의 비중은 전반적으로 일본인에 비해 조선인의 비중이 큰 편이지만 조선인 중에서도 조선인 남성의 기타 잡역부 비중이 높은 편이다. 다음으로 구중간 계급에서는 자영 상인의 비중이 상대적으로 높은 편이다. 신중간 제 계층의 경우 임금 취득 중간층은 기껏해야 1.6%인데, 기업 부문의 임금 취득 중간층의 범주는 사실상 조선인 남성에게는 거의 무의미한 셈이다. 신중간 제 계층에서 가장 비중이 큰 범주는 인텔리층이다.

조선인 여성의 계급 구성 역시 조선인 남성과 마찬가지로 농업 부문의 비중이 80%에 가깝고 나머지 비농업 부문의 범주 중에는 노동자 계급의 구성부분이 가장 큰 비중을 차지하고 다음으로는 구중간 계급, 주변적 무산자층의 순으로 구성된다. 조선인 여성의 계급 구성은 전반적으로 조선인 남성과 큰 차이가 없는 편이지만 조선인 남성에 비해 신중간 제 계층의 비중이 낮고 상대적으로 주변적 무산자층의 비중이 높은 것이 특징적이다. 각 계급 범주의 내부 구성을 살펴보면 농업 부문에서는 가장 큰 비중을 차지하는 범주가 농업 수조라는 점에서 '중농·소농'의 범주가 가장 큰 비중을 차지하는 남성과는 대조적이다. 농업 수조가 사실상 가족 노동자라는 점에서 농업 부분에서의 여성의 비중은 높지만 독립적인 경제활동의 주체는 아닌 것을 확인할 수 있다. 독립적인 경제활동의 주체로서 여성의 계급 구성에서 가장 큰 비중을 차지하는 범주는 노동자 계급이라고 할 수 있고 노동자 계급의 내부 구성을 살펴보면 가장 비중이 큰 부분이 생산 공정 노동자다.

3) 계급 구성상의 민족별 차이와 성별 차이

우선 전체 경제활동 종사자 중에서(조선인과 일본인만 포함) 조선인이 차지하는 비중이 97.6%라는 점을 고려해볼 때 이 기준보다 조선인이 집중적으로 몰려 있는 계급 범주와 그 기준에 미달되는, 다시 말해서 일본인 종사자의 비가 평균보다 높은 계급 범주의 성격을 상호 비교해보는 것이 좋을 듯하다.

조선인과 일본인이 주로 점유하는 계급 범주는 그 성격이 전혀 다른 것을 알 수 있다. 단적으로 말해서 전체 경제활동 인구의 2.4%에 지나지 않는 일본인이 계급의 상층부와 근대적인 중간 제 계층의 상당 부분을 차지하며, 이에 비해 조선인은 농업 부문을 포함한 계급 구조의 하층부에 특히 집중되고 있음을 잘 알 수가 있다. 특히 일본인의 독점적 점유가 가장 두드러진 계급 (계층) 범주는 임금 취득 중간층과 자본가 계급이며, 특히 전자는 기껏해야

2.4%에 지나지 않는 일본인이 전체의 과반을 차지하는 것을 볼 수가 있다.

동일한 계급의 하위 범주에 속하는 사람들 사이에서도 상위직-하위직, 근대적-전근대적, 정신노동적-육체노동적, 자본집약적-노동집약적, 고급-저급 등의 수직적(계층적) 차별이 민족 간에 현저하게 존재하고 있음을 뚜렷이 알 수 있다.

성별로 가장 극단적인 분화가 이루어지는 범주는 노동자 계급으로, 서비스 노동자·판매 노동자의 경우는 여성비가 높은 반면 운수 노동자·토건 노동자·광산 노동자 등은 여성비가 낮다. 이를 민족별로 비교해보면 전반적으로 성별 간의 극단적인 분화가 일본인 여성에게 더 심하게 나타나는 것을 알 수 있다. 즉 가사 사용인과 서비스 노동자의 범주에서 일본인의 여성비는 극단적으로 높게 나타나며 일본인 여성비가 높은 범주는 그 밖에도 실직자·피구휼 빈민·판매 노동자 등의 몇몇 범주로 한정되어 있음을 볼 수 있다. 이들 범주의 특징은 생산직 부문과 관련이 먼 경우가 대부분이다. 즉 이들 범주는 여성의 전통적 가사 활동과 관련이 있는 영역이거나 또는 여성의 섹슈얼리티(sexuality)를 기반으로 한 것이 대부분이다. 그런데 조선인의 경우에는 사정이 다르다. 즉 조선인 여성비가 높은 범주 역시 일본인과 마찬가지로 가사 사용인·서비스 노동자·판매 노동자 등이지만 이들 범주의 여성비를 능가하는 범주는 생산 노동자·자영 생산자·농업 기술자·농업 수조·자영 기능인 등으로 생산의 핵심 영역에서 여성비가 높은 것을 알 수 있다. 이러한 사실을 통해 일반적으로 자본주의화 과정에서 생산 부문의 여성 배제 또는 소외라는 명제는 식민지 시기의 조선인 여성에게는 해당되지 않는 것을 알 수 있다. 왜냐하면 조선인 여성은 식민지 시기의 비중이 큰 농업 부문에서나 소(小)생산 부문, 산업 노동 부문에서 가장 실질적인 주역이라는 점을 확인할 수 있기 때문이다.

이제 지금까지의 논의 결과를 요약해보자. 먼저 경제활동의 수평적 분화상, 즉 산업 부문에 따른 민족별·성별 차이는 다음과 같다.

첫째, 산업 부문별로 볼 때 조선인은 대부분 농업 부문에 집중적으로 분포하는 반면 일본인은 비농업 부문에 몰려 있으며, 이를 성별로 살펴보면 각 민족별로 여성이 남성보다 농업 부문의 종사 비중이 상대적으로 높다.

둘째, 비농업 부문에서의 종사 직종을 살펴보면, 일본인의 경우에는 비농업 부문의 산업 중에서 좀 더 조직화된 분야인 공업과 공무 및 자유업 분야 종사자의 비중이 시간이 갈수록 늘어나고 상업 분야와 도시 잡업층으로 구성된 기타 부문의 종사자의 비중은 줄어드는 데 비해, 조선인의 경우에는 비농업 부문의 직종 전반에 걸쳐 약간씩의 증대가 이루어지지만 그중에서도 상업 분야와 기타업 분야의 증가가 더 두드러진다.

셋째, 비농업 부문에서는 조선인의 경우 각 직종에서 종사자의 구성비는 전반적으로 남성이 여성보다 약간씩 높고 증가 정도도 남성이 여성의 경우보다 더 높다. 이에 비해 일본인의 경우 상업 분야에서는 여성의 비중이 더 높고 그러한 경향은 시간의 흐름에 따라 더욱 심화되어가지만, 광공업 분야와 공무 및 자유업 분야에서의 비중은 남성에 비해 현저하게 낮다.

넷째, 직종별 종사자의 여성비를 민족별로 비교해볼 때 전반적으로 모든 직종에서 조선인의 여성비가 일본인보다 현저하게 높으며, 특히 공업 분야에서 여성비의 차이가 두드러진다.

다음으로 경제활동의 수직적 분화상, 즉 계급(계층)에 따른 민족별·성별 차이를 요약해보면 다음과 같다.

첫째, 일본인은 절대적 비중이 극히 적음(2.4%)에도 계급 구성상의 상층부와 중층부에 주로 분포하며 특히 임금 취득 중간층과 자본가 계급의 경우 이러한 양상은 두드러진다.

둘째, 이러한 계급 구성상의 민족별 차이는 동일한 계급의 하위범주들 사이에서도 나타난다. 즉 일본인은 동일한 계급 범주 속에서도 좀 더 상위의 근대적·정신노동적·자본집약적인 고급 직종에 종사하는 데 비해, 한국인은 더 하위의, 전근대적·육체노동적·노동집약적인 저급 직종에 종사하는 것이다.

셋째, 일본인 중에서 여성은 거의 모든 계급(의 하위 범주)에서 남성보다 참여 비율이 낮고 주로 여성의 섹슈얼리티를 기반으로 한 직종에 봉사하고 있다.

넷째, 그러나 조선인 여성은 비록 그 절대 수에서는 남성에 비해 경제활동의 참여 비율이 낮기는 하지만 상당히 많은 직종에 폭넓게 참여하며, 특히 자영 생산자 및 생산 공정 노동자의 경우 약 3분의 2를 여성으로 충당한다. 남성 노동자는 오히려 토건업·운수업·광업 분야에 거의 배타적으로 집중되고 있다. 따라서 조선인 여성은 식민지 시대 산업 노동의 주역을 차지한다. 이러한 구조를 바탕으로 일제강점기에 여성이 핵심적인 생산 공정 노동자층을 이루었던 대표적인 여성 산업인 제사업과 고무업을 사례로 민족별 분업과 성별 분업 구조를 살펴보기로 한다.

3. 여성 산업 내의 민족별 · 성별 분업

1) 노동 과정에서의 분업

(1) 제사업

제사업은 "기계의 효용이 허용되는 범위는 극히 적고 그 대부분은 여공의 기량에 의해 좌우되는바, 예부터 작업의 효과는 기계의 정량이 요구되기도 하나 주로 기술의 기묘함이 관건이다 ……"(西成田豊, 1985: 12)라고 할 정도로 섬세한 작업을 요구하기 때문에 숙련 여공의 확보는 제사업의 성패를 좌우할 정도로 중요한 일이었다. 따라서 제사업 내의 분업 체계는 바로 이 제사 여공에 대한 관리·감시·통제·기술 지도를 중심으로 이루어졌다.

제사업 내의 노동 과정상의 위계 관계는 주임 - 감독 - 교부 - 여공으로 이어졌다. 교부는 대개 여공 출신으로 장기 근속자나 또는 잠업강습소를 졸업한 여성이 맡는 것이 일반적이었으며, 이 교부가 여공의 가장 직접적인 상급자가 되었다. 교부 1명은 보통 여공 10명을 감독했고 교부 2~3명에 감독이 1명 있었으며 주임은 전체를 총감독하고 책임지는 것이 보통이었다. 따라서 여공 개개인에 대한 감독은 일단 교부에게 맡겨진 셈이었지만 감독 또한 작업장 내에서 순시하면서 교부와 여공들의 작업을 직접 감독했다. 일본인 경영의 제사 공장에서는 감독은 주로 일본인 남자였던 것이 일반적이었고 때로 조선인 여공과의 관계를 고려해 조선인을 일본인 감독의 보조로 고용하는 경우도 더러 있었다.

이들 일본인 남자 감독들의 여공에 대한 비인격적인 통제는 일본인 소유 공장에 근무하는 제사 여공의 노동쟁의의 가장 주요한 쟁점 중의 하나였다. 즉 일본인이 경영하는 제사 공장에 근무하는 대다수의 조선인 여공들은 우선 노동 과정에서 민족적 차별과 성차별의 이중의 억압을 경험해야 했던 것이다. 이들의 민족차별에 대한 정책은 거의 노골적이라서 극소수의 일본인 여공들에 비해 하다못해 식사라든지 기숙사 배치 등의 구체적이고 가시적인 차원에서 민족적 차별을 과시한 나머지 그것 역시 쟁의의 불씨가 되는 경우도 있었다. 이러한 생산 공정 내의 민족적 차별이 요인이 되어 대체로 일본인이 경영하는 제사 공장에서 파업이 빈발했으며 파업의 쟁점도 주로 민족

간의 차별과 억압에 대한 감정적 울분의 성격이 강했다.

　제사 공정의 가장 중심이 되는 과정은 '조사' 과정으로 대부분을 여공이 전담했다. 초벌 삶아진 고치가 펄펄 끓는 가마에 넣어지면, '조사' 여공은 가마솥에 손을 넣고 고치의 실 머리를 건져 올리고 실의 굵기에 따라 여러 개의 실 머리를 합치기도 한다. 이렇게 뽑아낸 실 머리를 1분간 수백 회 회전하는 제사기 바늘에 붙이는 작업을 했다. 이때 감기는 실의 줄이 끊어지지 않도록 세심한 주의를 기울여야 했다. 또한 고치가 가마 속에 너무 오래 있게 되면 고치가 녹아내려 마디가 생기기 때문에 가마 속에 있는 고치는 시간 내에 전부 '조사'를 마쳐야 했다. 이 조사 과정에서 뜨거운 가마 속에 손을 끊임없이 넣었다 뺐다 하는 동작을 반복해야 했기 때문에 '조사' 여공 대부분은 손이 허옇게 되었고 심하면 진물이 나는 피부병(무좀)에 시달렸다.

　조사 과정의 다음 단계가 탕반 과정으로 이 과정은 조사장에서 작은 얼레에 감았던 실을 큰 얼레에 올려 감는 일을 일컫는다. 이 과정에서 조사 여공의 각 개인 작업에 꼬리표를 붙이고 개인 작업의 샘플을 뽑는 작업도 했다. 탕반공도 주로 여공으로 이루어지는 것이 일반적이었다. 탕반장에서 큰 얼레에 감긴 생사의 무게를 달고 실의 굵기를 고르며 한 고치에서 뽑아낸 실의 양을 측정하는 것이 검사 과정이었다. 이 과정에서 조사 여공의 개인 공임이 계산되었다.

　이상 제사업의 노동 과정에서의 민족별·성별 분업을 살펴본 결과 우선 일본인 남성은 감독과 기술 지도, 성적 평가, 공임 지급과 계산 등을 담당하는 사무직과 기술직에 집중적으로 고용되어 있었으며, 조선인 여성은 생산 공정의 핵심적인 과정에서 실제 작업을 담당했다. 이러한 생산 공정에 보조적이고 주변적인 작업을 일용직 등의 임시 고용 상태로 조선인 남성이 담당한 것으로 나타났다.

〈표 4-1〉 제사업의 민족별 성별 임금(1921, 1922)

(단위: 원)

월별	조선인 남자		조선인 여자		일본인 남자		일본인 여자	
	1921년	1922년	1921년	1922년	1921년	1922년	1921년	1922년
3월	1.15	1.15	0.69	0.76	1.87	1.87	1.17	1.07
6월	1.23	0.91	0.73	0.64	1.77	1.79	1.10	1.14
9월	1.30	1.01	0.79	0.67	1.87	1.67	1.17	1.07
12월	1.30	0.89	0.79	0.66	1.86	1.40	1.00	1.03

주: 위의 자료는 종업원 50인 이상을 고용하는 공장을 대상으로 한 조사임. 그런데 50인 이상의 종업원을
　　사용하는 업체에서 제사업을 제외하면 방직공업 내의 다른 업종은 없음.
자료: 조선총독부 식산국, 『朝鮮の商工業』, 대정(大正) 12～13년을 근거로 작성.

　제사업에서 임금의 지불 방식도 성별에 따라 다르게 나타났다. 충남 제사
의 사례를 보면 주로 남성이 담당했던 사무직·기술직 종사자는 고정급을 지
급받았고 남자 직공들은 일급으로 지불받았으며, 주로 여공으로 구성된 탕
반공과 조사공은 철저하게 성과급으로 지불받았다. 특히 조사공의 공임은
조사량, 사조반, 사보(絲步), 섬도(纖度) 등을 기준으로 시험을 거쳐 그것에 따
라 벌과금을 부과하는 방식으로 지불했다. 그 결과 제사 여공 가운데에는 성
과에 따라 임금이 두 배 이상 차이가 나는 경우도 있었으며 벌과금을 제하고
나면 한 달 월급이 1~2원에 지나지 않는 경우도 있었다(또한 〈표 4-1〉 참조).

　이렇게 제사업에 조선인 여성이 집중적으로 전담했던 조사 과정은 생산
공정 과정에서 가장 감시와 통제가 심하고 자율성이 전혀 없었던 부문인 것
을 알 수 있다. 조사 여공은 1인당 제사 가마 한 개와 제사기를 앞에 놓고 쉴
새 없이 발판을 돌리느라 옆으로 눈도 제대로 돌리지 못한 채 숨 돌릴 틈도
없는 열악한 작업 조건에 시달렸다.

(2) 고무공업

고무공업에서도 상위의 사무직과 기술직 종사자들은 대부분 남성이 집중적으로 전담했던 것으로 나타난다. 고무공업에 종사하는 남성의 15%가량은 직원이었고 약 5%는 임시직으로 고용되어 있었으며 나머지 80%가량이 생산직에 종사했는데, 여성은 99%가 직공이었다. 따라서 고무업에서도 역시 상위의 기술직과 사무직은 주로 남성이 전담했던 것을 알 수 있다.

고무업 자체가 주로 조선인이 운영하는 업종이었기 때문에 민족별 분업은 크게 부각되지 않았다. 고무업 전체에서 일본인의 비율은 1929년에 0.4%(11명), 1936년에 10명(0.1%)에 지나지 않았다. 따라서 고무업에서 상하의 위계 관계는 조선인 남성과 조선인 여성의 관계로 집약되었다고 볼 수 있다. 이 때문에 고무공업에서 감독과 여공의 관계는 제사업에서처럼 인격적인 모욕과 직접적인 물리적 폭력에 의존하는 관계는 아니었다. 고무업에서 감독의 역할은 성적 평가를 내리는 검사관이 맡았는데 문제의 불씨가 되는 것은 이들 검사관의 불량품 판정에 결부되는 자의성이었다.

고무공업에서 압도적인 비중을 차지하는 조선화의 생산 공정은 작업 순서에 따라 배합부, 롤러부, 장부(張部), 가류부, 마무리부, 배급부 등으로 나누어진다. 먼저 배합부에서는 약품의 배합과 검사를 담당했고 다음 롤러부에서는 기초 재료인 고무를 배합하는 절차를 거쳐 고무 제품의 원료인 생고무를 겉창, 안창, 굽 등과 같이 각기 필요로 하는 두께에 맞추어 재단하고 재단이 끝나면 재단된 각 부분을 알루미늄으로 된 틀에 맞추어 형을 조립했다. 이 과정이 고무화의 성형 과정이었다. 성형이 끝나면 성형이 불완전한 것, 접합이 불완전한 것, 흠집의 유무를 검사하는 과정을 거쳤다. 이 성형과 검사 과정까지를 장부에서 담당했다. 다음 가류부에서는 성형된 고무신을 가류관에 넣고 유황 처리를 했다. 마무리부에서는 가류 처리가 끝난 후 형틀에서 고무신을 뽑아내는 형 뽑기 과정과 뽑아낸 고무신 중에 뒤꿈치가 불균등한 것, 조잡한 것 등을 연마기에 걸어 마무리하는 과정 및 완성된 고무신을 포장하는 과정을 담당했다. 이렇게 포장이 끝나면 배급부로 넘겨 제품을 배급했다.

이러한 생산 공정 과정에서 여성 노동자가 집중적으로 종사했던 곳은 고무화의 성형을 담당하는 장부였다. 고무화의 성형 과정은 다른 부서에 비해 노동집약적인 과정으로 롤러부에서는 하루에 250족을, 재단공은 하루에 500족을, 가류공은 하루에 250족을 생산할 수 있었던 데 비해 장부에서는 1일 평균 생산능력이 기껏해야 30족이었다. 따라서 장부를 제외한 나머지 부서에서는 남성 노동자가 여러 부를 담당하는 것이 보통이었다.

이렇게 남성이 맡고 있던 공정이 여러 부에 걸쳐 있었음에도 고무업 종사자의 여성 비율이 60%에 가까웠다는 것은 여성이 담당했던 일의 노동집약적 성격을 알 수 있다. 여성이 주로 담당했던 성형 과정은 신발의 각 부분인 신발 바닥, 뒤축, 신발 겉을 신발 모형의 알루미늄 틀 속에 넣어서 롤러라는 간단한 손 도구로 휘발유를 바르며 눌러서 신발 모양을 만드는 일이었다. 이러한 공정 과정은 세밀하고 꼼꼼한 솜씨를 필요로 하는 노동집약적인 일이었다. 그런데 장부의 과정을 제외한 고무화 제조 과정의 핵심적 공정 중에 남성이 전담했던 일은 기술집약적이고 자본집약적인 성격을 띠었다. 1920년대 말에 고무 공장의 급격한 증가에 따라 경쟁 과정에서 나타나는 임차 공장은 고무화 기술자가 소자본으로 경영하되 공정 과정 중에 기술집약적인 공정을 규모가 큰 공장에 위탁하는 방식으로 운영되었다. 여기서 큰 공장에 위탁했던 부분은 롤러부와 가류부에서 담당하는 부분으로 이 공정 과정은 전동기, 롤러, 가류관, 전동 장치 등의 기계 설비가 필요한 부분으로 소공장으로서는 감당할 수가 없는 부분이었다. 그런데 바로 이 공정 과정은 남성이 전담하는 과정이었다. 이때 임차 공장에 지불했던 공임은 대형 1족에 5전, 소형 1족에 2전 7리 5모였다. 이 자료는 1935년 경성부의 조사 자료였는데 당시 경성에서 고무화 성형공의 1족당의 공임은 2.5~3전이었다. 그런데 롤러부와 가류부의 숙련공의 1일 처리 능력이 250족이었고 장공(張工)의 경우에는 불과 30족이었다는 점을 감안한다면 자본집약적이고 기술집약적인 공정 과정과 노동집약적인 공정 과정에 대한 처우가 얼마나 차등적이었던가를 알 수 있다.

또한 노동 과정에서의 분업의 차이는 임금의 지급 방식에서도 차등적으로 나타나는 것을 볼 수 있다. 임금의 지불 방식은 사무직이나 기술직의 경우에는 정액에 의한 급여를 원칙으로 했으나 직공의 경우에는 성과급제도로써 개수 임금의 형태를 띠었다. 직공 중에도 장부에서 일하는 고무화 성형공의 경우에는 철저하게 개수 임금제를 적용했고 그 밖의 부서에서 일하는 남직공들에게는 정액에 의한 일급제로 지불하는 방식을 취했다.

개수 임금의 지불 방식은 대개 고무화 1족당 공임으로 계산되었는데 이 공임은 지역에 따라, 공장 규모에 따라, 그리고 시기에 따라 심한 차이를 보였다. 먼저 경성의 경우는 1923~1925년경에 조선화 대(大) 1족당 6.5전 내지 7전이었던 것이 1933년 무렵에는 2.5~3전으로 인하되었다. 부산의 경우에는 1929년에 5전이었던 것이 1935년 무렵이 되면서 2전 남짓으로 인하되었다. 전체적으로 1919~1930년에 5전 내외였던 것이 1933~1935년 무렵이 되면 2~3전으로 거의 절반 이상 인하된 것을 알 수 있다(김경일, 1987). 자본가들은 이런 식의 임금 감하에 대해 "여공은 남자가 있으니 부업으로 일하니 삯이 헐해도 상관없다"는 태도로 무마하고 있었다(≪동아일보≫, 1933.11.9; 김경일, 1987: 96에서 재인용). 여기서 우리는 여성의 저임금에 작용했던 가부장제의 실례를 확인할 수 있다.

성과급제의 임금 지불 방식에서 빼놓을 수 없는 것이 벌금제도 및 배상제도의 운용이었다. 불량품 배상제도란 제조 과정에서 불량품이 나오는 경우 다른 정품 1족의 공임을 지불하지 않는 방식으로 운용되었으며 때로는 불량품에 대해서 2족분의 벌금을 부과하는 경우도 있었고 벌금에 누진제를 적용하는 경우도 있었다(김경일, 1987: 99). 이러한 불량품에 대한 벌금제도는 불량품을 판정하는 감독의 자의적이고 독단적인 횡포를 근거로 했고 때로 불량품 배상액이 하루 노동 공임을 웃도는 경우도 빚어냈다. 더구나 감독들은 대부분 남성이었고 고무화 성형공은 대부분 여성이었기 때문에 성별 차이를 이용한 통제를 극대화할 수 있었다. 한 고무 여공의 다음과 같은 이야기는 남성 감독에 의한 여성 노동자 통제의 실상을 잘 보여준다.

…… 감독이나 검사란 자들이 우리에게 대하는 태도는 실로 매스꿈이 날 지경이지요. 또 추잡한 언동이 다 많습니다. 녀직공도 사람인 이상 소말과 같은 대우를 어찌 참겠습니까? 그거 구복이 원수가 되야서 부모에게서도 듣지 못하든 가지가지의 욕설과 당하지 못해본 구타까지 당해가면서도 일하든 것인데 ……(≪중외일보≫, 1930.8.11).

2) 여성 산업 노동자의 특성

(1) 미혼 여공으로서의 제사 여공

제사 여공은 다른 업종에 비해 유년 여공의 비율이 높다. 제사 여공은 1921년 15세 미만의 유년공의 비율이 66.5%에 달했으며 1925년에는 23.5%, 1930년에는 39.4%, 1935년에는 32.0%, 1940년에는 37.3%를 차지해 유년공의 비율이 압도적으로 높았던 것을 알 수 있다. 1938년의 조사 자료에 의하면 제사 여공의 연령별 분포는 15~18세까지의 연령층이 전체 여공의 61%를 차지했다. 당시의 평균 결혼 연령이 19세였던 점을 감안한다면 제사 여공은 대부분 미혼 여성인 것을 알 수 있다. 15세에서 22세까지의 여공이 전체 여공의 대부분인 92%를 차지했다.

이렇게 제사 여공들이 미혼의 유년 여공을 중심으로 구성된 데에는 몇 가지 이유가 있다. 우선 조사 기술을 익히는 데 대개 6개월가량의 견습 기간이 소요되었기 때문에 가급적 나이 어린 유년공을 뽑아 훈련시키는 것이 유리하다고 생각했다. 더 나아가 조사 과정이 장시간 고도의 집중력을 요하는 작업이기 때문에 가사 업무에 일차적인 책임을 지는 기혼 여성은 부적합하다고 생각했다. 그뿐 아니라 좀 더 본질적인 이유는 유년 여공의 임금이 성년공에 비해 훨씬 낮다는 점과 제사업에서와 같이 극단적인 통제는 미혼 여성에게 효율적일 것으로 여겼기 때문이다.

미혼의 나이 어린 제사 여공은 주로 제사 공장이 있는 지역의 인근 농촌에서 공급되었지만 때로는 도 경계선을 넘어오기도 했다. 그러나 1910년대의 토지조사사업과 1920년대의 산미증식계획으로 농촌의 궁핍화가 가속화함에 따라 한국 농촌에는 광범위한 과잉인구가 누적되었으며, 이들의 생활 상태는 아사 직전이었기 때문에 제사 여공을 구하는 데에는 별다른 어려움이 없었다. 왜냐하면 아사 직전의 농가에서 어린 딸들은 '한 입이라도 덜고' 가계의 부족을 보충하기 위해 어떤 일자리라도 사양할 수 있는 형편이 못 되었기 때문이다. 따라서 앞서 살펴본 바와 같이 제사 여공의 노동조건이 열악했음에도 여공은 치열한 경쟁을 거쳐 선발되는 것이 보통이었다.

즉 당시 조선인 제사 여공들은 한창 성장기에 제대로 영양 섭취도 할 수 없는 불량한 식사와 휴식시간도 없는 장시간 노동으로 시달리고 있었다. 따라서 이러한 노동조건은 실제로 노동력의 마모를 가져와 장기근속을 불가능하게 했던 것이다. 한 제사 여공의 다음과 같은 일기는 당시 제사 여공의 노동 상황을 적나라하게 보여준다〔≪별건곤(別乾坤)≫, 3월호(1930)〕.

"10여 세의 어린 소녀들이 여름날 100도[2]가 훨씬 넘는 공장 안에서 200도의 펄펄 끓는 물을 안고 100도의 난관을 등에 지고 과로와 혹서에 쪼리 우는 숨잇는 유령의 모양" 바로 그것이었다. 따라서 여공 대부분은 질병에 시달린다. 병실 다섯 방은 대만원이었다. …… 부어서 뚱뚱한 사람, 살이 빠져서 뼈만 남은 사람, 종처난 사람, 가지각색 병에 걸린 그네들은 지옥의 일 장면을 보는 듯했다. ……

제사 여공이 주로 시달렸던 병은 우선 1차적으로 손이 짓무르는 무좀이고 그 외에도 휴식시간 없는 장시간의 긴장된 노동조건으로 인해 소화기병, 호흡기병, 각기병에 시달리는 경우가 많았는데, 이들 직업병은 주로 조사 여공과 관련이 깊은 것으로 나타난다. 즉 제사 공장 가운데 여성 전담률이 가장 높은 조사 과정이 노동 강도가 가장 높았던 것을 알 수 있다. 제사 여공의 노동시간은 작업의 성격상 하루에 삶아 놓은 고치를 그날 중으로 다 소비해야 했을 뿐 아니라 1회분의 삶은 고치를 가급적으로 신속하게 조사해내야 했기 때문에 장시간 연속 노동으로 특징지어지고 그러한 작업의 특수성이 노동 강도를 강화하는 요인이 되었다. 육지수의 조사에 의하면 제사 여공의 노동시간은 최장 12시간 30분, 평균 11시간 20분이었던 것으로 나타났다. 여기서 노동시간은 휴식시간을 제외한 수치로 실제 노동시간이 11시간인 경우에는 휴식시간이 60분이며 노동시간이 12시간 30분인 경우에는 휴식시간이 66분

2   화씨(華氏).

이었다. 작업은 조사 과정의 섬세함 때문에 야간 작업보다는 새벽 작업을 주로 했는데 작업은 보통 오전 6시에 시작해 오후 6시 무렵까지 계속했다. 오전에는 아침 식사시간이 짧게 있는 것을 제외하고는 휴식시간이 없고 점심시간에 30분을 쉬고 오후에 10~20분의 휴식시간을 갖는 것이 보통이었다. 이렇게 휴식시간 없이 강도 높은 노동을 해야 했기 때문에 공장 부근에서 통근을 하는 경우를 제외하고는 대개는 기숙사 생활을 하는 것이 보통이었다. 기숙사의 식비는 본인 부담으로 대개 1일 18~20전이었다. 기숙사 내의 조명 시설, 식사, 난방의 부실함은 종종 파업의 원인이 되었으며 기숙사제도는 파업이 일어났을 때 기숙사에 파업 직공을 감금해 파업이 외부로 확산되는 것을 막는 기구로도 활용되었다.

이상에서 살펴본 바와 같이 방직공업 중에서 가장 대규모 공업화가 실현된 제사업 부문의 여성 노동은 오히려 다른 어느 업종보다도 극단적인 노동통제와 열악한 노동조건하에서 이루어진 것이었다. 이러한 극단적인 통제와 열악한 조건으로 노동을 강요할 수 있었던 것은 무엇보다도 식민지 상황에서의 한국 농촌의 피폐와 이로 인한 농촌 과잉인구의 광범위한 퇴적이었고, 다음으로는 남성에 대한 여성의 복종을 철저하게 내면화시킨 가부장제 이데올로기였다고 볼 수 있다.

(2) 기혼 여공으로서의 고무 여공

고무공업에 종사하는 고무화 제조 여공은 앞서 살펴본 대로 주로 고무화 성형공인데 이들은 제사 여공들과는 달리 대부분 성년공이었다. 고무공업 내의 유년공의 비율은 1925년에 3.1%, 1930년에 4.4%, 1935년에 1.4%, 1940년에 14.2%를 차지해, 화학공업 중에서도 여성 종사자가 많았던 비료업이나 제지업에서 여성 유년공 비율이 20~30%이었던 것과는 대조적이었다고무 여공의 연령층은 30세 전후가 가장 많아 대체로 어린애를 가진 기혼 여성이 고무 여공의 대부분을 차지했다. 이와 같이 기혼 여성이 주류를 차지했던 이유로는 우선 고무화 공장이 대도시의 소비지를 중심으로 입지하고 있던 점을 들 수 있을 것이고 무엇보다도 중요한 이유는 고무업이 연중 작업 일수가 고르지 않고 주문에 따라 생산을 했기 때문에 고용 상태가 불안정한 데 원인이 있을 것이다. 고무화 제조업은 7월에서 12월은 성수기이고 1~3월까지는 한산기로 이 시기는 직공 수도 적고 작업 일수도 평균 15일 정도에 지나지 않았다. 특히 1930년대에는 전반적인 불황과 고무공업 내의 치열한 경쟁으로 1년에 평균 4개월은 휴업하는 경우도 나타났고 지역에 따라서는 하루에 제작할 수 있는 양을 제한하거나 교대 근무제를 택해 격일, 또는 3~4일에 한 번씩 취업하는 양상도 나타났다. 고무업은 대부분 중소 규모 경영이 일반적이어서 제사업에서처럼 기숙사를 운영할 수도 없었기 때문에 출가 여공보다는 집에서 통근하는 여공을 선호한 것으로 보인다. 더구나 고무화 성형은 숙련을 필요로 하는 공정이었기 때문에 이렇게 끊임없이 조업의 단축과 재개를 반복하면서 숙련 노동력을 확보하려면 기혼 여성을 활용할 수밖에 없었던 것이다. 이러한 상황은 고용 상태가 불안정한 일제강점기에 제사업과 같은 대규모 공장을 제외한 다른 업종에서도 마찬가지였을 것으로 짐작된다.

고무 여공이 주로 기혼 여성이라는 사실은 이들이 가사 부담과 공장 노동의 이중의 부담을 지고 있었다는 것을 뜻한다. 이들의 가사 부담 중에 특히 육아 부담 등은 노인세대에게 맡겨지기도 했고 때로는 실직 상태의 남편이 대신 육아를 전담했던 것으로 나타났지만 일반적으로는 여전히 전통적인 가사 노동과 육아는 이들 고무 여공의 몫이었다. 당시 한 고무 공장의 방문기에 의하면 "…… 고무 공장의 애기 딸린 어머니들의 노동이란 너무나 비참

했다. 고무 찌는 공장 속에서 애기에게 젖을 빨리며 쇠로 만든 롤러를 가지고 일하는 것이다"[≪신동아(新東亞)≫, 6월호(1932)]라고 되어 있다. 즉 임노동자로 고용되어 생계의 일부를 담당하고 있었지만 가사와 육아의 부담은 여전히 이들 고무 여공의 몫이었으며 남성 가장에게 예속적인 상태는 변함없었다. 실제로 고무 여공의 파업 과정에서 사용자 측은 여공의 남편에게 복업해줄 것을 종용하는 경우가 종종 있었으며 그 결과 남편의 명에 따라 복업을 하지 않는다는 이유로 이혼을 했던 사례도 나타났다.

이들이 기혼 여성이라는 사실은 급격한 임금 감하와 해고의 중요한 사유가 되었다. 1930년대 초의 임금 감하 현상은 전반적인 추세였지만 그중에서도 고무업에서 임금의 감소폭이 컸던 것으로 나타났다. 특히 1930년에서 1931년 사이에 고무업에 종사하는 남직공의 임금은 큰 폭으로 하락했다. 그런데 이 시기에 고무업에서의 여성 비율은 급증했다. 즉 남직공의 임금 하락은 결국 남직공의 여직공으로의 대체를 의미했던 것이다.

4. 여성 산업에서 노동쟁의에 나타난 여성들의 주체적 대응

이상에서 제사업과 고무업에 종사하는 여성 노동자의 특성과 노동 과정의 성격, 특히 그 속에서의 성별 분업의 양상에 대해 살펴보았다. 그 결과 이들두 업종은 일본인 대자본과 조선인 중소 자본이라는 점에서 대조적인 성격을 지니면서 동시에 고용의 대상이 되는 여성 노동자의 특성도 제사업은 농촌 출신의 미혼의 출가 여공이며 고무업은 도시에 거주하면서 가사 부담을이중으로 짊어져야 하는 기혼 여성임을 확인했다. 이렇게 자본의 성격과 노동자의 특성 차이는 노동쟁의의 양상에서도 중요한 차이를 노정했다. 여기서는 1920년대에서 1930년대 초까지 양 업종에서 나타났던 노동쟁의 양상을 1) 쟁의의 주체, 2) 쟁의 원인, 3) 쟁의 과정에서의 자본가 및 경찰 측의 대응 양식이라는 세 가지 차원에서 검토해보고자 한다. 즉 이상의 세 가지 차원에서 두 업종의 노동쟁의가 드러내는 공통점과 차이점을 살펴봄으로써 노동쟁의에 이들 두 업종의 자본 및 노동의 성격이 어떻게 반영되었는지를 비교·검토해보고자 한다.

1) 쟁의 주체

(1) 제사업

제사업에서 쟁의의 주체는 단연 여직공이었다. 경성 가부 제사, 광주 도시 제사, 경성 동신 제사 등의 몇몇 사례를 제외하고는 주로 여공만으로 파업이 이루어졌거나 여공이 쟁의를 주도한 이후에 남공이 참여했던 것으로 나타났다. 그러나 이들이 남공과 같이 동맹파업을 했다고 해도 남공이 적었기 때문에 쟁의의 주도권은 여공에게 있었다. 제사업의 경우는 여공의 비중이 높았고 남공은 수효도 적었을 뿐 아니라 고용 상태도 불안정했기 때문에 쟁의 과정에서 남공과 여공 간에 이해관계가 상반되는 경우는 거의 찾아볼 수 없었다. 오히려 남공의 해고 문제에도 여공이 적극적으로 나서는 것을 볼 수 있고 광주 도시 제사의 경우처럼 감독의 여공 구타에 대해 남녀공이 다 같이 적극적으로 참여했던 것을 알 수 있다.

파업에 대한 자세의 면에서 여공 측이 훨씬 더 적극적이고 주도적이었다는 점은 말할 나위도 없다. 예를 들면 남녀공이 참여한 편창 제사 경성 공장의 파업에서 파업을 대하는 남공과 여공의 변을 들어보면 파업에 임하는 남녀의 차이를 알 수 있다. 즉 남공은 "이번 파업은 작년 파업 때의 요구를 하등

개선해주지 않고 대우는 더 나빠져서 일어난 것이다. 무엇보다 개선이 요구되는 것이 음식 문제다. 지금이라도 요구 조건을 들어주면 곧 취업하겠다"라고 말함으로써 파업에 대해 좀 더 객관적이고 수동적인 자세를 견지하고 있는 것을 알 수 있다. 이에 대해 여공은 "우리 여공으로 말하면 금번 파업을 우리가 먼저 시작한 만큼 회사 측에서 요구 조건을 들어주기 전에는 절대로 일을 하지 않겠다. 지금 직공 전부를 기숙사에 몰아넣고 직공 측에서 굴복을 하라하니 우리가 무엇이 잘못되었기에 굴복하겠는가. 지금 직공 전부가 다 집으로 돌아가겠다 하는데 경찰 때문에 가지도 못하는 실정이다"라고 말하는 것에서도 볼 수 있듯이 파업에 대해 훨씬 더 확고한 주견을 보이며 적극적인 것을 알 수 있다. 제사업의 쟁의 과정에서 여공의 적극성과 상대적으로 남공의 소극성(상대적인)은 곳곳에서 산견(散見)된다. 군시 제사 대전 공장에서 남녀공 800명이 파업에 참가했으나 주모자로 검속된 것도 여공 18명이었으며 감독의 해고를 요구하며 끝까지 물러서지 않았던 것도 여공이었다.(≪경성일보≫, 1936.8.19; ≪조선신보≫, 1936.8.20, 1936.8.23). 이렇게 쟁의를 대하는 여공의 자세가 남공에 비해 완강하고 확고했던 이유로는 무엇보다 여공은 노동 과정에서 한곳에 집중적으로 고용되어 단결력과 조직력을 발휘할 수 있는 조건이 주어졌던 반면 남직공들은 주변적인 공정 과정에 임시로 고용되는 경우가 많았다는 점을 들 수 있을 것이다. 그뿐 아니라 집을 떠나 기숙사에 있었던 유년 여공들이 집안의 가부장적 통제를 벗어나 눈앞에 벌어진 상황에 감정적으로 쉽게 동요되었던 점을 부인할 수는 없다.

이렇게 제사업에서의 파업이 여성 주도하에 주체적으로, 여성이 당하는 특수한 노무관리—감독의 비인격적인 대우—에 대한 불만의 폭발 형태로 나타나는 데도 제사업에서 파업이 맹렬해지기만 하면 도하의 각 신문은 여공들이 누군가의 사주를 받고 있는 것으로 속단해 여공의 주체성을 폄하하려는 경향을 보였다. 즉 임금에 대해 오해한 여공들이 누군가에 의해 부추김을 받은 것으로 예단했고(≪부산일보≫, 1930.7.9), 함흥 편창 제사의 동맹파업에서도 여공들이 내세우는 요구는 문제가 되지 않으나 내외 어딘가에 연락한다고 함으로써 여공들 요구 자체의 절실성은 접어두고 그들을 마치 누군가의 조종을 받아 수동적으로 움직이는 존재로 보았다[북선일일(北鮮日日), 1931.1.6].

제사업에서의 노동쟁의는 주로 단위 공장 내 여공과 관련된 기숙사에 있는 여공이라는 점이 제사 여공의 파업을 공장 밖, 외부의 조직과 철저히 단절시켜놓는 효과를 발휘했다. 제사업의 쟁의 과정에서 회사 측의 분열 작전은 1차적으로는 통근 여공과 제사 여공을 분리하는 것이었다. 왜냐하면 제사업에서 여공이 담당하는 노동 과정이 핵심적이고 남성 노동에 의한 대체가 일어나지 않기 때문에 남공과 여공보다는 여공과 여공, 즉 통근 여공과 기숙사 여공을 분리하는 방법을 썼다. 따라서 기숙사 여공이 파업을 주도할 때 출근하는 통근 여공의 출근을 중간에서 저지하는 방법을 쓰기도 했고 통근 여공이 파업을 할 때는 기숙사 여공을 강제로 조업시키는 경우도 있었다. 그러나 그것은 어디까지나 회사 측의 의도에 지나지 않았고 결국은 쟁의 과정에서 기숙사 여공과 통근 여공이 합세하는 것을 알 수 있다.

(2) 고무공업

고무공업은 중소 공장이 대부분이어서 파업이 개별 작업장 단위로 산발적으로 일어나지 않고 지역 단위로 한꺼번에 연쇄적으로 일어났다. 따라서 고무공업 종사자 전원이 직공조합을 결성해 파업에 대응하는 것이 일반적인 양상이었지만 실제로 파업 과정에서 가장 완강하고 적극적인 것은 여공이었다.

1923년 6월 고무 공장주들의 협의로 임금을 인하하기로 한 소식에 광화문

밖에 있는 공장 네 곳의 고무 여직공들이 주동해 일어난 경성 고무 여직공의 파업은 7월 2일에는 경성의 전 고무 공장으로 번지게 된다. 파업 과정에서 파업을 더욱 확산시킨 것은 파업에 가담한 여공에 대한 감독의 부당한 폭력 행사였다. 경성 고무 여공의 파업이 확산되자 '노동연맹회'(신용하, 1989)에서는 간부들이 출장해 조사와 지원을 했으며, 7월 2일에는 고무 여공들을 노동연맹회의 산하 조직인 '반도고무직공조합'[3]에 가입시키기로 결정했다가 하루 뒤인 7월 3일에 공장 여덟 곳의 300여 여직공들로 구성된 '경성고무여자직공조합'을 결성한 후 이들 조합원 200여 명이 고용주 측의 강경한 자세에 항의하기 위해 '아사동맹'을 결성하고 철야 단식 농성을 했으며 그 뒤에는 각 황사에서 '조합'의 임시 총회를 결성하고 김홍작, 박일병, 원우관 등을 고문으로 선출해 그들의 직접적인 지도를 받기로 결의했다. 이에 노동연맹회 산하 단체 각처에서 동정금과 후원금을 보내 요구 조건을 고용주 측과 타협해 경성의 고무 여직공 파업은 결말을 보았다. 즉 1923년의 고무 여직공 파업의 발생은 임금 인하에 대한 여공 측의 자연 발생적인 항의에서 비롯되어 파업을 통해 고무 여직공의 독자적인 조합을 결성하기에 이르렀다. 이 과정에서 노동연맹회라는 외부 사회단체의 지원을 받았으나 가장 강력한 주체는 고무 여공이었던 것이다.

고무 여공 최초의 파업이 여공 자신의 단결과 사회단체의 지원으로 성공리에 끝난 데 비해 1930년 8월 한 달간 지속되었던 평양의 고무 여공 파업은 파업의 진행 과정에서 여공 측이 결사대까지 조직하는 등 처음부터 끝까지 비장하고 완강하게 대응했으나 결국 실패로 끝났다. 실패의 가장 큰 요인은

---

3 고무공업의 여성 노동자 비율이 압도적으로 높은데도 '반도고무직공조합'의 대표(김부성)는 남자였다.

무엇보다 파업단 지도부와 직공 간의 상호 불신이었다. 직공조합에서 직공 대표는 주로 남성으로 구성되었는데 이들이 파업을 성공적으로 지도하기는 커녕 파업의 진행 과정에서 고용주 측의 회유에 넘어가 돈을 받았다는 의혹이 직공들 사이에서 제기됨으로써 직공 내부에 자중지란(自中之亂)이 일어나 파업은 실패로 끝나고 말았다. 즉 평양 고무 공장의 파업은 여공들의 적극적인 참여에도 직공조합을 이끄는 남직공의 지도 부족으로 희생자만 내고 결실을 얻지 못했던 것이다.

이는 1년 뒤 평양의 평원 고무 공장에서 여직공 47명이 강주룡이라는 탁월한 여직공의 지도 아래 파업을 타협점으로까지 이끌어냈던 쟁의 사례와는 여러 면에서 대조가 된다. 평원 고무 공장의 여공들은 1931년 5월 17일부터 근 25일간을 아사동맹을 하면서 끈질기게 버텼던 나머지 직공 측에 못지않게 완강했던 고용주 측을 설득해 타협에 이르렀던 것이다. 1930년 8월의 평양 고무 공장 파업이 직공 1,000명 이상의 단결된 힘을 배경으로 했던 데 비해, 1931년 5월의 평원 고무 공장 파업은 기껏해야 여공 47명의 단결된 힘에 의거한 것이다.

2) 쟁의 원인

(1) 제사업

제사 여공 파업의 발단 역시 다른 업종의 경우처럼 1930년대 초의 대공황의 여파로 나타났던 임금 인하, 임금 체불, 해고 등에 대한 항의에서 비롯된 경우가 더러 있었으나 그러한 경우는 공황의 영향이 가장 직접적으로 미쳤던 시기(1930~1934)에도 전체 파업 사례 중의 극히 일부분에 지나지 않았다. 그것은 제사업이 대공업 중심의 경영 방식을 보였기 때문에 상대적으로 다른 업종에 비해 공황의 충격을 버틸 수 있는 자본의 여력이 있었다는 점, 즉 쉽게 조업이 중단되어 집단적인 해고에 이르게 되는 경우가 상대적으로 적다는 점에 기인할 수도 있다. 그러나 좀 더 직접적인 이유는 일본인 대자본에 대한 일본 경찰의 철저한 비호와 제사 여공에 대한 일본 독점자본의 통제 때문이었다.

제사 여공의 노동 과정에서의 특수성과 관련해 파업의 주된 발단이 되었던 것은 여공에 대한 남성 감독의 비인격적인 대우였다. 남성 감독의 횡포 문제는 사실상 일본인 경영의 대기업에서는 거의 대부분의 경우에 해당되었다. 평양 산십 제사에서의 파업은 음식에 대해 불평하는 여공을 감독이 구타하고 해고한 것에 대한 항의가 계기가 되어 기숙사 여공 600명 전원이 빠져나와 시위를 한 경우였다(≪조선일보≫, 1930.4.25~27; ≪중외일보≫, 1930.4.25~27). 대전 군시 제사의 파업 역시 일본인 감독이 여직공에게 난폭한 언사를 쓰고 주의를 준 것에 항의한 것이 계기가 되어 쟁의로 발전한 경우였다.

남성 감독의 횡포 다음으로 파업의 발단으로 작용하는 요인은 기숙사제도였다. 제사 여공에 대한 기숙사의 운영은 제사업의 작업의 성격상 장시간 연속 노동을 특징으로 했기 때문에 미혼의 출가 여공을 효율적으로 관리·감독하기 위해 필수적이었다. 그러나 다른 한편 기숙사는 여공에 대한 감시와 통제 기구로 활용되었다. 청주의 군시 제사 공장 파업은 임금 인상에 대해 회사 측과 협상하기 위해 기숙사 여공 간에 숙의하고 있는 내용을 교부가 엿듣고 회사 측에 밀고한 것에 대한 분노로 촉발되었다(≪경성일보≫, 1931.9.10, 1931.9.12; ≪부산신문≫, 1931.9.11; ≪민보(民報)≫, 1931.9.11; ≪호남신문≫, 1931.9.10). 그 밖에도 일단 파업이 일어난 뒤에는 기숙사가 파업 여공들을 외부와 효율적으로 차단할 수 있는 도구로 활용되었다. 기숙사 운영과 관련해 파업의 직접적인 발단이 된 것은 아니었지만 쟁의 과정에서 주된 쟁점으로 등장하는 사항은 식사 문제였다. 회사 측은 식비 부담을 여공 측에 전가(하루 18~20전)하면서 식사 내용은 극히 부실해 한창 성장기 여공들의 주된 원성의 대상이 되었다. 편창 제사 경성 공장의 파업 사례에서 "음식은 매일 7전씩 받으면서도 음식 대우가 나빠 영양 부족으로 노동을 하기 어렵다는 것"과 "같은 직공도 구별해 누구는 맛있는 것만 주고 누구는 먹다 남은 것만 주니 마음 편히 일하기 어렵다"는 점을 호소하고 있다(≪조선매일(朝鮮每日)≫, 1934.10.12; ≪중앙일보≫, 1934.10.12). 그 밖에도 기숙사 외출의 자유에 대한 주장도 파업 과정에서 제기되었다. 즉 기숙사제도를 통해 식사·외출의 문제까지도 여공 통제의 수단으로 활용했던 것이다(편창 제사 경성 공장 파업; ≪경성일보≫, 1930.7.17; ≪조선신문≫, 1930.7.17; ≪조선매일≫, 1930.7.17).

기숙사를 통한 여공의 관리와 통제 외에도 제사 여공에 대한 임금의 지불방식과 상벌제도에 대한 불만도 파업의 주요 쟁점으로 부각되었다. 임금 지불 방식을 복잡하게 하여 여공들이 자기 공임의 산출 근거를 정확하게 파악하지 못하게 하는 것도 불만의 요인이었다. 전주 제사 여공의 파업 사례에서 여공 측은 이러한 억울한 입장을 다음과 같이 항변한다. "우리들이 말하는 바를 모다 등신 취급함은 통탄할 바요 노동시간을 말하면 시계가 틀린다. …… 혹은 시간을 알지 못하는 여자들이라고 말하며 임금을 말하면 자기들이 노동하는 능률도 모른다고 하고 공휴일을 말하면 쉬고 싶으면 쉬어도 좋다고 말하며 …… 아무리 약한 여공들이나 우리도 인간입니다. ……"(≪경성일보≫, 1930.7.5). 또한 춘천 제사 파업에서도 여공들이 임금 산출 근거를 도저히 납득하지 못한다는 점을 다음과 같이 표현한다. "…… 지난달은 최고 십 몇 원도 받은 사람이 있는데 금월에는 지난달보다 더 열심히 일을 했는데도 임금이 지난달보다 적다는 것이 이해가 되지 않습니다." 이렇게 임금 산출 근거가 불명확할 뿐 아니라 상벌제도도 '상은 적고 벌은 많아' 여공들의 불만의 요인이 되었다(춘천 제사 파업; ≪조선신문≫, 1934.10.16).

(2) 고무공업

제사 여공 파업의 발단이 감독의 횡포나 노무관리제도에 대한 감정적 대응의 성격을 띠는 데 비해 고무업 파업의 발단은 임금 인하라는 경제적 요인이 가장 우선이 되었다. 경성의 고무 여공 파업이나 평양의 고무 여공, 부산의 고무 여공 파업은 공장주들의 담합에 의한 임금 인하에 그 요인이 있었다. 고무업은 원가 구성에서 원료비가 차지하는 비중이 컸기 때문에 고무업주 측은 생고무 시세가 오를 때마다 원가의 상승분 이상을 직공의 임금 감하로 충당하려고 했다. 그 결과 고무업주 대부분이 조선인임에도 개별 기업 내에서 업주와 직공은 이해관계의 첨예한 대립으로 맞부딪쳤다. 고무업에서 업주와 직공 간의 이해관계의 대립이 첨예했던 것은 자본의 영세성과 민족적 열세로 인해 가중되었다. 왜냐하면 중소 규모의 조선인 공장주들이 불리한 여건을 타개하기 위해 업주 간의 연대를 형성했고 그에 따라 업주 간 임금 담합에 대한 완강한 저항이 촉발되었기 때문이다. 따라서 고무업에서 파업의 양상은 지역 단위의 자본 연대와 노동 연대로 발전했다. 그것은 식민지하의 조선인 중소 자본에 나타나는 특수 구조였다. 1920년대 초와 1930년대 초에 나타났던 고무공업에서의 격렬한 시위는 바로 이러한 식민지 자본주의의 특수한 구조가 배경이 되었다. 더 나아가 이렇게 직공이 지역적 연대를 형성해 장기간의 노·자대립으로까지 발전할 수 있었던 것은 조선인 자본에 대한 일본 경찰의 비호가 일본인 독점대자본에 비해 상대적으로 약했다는 데 대한 반증이 될 수도 있다. 파업 과정에서 직공 측이 내건 요구 조건 가운데에는 여성의 특수한 노동조건과 결부된 것이 등장하기도 했다. 그중에 대표적인 것이 감독의 자의적인 횡포에 관한 것들이었다. 또한 평양 고무공업의 파업에서 직공조합 측이 내건 19개 요구 조건 중에는 17번째에 산전·산후 3주간 휴가 및 생활비 지급, 18번째에 수유시간의 자유 등이 포함되어 있다. 그러나 이들 조건은 19개 조건 중에 임금 인하 반대, 해고 반대, 대우 개선 …… 기타 무임노동 철폐, 연말 상여금 지급 등의 다음 순서에, 즉 19개 요구 조건 중에 17번째, 18번째에 비로소 등장했다.

3) 파업에 대한 회사 및 경찰의 대응

(1) 제사업

제사 여공의 파업에 대한 회사 측의 입장은 대부분 쟁의 참가자 전원 해고라는 초(超)강경책으로 맞서는 경우가 가장 많았다. 예를 들면 전주 제사의 파업 사례에서도 정근자 7~8명을 제외하고 60명을 해고하면서 "요즘 여공 희망자가 많아 견습생을 모집해 수업케 할 것"이라고 호언했으며 신문에서는 이를 제등 전주 제사 소장의 영단이라고 치켜세웠다(≪부산일보≫, 1930. 7.5). 또한 편창 제사 함흥 공장의 태업에 대해서도 회사 측은 "일을 하지 않는 자 돌아가도 좋다고 해고 조치했다"(≪대판매일(大阪毎日)≫ 조선판, 1934.9. 25). 종방 평양 공장의 파업에서도 "파업 직공 400명을 그 자리에서 해고하는 일방, 새로 직공을 모집해 직공 측의 공기가 험악해지고 있다"라는 내용을 볼 수 있다. 이와 같이 업주 측이 파업 가담자 전원 해고라는 초강경책을 주장할 수 있었던 배경에는 우선 "여공 희망자가 많아 손쉽게 여공을 재충원할 수 있다"는 계산이 숨어 있었고, 더 나아가 1930년대 초의 공황 상황에서 조업을 중단함으로써 파업 기간에 급료를 절약해보겠다는 속셈이 숨어 있었다(편창 제사 경성 공장 파업; ≪경성일보≫, 1930.7.5; ≪부산일보≫, 1930.7.9; ≪매일신문≫, 1930.7.9).

그러나 회사 측의 강경 방침을 조장했던 것은 쟁의 과정에서 경찰의 철저한 개입이었다. 파업 과정에서 경찰의 개입은 다른 업종의 경우에도 일반적이었지만 제사업은 특히 일본 독점 대자본 계열 공장이 대부분이어서 제사 여공의 파업에 대한 경찰의 개입은 철저했던 것으로 나타난다. 경찰은 파업 과정에서 중재 역할을 적극적으로 떠맡기도 했고(편창 제사 경성 공장) 파업단의 동태를 감시해 회사에 정보를 제공해주기도 했다. 예를 들면 편창 제사 함흥 공장에서 직공의 파업에 대한 무단 해직 과정에서 경찰은 "200명 정도는 복직할 것 같고 사상적 배경은 없다"는 정보를 제공해준 바 있었다(≪대판매일≫ 조선판, 1934.9.10). 그 외에도 파업 과정에서 회사 측에 필요하다고 여겨지면 회사에 와서 직접 경비를 서주기도 했다. 종방 평양 공장의 파업에서 회사 측이 파업 직공을 무단 해고하고 새 직공을 모집하자 경찰은 만약의 사태에 대비해 "동대문 서에서는 회사의 주위를 엄중히 경계하고 있다"고 했다(≪대판매일≫ 조선판, 1934.9.25).

이러한 식민지 권력 및 일본의 독점 대자본의 연합과 미혼의 유년 여공들로 주로 이루어진 제사 여공 간의 대립은 그리 오래가지 못했다. 파업 진행일수는 기껏해야 2~3일이었으며 파업의 결과도 요구 조건이 관철되었던 경우는 드물게 나타난다.

(2) 고무공업

고무공업의 파업에 대한 공장주의 대응은 한결같이 가장 강경한 방침으로 일관했다. 가장 강경한 방침은 파업 가담자의 전원 해고와 새 직공 모집으로 나타났다. 평양 고무 공장 파업이 장기화된 가장 직접적인 요인은 공장주 측이 직공 측의 요구 조건을 전혀 도외시하고 새 직공을 모집한 데 있었다. 파업 직공들이 결사대를 조직하고 공장을 습격한 것은 바로 새 직공들과 조업

재개를 단행했기 때문이었다. 공장주 측이 이렇게 가장 강경한 입장을 고수할 수 있었던 것은 무엇보다도 경찰의 적극적인 개입 덕분이었다.

고무업의 파업에는 사회운동 조직이 적극적으로 개입했기 때문에 경찰이 적극적으로 개입해 파업 주모자와 파업을 지원한 사회단체의 간부를 구속했다. 경찰은 평양의 고무 공장 파업 과정에서도 직공대회의 주모자로 '평양노동총동맹'의 강덕삼을 체포했다. 그뿐만 아니라 신간회 평양 지회장 조만식과 평양상공회의장 어윤선의 조정안을 사회단체의 개입이라는 이유로 불허하고 대신 경찰이 직접 중재안을 내놓기에 이르렀다. 경찰이 내놓은 중재안이 철저히 고용주 측의 입장을 지원하는 것이었음에도 직공 대표 일부가 회유되어 섣불리 그 조정안을 수락함으로써 직공 대표단과 직공 사이에 불신임이 일어나고 결국 자중지란이 일어났다. 한 달여에 걸친 직공 1,000여 명 이상의 단결에도 직공들의 요구 조건이 받아들여지지 않고 실패로 끝나게 된 궁극적인 요인은 바로 경찰의 개입이었던 것이다. 부산의 고무 공장 파업에서도 경찰은 고무 공장의 파업을 적색 노조가 사주한 것으로 예단하고 끊임없는 주의와 감시를 했다. 고무업은 제사업에 비해 자본 규모도 적고 조선인이 경영하는 경우가 많았기 때문에 상대적으로 쟁의 과정에서 경찰의 개입이 적거나 약할 것으로 속단할 수 있다. 그러나 바로 그 점 때문에 고무업의 노동쟁의에는 사회단체가 개입하는 것이 일반적이었으며 개별 사업장 단위를 초월한 직공조합이라는 조직은 사회단체의 하부 조직으로 가입하는 것이 일반적이었다. 이러한 조직 활동으로 인해 일본 경찰은 고무 직공을 요주의자로 보고 고무업의 노동쟁의에도 적극적으로 개입했다.

이상 제사업과 고무업에서 나타났던 노동쟁의 사례를 통해 각 업종의 노동쟁의의 공통점과 차이점을 살펴보았다. 공통점은 여성 산업의 노동쟁의에서는 여성이 주도적이었다는 점이다. 그것은 여성 산업에서는 여성이 생산

과정에서 남성과 분리되고 대규모로 고용되어 남직공에 비해 연대를 형성하기가 용이했기 때문이라고 생각할 수 있다.

양 업종의 노동쟁의 과정에서 나타나는 두드러진 차이점은 제사업에서는 감독의 횡포라는 여성에 대한 굴욕적인 처우에 반발해 파업이 주로 일어났던 경우가 많았던 데 비해 고무업에서는 고용주 측의 담합된 임금 인하라는 경제적인 요인에 의한 파업이 일반적이었다는 점이다. 제사업의 파업에서 성차별에 대한 반발이 임금 문제보다 빈번하게 제기되었던 것은 제사 여공이 주로 미혼 여공이어서 직공의 효율적인 통제에 성이 활용되었기 때문일 것이다.

참고문헌

김경일. 1987. 「일제하 고무노동자의 상태와 노동운동」. ≪한국사회사연구회 논문집≫, 제9집.

신용하. 1989. 「1922년 조선노동연맹회의 창립과 노동운동」. ≪한국사회사연구회 논문집≫, 제15집.

≪별건곤(別乾坤)≫. 1930.3.

≪신동아(新東亞)≫. 1932.6.

≪경성일보≫. 1930.7.5; 1930.7.17; 1931.9.10; 1931.9.12; 1936.8.19.

≪대판매일≫(조선판). 1934.9.10, 1934.9.25.

≪매일신문≫. 1930.7.9.

≪민보(民報)≫. 1931.9.11.

≪부산신문≫. 1931.9.11.

≪부산일보≫. 1930.7.5; 1930.7.9.

≪북선일일(北鮮日日)≫. 1931.1.6.

≪조선매일(朝鮮每日)≫. 1930.7.17; 1934.10.12.

≪조선신문≫. 1930.7.17; 1934.10.16.

≪조선신보≫. 1936.8.20; 1936.8.23.

≪조선일보≫. 1930.4.25~27.

≪중앙일보≫. 1934.10.12.

≪중외일보≫. 1930.4.25~27.

≪호남신문≫. 1931.9.10.

西成田豊. 1985. 「序章: 女子勞動の諸類型とその變容」. 中村·政則編. 『技術革新と女子勞動』. 東京: 國際連合大學.

제5장

근대 서비스직 여성의 등장*
일과 섹슈얼리티의 경계에 선 직업여성

강이수

상지대학교 문화콘텐츠학과 교수

1. 도시화와 서비스직 여성의 출현

일제하 근대적 산업의 전개와 도시화는 여성들의 취업 양상에도 많은 변화를 가져왔다. 일제 식민지 전 시기를 통해 지배적인 산업은 농업이었고, 여성의 대다수도 농업에 종사했으나 근대적 산업과 상업의 발흥에 따라 여성도 새로운 직종으로 취업을 조금씩 확대해갔다. 신여성으로 표상되는 교사, 기자와 같은 전문직 여성, 근대 공업의 상징인 여공의 증가 추세와 함께 식민지 조선에서는 다소 생소한 명칭의 여성 직업군이 출현하고 있었다.

데파트 걸, 할로 걸, 엘레베타 걸, 버스 걸, 카페 걸, 가솔린 걸, 티켓 걸, 마네킹 걸 등 서구적 명칭으로 불린 이들 여성은, 숫자는 적지만 식민지 조선

---

* 이 글은 강이수, 「일제하 근대 여성 서비스직의 유형과 실태」, 《페미니즘 연구》, 제5호(2005)를 수정, 보완한 글이다.

에서 사회적 이목을 집중시키며 새로 등장한 직업군이었고 이들의 직업적 특성은 현대적 의미의 서비스 직종으로 분류할 수 있는 일들이었다. 일제 식민지 통계를 기반으로 당시 여성 서비스 직종의 구성과 현황을 정확하게 재구성하기는 어렵지만 『조선국세조사보고』 및 『조선통계년보』의 산업별·업종별 구성 그리고 각종 신문과 잡지의 자료를 종합해보면 일제 식민지 사회에 등장한 여성 서비스직의 유형은 대략 다음 네 가지 유형으로 분류해볼 수 있다.

첫째, 도시화·상업화에 따라 등장해 사회적 주목을 받은 집단으로서 '데파트 걸', '티켓 걸' '엘레베타 걸' 등을 포함하는 근대적인 의미의 판매 서비스직이 있다. 둘째, 근대적 기계 문물의 도입과 함께 등장한 통신·교통 분야의 '할로 걸'과 '버스 걸' 등의 교통 및 통신 서비스직이다. 셋째, 미혼 여성을 중심으로 도시 지역에서 수적으로 가장 우세한 집단이었던 가사 사용인 집단의 가사 서비스직이 있다. 넷째, 식민지 도시에서 기형적으로 성장한 예기, 기생 등 전통적인 접객업과 신흥 카페 걸(여급)까지 포함한 접객 서비스직 등이 있다.

이 중에서 근대 산업화의 직접적인 결과로 등장한 대표적인 신흥 서비스 직업군은 판매 서비스직군과 교통 및 통신 서비스직군이라고 할 수 있다. 이 직업군은 '할로 걸', '데파트 걸', '티켓 걸' '엘레베타 걸', '버스 걸', '개솔린 걸' 등 직업 명칭에 '~걸(girl)'이라는 접미어가 붙은 직업들이다. 이러한 직업 명칭은 근대적 산업의 발달과 함께 출현한 직업으로 아직 적절한 명칭이 부여되지 않았던 이유도 있겠지만 이들 직업 명칭을 신여성과 함께 근대적 여성을 지칭하는 '모던 걸'의 연장선상에서 사용했으며, 동시에 근대적 서비스직 여성을 지칭했음을 추정하게 해준다. 이 글에서는 아직 그 명칭마저도 생소한 서구 언어로 등장한 근대 서비스직 여성의 면면을 살펴보고자 한다.

2. 근대 서비스직 여성의 유형

1) 판매 서비스직 여성: 상품과 애교를 함께 팔며

일제하 여성들이 참여한 가장 근대적인 의미의 서비스직을 대표하는 것으로 '데파트 걸', '티켓 걸' 등의 신종 판매 서비스직을 들 수 있다. 이들은 수적으로 많은 집단은 아니었지만 근대적인 상업과 문화의 중심에서 새롭게 출현한 직종이라는 점에서 사회적인 관심을 집중적으로 받았다. 1930년대 백화점이 생기면서 물건 판매를 위해 등장한 데파트 걸, 엘리베이터를 운행하는 엘레베타 걸, 그리고 극장의 등장과 함께 극장표를 판매하는 티켓 걸, 자동차와 버스의 연료를 판매하는 개솔린 걸 등이 눈에 띄는 신종 판매 서비스 직종이라고 할 수 있다.

우선 데파트 걸은 1930년대 종로의 화신 백화점, 미츠꼬시 백화점, 정자옥 백화점 등이 개점하면서 등장했는데 이들은 보통학교를 마치고 또다시 고등보통학교 혹은 상업학교에서 전문 기술을 배운 후 치열한 채용시험의 경쟁을 거쳐 채용되었다. 근대 자본주의 소비 문명의 핵심 공간인 백화점에서 일하는 '데파트 걸'은 최고의 상품을 다루는 화려한 직업으로서의 이미지를 갖고 있었으며 사회적으로도 상당히 주목받는 직업이었다. 노동조건은 하루 노동시간이 평균 10시간에서 14시간이었으며 임금은 20~30원 수준이었다. 화신 백화점의 경우 종업원이 200명이었는데 1년에 1회 정규 시험을 거쳐 20명 정도의 점원을 채용했고 2개월간의 실습을 거치도록 했다. 점원들은 3~4년간 부지런히 일하고 저축해 결혼을 준비하는 이가 대부분이었으며 간혹 체험을 쌓은 후 독립해 장사할 생각을 가진 이도 있었다고 당시 백화점 지배인은 증언한다. 비교적 고학력의 여성들이 엄격한 채용시험을 거쳐 채용되었고 경쟁

률도 상당히 높은 직업
이 바로 데파트 걸이었
다. 그러나 수많은 고객
에게 하루 종일 웃음을
띠고 친절을 다하지만
돌아오는 것은 모욕이고
부모의 손에 이끌려 비
싼 물건을 사는 아이들
을 보면서 부러움을 느
끼는 판매 서비스직 여
성으로서의 애환은 당시
에도 여전했다(≪조선일
보≫, 1931.10.11.). '상품
과 애교'를 함께 팔아야
한다는 고백처럼 거리에
나선 데파트 걸 여성들

목적은 얼른바떼 주임

▌백화점의 엘레베타 걸
자료: ≪여성≫(1938.7).

은 고객의 성희롱에 노출되어 많은 어려움을 느꼈다.

백화점에 등장한 또 다른 서비스직 여성군으로 엘레베타 걸이 있다. 300명 지원자 중에 10명을 뽑는 치열한 경쟁을 뚫고 엘레베타 걸이 된 한 여성은 자신의 일에 대해 "처음에는 아찔하고 통에 갇힌 것 같아 고통스러웠으나 10일 정도 지나니 익숙해져서 즐겁게 일할 수 있었으며 출근은 오전 8시, 퇴근은 5시인데 때로는 밤 10시까지도 일하고 1시간마다 교대하는 일"이라고 소개한다. 처음에는 손님의 말도 안 들리고 충수를 실수했지만 이제는 기계같이 정확하게 일하게 되었다며 일급은 70전이라고 했다(≪여성≫, 1933.12: 62~63).

또 다른 엘레베타 걸은 자신의 일에 대해 "한 손으로 핸들을 잡고 한 손으로 문을 잡고 입에 침이 마르도록 떠들어야 일급 40전이라고 호소"하면서 자신의 유일한 목적은 주인의 눈에 들어 여점원으로 승격하는 것이라고 밝힌다. 수입은 1개월에 1회 휴가와 평균 20원으로 만족스럽지는 못하지만 의복과 신발값은 나오며 지출은 전차비 2원, 용돈 3~4원을 쓰고 나머지는 아껴서 어머니께 드린다고 했다(≪여성≫, 1938.7: 84.). 그런데 함께 일하는 두 친구는 기생권번 출신이라고 밝혀 서비스직 여성들의 이동 경로를 짐작하게 해준다.

그 외 새롭게 등장한 판매 서비스직 여성으로 극장에서 표를 파는 티켓 걸이 있었다. 1910년 일본인이 '고등연예관'이라는 이름으로 세운 후 1915년 '우미관'으로 개칭한 극장과 1907년 6월에 개관한 단성사 등에서 극장표를 끊어주는 티켓 걸이 등장했다. 하루 종일 매표소 안에서 일을 하는 상황이라 타인과 직접적으로 대면하지는 않지만, 7시 개막 전후 1시간에 천 장 이상의 표를 파는 일은 군인이 탄환 나르는 것보다 더 바쁠 정도로 힘든 일이었다. 한 티켓 걸은 일이 익숙해지면 단골손님은 손끝만 보아도 짐작할 수 있다며, 10원짜리 큰돈을 내는 것이나 새치기하는 사람이 못마땅하다는 것 외에 일을 하면서 느낀 세태로 "…… 우스운 일은 본부인과 가족을 동반한 남자는 3등표를 사고 기생, 여급을 데려오면 특등표를 사는 것……"이라는 재미있는 지적도 했다(≪여성≫, 1938.7: 86).

한편 자동차의 보급과 함께 기름을 주유하는 개솔린 걸도 출현했다. 1932년 신문 기사에 의하면 1932년경 경성에는 1,000여 대의 자동차가 있었으며, 1931년에 처음으로 서울 시내에 '개솔린 서-비스 스테슌'이 생겼고 1932년 현재 3개소가 설치되었다고 한다. 이곳은 점원으로 남자는 채용하지 않고 18~19세가량의 꽃 같은 여성만을 채용했는데 이들을 '개솔린 걸'이라고 했다. 매일 아침 8시부터 저녁 6시까지 일했으며 작업은 유리창이 있는 공간에 앉아 있다가 차가 오면 기름을 주유하는 일이었고 한 개솔린 여성의 고백에 의하면 하루 종일 호스를 들고 나면 저녁에는 호스를 들 힘도 없을 정도로 힘든 노동이었다고 한다. 다른 여성들처럼 고운 의복이나 사치품은 소용도 없으며 매일 상대하는 사람은 운전수밖에 없었지만 유리창 안에 앉아 있는 동안 움직이는 세태를 바라보면서 여러 가지 생각을 하게 된다는 가솔린 걸은 거리에 나선, 분명 새로운 근대적 의미의 서비스직 여성이라고 할 수 있을 것이다.

2) 통신 및 교통 서비스직: 근대 기계 문명과 스피드의 상징

근대 문명의 상징인 전화와 버스의 출현과 함께 등장해 주목받았던 서비스직으로 교환수와 버스 걸을 들 수 있다. 통신업과 교통업의 발달에 따라 등장한 이 서비스 직종에서도 비교적 여성의 참여가 활발했다.

1902년 3월 서울과 인천 사이의 전화가 가설되었고, 같은 해 6월 시내 교환전화가 가설되었으며, 1903년에는 부산에도 전화가 가설되면서 전화교환수가 등장했으나 여성 교환수 중 조선 여성의 참여가 본격화된 것은 1920년대다. 교환수 또는 '할로 걸'에 대해 당시의 신문 기사는 '고속도의 줄과 소리와 빛의 얼킴으로 된 기계 문명을 운전하는 근대 문명과 스피드 시대를 상징하는 신종 직업'이라고 묘사했다. 전화교환수는 1931년경이 되면 수천 명에 이르게 되는데 경성의 경우 중앙 전화국과 광화문, 용산 두 곳의 분국에만 교환수 400여 명이 있었고 각 관청, 회사, 은행, 신문사 등에서 구내전화를 교환하는 여러 명의 전화교환수가 있어 수적으로 적지 않았던 것으로 보인다 (≪조선일보≫, 1931. 10. 13).

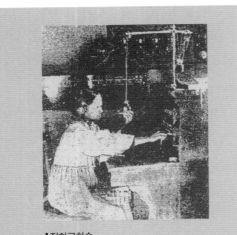

전화교환수

자료: ≪조선일보≫, 1931.10.13.

'1928년 중앙 전화국 광화문 분국에는 교환수 40명 중 조선 여자가 11명이었는데 보통 15세에서 18세 사이의 여성이며 교환대 17대에, 1대에 3명씩 앉아 일하고 몇 사람 사이에 감독이 감시했다'고 한다. 근무시간은 매일 9시 30분에서 4시 30분이고 사흘째 되는 날 야근이 있고 다음 날 9시 40분부터 하루 휴식을 취하는 방식으로 일했다. 전화교환수의 자격은 예민한 청각과 명랑한 목소리는 물론이지만 전화교환대의 높이 때문에 키가 4척 7촌 이상은 되어야 했고 채용시험은 국어, 산술, 작문 이외에도 기억력과 동작 예민성 등에 관한 적성시험을 거쳐 채용했다. 임금은 견습생의 경우 월 19원 50전, 정식 교환수는 월 24원의 수준이다. 손님의 야비한 욕설과 교환 감독의 꾸지람은 물론 결근하면 일급도 없고, 야근 때 4시간씩 교환대에 있으면 졸음을 참기 어려웠다는 호소가 나온다. 한 전화교환수는 자신의 일에 대해 '신경을 잃어버린 기계처럼 목소리로만 일한다고 하면서' 궤짝 같은 작은 방에 갇혀 3년간 똑같은 소리를 반복하는 이상한 직업으로 자신은 기계에 지나지 않는다고 한탄한다. 단지 보수가 한 달에 40원 정도로 적지 않기 때문에 동생이 학교를 졸업하면 일을 그만두고 주부가 되겠다는 희망으로 참고 일한다고 했다(≪여성≫, 1933.12: 58~59).

다음으로 근대 교통의 발달과 함께 등장한 직업으로 버스 걸과 여자 운전사 등이 있다. 1928년 초 경성부청에서 서울 장안의 시민 교통을 돕기 위해 20인승 대형버스 10여 대를 들여와 서울 시내에 부영버스를 투입했고 1931년부터 버스 걸을 고용하기 시작했으며, 평양은 1934년 4월 초닷새에 버스가 처음으로 개통되었다.

┃버스 걸
자료: ≪조선일보≫, 1931.10.15.

'버스 걸'에 대해 당시의 신문 기사는 "신종 직업 중에서도 가장 '모험적이고 첨단적인 직업'으로 대도회의 중심부를 누비며 모든 모험과 농락과 싸운다는 점에서 가두 부인 직업 제일선에 나선 가장 용감한 여성들"이라고 소개하고 있다(≪조선일보≫, 1931.10.15). 1931년 경성의 경우 "경성부에서 경영하는 버스에 65명, 경인 버스에 17명, 경수(京水) 유람버스에 수 명씩의 '뻐스 껄'"이 있었으며 자격은 "보통학교를 졸업하고 모집 정원이 삼 배를 초과하는 가운데서 가장 얼굴이 아름답고 똑똑하고 몸이 튼튼하다는 조건"에 합당한 여성이 선발되었다고 한다. 그들은 "차장의 정복, 정모에 넓은 혁대로 허리를 깡동하게 졸라매고 돈 가방을 메고 한 손에 '벤지', 한 손에 차표를 든 무장한 낭자군"으로서 이목을 끌었다. 근무시간은 오전 7시부터 오후 10시까지이고, 매일 평균 4,500마일 이상 차를 타며, 맞이해 태우는 승객이 평균 1만 2,000명에 달했다고 한다. 당시 그들의 보수는 20원에서 30원 사이였다.

버스 여차장은 차를 타는 직업이라 부러운 여성 직업 중 하나였다(≪중외일보≫, 1929.10.8). 보통학교를 졸업한 16~19세 미혼녀로 독본, 산술, 상식, 신체검사, 구술시험 등을 보고 채용되는데 특별히 손아귀 힘이 세야 표를 찍을 수 있었고 얼굴은 예쁜 것이 좋지만 그만큼 유혹이 따르는 것이 문제라고 했다. 30일 내지 40일의 견습 기간에는 하루 40전을 받고 6시 30분부터 10시간 노동하는 데 시간당 최저 6전을 받아 18원 정도의 수입이 있었고, 채용 기간은 보통 매년 봄, 가을 2회였으며 매회 35~40명을 뽑는데 나이는 23세도 있었지만 보통은 회사에서 해고되었다고 한다.

일제강점기 교통 서비스 직종에서 예외적으로 발견되는 직업 중 하나는 여성 운전수의 존재다. 1930년대 초 기사를 보면 최근 지원자가 격증해 각 자동차 운전강습소에서 연습에 몰두하는 여성들의 그림자가 많다고 되어 있어 여성 운전수가 그리 생소한 직업은 아니었던 것으로 보인다. 여 운전수 이정옥은 산파업을 하다가 시간에 비해 수입이 적고 동업자가 자꾸만 늘어 재미가 덜해 새로운 직업을 생각해 여 운전수에 도전했다. 동양자동차연구소에 가서 의논해보니 여자는 특별 대우해 따로 가르쳐 준다고 해서 들어갔으나 사나흘 지나고 나니 남자들하고 섞여서 어깨를 맞비비고 야외 실습을 다닐 수밖에 없었다고 한다. 수입은 꽤 많은 편으로 하루 평균 20원, 한 달에 1,200~1,300원의 수입이 있으며 여러 가지 비용을 제외하고도 600원의 수입은 되었다고 하니 상당히 고소득의 직업이었음을 알 수 있다. 이 여성의 경우 자신이 직접 운전하는 것 외에 또 다른 운전수를 고용해 자동차부를 운영했다. 한편 여 운전수 이정희는 숙명여고보를 중퇴하고 일본에 가서 3등 비행사 면허를 받은 경력도 있었고 아세아자동차부의 운전수로 일하기도 했다.

3) 개인 가사 서비스직: 전통과 근대의 경계에서

가사 사용인은 일제하 통계의 대분류 중 독립적으로 취급된 범주 중 하나였으며 여성의 비율이 상당히 높은 대표적인 직종이다. 도시 지역에서 비율이 높게 나타나는 가사 사용인을 근대적인 의미에서 가사 서비스직으로 분류할 것인지 아니면 전통적 신분 관계에 놓여 있는 하녀의 연장선상에서 해석할 것인지에 대해서는 다소 논란의 여지가 있다. 그러나 1920~1930년대가 되면 전통적 의미의 노비나 하인이 아닌 새로운 신분 고용 관계로서의 가사 사용인이 증가하고 있음에 주목할 필요가 있다.

일제 강점 초기까지만 해도 구(舊)관료와 양반가에서는 집 안에 하인을 두는 것이 일반적이었고 양반가 부녀들은 하인 없이는 시장도 보지 못했다고 한다(≪매일신보≫, 1918.3.10). 그러나 1910년대 말이 되면 하인을 내보내고 행랑살이를 두는 것이 가계에 도움이 된다거나 행랑살이 자체를 개량해야 한다는 주장이 제기되었다. 주인집에서 생계를 전적으로 책임져야 하는 행랑살이를 개량해 엄밀한 의미의 계약 관계로 전환해야 한다는 주장이 나오기 시작한 것이다.

가사 사용인의 이용 실태는 다음 신문 기사에서 미루어 추측할 수 있는데 "직업소개소에 하루 20명의 여성이 찾아오면 1년간 7,200명을 상담하게 되는데 그곳에서 소개하는 직업으로는 사무원, 타이피스트, 백화점 여점원, 간호부, 여급사, 유모, 침모, 식모, 등으로 이른바 여성직이었다"고 한다. 이곳을 찾는 여성들은 이른바 유한부인(有閑婦人)에서 실연녀(失戀女), 가출 여학생(家出女學生) 등 다양했고, 구인 여성(求人 女性)은 주로 일인 여성(日人女性), 혹은 식모, 애 보는 아이 등을 요구하는 유한부인 내지는 직업부인이었다고 한다(≪여성≫, 1940.2: 29~34). 즉 일인 여성과 중상층 가정에서 주로 가사 사용인을 고용하는 것으로 볼 수 있는데 도시 지역의 비중이 높고 연령별로는 어린 미혼 여성의 비율이 상당히 높았다. 1930년 「조선 국세조사 보고서」에 의하면 공장 여성 노동자는 3~4만 명에 지나지 않는 데 비해 가사 사용인의 수는 8만 9,863명에 이른다.

그런데 가사 사용인의 경우 일반적으로 여공에 비해 임금이 낮고 주인에게 복속되는 더 전근대적인 일자리의 성격을 가졌음에도 식민지 시대 도시 지역에서 여성에게 더 중요한 직업군이었던 이유는 무엇일까? 일본 산업화 과정의 가내 하녀의 급증이라는 상황을 분석한 한 연구에 의하면 당시 하층 또는 농촌 소녀의 입장에서 직업 선택의 진로는 일반적으로 세 방향으로 나타난다고 지적한다. 첫째, 농촌 또는 가내 공업 부문에서 부모의 가구에 잔류해 가구 생산의 보조자가 되는 것이다. 둘째, 산업 부문의 공장 노동자가 되거나 셋째, 가내 하녀가 되는 것 등이 그것이다. 이 중 첫 번째는 사적 노동으로 치부되어 사회적 주목을 받지 못했으며 일반적으로 공적 영역으로의 진입 형태는 둘째, 셋째 방식이라고 할 수 있다(Konosuke Odaka, 1993). 그런데 이 중 하층 여성들이 공장 노동자보다는 가내 하녀를 선택하는 경향이 나타나는데 그 중요한 원인은 비금전적인 이유, 즉 공장 노동에 대한 사회적 금지 분위기 때문으로 볼 수 있다는 것이다. 이런 이유로 일본에서 가내 하녀가 되는 것은 근대 경제성장 기간 내내 사회적으로 인정받는, 대중적인 여성 고용 기회의 장이 되었다고 지적한다.

이와 같은 일본의 상황에 대한 설명은 식민지 조선에도 적용해볼 수 있다. 자본주의 초기 대부분의 사회에서 "공장은 집에서 멀리 떨어져 있는 젊은 여성에게는 도덕적으로 황폐한 장소"라는 인식이 거의 공통적이었으며(Cannig, 1996: 297), 여공은 힘든 노동을 하고 생계를 꾸린다는 점에서 동정의 대상이기는 했지만 섹슈얼리티에 대한 불온한 혐의에서 자유롭지는 못했다고 볼 수 있는 것이다. 따라서 식민지 근대 조선에서도 근대 공장의 여공이 되기보다는 급료가 낮고 신분적 구속이 심해도 사적 가정의 울타리에 머무를 수 있는 가사 사용인이라는 직업을 선호했음을 추정할 수 있다. 그러나 분명 전통적인 신분 관계에서 벗어나 근대적 형태의 취업으로 등장한 가사 사용인이지만 가사 사용인들의 상황은 전근대적인 신분적 억압 상황과 크게 다르지는 않았던 것으로 보인다. 신문에는 하루 종일 손톱만큼의 틈도 없이 일만 해야 하는 상황을 비관해 한 가사 사용인이 자살을 기도했다는 기사와 함께, 이 같은 세태에 대해 "식모들에게도 노는 날을 주자"라는 다음과 같은 계몽성의 권고가 실렸다.

보통 돈이 있어 사람을 둘 줄은 알지만 부릴 줄을 아는 사람이 적습니다. …… 식모나 행랑어멈들로 말하자면 아침에서부터 저녁까지 머리 빗을 틈조차 없는 것이 사실이 아닙니까. 한 달에 3원이나 4원이란 돈을 주고 한 달 동안 노는 날이라고는 하루도 없을 뿐만 아니라 토요일이나 주일은 그들에게 더 바쁘게 됩니다. 입장을 바꾸어서 좀 생각해보십시오(≪조선중앙일보≫, 1935.4.28).

즉 하루 종일 쉴 틈이 없음은 물론, 한 달 동안 하루도 쉬지 못하는 노예적 상황을 미루어 짐작하게 해주는 것이다.

3. 근대 서비스직 여성의 노동조건과 사회적 이미지

이상으로 식민지하 새로 등장한 여성 서비스직의 유형을 살펴보았는데 가사 서비스직과 접객 서비스직은 식민지 사회에서 수적으로 매우 많은 직업 집단이지만 전통적이고 인신 구속적이며 비인격적인 특성이 여전히 강해 일의 성격으로 볼 때 근대적 의미의 서비스직으로 분류하기에는 다소 논란의 여지가 있다. 좀 더 공식적인 의미에서 근대 서비스직의 특성을 보여주는 것은 판매·통신·운수 서비스직 분야에서 새롭게 등장한 '데파트 걸'이나 '할로 걸' 등의 집단이라고 할 수 있다. 따라서 이 장에서는 이들을 중심으로 근대 서비스직 여성의 노동조건과 일의 특성 그리고 서비스직 여성이 경험하는 주요 문제를 정리해보고자 한다.

1) 노동조건과 일의 특성

우선 일제하 취업난과 제한된 여성의 일자리라는 상황에서 서비스직은 여성이 도전할 수 있는 중요한 취업 분야였고 취업을 위해서는 치열한 경쟁을 거쳐야 했다. 당시의 기사에서 볼 수 있는 것처럼 "여점원 20명 모집에 중등학교 여학교 졸업생 180명이 응시하고, 버스 걸 30명 모집에 마감 전인데도 네 배가 넘는 126명이 응모"해 높은 경쟁률을 보였으며 동시에 일정한 채용 시험의 절차를 거쳐야 취직할 수 있는 까다로운 업무 분야였던 것이다. 당시의 기사를 근거로 주요 서비스직 업무에서 요구하는 학력 수준과 연령, 채용 시험 유무를 살펴보면 〈표 5-1〉과 같다.

데파트 걸, 전화교환수, 버스 걸 등 새롭게 등장한 서비스직에서 요구하는 학력 조건은 기본적으로 보통학교 졸업 이상의 학력, 일정한 과목의 필기시험과 적성시험, 신체검사까지 까다로운 절차를 거쳐 채용되었음을 알 수 있다. 또한 대부분 미혼 여성을 원칙으로 하고 20세가 넘으면 퇴직하거나 회사에서 해고당하는 것이 일반적이었던 것으로 보인다.

〈표 5-1〉 1930년대 주요 서비스직 여성의 연령과 자격 조건

구분	연령	학력	채용시험 유무	출처
데파트 걸 (여점원)	미혼 여성	보통학교 혹은 상업학교 졸업자	정규 채용시험, 견습 기간 거침	≪조선일보≫, 1931.10.11
전화교환수	15~18세 정도의 미혼 여성	보통학교 졸업자	국어, 산술, 작문 외에 기억력과 동작 예민성 등에 관한 적성시험 거침	≪동아일보≫, 1936.2.20
버스 걸	16~19세 정도의 미혼 여성	보통학교 졸업자	독본, 산술, 상식, 신체검사, 구술시험 등의 채용시험 거침. 30일 내지 40일간의 견습 기간	≪동아일보≫, 1936.2.20.

따라서 서비스직 여성의 취업 기간은 대부분 매우 단기간이었던 듯하다. 다음의 잡지 기사는 이 같은 당시의 세태를 보여준다. 한 잡지의 기자가 백화점의 인사계 주임을 인터뷰한 기사에서 다음과 같은 내용의 문답이 오고 간다.

기자: 흔히들 여자의 직업은 그 생명이 매우 짧다고 하는데요. 심하게 말하는 이는 대합실에서 기차를 기다리는 거나 마찬가지라고까지 라드군요.

주임: 그것은 흔히 결혼할 동안만 직업을 가졌다가 결혼할 대상이 생기면 직업이고 뭐고 다 집어치우고 말아버리는 폐단이 있는 까닭에 그렇게 말하는 것인가 본데요. …… 점원 중에는 다들 일에 재미를 붙이고 정말 자기 할 일이 무엇인가를 깨달어 3~4년을 부지런히 애쓰는 여성들이 많이 있습니다(≪여성≫, 1937.1).

즉 일의 의미를 깨닫고 길게 일하는 경우가 3~4년이니 단기 취업이 얼마나 일반화된 현상인지를 짐작하게 해주는 것이다. 그렇다면 이 같은 서비스직 업무에 주로 여성, 그것도 미혼 여성을 채용했던 이유는 무엇일까? ≪동

<표 5-2> 각 직종별 여자를 쓰는 주요 이유

직업 종류	여성 채용 이유
방직 여공	- 능률이 높고 **온순**하며 부리기 좋고 **사상**이 악화할 염려가 없고 **힘**이 세다.
양복 재봉	- 숙련공으로 양성하는 데에 남자처럼 **품이 걸리지 않고** 또 연한이 찬 뒤에도 **책임이 가볍다.**
미싱	- **결혼**하면 자연**도태**가 된다.
점원	- 일을 잘하고 **세세한 점에까지 주의**를 주밀하게 하고 또 **태도가 유순**한 것이 유쾌한 기분을 준다.
열차 식당 급사	- 손님 **대접**을 주로 하는 데만치 남자보다 여자를 환영한다.
여자 출납계	- 종래는 남자의 **부정**사실이 심했지마는 여자를 쓰면 그런 **폐단이 적다.**
버스 차장	- **애교**가 있어 승객의 감정애를 잘 융화하고 언제든지 마음을 가다듬어 주의를 하는 까닭에 사표가 적게 난다. 또 **친절하고 급료도 싸다.**
회계, 계산, 통계	- 단조한 기계적인 사무에는 남자에게 비하야 **견딜성이 많고 능률적이며** 또 **박봉**도 달게 여기는 점이 좋다. 여자는 **정리**에 대한 특성이 있다.
사무원	- 남자와 같이 **승진 근속 등에 대하야 뒷일까지 고려할 필요가 없고** 손님 응접에도 **나긋나긋한** 까닭이다.
물품 판매	- 가정 방문을 하는 것과 같은 외판원은 남자보다도 여자편이 적당하다. 집금 같은 것도 여자는 비교적 위험한 야심이 적다. 또는 사회적으로 직업부인에 대한 동정이 있는 것을 이용할 수 있다.
삐라 돌리는 것	- 남자보다는 **호기심**을 끄는 데 여자가 훨씬 효과적인 까닭이다.

주: 강조는 필자.
자료: ≪동아일보≫, 1933.11.10.

아일보≫ 1933년 기사에서 내무성 공장 감독과와 중앙 직업소개 사무국에서 고용주들을 대상으로 남자를 쓰지 않고 여자를 쓰는 이유에 대해 조사한 결과를 소개하고 있는데 이를 살펴보면 다소 흥미로운 점을 발견할 수 있다 (〈표 5-2〉 참조).

고용주들이 여성을 채용하는 이유는 근대 서비스직이 시작된 시점에서 현재까지 기본적으로 달라진 것이 없어 보인다. 저렴한 임금, 유순함, 참을성, 호기심, 결혼하면 도태되거나 책임질 필요가 없다는 것 등이 바로 그런 이유다. 따라서 당시의 근대 서비스직이 상대적으로 일정한 학력 조건을 갖춘 여성들을 까다로운 채용시험을 거쳐 선발하고는 있지만 이 같은 채용 절차 과정

구분	급료	근무시간	휴식시간	비고	출처
데파트 걸	일급 50~60전 월급 20~30원	9:00~22:30	점심시간	3개월 견습 1년에 2회 승급	《조선일보》 1931.10.11
엘레베타 걸	일급 70전 월급 20원	8:00~17:00	1시간 월 1회 휴무	-	《여성》 1933.12
전화교환수	월급 25~26원	평균 8~12시간	교대 근무	연 2회 보너스	《조선일보》 1931.10.13
버스 걸	시간당 7전 월 20~30원	평균 10~12시간	2조 교대 근무	20세 이상 퇴직	《조선일보》 1931.10.15

에서도 실제로 더 중요하게 보는 측면은 '공부'에 앞서는 '얼굴'과 '맘'이었으며 백화점 여점원인 경우에는 '자존심이 없고 첫인상이 좋은 미혼 여성'이 적합하다는 식의 취업 정보 기사가 종종 소개되었다(《조선중앙일보》, 1936.2.23).

그렇다면 이 같은 서비스직 여성의 노동조건은 어떤 수준이었을까? 이 역시 객관적인 통계가 미비해 당시의 기사를 통해 재구성해보면 〈표 5-3〉과 같다.

서비스직 여성의 평균 월급은 1931년 기준 20~30원가량이다. 견습 기간에는 더 적게 받으며 1년에 1~2회씩 승급이 되어 평균 20~30원인 것이다. 이 같은 임금 수준은 당시 간호사가 30원에서 많으면 62원, 교사는 40원에서 80원, 은행원이 60~70원 수준인 것과 비교할 때 사무직이나 전문직보다는 낮은 임금이었음을 알 수 있다. 그러나 일급 15전을 받는 공장 여공과 비교하면 비교적 안정된 고급의 직종이었음을 알 수 있다.

따라서 해방 이후에는 저임금의 고된 육체적 노동에 준하는 여차장, 즉 버스 걸의 임금 수준에 대해서도 일제강점기의 한 기자는 "그 정도면 다른 직업여성들에 비해 월등한 수준이고 남자 잡지 기자보다 나은" 상황이라고 평가하기도 한다. 따라서 이 같은 근대 서비스직에 종사하는 여성들의 취업 이유를 살펴보면 '실사회 경험을 쌓기 위해', '결혼 준비 자금 마련을 위해' 등 당장의 생계 문제보다는 다소 여유로운 태도를 보이며, 임금 수준에 대한 불만은 상대적으로 많이 표출하지 않고 있다. 당시 서비스직 여성들이 토로했던 주된 애환은 임금보다는 업무의 고단함 같은 일의 성격과 관련된 것이었다. 최근 서비스직 여성의 연구에서도 가장 핵심적인 쟁점 중 하나가 육체노동도 정신노동도 아닌 서비스직 노동의 성격을 어떻게 평가해야 하느냐의 문제, 즉 '감정 노동(emotional work)'으로서의 서비스 노동의 성격에 대한 평가다(Hochschild, 1983).

한 백화점 여점원은 자신의 일에 대해 "하루에 8~9시간씩을 서 있어야 하는 직업으로 …… 처음에는 다리가 막대기가 되는 듯싶고 여간해서 계속하지 못할 것 같으나, 이태만 지내게 되면 점점 몸에 훈련이 되고 ……"라고 하면서 육체적인 힘듦은 익숙해진다고 했다. 그러나 오히려 힘든 것은 "어떠한 무리한 주문이라도 친절하게 응대하는 것이 나의 본업이나 한 시간씩 허비하고라도 사주실 때는 기쁘지마는 그냥 돌아가실 때에는 기맥힌 생각도 없지 아니하다 ……"라고 자신의 심경을 피력한다. 또 다른 여점원도 "…… 손님 중에는 신경질적인 분도 있어서 물건을 더디 싼다든지, 또 물건 가격 같은 것을 얼른얼른 대답 못 하면 성을 내며 싸우자고 덤벼들어요. 더구나 그것이 저와 나이가 똑같은 여자일적엔 분해서 죽겠어요 ……"라고 하면서 친절함을 강요받고 분노를 안으로 삭여야 하는 감정 노동으로서 자신의 일의 어려움을 호소한다. 이 과정에서 끝없이 애교를 요구받고 정작 "물건의 정가를 외우고 품질과 특색을 기억하는 것은 쉽지 않은데 같은 또래의 아이들이 부모와 같이 와서 물건을 살 때는 부럽기만 하고 감독에게 의존하고 있다는 생각은 서러움만 더하게" 되는 감정 노동으로서의 상처받은 경험을 일상적으로 겪는 것이다. 그런데 이 같은 감정 노동으로서의 일의 어려움에 더해,

만연화되어 서비스직 여성을 가장 힘들게 한 것은 당시 사회의 직업여성에 대한 부정적인 인식, 특히 성적으로 문제가 있다고 보는 사회적 시선이었다.

2) 일상화된 성희롱과 억압: 성애화의 대상으로서 서비스직 여성

1934년 한 잡지는 여성의 직업을 성스러운 직업(교원, 간호부 등), 고통스러운 직업(여직공), 에로틱한 직업(여급, 여점원)으로 나누었다(≪실생활≫, 1934.9). 사실 일제 식민지 시기 신여성을 포함해 공적인 공간으로 나와 활동한 직업여성 전반에 대한 사회적 공격의 가장 큰 무기는 '도덕적으로 문제가 있는 집단' 즉 섹슈얼리티와 관련해 부정적인 혐의를 두는 것이었다. 그중에서도 사람과 직접 대면해 친절을 제공해야 하는 서비스직 여성에 대해서 이 같은 업무를 일의 특성이 아닌 서비스직 여성의 문제로 확대하고 비난하거나, 아예 일의 성격을 '에로틱한 직업'으로 규정하는 것은 당시로서는 아주 일반적인 사회 분위기였다. 따라서 서비스직 여성들은 업무 과정 중에 일상적으로 성희롱에 노출되어 많은 어려움을 겪었다.

1928년 경성 시내에 버스가 개통되자마자 불과 2개월 동안 버스 걸에 종사한 최숙경 양은 자신의 일에 대해 남이 보기에는 자동차만 타고 다니는 직업이니까 속 모르고 부러워하는 이도 많으나 실은 몹시 피곤한 직업이며 비애가 있는 직업이라고 다음과 같이 호소한다.

> 손님 중에 불량하신 분이 일부러 우리들을 조롱하노라고 소위 히야까시가 어찌 심한지 모릅니다. 없는 승차표를 내라는 등 일정한 임금을 할인하자는 등 별별 성화가 많아서 …… 남의 말 하기 좋아하는 사람은 차 속에서 운전수와 말 한마디라도 하는 것을 보면 별별 고약한 소리를 다 지어내는 것이 우리

의 제일 가슴쓰린 일…….

손님들은 직접적으로 성희롱을 하고 운전수와 나눈 몇 마디 대화도 '운전수와의 로맨스'로 규정하는 것이다. 버스보다 더 한정적이고 폐쇄된 공간에서 일해야 하는 엘레베타 걸의 경우 괴로움은 더 심했다. "짓꿎은 사내들이 탄 엘레베타가 중간에 2~3초 서면 세상이 아득하고 손님이 없을 때는 장난꾼이 일부러 타서 희롱을 일삼는데 떠들 수도 없고 참으면 더 심하게 굴었다"고 지적해 성희롱에 노출된 상황의 어려움을 호소하기도 한다. "개솔린을 주유하는 일을 하는 개솔린 걸 이숙자 양도 거리거리의 개소린 판매장에서 1카롱에 69전 하는 개솔린을 종일 팔고 나면 호스를 들 기운도 없다고 호소"하면서 다음과 같은 하소연 담긴 질문을 한다.

> 운전수에게 한 떨기 웃음을 선사하는 것도 사회봉사로 생각하는데 운전수들은 오해를 하고 더 적극적으로 나오고 …… 반대로 냉담하면 건방지다고 욕을 먹으니 거리의 자동차 주막인 그곳에 명랑한 직업여성의 민활한 서비스는 어떻게 해야 할지?

이 같은 종류의 성희롱은 모든 서비스직 여성이 공통적으로 경험하는 것으로 전화교환수는 전화상으로 '히아까시'를 하는 남성들 때문에 힘들고, 박람회 여간수는 "50전에 키스를 파는 '키스 걸'"이라는 세간의 비난에 괴로워하는 형편이었다.

보통학교 교사를 하다가 여자 운전수가 되어 일종의 자영업이라고 할 수 있는 차부(車部)를 경영하며 한 달에 600원가량의 소득을 올리던 여성도 이 같은 문제에서는 예외가 아니었다. 그는 여자 운전수로서의 괴로움에 대해 다음과 같이 말했다.

> …… 여자 운전수라니까 시험조로 한번 타고자 해서 타는 손님도 있기는
> 하지만 대개는 이왕이면 여자 운전수로 불러라, '히야까시'나 좀 하자꾸나 이
> 런 생각을 하고들 부릅니다. 그래서 어떤 때는 얘 조수를 치어라 내가 운전대
> 에 앉겠다는 등 별별 추잡스런 농을 다 걸지요. 첨에는 억지나 속이 상하든지
> 당장 뺨이라도 갈기고 체신없는 자식들이라고 욕이나 실컷 해주고도 싶었지
> 만 직업의 성질상 어디 그럴 수가 있나요(≪별건곤(別乾坤)≫, 1930.6).

그래서 직업 전선에는 심지가 단단한 여성이 나와야만 견딜 수 있다고 충
고를 하기도 한다.

이같이 서비스직 여성을 생활 전선에 나선 직업인이기보다는 아무 남성이
나 성적 접근이 가능한 성애화된 대상 혹은 에로 여성으로 보는 당시의 분위
기는 여성의 취업 전반에 대한 부정적인 인식을 확산시키는 가장 핵심적인
대목이었다고 할 수 있다. 여성의 취업 관련 기사의 대부분이 취업을 위한
정보보다는 취업 시 유혹과 타락을 경계하는 충고로 일관하는 것도 일반적
이다.

> …… 현대 여성의 모든 자각 가운데에 경제적으로 독립해야 되겠다는 것
> 처럼 위대한 것은 없다. 젊은 여성이 직업을 가질 때에는 특별한 자각이 업서
> 서는 아니 될 것이다. 이 사회의 내면처럼 추악하고 복잡한 것은 없다. 젊은
> 여성이 직업을 가지는 것은 직접으로 이러한 추악에 물들일 기회를 자조 겪
> 게 되는 것이니 현대 젊은 여성의 많은 비극은 흔히 이러한 곳에서 생기는 것
> 인가 한다(≪조선일보≫, 1927.3.25).

…… 간혹 여성을 간판으로 이용하려는 곳도 없지 않을 것인즉 직업 방면에 나서려는 여성으로서의 여기에 또 주의할 점이 있다. 직장에는 가정보다 여러 가지 유혹이 있어 여성으로 하여금 장래를 그릇치게 함을 흔히 보나니 직업여성 자신이 특히 행동과 언어와 의복에까지 심심한 주의를 해야 할 것은 물론이어, 가정에 있는 부모도 또한 감시를 게을리하지 말아야 할 일이다. ……
(≪동아일보≫, 1936. 2. 20).

직업여성은 타락의 기회에 들어선 것이고 조금만 주의를 하지 않으면 몸을 망치게 된다는 충고는 가정을 떠나 공적 공간으로 나온 여성들에 대한 당시의 사회적 이미지를 그대로 반영한 것이라고 할 수 있다. 이러한 상황에서 직업여성, 특히 사람을 직접적으로 대면하는 노동을 하는 서비스직 여성 노동은 사회의 불온한 시각으로 가장 고통받는 집단이었던 것이다. 직업여성에 대한 이 같은 인식은 오랫동안 여성의 취업에 부정적인 효과를 미쳤던 것만은 분명하다.

이상으로 서비스직 여성의 취업 실태를 간단하게 살펴보았는데 근대적인 판매 서비스직이나 교통 서비스직에 취업하는 것은 일정한 자격 조건을 갖추고, 경쟁을 통해 가능한 일이었지만 이들의 취업 기간은 매우 단기적이었다. 단기적인 취업은 당시의 사회 분위기하에서 여성 스스로 결혼 전까지 취업한다는 의식을 갖고 있기 때문이기도 하지만 고용주들 역시 미혼 여성의 단기적 취업을 원했기 때문이기도 하다. 또한 서비스직 여성에 대한 만연된 성희롱과 섹슈얼리티에 대한 비난과 의심은 이들 여성이 직업에 대한 정체성보다는 자신의 일에 대해 부정적으로 인식하게 했다. 일부의 사례이기는 하지만 서비스직 여성들은 여교원에서 영화배우가 되었다가 웨이트리스로, 보통학교 촉탁 교원에서 우편국 교환수, 상품진열소 사무원으로 근무하다

기생, 식당 여급, 창기가 되어 자살을 기도하는 슬픈 인생 유전의 주인공으로 신문 기사를 장식했다. 이 같은 신문 기사의 내용은 서비스직 여성에 대한 사회적 비난과 의심을 강화시킴과 동시에 직업적 위세의 측면에서 존경할 만한 직업과 대비되는, 사회적으로 낮은 지위의 직업으로 규정하는 데 영향을 주었다.

4. 나가며

이상으로 일제 식민지하 새롭게 등장한 근대 서비스직 여성의 유형과 실태, 일의 특성에 대해 살펴보았다. 새롭게 등장하는 일에 대한 직업 명칭이나 분류조차 명확하지 않은 상태에서 근대 서비스직을 규정하는 것은 쉽지 않다. 그러나 수적으로 많지는 않았지만 근대 문물의 도입과 산업화·상업화와 함께 이전에 없던 새로운 직업 범주, 특히 여성이 주로 담당했던 서비스 직종의 출현은 사회적으로 큰 주목을 받았다.

여성의 사회적·경제적 진출 그 자체에 대해서도 논란이 많았던 시기에 거리에서 사람들과 직접 대면하는 노동을 수행하는 직업여성의 출현은 사회적 관심거리이자 비난의 대상이었다. 교사, 기자, 간호사 등과 같은 전문직 여성의 경우 그나마 직업에 대한 사회적 인정과 존경이 이루어진 반면 '버스 걸', '데파트 걸', '전화교환수' 등의 서비스직 여성에 대해서는 직업 자체를 '에로틱한 직업'이면서 사회적으로도 위세가 낮은 직업으로 규정했다. 당시로서는 근대 서비스직에 취업한 여성들이 보통학교를 졸업하고 일정한 학력을 갖춘 집단이었음에도 이들은 일에 대한 능력으로 평가받기보다는 서비스 노동은 사람들에게 '애교를 파는' 행위라고 해석하는 사회적 분위기 속에서 고통받았다. 따라서 직업에 대한 의미와 정체성을 정립·확장하기보다는 결혼 전까지 단기적으로만 일하는 불완전한 정체성을 형성할 수밖에 없었다. 서비스직 여성의 직종과 범주가 매우 넓고 다양해 노동 상황과 경험의 공통성을 확실하게 정리하기는 어렵지만 새로운 근대 직업으로서의 서비스직 여성의 경험은 과거부터 현재까지 유사한 측면이 발견된다.

즉 사람들과 직접적으로 대면하는 노동인 서비스 노동은 육체노동의 어려움보다는 친절과 서비스, 때로는 애교를 다해야 하는 '감정 노동'이라는 특성을 갖는다는 점, 일상적인 성희롱이 행해진다는 점 그리고 미혼 여성의 단기적인 일자리라는 특성을 갖는다는 점이다. 근대 초기에서부터 서비스직 여성에게 부여된 이 같은 노동 특성이 자본주의 일반에서 발견되는 것인지 혹은 식민지 조선에서 특히 강화된 부분은 없는지를 비교 분석해 우리 사회 근대 서비스직 여성의 형성의 특수성을 밝혀내는 작업은 앞으로 더욱 탐구가 필요한 부분이다.

참고문헌

강이수. 2004. 「근대 여성의 일과 직업관」. ≪사회와 역사≫, 제56집.

김경일. 2002. 「일제하 여성의 일과 직업」. ≪사회와 역사≫, 제62집.

노정원. 1934. 「직업여성행진곡」. ≪실생활≫, 9월호.

전우용. 2004. 「일제하 경성주민의 직업세계: 1910~1930년대」. 『1910~1930년대 한국의 사회와 문화』. 서울대학교 한국문화연구소 학술토론회 자료집(미간행).

전은정. 1999. 「일제하 '신여성' 담론에 관한 분석」. 서강대학교 사회학과 석사학위논문.

≪동아일보≫. 1933.11.10. "직업전선에서는 어떤 여자를 요구하나".

≪동아일보≫. 1936.2.20. "여성과 직업".

≪매일신보≫. 1918.3.10. "下人은 何所用인가?".

≪조선일보≫. 1931.10.11. "신여성의 행진곡: 데파트 걸의 비애".

≪조선일보≫. 1931.10.13. "자동기의 출현과 교환수양의 위협".

≪조선일보≫. 1931.10.15. "대도회의 구사자 버스껄의 꼬~스톱".

≪조선일보≫. 1927.3.25. "직업을 구하려는 여러 여성들에게".

≪조선중앙일보≫. 1936.2.23. "일터는 이런 일꾼을 부른다: 자존심이 적고 첫인상이 좋은 미혼녀".

≪조선중앙일보≫. 1935.4.28. "식모들에게도 노는 날을 주자: 일만하는 그들에게는 위안이 더욱 필요".

≪중외일보≫. 1929.10.8. "꽃갓흔 아가씨들만을 모은 고속도 모던 뻐쓰걸".

≪별건곤(別乾坤)≫. 1930.6.1. 「생활전선에 나선 직업부인 순례, 그들의 생활과 포부」.

≪여성≫. 1933.12. 「제1선상의 신여성」.

≪여성≫. 1938.7. 「직장 여성의 항의서」.

≪여성≫. 1938.7. 「특등과 삼등」.

≪여성≫. 1933.12. 「제1선상의 신여성: 할로걸 백장미 사례」.

≪여성≫. 1940.2. 「직업소개소 창구에 비친 여성풍경」.

≪여성≫. 1937.1. 「백화점에 나타난 신여성: 화신 인사계주임 박주섭씨와의 일문일답」.

梅村又次. 1981. 「都市化와 女子勞動力」. 『舊日本帝國 數量經濟史的分析』. 一橋大學經濟研究所.

田崎宣義. 1990. 「女性勞動の 諸類型」. 女性史總合硏究會 編. 『日本女性生活史』, 第4卷 (近代). 東京大學出版會.

Canning, Kathleen. 1996. *Languages of Labor and Gender: Female Factory Work in Germany, 1850~1914*. Ithaca: Cornell University Press.

Hochschild, Arlie. 1983. *The Managed Heart: Commercialization of Human Feeling*. Berkeley: University of California Press.

Odaka, Konosuke. 1993. "Redundancy Utilized: the Economic og Female Domestic Servants in Pre-war Japan." in Jane Hunter(ed.) *Japanese Women Working*. New York: Routledge.

제**6**장

식민지 도시 유흥 풍속과 여성의 몸

서지영

캐나다 브리티시 컬럼비아대학교 아시아학부 박사과정

1. 식민지 유흥과 향유되는 몸

일제의 식민 통치하에 도시화가 추진되었던 1920~1930년대 경성에서는 자본주의 소비문화와 근대적 유흥 풍속이 일상 속에 점차적으로 뿌리내리게 된다. 1910년대 전후로 형성된 '요리점(料理店)'은 전통적 기예의 전수자였던 기생을 매개로 하여 전근대 시대의 풍류 문화를 상업적인 방식으로 재구성한 유흥 공간이다. 한편 1930년대에 널리 확산된 '카페'는 여급을 배치해 서구적 취향의 향락을 대중에게 제공한 새로운 도시 유흥 공간이다. 이 두 공간은 모두 일본 식민 통치 속에서 문화적 굴절을 겪었던 식민지 조선의 도시 풍경을 대변한다.

식민지 시기 요리점과 카페에 배치되었던 기생과 여급은 식민주의와 도시 유흥, 여성의 몸 사이의 관계망을 제기한다. 1910~1920년대 기생의 경우, 요리점과 극장을 무대로 전근대 여악(女樂)의 전통을 계승해 전문적 기예를 공연하는 근대적 예인으로서의 입지를 가졌고,[1] 1930년대 서구적 취향과 감각을 바탕으로 카페에서 도시 유흥문화를 확산시켰던 여급은 각종 매체에서 근대 도시 공간을 활보한 '모던 걸'로 분류되었다. 하지만 요리점과 카페는 근본적으로 여성의 몸을 상품화해 자본의 이익을 추구하는 근대 유흥산업의 일부였으며, 기생과 카페 여급은 여성의 몸을 향유하고 소비하는 자본주의 시스템에 배치된 존재들이었다. 그들은 여성의 몸이 근대 유흥 산업 속에서 어떻게 전유되고 활용되었는지를 보여주는 동시에, 근대 시기 스스로의 몸을 노동의 자산으로 삼았던 여성들의 생존 양식을 제기하기도 한다. 이러한 기생과 카페 여급은 한편으로 유흥 공간의 여성들을 사창(私娼)으로 간주해 지속적으로 관리하고자 했던 일본의 식민지 성 통제 정책의 대상이기도 했다.

역사적으로 여성의 몸은 가족제도 안에서 재생산의 역할을 담당하는 한편으로 가족제도 밖에서 공적·사적 쾌락의 도구로 전유되는 이중 기제 속에 자리한다. 근대 초기 기생과 카페 여급은 근대 일부일처 가족제도 형성에 위협을 가하는 유흥 공간의 여성들로서 사회적 비난을 받았다. 하지만 공적 공간에서 유흥을 매개했던 기생과 여급은 여성의 몸에 작동하는 중층적인 사회적 기제들을 드러내는 중요한 역사적 지표들이다. 그들의 몸은 민족 내부의 시선으로부터 끊임없이 부정되는 한편으로 자본과 식민 권력에 의해 관리되고 활용된 존재로서 근대 초기 가족제도 밖에 배치된 '또 다른' 여성들의 현실을 주목하게 한다.

---

1   관(官)에 소속되었던 전근대 기생의 경우, 궁중이나 지방 관아, 또는 양반들의 각종 연회에 동원되어 악가무(樂歌舞)를 연행하고 풍류를 진작시키는 기능을 했는데, 여악(女樂)이란 전근대 기생들이 수행했던 공식적 직무를 지칭한다.

2. 전통 기예와 풍류의 공급자: 기생

1) 근대 기생 조직의 재구성

조선 시대 기생 집단은 관비(官婢) 출신의 여성들로서 궁중 연향 및 각종 연회에서 가무를 담당한 여악에서부터 지방 관아의 잡일이나 관리의 수청, 변방 군사를 위한 성적 봉사에 이르기까지 다양한 층위의 노동을 직역의 형태로 요구받았다(李能和, 1992: 81~117). 기생들은 이러한 공식적 임무 이외에 지배층 양반들의 각종 사적 연회에 동원되어 풍류를 진작시키는 역할을 했다. 이러한 기생의 존재는 전근대 신분제 사회에서 천민 여성의 몸이 제도 속에서 다각적으로 활용되는 예라 할 수 있다. 그런데 기생 집단은 한말(韓末)을 거쳐 식민지 시대에 이르면서 사회체제의 변화 속에 존재론적 변이를 겪게 된다.

1896년 갑오개혁 때 이루어진 신분제 혁파는 전근대 관기제도의 폐지를 가져왔다. 하지만 기예를 수단으로 삶을 영위해왔던 대다수 기생들은 제도적 장치의 부재 속에서도 기업(妓業)을 지속하다가, 1908년 일제에 의해 유입된 일본 게이샤 관리 조직인 권번 시스템(기생조합) 속으로 흡수된다. 기생조합은 전근대 시대 여악을 양산하고 관리한 궁중의 장악원이나 지방 교방 같은 공적 기관, 그리고 조선 후기 민간에서 활동한 관기들을 개별적으로 관리했던 기부 집단의 역할을 대체하는 근대적인 운영 시스템이었다. 1908년 9월 「경시청령」 5호 「기생 단속령」과 6호 「창기 단속령」이 발포된 이후, 기생들은 기업(妓業)을 지속하기 위해 의무적으로 기생조합에 가입하고 경시청으로부터 허가증을 받아야만 했다.[2] 한편, 근대 시기의 기생은 법제적으로 기예와 섹슈얼리티의 공급이 혼재되어 있던 전근대 창(娼)의 직역으로부터 벗어나 기예를 전문으로 하는 예기(藝妓)의 정체성을 부여받는다. 이는 1908년 「경시청령」이 기생을 전근대 관기의 전통을 잇는 자로 제한한 점, 1916년 3월에 발포된 「경무총감부령」이 '객석에서 가무음곡을 하는 자'로 기생을 범주화하고, '매음을 주된 직업으로 삼는 자'로 창기를 따로 규정해 '기생'과 '창기'를 구분하려 했던 점에서 확인할 수 있다(書類綴, 168~170; ≪조선총독부관보≫, 제1915호(1916.3.31). 하지만 법제적 구별에도 기생과 창기의 몸은 동일한 형식으로 총독부의 관리 대상이 되었으며 기생에 대한 규정과 관리는 공창제라는 거시적 구도 속에 놓이게 된다(송연옥, 1998: 261). 이는 「경시청령」(1908)이 발포된 이후 1909년 8월에 최초로 조합의 형식을 갖추고 경시청의 인가를 받은 '한성창기조합(漢城娼妓組合)'의 규약에서도 확인된다. 제1장 제2조[3]에 기생조합의 설립 목적의 하나로서 "종래의 폐풍을 교정"한다고 기술하고 있는데, 이는 식민지에 공창제를 시행하려는 직접적 의도를 상쇄시키려는 수사적 어법으로 파악되며 당시 일본 자국 내에서 확산된 폐창운동을 의식한 어구로 추정된다.[4]

---

2   기생 단속령 제1조, "기생(妓生)으로 위업(爲業)하는 자(者)는 부모(父母)나 혹은 차(此)에 대(代)할 친족(親族)의 연서(聯署)한 서면(書面)으로써 소할경찰관서(所轄警察官署)를 경(經)하고 경시청(警視廳)에 신고(申告)하야 인가증(認可證)을 수(受)함이 가(可)함. 기업(其業)을 폐지(廢止)하는 시(時)는 인가증(認可證)을 경시청(警視廳)에 환납(還納)함이 可가함"[「妓生及娼妓ニ關スル 書類綴」, 『서울학 사료총서 7: 총무처정부기록보존소 편 I』(서울시립대학교 서울학연구소, 1995), 159쪽 이하, 본문에서 이 자료의 인용은 '書類綴(페이지 수)'로 표기한다].

3   "본(本) 조합(組合)은 창기(娼妓) 위업(爲業) 상(上)에 대(對)ㅎ야 종래(從來)의 폐풍(弊風)을 교정(矯正)ㅎ고 겸(兼)ㅎ야 조직원(組織員)의 공동이익(共同利益)을 증진(增進)케 흠으로써 목적(目的)홈"이라 적고 있다(書類綴, 180~181).

4   일본에서의 폐창운동은 메이지 시대(1880년대) 자유민권운동에 의해 촉발되어 교풍

▮1930년대 명월관 특설무대 공연 사진

자료: 국립민속박물관, 『엽서 속의 기생 읽기』(민속원, 2009), 89~90쪽.

전근대 시기 궁중의 음악기관인 장악원이나 지방 관아의 교방에 소속되었던 기생들은 1908년을 기점으로 기생조합이라는 형태로 재조직화되고, 1917년 이후 권번으로 이름을 바꾼 기생조합 소속 기생들은 요리집과 같은 유흥 공간에서 활동하게 된다. 전근대 시기 관에 소속되어 관비(官婢)로서 직역을 수행한 기생들과 달리 근대 시기 기생들은 '요리점'이라는 공간에서 시간당

회와 같은 기독교 부인 단체들에 의해 주도되면서 당시 크나큰 영향을 끼쳤지만, 자국 내에서는 성매매를 하는 하층 계급 여성들보다는 중산층의 이익을 대변했으며 식민지 지역의 공창제는 오히려 묵인하는 등의 한계를 지니는 것으로 지적되었다 (후지메 유키, 2004: 35 ~120).

기예 공연과 접대에 대한 대가를 받고 스스로를 상품화해야 하는 조건 속에 놓이면서 도시 유흥산업의 일부가 된다.

2) 식민 권력과 기생조합

근대적 관리 조직 체계를 통해 기생들을 재정비했던 기생조합(권번)은 원천적으로 영리를 목적으로 하는 민간 사업체였지만, 영업 허가에서 관리까지 경시청의 지속적인 관할 속에 놓여 있었으며 식민정부가 주도하는 각종 공식행사에 동원되는 등 관변적 성격을 뚜렷하게 드러낸다. 1905년 이후로 기생은 조선에서 열린 각종 박람회(공진회) 및 각종 관치행사에 동원되고 갖가지 가무 공연 및 오락프로그램 참가를 통해 대중의 호기심을 끌고 행사를 고무시키는 역할을 요구받았다.[5] 또한 다양한 관제행사뿐 아니라 각종 단체나 회사 주도의 기념행사에도 기생들은 빈번히 동원되었는데, 이는 당대 공식 제도와 민간 기업 및 단체 안팎에서 기생이라는 존재가 얼마나 적극적으로 활용되었는지를 가늠할 수 있게 한다.

기생조합은 일차적으로 기생들의 적극적인 조합 활동과 기예 활동을 지원

---

5 이경민에 의해 논의된 바와 같이, 당시 총독부는 1915년 박람회(조선물산공진회) 공식 포스터에 조선을 표상하는 이미지로 기생을 등장시키고 박람회 중에 대중의 관심을 끌어모으기 위해 각종 기생 관련 이벤트('기생행렬', '미인면첩교환경쟁', '명기가곡대경쟁', '기생운동회')를 마련했으며, 공진회장 내 연예관을 축조해 각종 무용 및 연극 공연, 활동영화 등을 상영하게 하는 등 기생이 가지는 다각적인 측면들을 활용했다. 또한 일본인의 이주를 유도하는 조선실업시찰단 공식 사진첩이나 관광사업을 위한 엽서나 포스터, 사진첩뿐 아니라 식민지 건설을 진작시키기 위한 철도산업과 전기사업에 이르기까지 기생의 이미지를 등장시켰음을 확인할 수 있다(이경민, 2005: 104~118, 190~204 참조).

하고 기생들을 체계적으로 관리하는 새로운 운영 시스템의 형태를 띠지만, 한편으로 식민지의 효율적인 지배를 위한 성 통제의 한 방편이었다고 말할 수 있다. 일제는 1916년 「경무총감부령 대좌부창기취체규칙(貸座部娼妓取締規則)」 발포 이후 신정, 미생정과 같은 특정 지역을 지정해 공창업을 본격화한다. 일제가 공창업을 가시화하게 된 표면적인 이유는 식민지 내 풍기를 단속하고 성병의 확산을 막는 것이었지만 경제적으로는 공창업으로부터 벌어들이는 세금 수익을 상당한 재원으로 활용할 수 있었고, 식민지 통제의 용이성, 즉 그들이 말하는 '불령선인(不逞鮮人, 독립사상을 가진 자)'의 색출을 용이하게 하는 이점이 있었다(손정목, 1988: 457). 1908년 「경시청령」 이후로 '기생'을 관리하는 '기생조합'과 창기를 관리하는 '창기조합'은 엄연히 구분되었지만 기생과 같은 전통 기예의 보유자와 신정이나 미생정 유곽의 공창은 풍기 단속이라는 미명하에 동일한 방식으로 통제되고 관리되었다.

당시 풍속 경찰은 풍속영업이라고 불리는 업종으로 요리점, 음식점, 카페, 바, 끽다점(다방), 댄스홀, 유기장(遊技場), 예기옥, 요정[待合茶屋] 등의 영업을 지정했는데 이 영업은 그 자체로는 직접적으로 선량한 풍속을 해하지는 않지만 종종 밀매음, 도박 등 선량한 풍속을 해하는 행위를 일으키는 동기가 되므로 반드시 취체(단속)가 필요하다고 보았다(권명아, 2007: 383). 원천적으로 식민지 시기 '요리점'은 전통 기예 공연과 유흥 접대가 동시에 이루어지는 곳으로 일종의 사교문화 공간의 기능을 하는 곳이었으며 공창 지역의 유곽과는 차별화되는 공간이었다. 또한 기예가 뛰어난 일부 기생들은 고수입을 올리며 전통 가무의 전수자, 대중 가수, 영화배우 등 근대 시기 예술과 대중문화의 선도자로 새롭게 변신했다. 하지만 기생조합에 소속되어 있음에도 상품 가치가 높지 않았던 이류나 삼류 기생들이 요리점이 아닌 자신의 집에서 공공연히 영업을 했던 당대의 정황, 전근대 시기부터 천한 신분의 여성으로서 기생에게 부여되어온 관습적 이미지 등으로 인해 기생 집단 전반은 요리점 밖에서 성을 파는 사창의 혐의를 받으면서 지속적으로 경시청의 감시와 단속을 받게 된다.

3) 기생을 바라보는 민족 내부의 시선

근대 시기, 기생들이 부딪친 또 다른 문제는 사회 일반에서 그들을 바라보는 적대적 시선이었다. 기생들은 예인으로서 극장 무대에 설 때 대중의 환호와 선망의 눈길을 받았지만 현실적으로 요리점에 '놀음'을 나가야 했던 화류계의 여성들이었다. 특히 근대 일부일처제가 뿌리내리는 과정에서 전근대 축첩제와 더불어 기생이라는 존재는 사라져야 할 폐습 중의 하나로 인식되었다. ≪동광≫ 1931년 12월호에는 "이상적 가정제, 기생 철폐"라는 특집 기사가 실렸는데 여기에는 '기생제도 철폐'의 가부와 그 이유를 묻는 질문에 대한 여러 의견이 게재되어 있다. 여기서 지배적인 의견은 "기생(妓生)은 단단호철폐(斷斷乎撤廢)해야 하겠고, 풍기(風紀) 위생(衛生)의 유독물(有毒物)이며 개인(個人) 가정(家庭)을 파멸(破滅)하고 정조방매(貞操放賣)하는 가증(可憎)할 노릇을 방지(防止)"하자는 시각이었다.

필자 중의 한 사람인 한청산은 '기생철폐의 이유'로 그것이 노예제도의 유물인 점, 가정의 파괴자인 점, 국민(國民) 원력(元力)의 소모자(消耗者)인 점 등을 든다. 특히 기생은 "단순한 책금 노동자(債金勞動者)와 달라 이종(二種)의 주인을 섬기는 노예"이고 "그들은 시간대를 내고 그들을 일시적으로 매점(買占)하는 '손님'의 노예일 뿐 아니라 포주라는 물건들의 착취의 대상물"이며, 기생의 지위는 현재 "창기와 실제상 조금도 다름이 없다"고 보았다.

근대 기생들에게는 신분제의 폐지 속에서 근대적 예인 또는 대중문화의 주역으로 새롭게 변신할 수 있는 기회가 열렸지만 요리점이라는 상업적 공간에 배치된 채 자신의 몸을 노동의 자산으로 해야 했던 기생의 생존 조건은 사회 일반의 시선 속에서 기생 전반을 '매음부'로 간주하게 한 구조적 원인이 된다. 특히 1920년대 민족주의적 문화계몽운동 및 사회정화운동 속에서 기생은 매음을 주로 하는 창기와의 구분 없이 동일하게 매춘부로 인식되며 이들은 사회 내에서 숙청되어야 할 대상으로 표상된다. 당시 청년회와 교풍회와 같은 기독교 단체들은 기생조합의 결성을 직접적으로 반대하는 운동으로 '기생박멸운동', '풍기숙청운동' 등을 벌이기도 했다.

기생들이 처한 사회적 입지는 당시 '풍속' 담론 속에서 잘 나타난다. 식민지의 효율적인 성 통제를 목적으로 했던 식민 권력이 기생들을 관리하기 위해 표면적으로 내세운 명목이 '풍속 교정'이라면, 식민지 내부의 민족주의 계몽 단체들이 기생들을 제거하기 위해 내세운 구호 또한 '풍속 개선'이었다. 표면적으로 동일하게 '풍속 개량'을 제기하는 두 세력 간의 갈등 속에서 기생은 끊임없이 활용되면서도 지속적으로 부정당했던 타자라 할 수 있다. 하지만 이러한 이율배반적인 조건 속에서도 기생들은 다기(多岐)한 사회적 세력들과 충돌하면서 자신들만의 집단적 정체성을 모색했다. 당시 기생조합은 일차적으로 기생들의 공연 조직으로서의 기반을 형성해 기생들이 전문적 기량을 획득하고 다양한 공연 활동을 통해 대중문화의 발흥을 주도하는 세력으로 자리하게 된다.

4) 사회를 향한 기생들의 목소리

조선 시대 관기(여악)의 전통을 잇는 기생들은 신분제가 해체된 근대 시기에 이르러 전근대 기(妓)의 사회적 주변성을 극복하고자 부단히 변신을 꾀했던 존재들이다. 그들은 1900년대 국채보상운동(1907~1908) 및 토산물 장려운동, 3·1운동 등 1920년대 전후까지 각종 정치적 활동에 가담하고, 자선 연주회와 빈민 구제 및 기부 행위를 통해 대사회적 입지를 구축하면서 민족의 '또 다른' 일원이 되고자 했다. 1919년 기생들의 3·1 만세운동 기사 등은 기생조합 차원에서 이루어진 당대 기생들의 대사회 인식과 정치적 행위를 보여준다. 근대 시기 기생들은 식민 권력에 공모하면서도 제국의 지배력에 온전히 포섭되지 않으려는 대항 의식을 표출했으며, 한편으로 민족의 일원이 되고자 했지만 그들을 배타시하는 민족 내부의 부정적 시선에도 대응해야 했다. 기생조합 운영진의 입장에서나 예인의 정체성을 추구했던 기생들 스스로의 입장에서나 그들에게 가해진 부정적 시선을 상쇄시키기 위해서 대외 이미지 개선은 현실적으로 절실했을 것으로 추정된다. 직접적인 흥행 수익을 목적으로 하지 않는 기생들의 사회사업적 공연 활동은 이러한 당시 기생조합 및 기생들의 사회를 향한 적극적인 대응 의지를 보여준다.

1907년 관기들의 경성 고아원 경비 원조 연주회를 시작으로 이후 고아원, 유치원 유지 및 학교 설립기금 보조 등의 교육 관련 경비 보조를 위한 공연예술활동, 기근이나 수재 등 천재지변으로 인한 구제 활동 및 경비 보조를 목적으로 하는 연주 활동, 재만(在滿) 동포를 위한 구제공연예술활동, 그리고 조선 음악의 정화 및 장려·부흥을 위한 공연예술활동 등이 활발하게 전개되는데, 이러한 영리를 목적으로 하지 않은 기생들의 자선공연 활동을 통해 근대적 예인으로서의 정체성을 강화하고, 기생을 풍기문란의 원인 제공자로 보았던 당대의 관습적 시선을 변화시키고자 했던 것으로 보인다. 식민 정부의 공리적 목적에 동원된 연예·공연 활동과는 달리 이런 자선공연 활동 속에는 기생들의 자발성과 적극성이 두드러진다. 또한 여기에는 당시 기생들이 가졌던 민족의식과 조선 사회가 당면한 문제를 해결하고 사회의 발전에 기여하고자 하는 강한 의지가 발견된다.

대사회적 자선공연 활동이 가져온 대중적 인지도와 갖가지 극장 무대 활동을 통한 수익의 확보는 점차 조합 내 기생들의 발언권과 기생조합의 대사회적 입지를 점차적으로 강화시켜 나간 것으로 보인다. 기생들 내부에 대중적 인기와 수입의 편차는 컸지만 당시 기생들은 좀 더 조직적인 기반과 활동을 통해 자신들의 집단적 영향력을 확장해 나갔는데, 조

▮기생 잡지 ≪장한(長恨)≫(1927)의 표지

합 내부에서 조합원으로서 경영진과 분리되는 기생들의 목소리를 키우고 내적 연대감을 형성하며, 조합 외적으로 요리점이나 당시 사회의 관습적 시선이나 공적 담론과 직접적으로 대응하는 등 적극적인 목소리를 내게 된다. 이러한 양상은 식민 권력이나 자본 권력에 예속되어 있던 기생조합 내 기생의 새로운 면모를 문제 제기한다.

당대 기생 조합은 일차적으로 조합 내부에서 엄격한 질서와 조직적 운영을 통해 집단적 정체성을 확보해나간 것으로 확인된다. 당대 기생들은 조합 내의 질서와 기강을 바탕으로 총회를 통해 조합원들의 의견을 수립하고 대외적으로 그들의 입장을 표명했다. 당시 기생들은 기생조합과 요리점과의 관계망 속에서 자신들의 권익을 보호하기 위해 파업을 일으키는 등 적극적으로

대응했다. 또한 풍기문란의 원인 제공자이자 사회악적인 존재로 배격되는 현실에 대해 집단적 대응을 시도하고, 당시 성병 검사를 의미하는 경찰의 위생 검진에 대해 직접적으로 반발해 파업을 벌이기도 한다(≪동아일보≫, 1925. 2. 26; 1925. 3. 22). 이들은 자체 내의 친목을 도모하는 운동회를 개최해 단결력을 키우고 기생들의 자치 경영에 입각한 새로운 권번 설립도 계획했던 것으로 확인된다.

전근대 시기, 자신들의 언어와 시선을 가지고 있었지만 공식적 언로를 가질 수 없었던 기생들은 근대 시기에 이르러 이렇게 자기 발화의 주체로서 사회와 직접적으로 대면하게 된다. 가족제도 밖의 유흥 공간에서 끊임없이 기생을 향유하면서도 공식적으로 그 존재를 지우려 했던 당대 사회의 이중적 시선에 대한 기생들의 직접적인 항변은 그들이 직접 만든 기생 잡지 ≪장한≫ 제1호(1927. 1)에 결집되어 있다. 창간호에 편집인이 쓴 「영춘사(迎春辭)」에는 기생의 '인간 선언'이 실려 있다.

철판에 붉은 피 흐르고 가슴에 심장이 사라 뛰는 사람으로서 사람의 대접을 밧지 못하고 즘생으로 더부러 벗하게 되는 때에 어찌 탄식인들 업스며 눈물인들 업스오리마는 탄식과 눈물만으로는 모든 것이 해결되지 못하나니라. 때는 흐르는도다. 벗이여 한숨을 거두라. 눈물을 씨스라. 눈물과 한숨을 익이고 서서 우리는 우리의 밟은 길을 돌아보는 동시에 우리의 존재를 차저야 할 것이요 동시에 우리와 사회와의 관계를 생각하여야 할 것이로다. 만물이 다 자기가 잇는지라 자기가 산 것이니 자기가 업스면 자기는 죽은 것이라. 어찌 우리는 살아 뛰는 자기를 가지고 죽은 자기와 박구리오. 벗이여 일어나라. 자유와 평등을 위하야 새해의 새봄마지를 나가려 하노라(≪장한≫, 제1호, 2면).

위 글은 사람으로 대접받지 못하고 짐승과 같은 대우를 받으며 눈물과 탄식의 세월을 살아온 기생 계급의 뿌리 깊은 회한으로 시작한다. 하지만 오랜 시간 축적되어온 기생의 타자성을 넘어서 자신들의 과거를 현재적 시각에서 성찰하고 미래에 사회와의 새로운 관계를 맺을 것을 촉구하고 있다. 잡지 ≪장한≫은 전근대 시대 신분적·성적 차별 속에서 훈육되고 완상물로 향유되어온 기생들의 '오랜 한〔長恨〕'을 표출하고, 사회와의 관계 속에서 자신들의 존재성을 새롭게 구성하고자 한 소수자 집단의 인정 투쟁의 한 예라 볼 수 있다.

3. 자본주의적 향락의 상품화: 카페 여급

1) 새로운 유흥의 기호, 카페와 여급

1920~1930년대 경성은 백화점, 음식점, 영화관, 음악회장, 다방(끽다점), 카페와 같은 근대적 소비문화 공간들로 가득 차게 된다. 식민지 조선에서 카페는 1920년 전후로 경성의 일본인 거류지인 남촌을 주변으로 형성되었는데, 이는 일본 다이쇼〔大正〕 시대(1912~1925)에 크게 성행한 카페 문화를 근간으로 한다. 1930년대에 전성기를 맞은 카페는 커피와 양주, 서양 음식, 재즈, 사교춤 등의 서구적 기호물과 '여급'을 중심으로 도시 유흥 풍속을 선도하게 된다. 이러한 카페는 일본을 거쳐 유입된 근대 문화의 식민지적 특수성과 더불어 근대 유흥산업이 양산한 에로티시즘과 여성이 관계 맺는 역사적 방식을 문제 제기한다.

당시 카페 고객 가운데에는 학생, 신문기자, 문인 등의 지식인 남성들이

▌카페와 전당국
자료: 웅초, 「경성 압뒤골 풍경」, ≪혜성≫, 11월호(1931).

한 무리를 이루었는데 이들은 카페가 제공하는 갖가지 서구 취향의 문화 욕
구를 충족시켰을 뿐 아니라 여급들과의 유희적 만남을 즐겼다. 당시 '카페
껄'에게 요구되는 조건은 "얼골(얼굴)이 어엽부고 호장(화장)을 잘하고 화려
한 의복을 입으며 보다 교묘한 수단으로 에로를 굿세게 발산하는 것"이었으
며, "내객의 유흥성을 선동하야 낭비를 조장"하며 "화려, 애교, 첨단적 유행"
을 좇는 고객의 환심을 사는 것이었다는 기술을 통해 당대 여급의 입지를 일
정 정도 가능할 수 있다(S. S 生, 1932: 62).

　권번과의 제휴 속에서 특정한 절차를 거쳐 기생을 불러들이는 요리점과는

달리 카페는 절차를 간소하게 하고 짧은 시간에 많은 손님을 끌어들이는 방식을 취함으로써 유흥을 대중화했다. 무엇보다도 "카페는 그 형식이 아주 근대화한 것이다. 음식(飮食)이 근대화하얏고, 좌석 설비가 근대화한 것이며 종업 여성의 치장도 근대화한 것이다"(S. S 生, 1932: 63)라는 기술에서와 같이, 손님들의 근대적 기호를 다각적으로 충족시킴으로써 도시 유흥의 주된 공간으로 부상했다. 카페 공간에서 매춘과 같은 불법적 행위로 나아가지 않는 범위 내에서 향유되는 색다른 자극과 요리점의 기생에 비해 비용이 덜 들고 간편하게 출입할 수 있는 점, 카페를 가득 채운 서구적 기호 등은 카페를 대중 유흥 공간으로 급속히 확산시킨 원인이었다.

만문 「카페와 전당국」은 1930년대 초 경제적 빈곤 속에서도 성황을 이루는 경성의 카페 앞 풍경을 풍자적으로 그렸다.

2) 식민지 권력과 카페 여급

1934년에 경무국에서 제정한 「카페영업취체내규표준(營業取締內規標準)」의 1조에는 "카페 영업이라는 것은 그 명칭의 여하를 불문하고, 영업소에 서양식의 장식 설비를 하고 여급의 접대에 의해 음식물을 제공하는 영업"이라는 항목이 있다. 여기서 카페는 서양식의 구조 설비와 여급의 접대를 특징적 요건으로 지니고 있음을 알 수 있다. 또한 「카페영업취체내규표준」 4조 1항 부칙에서 카페 여급은 "객석에서 시중을 들고 계속적 접대를 하는 부녀"로 정의한다. 카페 여급은 기예 공연을 하지 않는다는 면에서 기생과는 다르고 매춘을 직업으로 삼지 않는다는 면에서 창기와 구분된다. 하지만 객석에서 시중을 들고 접대를 하는 여성이라는 조건으로 인해 여급은 요리점의 기생과 더불어 화류계 여성으로 동일하게 범주화된다.

한편 「카페영업취체내규표준」 1장 4조 1항에 대좌부(貸座敷), 요리점, 숙박(宿泊), 욕탕(浴湯), 유흥장(遊興場), 소개업(紹介業) 등과 같은 영업 공간으로부터 카페를 분리시켜 매춘과의 연계를 막고 영업장 내부의 구조 설비를 법제적으로 제한해 여급의 호객 행위 및 매음 행위를 엄격히 관리하고자 하는 문구를 통해 당대 카페 문화와 여급의 실상을 읽어낼 수 있다(≪警務彙報≫, 제849호(1934.10); 김연희, 2002: 26~28에서 재인용). 카페는 유곽을 지칭하는 대좌부와 달리 여급의 시중을 받으며 갖가지 서구식 향락을 즐기는 유흥 공간이었다. 하지만 1934년에 발포된 「카페영업취체내규표준」과 여급에 대한 법제적 규정은 당대 현실 속에서 에로틱한 풍속의 근원지로 뿌리내린 카페 공간과 카페 밖에서 암암리에 매춘을 일삼는 여급을 겨냥한 일종의 단속 조치인 것으로 확인된다. ≪동아일보≫ 1927년 12월 15일 자 기사에서도 여급이 창기와 마찬가지로 위생 검사, 성병과 전염병 방지라는 명목으로 국가의 관리 및 단속의 대상이었음을 확인할 수 있다(≪동아일보≫, 1927.12.15).

여급이 사창의 일원으로서 식민 권력의 통제 속에 놓이게 된 가장 일차적인 근거는 카페 안에서 여급에게 요구된 서비스의 성격에 기인한다고 볼 수 있다. 카페 여급에게는 예인으로서 기생을 특징짓는 기예 공연의 의무가 없는 대신에 좀 더 직접적이고 다소 노골적인 '에로 서비스'가 요구되었다. 이러한 서비스의 성격과 범위는 모호하고도 유동적이었으며[6] 당대 카페 안에서 화폐를 매개로 교환된 에로틱한 거래는 여급의 위치를 문제적으로 만든다. 또한 요리점에서 자신의 입지를 확보하지 못한 기생들과 마찬가지로 카

---

[6] "에로를 발산함으로 상매(商賣)하는 직업이라 짧은 시간에 가장만흔 손을 대(對)하게 하야 그 허하는 범위 내에서는 가장 강렬(强烈)한 에로의 자극(刺戟)을 주려는 것이니 이 역시(亦是) 색(色)을 파는 한 작위(作爲)일 것이다"(S. S 生, 1932: 62).

페에서 수입을 충분히 올리지 못하고 경제난에 시달린 여급들은 카페 밖에서 사창으로 전락했던 것으로 보인다. 하지만 카페 밖에서 공공연히 이루어진 밀매음을 근거로, 당시 카페 여급 전반의 사회적 위치를 일반화할 수는 없다. 식민지 시대 카페 여급들 내부에는 다양한 스펙트럼이 내재하고 있기 때문이다.

3) 카페에 대한 사회적 시선과 여급의 위치

카페를 찾아다니며 '값싼 향락'을 구하는 샐러리맨과 예술가, 문학청년, 학생들에 대해 당대 사회 일반의 시선은 부정적일 수밖에 없었다.

> 조선 사회의 퇴폐적 현상의 하나는 '카페-'의 발호이다. 이곧저곧에 생겨나는 푸른 등 붉은 등 '카페' 그곳에서 끈임없이 사람의 신경을 현혹시키는 '짜쓰송'의 '레코-트' 소리가 울녀나우고 간드러진 '웨이트레쓰'들의 우슴이 흘너나온다. 심신을 도취시키는 '에로'에 끌녀서 그 사람의 이목을 끄으는 미려한 장식에 끌녀서 환락의 영위긔에 끌녀서 얼마나 많은 사람이 '카페-'의 으슥한 방에를 출입하는가! 투쟁을 잇고 이런 '카페-'에 은신하야 '에로'를 할하는 그들의 생활은 그 얼마나 퇴폐적이며 환락적이며 도피적이며 환멸적인가(≪실생활≫, 1932.7, 2면).

당대 지식인들은 카페 자체가 지니는 퇴폐성이 그곳을 찾는 사람들의 신경을 현혹시키고 마비시켜 식민지 현실의 도피적 환락 공간을 형성했다고 우려를 표명했다. 또한 당시 카페는 샐러리맨들뿐 아니라 중등학생을 포함한 학생들의 출입이 잦아 사회적으로 논란이 되기도 했다(木具生, 1932: 48).

하지만 1930년대 여급들의 경우 사창이나 타락한 유산 계급에 기생하는 부정적 형상으로만 설명되지 않는 그들의 다양한 존재 양식이 문제시된다. 1930년대 카페 여급은 극빈층의 여성에서 여학교 출신의 인텔리 여성, 여배우, 기생 출신, 사회주의 사상에 물든 적색 여급을 포함해 학력과 계층, 사상, 경력 등에서 매우 이질적이고 다양한 형태로 구성되었다. 카페 여급은 태생적으로 '에로·그로·난센스'라는 구호 속에 성행했던 일본의 다이쇼 시기 카페 문화가 식민지 조선으로 이식된 예라 볼 수 있다(서지영, 2004: 152~153). 하지만 일본의 여급이 시골 출신의 중하층 노동 계층 여성 중심이었다면 식민지 조선의 여급은 중산층에 편입되지 못한 '훼손된 신여성' 이미지가 현저하게 드러난다. 비록 여급들 대부분이 카페의 문을 두드릴 수밖에 없는 열악한 경제 구조 속에 있었지만 당시 여급은 평균 보통학교 이상의 교육을 받은 계층이었으며, 여학교 출신의 인텔리 여성이나 여배우를 포함한 일급 여급들은 외적 지명도와 고수입을 바탕으로 신문·잡지와 같은 매체에서 대중 스타의 대우를 받기도 했다.

식민지 시기 여급은 외형적으로 서구적 치장을 하고 일정 정도의 지식과 사교술을 바탕으로 당대 사회가 선망한 '모던 걸'의 이미지를 상품화했던 존재였다. 또한 그들은 카페라는 유흥 공간에서 당대 사회가 추구한 연애의 형식과 에로티시즘의 기호들을 양산하도록 요구받았는데 그 과정에서 스스로가 적극적인 유희 주체로 전이하기도 한다. 여급들은 1920~1930년대 조선 사회를 풍미한 자유연애와 도시 공간에서 양산된 유행과 스타일의 선도자로 나섰던 근대 체험의 주체들이기도 했다. 근대 초기 카페 여급의 정체성은 중층적이고도 양가적인 위치에 놓여 있었다. 그들은 카페와 같은 상업적 공간 속에서 화폐를 매개로 여성의 몸을 상품화시키는 자본주의 유흥산업의 일부가 되는 동시에, 경제적 자립을 확보하고 스스로를 욕망의 주체로 인식하고

자 했던 '모던 걸'의 형상을 구현한 존재들이기도 했던 것이다.

4) 직업부인으로서의 여급

식민지 당대 여급들은 기생들과 마찬가지로 그들이 행한 노동의 성격 때문에 사회로부터 지속적인 비난을 받았다. 여성계 내부에서도 과연 카페 여급을 정당한 직업부인으로 규정할 수 있을지에 대한 논란이 있었으며 대부분 부정적인 입장을 취했다. 신교육을 받은 경험이 있는 인텔리 여급들은 이러한 사회적 시선에 대해 대중잡지와 일간지 신문에 글을 투고하면서 여급으로서의 존재 근거와 직업부인으로서의 여급의 입지를 적극적으로 표명했다.

나는 여기에서 새삼스럽게 직업부인론을 길게 느러노키는 피(避)하거니와 그 누구가 나린 정의에 '직업이란 사람이 그 생활자료(生活資料)를 획득하기 위하여 행하는 경제적(經濟的) 활동(活動)이다'라고 햇다. 직업은 신성하다는 말은 위험하다. 신성한 것이 도대체 무엇인가. 자본가나 생산가의 직업은 얼마나 신성할 것인가. 그럼으로 특히 여급의 직업을 가지고, 직업 이외에 둔다는 푸치 뿌루적 망상에 대하여 나는 절대로 반대한다. 왜? 그들을 생각건대, 현금 세상에서 말하고 잇는 만연한 악마 ─ 여급에 대한 ─ 를 거진 무비판적으로 신용하는 까닭이다. 현재 그 방면에 밝은 사람의 말을 들으면, 일본 내무성이나 내각 통계국에서는 그 직업 분류 중에 명료하게 여급을 여자 직업 중에 헤이고 잇스며 그 외에, 경성직업소개소에서도 여급의 항목이 잇다 한다. 사실 여급에는 매춘적 행위에 빠지기 쉬운 유혹이 있지만 전부가 그런 것은 아니다. …… 그러나 여급은 직업부인이다. 더욱이 사람들의 만연한 몰이

▌여급 잡지 ≪여성≫(1934) 표지

해에 기인한 오진을 밧고 잇는 괴로운 직업이다(≪신여성≫, 1932.10, 21면).

여급도 과연 직업부인인지를 문제 제기하는 위 글은 "직업이란 사람이 그 생활자료를 획득하기 위해 행하는 경제적 활동"이라는 정의를 들면서, 자본주의에서 "직업이 신성하다"는 문구가 얼마나 허구적인지를 역설하고 세상이 악마시 여기는 여급의 직업인으로서의 정당성을 주장한다. 특히 이 글은 일본 내무성에서 여급을 정식으로 여자 직업에 분류하고 경성 직업소개소에 공식적으로 여급이 등록된 점을 제시하면서 당당하게 직업부인으로서의 여급을 옹호할 뿐 아니라, 여급이라는 특수한 형태의 직업부인이 양산되는 사회구조적 모순을 신랄하게 지적하기도 한다.

당대 여급은 스스로를 직업여성으로 인식하는 단계에서 나아가 좀 더 조직적인 형태의 조합 활동을 통해 자신들의 사회적 입지를 확보하고자 했던 것으로 보인다. 카페가 한창 번성했던 1934년에 카페 여급들이 주축이 되어 발간한 ≪여성(女聲)≫이라는 여급 잡지는 여급들의 정체성과 그들의 대사회적 목소리를 좀 더 집단적이고 체계적인 방식으로 제기한다. 카페 여급들은 1934년 ≪여성≫이라는 여급 잡지의 발간을 통해 자신의 사회적 정체성을 문제 제기하는 등 직업여성으로서의 집단적 활동을 꾀했던 흔적을 남겼다. 여급들이 사회의식이 부족하고 사회를 위한 업적의 부재를 반성하면서 소수의 타락한 여급들을 징치(懲治)하고 신성한 직업인의 하나로서의 여급의 지반을 세울 것을 호소한다. 잡지 발간을 통해 카페 여급들의 적극적인 글쓰기 활동을 적극적으로 권유하면서 나아가 여급들 내부의 상호 협조와 친목, 여급들의 실질적인 권익을 도모했던 흔적을 보이는 등 ≪여성≫ 잡지는 1930년대 당대 여급 집단이 지닌 특수성과 더불어, 근대 유흥 공간에서 노동했던 여성들의 적극적인 자기 대응의 흔적들을 보여준다.

4. 근대 도시 공간과 욕망의 지형

근대 시기 기생과 여급은 여성의 몸을 쾌락의 매개로 활용하는 도시 유흥산업의 번성 속에서 배치된 존재들이다. 기생이 전통적 기예와 섹슈얼리티를 자산으로 자본주의 유흥산업과 식민자 일본의 통치 전략 속에 다각적으로 활용되었다면, 카페 여급은 서구적 취향의 유흥 감각과 더불어, '모던 걸'과 자유연애를 꿈꾸었던 당대 남성들의 욕망을 카페라는 상업적 공간에서 대리적으로 공급했던 여성들이다. 이들은 전통과 근대의 충돌, 식민 지배와 피식민지의 저항이 교차되는 식민지의 유흥산업에 활용된 존재이면서 당대 향락의 구성에 직접적으로 관여한 여성이었다는 점에서 공통적이다. 한편 이들은 요리점과 카페 밖에서 사창의 혐의를 받으면서 경시청의 관할 아래 지속적인 단속을 받는 등 식민 정부의 성 통제 정책의 직접적 대상이기도 했다.

하지만 문화사적으로 볼 때, 기생과 여급은 새로운 도시문화의 전방에서 서구적 근대 문물과 생활양식의 변화를 직접적으로 체험한 여성들이었다. 이들은 가족제도 밖의 공적 공간에서 자신의 몸을 노동의 자산으로 삼았던 여성들로서 당대 관습적 규범과 충돌한 문제적 여성들이었지만, 여성 내부의 다양한 층위의 욕망을 발견하고 실현한 주체들이기도 했다. 또한 사회로부터의 비판적 시선에 직접적으로 대응하고 잡지 발간을 통해 자기 옹호의 담론을 양산하고 인정 투쟁을 벌인 소수자 집단이기도 했다.

　한편으로 이들은 공적 공간에서 자신을 구성해간 여성들의 욕망과 그들의 빈약한 물적 토대가 만나는 지점에서 야기되는 가변적이고 위태로운 여성 정체성을 문제 제기한다. 또한 생존을 위해 또는 자기 욕망의 실현과 적극적인 자기 구성을 위해 스스로의 몸과 섹슈얼리티를 활용했던 그들의 노동의 성격은 더 깊은 성찰을 요구한다. 기생과 카페 여급이라는 역사적 존재에 대한 탐색은 근대 시기 피식민지 조선을 점령했던 식민자의 욕망과 더불어, 자본을 통해 증식된 도시의 욕망 그리고 가부장적 규범 속에 배제되고 타자화되는 여성들 내부의 욕망을 다각적으로 살펴볼 수 있는 장을 열어놓는다.

참고문헌

강정희. 1932. 「여급도 직업부인인가」. ≪신여성≫, 10월호.

국립민속박물관. 2009. 『엽서 속의 기생 읽기』. 민속원.

권명아. 2007. 「풍속 통제와 일상에 대한 국가 관리」. ≪민족문학사연구≫, 제33호.

김연희. 2002. 「일제하 경성지역 카페의 도시문화적 성격」. 서울시립대학교 역사학과 석
　　사학위논문.

木具生. 1932. 「카페-의 縱橫과 學生群의 出沒」. ≪동방평론≫, 5월호.

서울시립대학교 서울학연구소. 1995. 「妓生及娼妓ニ關スル 書類綴(1908~1910)」. 『서울
　　학 사료총서 7: 총무처정부기록보존소 편 I 』.

서지영. 2003. 「식민지 시대 카페 여급 연구: 여급 잡지 ≪女聲≫을 중심으로」. ≪한국여
　　성학≫, 제19권 제3호.

_____. 2004. 「식민지 근대 유흥풍속과 여성 섹슈얼리티: 기생과 카페 여급을 중심으로」.
　　≪사회와 역사≫, 제65집.

_____. 2005a. 「식민지 시대 기생 연구(I): 기생집단의 근대적 재편 양상을 중심으로」.
　　≪정신문화연구≫, 제99호.

_____. 2005b. 「식민지시대 기생연구(II): 기생조합의 성격을 중심으로」. ≪한국고전여
　　성문학연구≫, 제10집(6월호).

_____. 2005c. 「카페, 근대 유흥공간과 문학」. ≪여성문학연구≫, 제14호(12월호).

_____. 2006. 「식민지시대 기생연구(III): 기생잡지 ≪長恨≫을 중심으로」. ≪대동문화
　　연구≫, 제53집(3월호).

손정목. 1988. 『일제강점기 도시사회상연구』. 일지사.

송연옥. 1998. 「대한제국기의 「기생 단속령」, 「창기 단속령」: 일제 식민화와 공창제 도입
　　의 준비 과정」. ≪한국사론≫, 제40호.

S. S 生. 1932. 「환락의 대전당-카페」. ≪신동아≫, 6월호.

웅초. 1931. 「경성 압뒤골 풍경」. ≪혜성≫, 11월호.

이경민. 2005. 『기생은 어떻게 만들어졌는가』. 사진아카이브연구소.

李能和. 1992. 『朝鮮解語花史』. 이재곤 옮김. 동문선.

이재옥. 2003. 「1930년대 기생의 음악활동 고찰」. 『한국음악사학보』, 제30집.
후지메 유키(藤目ゆき). 2004. 『성의 역사학』. 김경자·윤경원 옮김. 삼인.

≪警務彙報≫, 제849호(昭和 9년 9월 12일). 1934.9. 「카페영업취체내규표준」.
≪동아일보≫. 1925.2.26. "水原妓生盟休, 실상은 권번운동, 검사를 업새오".
≪동아일보≫. 1925.3.22. "開城妓生盟罷, 검사밧기 실혀".
≪동아일보≫. 1927.12.15. "脂粉싸인 本町署女給酌婦調査".
≪실생활≫. 1932.7. 「환락경인 카페-와 카페-출입의 학생문제」.
≪조선총독부관보≫, 제1915호(1916.3.31).

≪개벽≫, ≪동광≫, ≪별건곤(別乾坤)≫, ≪비판≫, ≪삼천리≫, ≪신여성≫, ≪여성≫,
     ≪장한(長恨)≫, ≪조광≫, ≪매일신보≫, ≪조선일보≫.

제 **3** 부
타자화된 성

제7장 근대 시각문화와 기생 이미지_ 권행가

제8장 법 안의 성매매: 일제시기 공창제도와 창기들_ 박정애

제9장 일본군 위안부제도_ 정진성

근대 시각문화와 기생 이미지

권행가

서울대학교 고고미술사학과 강사

　근대기 기생은 누구보다 빨리, 그리고 대량으로 근대 시각문화 속에서 노출되었던 존재다. 물론 이것은 조선 말기까지 내외법이 잔존해 있던 상황에서 공적 공간에 나설 수 있었던 예외적 여성이 기생이었기 때문이다. 그러나 근대 기생이 각종 관광용 우편엽서에서부터 조선병합기념사진첩, 박람회, 각종 상품 공진회, 미술전람회 등에 반복적으로 재현되었던 것은 단순히 재현의 용이성이라는 차원을 넘어서서 좀 더 복합적인 맥락과 결부된, 그 자체가 현대와 다른 식민지 근대만의 특성이었다고 할 수 있다. 즉 반복적으로 생산·유통·소비된 기생 이미지는 제국과 식민지의 타자화, 성의 상품화, 여성 신체의 물신화, 추상화된 조선적 전통의 창출 등 복합적 맥락 속에 만들어져온 그 자체가 식민지 근대성의 기호라 할 수 있다.

　최근 몇 년간 근대기 시각문화에 대한 관심이 증가하면서 엽서나 포스터, 각종 사진첩에 실린 기생 이미지에 대한 관심도 높아졌다. 불과 10년 전 만해도 일부 수집가들의 부수적 관심의 대상에 지나지 않던 이러한 시각 자료들이 지금은 근대 관련 전람회에서 흔히 볼 수 있는 또 하나의 신기한 볼거리가 되고 있다. 이와 맞물려 이러한 시각 자료의 가격 역시 상승하고 있다. 문제는 옥션과 전람회에서 기생 이미지를 보는 대중의 시선이 여성의 신체를 볼거리로 만들고 소유하고자 했던 근대인들의 시선과 크게 다르지 않다는 점이다. 거의 100년의 시간을 사이에 둔 이 이미지들이 생산·소비된 맥락과 각 주체들의 시선의 차이에 좀 더 깊은 관심을 두지 않는다면 100년 전 만들어진 일방적인 시선의 권력이 현재에도 재생산될 수밖에 없을 것이다. 이 글에서는 기생 이미지가 만들어지는 맥락을 그 시선의 주체에 따라 제국 일본의 시선, 식민지 남성 작가의 시선, 그리고 기생의 시선으로 나누어 살펴볼 것이다. 그를 통해 식민지 조선, 조선 풍속과 같이 스테레오타입화된 기생 이미지 속에 배제되고 은폐된 근대를 살아간 여성 집단으로서의 기생의 이미지를 읽을 수 있는 계기로 삼고자 한다.

1. 제국의 시선: 관광 엽서 속의 기생

관광용 우편엽서는 비단 기생뿐 아니라 19세기 말 한국의 이미지를 사진 이미지로 대내외에 유포시키는 데 가장 큰 역할을 한 매체다. 아직 국내에 사진 복제 기술이 정착되기 전이었던 19세기 말, 사진은 대중에게는 낯설고 두렵기까지 했던 서양 기술에 지나지 않았다. 이에 반해 상업 활동을 목적으로 국내에 정착하기 시작했던 일본인 영업 사진사들이나 서적상들은 한국의 풍속과 풍경을 촬영한 사진집이나 우편엽서를 발 빠르게 상품화하고 있었다. 엽서의 생산은 우편제도의 도입이나 우편엽서의 생산뿐 아니라 근대에 새로운 형태로 부상한 관광 산업, 철도의 발달, 사진 기술과 인쇄 기술의 발전 등과 맞물려 있는 것이기 때문에 그 제반 시설이나 제도, 기술의 선취권을 가졌던 일본은 조선 이미지의 생산에서도 주체가 되었다. 따라서 근대기 관광 엽서 속의 조선 이미지와 기생 이미지는 피사체가 된 조선, 제국의 시선에 의해 만들어진 조선 이미지라는 맥락을 벗어나기 어렵다.

1) 식민지 관광 산업과 근대 미디어로서의 우편엽서

오늘날처럼 시각 매체가 범람하는 디지털 문화의 시대에 우편엽서는 제기능을 잃어버린 지 오래지만 근대기에는 관광용 우편엽서가 대중 사이에서 수집 붐을 일으킬 정도로 유행했던 새로운 근대적 시각 매체였다. 1900년대에서 1930년대는 서양뿐 아니라 일본, 조선에서도 우편엽서 생산의 황금기였다. 관광 엽서 산업의 발전은 제국주의의 팽창과 식민지 개척, 근대 관광업의 탄생, 철도와 같은 교통수단의 발전뿐 아니라 사진과 사진 인쇄술과 같은 복제 기술의 발전, 그리고 문맹률의 저하와 같은 복합적인 맥락 속에서 나온 근대의 새로운 미디어 문화라 할 수 있다. 그리고 관광용 우편엽서 속에 실린 사진은 그 사실적인 이미지를 통해 관광지에 대한 인식을 조직하고 규정하는 역할을 담당한다. 우편엽서는 근대사회에서 푸코(Michel Paul Foucault)가 말한 감시체제 가령 병원, 감옥, 학교에서 쓰인 사진 같은 심각한 형태의 사회 규율 시스템이 아니라 좀 더 가벼운 형태로, 즉 보고 수집하는 이들이 이를 즐기는, 따라서 미처 인식하지 못하는 상태로 그 규율적 기능이 수행되는 대표적 매체라 할 수 있다(Schor, 1992: 189~243). 그것은 대중적인 소통 매체인 우편엽서에 복제된 사진 이미지와 그것을 제작한 주체의 이데올로기가 필연적인 관계성을 지니기 때문이다. 특히 제국이 식민지 관광을 위해 생산하는 식민지 관광 엽서의 경우는 그것을 만든 제국의 일방적인 시각과 관광 산업의 전략을 드러낸다는 점에서 축소된 인류학적 경험이라 할 수 있다. 본국의 여행자나 군인이 식민지인의 문화나 모습을 담은 엽서를 사서 본국에 부치는 행위는 그들의 영광스러운 정복을 알리는 것이자 식민지에 대한 피상적인 지식을 본국의 대중에게 제공하는 것이 된다. 지금까지도 하와이와 훌라춤을 추는 여인, 알제리와 하렘의 여인이 동일시되는 것은 바로 이러한 우편엽서와 사진들, 각종 관광용 책자들을 통해 타자화된 이미지가 재생산되어온 결과일 것이다.

근대기 조선 관광용 우편엽서의 발전 역시 일본의 조선 관광 산업과 밀접한 관계를 맺고 있다. 일본에서 조선 관광 산업이 본격적으로 추진되기 시작한 것은 1912년 일본여행협회의 조선 지사가 설립되면서부터라고 알려져 있다. 그러나 조선 관광은 이미 러일전쟁 승리 후인 1906년 일본 국민 사이에 승리감이 고조되어 있었을 때 아사히신문(朝日新聞)사가 조직한 만한일본순유선(滿韓日本巡遊船)이라는 관광단에서 시작되었다. 이 관광은 7월 25일에서 8월 23일, 거의 한 달간의 긴 일정으로 계획되었음에도 불구하고 관광단 모집 광고가 나간 후 대인기를 얻으며 신청자 만원사례를 이루었다. 그리고 이것이 계기가 되어 각 지방, 각 학교에서 만주와 한국 관광 붐이 일어 문부성 조사에 의하면 7월에 관광을 신청한 신청자 수가 3,694명에 달했다고 한다. 만한일본순유선은 신문사의 연일 보도에 이어 철도 회사, 육군, 해군의 원조를 받아 출발해 부산, 인천, 경성, 평양, 대련(大連), 요양(遼陽), 봉천(奉天) 등을 방문했는데 평양에서는 청일전쟁 당시 일본군의 평양 공격에 대한 설명을 육군 소위로부터 들었고, 만주에서는 러일전쟁 전적을 답사했다(有山輝雄, 2002: 18~88). 이것이 일본에서 조직된 최초의 해외 관광단이었다는 점은 의미심장하다. 일본의 근대적 의미의 해외 관광이 러일전쟁의 승리 이후 제국 일본의 최전선을 시찰함으로써 신흥국의 신국민으로서의 자부심을 고취한다는 취지하에 출발했다는 것을 의미하기 때문이다. 이것은 메이지 시기 이후 서양 관광객의 관광 대상이었던 일본에게 서양 제국의 객체에서 제국의 주체로 시선이 변화하는 첫 이벤트였다고 할 수 있다.

만한일본순유선이 조직되었을 당시에 관광의 부산물로 우편엽서 역시 제작되었다. 러일전쟁은 일본의 식민지 관광업의 붐을 일으킨 계기이자 우편엽서 산업의 붐을 일으킨 계기이기도 했다. 일본이 우편제도를 정비하고 관제엽서(官製葉書)를 발행하기 시작한 것은 1873년부터이나 본격적으로 우편엽서 산업이 활성화되기 시작한 것은 1900년 사제엽서(私製葉書) 생산을 허가하면서부터다. 사제엽서 생산이 허가되었다는 것은 개인이 사적으로 준비한 종이에 우표를 붙여 보내는 것이 허가되었음을 의미한다. 다시 말하면 우편엽서 제작업자가 엽서 종이에 그림이나 사진을 인쇄해서 그림엽서를 만들어 판매할 수 있게 됨으로써 시각 이미지의 상품화를 본격적으로 진행할 수 있게 되었다는 의미다. 러일전쟁은 이러한 사제엽서 산업이 폭발적으로 부흥하게 된 계기를 제공했다. 즉 전쟁터의 군인들에게는 군사용 우편엽서가 대량 보급되었으며 국민들은 전황 사진을 담은 우편엽서를 수집함으로써 국민의 전쟁이 된 이 전쟁에 간접적으로 참여했다. 당시 우편엽서에 대한 대중의 열광은 대단해서 러일전쟁 승리 기념으로 체신성에서 발행한 개선기념우편엽서 발매일에 너무 많은 인파가 몰려 사망 사고가 날 정도였다. 이때 엽서는 단순히 개인 간에 주고받는 통신 매체가 아니라 제국의 전쟁을 선전하고 군국의식을 고취시키는 미디어로서의 기능을 했다. 군인 위문용으로 미인화나 화류계 여성을 대상으로 한 사진엽서가 대거 생산된 것도 바로 이 시기였다. 이상에서 볼 수 있듯이 근대기 조선 관광과 엽서 생산은 처음부터 제국 일본의 대륙 팽창, 그리고 한국 병합의 과정에서 나온 부산물이었다고 할 수 있다.

2) 조선 관광용 우편엽서의 생산과 유통

국내에서 우편엽서가 발행되기 시작한 것은 1900년부터다. 당시 대한제국은 프랑스의 인쇄 기술을 빌려 관제용 우편엽서를 발행했다. 그러나 1905년 한일통신기관통합협정을 통해 모든 우정 업무가 일본의 관할권에 편입되면서 관제 우편엽서의 생산 역시 일본의 손에 넘어간다. 반면 사제엽서는 1900년 일본이 사제엽서의 생산을 허가한 직후부터 한국 내에서 영업하던 일본인 사진사들에 의해서 생산·판매되기 시작했던 것으로 보인다. 가령 후지타 사부로(藤田三郎)의 옥천당 사진관이 1901년 12월 6일 ≪황성신문≫에 백금 사진, 만세불변색 채색 사진 등을 포함한 미술 사진으로 풍속 엽서와 풍경 엽서도 제작·판매한다는 광고를 낸 것을 보면 1901년부터 이미 조선 풍속·풍경 엽서가 제작·판매되었다는 것을 알 수 있다. 일제강점기 가장 대표적인 조선관광 우편엽서 발행소는 히노데상행(日之出商行, 혹은 日出商行)과 다이쇼사진공예소(大正寫眞工芸所)다. 다이쇼사진공예소는 1913년경 개업해 1920년대에 급성장한 일본 최대의 엽서 회사로 콜로타이프(collotype) 인쇄로 일본뿐 아니라 만주, 조선 관련 사진첩이나 우편엽서도 다수 제작·판매했다. 반면 히노데상행은 1901년 개업한 후 1904년경 조선에 들어와 30여 년간 각종 엽서를 제작·판매해온 조선 최대의 엽서 전문 회사다. 1929년『대경성(大京城)』에 실린 광고문에 의하면 이 회사가 소유한 원판만 해도 명소(名所) 700종, 풍속 600종에 달하며 인쇄 공장까지 갖추고 하루 1만 매 이상의 엽서를 판매할 정도로 성업 중이었다. 그 밖에 조선총독부 철도국에서도 조선인쇄주식회사를 통해 여행 안내서와 함께 조선 관광 엽서를 다수 제작했으며 각 지방에도 군소 업자들이 퍼져 있었다. 이러한 엽서들은 각 관광지, 호텔, 철도역, 사진관, 책방, 박람회장 등을 통해 쉽게 구입 가능했으며 여행지에

│도1 『한국풍속풍경사진첩』 표지화

자료: 『한국풍속풍경사진첩』, 제3집(일한서방, 1908), 고려박물관(도쿄) 소장.

서 자국에 보내는 이러한 엽서를 통해 조선의 이미지는 대내외에 쉽게 유포될 수 있었다.

러일전쟁 직후 조선과 관광, 그 이미지의 생산이 조선 내에서 구체적으로 어떻게 이루어졌는지를 알 수 있는 일례를 들어보자. 1908년 오사카(大阪)에서 인쇄되고 경성의 일한서방(日韓書房)과 경성 사진관에서 발매한 『한국풍속풍경사진첩』[도1, 도2]을 보면 뒷면에 경성 사진관이 "도한(渡韓) 기념 촬영을 위해 한인복(韓人服) 남녀 무료로 빌려줌", "한국풍속풍경사진첩, 한국 명소(韓國名所), 한국 풍속, 나체 미인 우편엽서, …… 기타 내외 엽서"와 같은 광

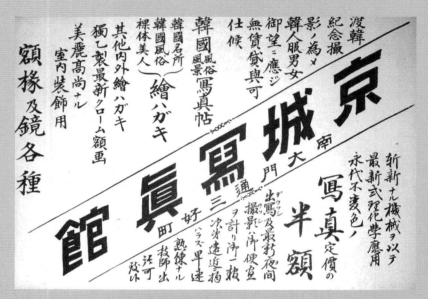

▌도2 『한국풍속풍경사진첩』에 실린 경성 사진관 광고

자료: 『한국풍속풍경사진첩』, 제3집(일한서방, 1908), 고려박물관(도쿄) 소장.

고 문구가 적혀 있다. 인쇄소가 오사카의 모리카와인쇄소(森川印刷所)인 것으로 보아 아직 인쇄는 경성이 아닌 오사카에서 해오고 판매만 경성 사진관과 일한서방에서 했던 것으로 보인다. 이것은 한국에 오는 일본인 관광객을 대상으로 사진관이 한국인 복식을 입고 기념사진을 촬영하게 하는 이벤트를 벌임과 동시에 관광용 우편엽서와 사진집을 함께 판매했던 관행이 이미 1908년 도입되어 있었다는 것을 보여준다. 사진집은 크기가 우편엽서와 동일한 크기이고 우편엽서로 발행된 이미지가 사진집에 많이 실린 것으로 볼 때 낱개로 판매되는 우편엽서를 묶어 발행한 형태가 사진집임을 알 수 있다. 이 사진집에 실린 내용은 무엇이 조선 풍속과 풍경으로 분류되고 규정되는

▌도3 문관(文官)과 기생의 성장(盛裝)

자료: 『한국풍속풍경사진첩』, 제2집(일한서방, 1908), 고려박물관(도쿄) 소장.

▌도4 평양 기생학교

자료: 『한국풍속풍경사진첩』, 제2집(일한서방, 1908), 고려박물관(도쿄) 소장.

지를 보여주는 초기 예가 된다. 이 중 제2권을 보면 한국 황제와 대신, 문관(文官)과 기생의 성장(盛裝),^{도3} 부인의 착의(着衣)와 평양 부인의 외출, 평양 기생학교 생도^{도4}와 같은 순서로 배열되어 있는 것을 볼 수 있다. 1907년 고종의 강제 퇴위와 순종의 황제 즉위 직후 일반 영업 사진관에서 발간한 이 관광용 사진집은 이제 한국 황제의 초상과 청일전쟁 전적지인 평양의 기생이 돈만 내면 누구나 소유 가능한 이미지가 되기 시작했음을 보여준다.

3) 타자화된 조선 풍속, 식민지 은유로서의 기생

식민지인들의 풍속 사진이 인쇄된 엽서는 문자와 이미지가 결합된 축소판 인류학 텍스트라 할 수 있다. 엽서의 형식은 사진 이미지와 함께 하단에 조선 풍속, 조선 기생, 지게꾼, 조선 중류 가정, 조선 상류 가정 등과 같은 제목이 들어가 있기 때문에 사진 이미지를 읽는 방식은 엽서를 보는 순간 이미 규정된다. 이러한 사진 이미지는 엽서 제작업자가 매번 촬영하는 것이 아니라 원판 자료를 두고 엽서뿐 아니라 사진집, 각종 서적에 이르기까지 지속적으로 활용하기 때문에 천편일률적이라 할 정도로 스테레오타입화된 이미지들이 반복·재생산된다. 조선 관광 엽서를 이러한 이미지 재현 방식에 따라 분류해보면 크게 조선 명소와 조선 풍속 두 주제로 나뉜다. 조선 명소는 경성8경(京城八景), 부산8경(釜山八景) 식의 제목으로 금강산, 경주, 경성, 평양, 인천, 부산 등 일본이 관광지로 개척한 곳이나 근대화된 도시 공간 등을 보여줌으로써 풍경을 보는 새로운 시선을 만들어내는 역할을 해왔다. 조선 명소가 공간을 고정화시킨다면 조선 풍속류의 엽서들은 인물에 대한 시선을 유형화시키는 역할을 한다. 이때 사진으로 촬영된 인물들은 어떤 개인의 초상이 아니라 출생, 성년, 결혼, 회갑, 죽음이라는 시간적 흐름에 따라, 양반

▎도5 금(琴)과 삼미선(三味線)의 합주(1890년대)
자료: 요코하마 개항자료관(橫浜開港資料館) 소장.

과 농민, 유생 등의 계층적 분류에 따라, 노동과 놀이의 종류에 따라 분류된 유형이다. 조선의 혼례식, 회갑 잔치, 장례식, 지게꾼, 빨래하는 여자, 가마 행차, 농민, 유생, 상류 가정, 중류 가정, 그리고 기생은 그 대표적 소재들이 었다.

사실 이러한 이미지 분류 방식의 선례는 1880~1890년대 일본 최고의 관광 상품의 하나로서 미국, 중국, 영국 등지에 수출되었던 풍속사진첩들이라 할 수 있다. 요코하마(橫濱)를 중심으로 많이 생산되어 일명 '요코하마 사진 (橫濱寫眞)'이라 불리는 이러한 풍경·풍속사진첩은 원래 1863년 요코하마에 온 종군 사진가 펠리체 베아토(Felice Beato, 1825~1904)가 요코하마를 방문하는 외국인을 대상으로 판매한 데서 시작되었다. 그중 베아토가 연출 사진으로 만들어 팔았던 게이샤(藝妓)들의 사진은 서양인뿐 아니라 일본인에게도 가장 인기 있는 품목이 되었다.[55] 베아토가 일본인의 모습을 직업이나 생활에 따라 제시하는 분류 방식은 메이지(明治) 시대 이후 일본인이 외국인을 상대로 만든 사진집이나 엽서의 전형적인 이미지 분류 방식이 되었다(木下直之, 1986: 88~94). 19세기 후엽부터 서양에서 대거 유행했던 자포니즘(Japonisme)은 이처럼 부강강병의 방향성 속에서 일본의 옛 이미지를 상품화한 메이지기 일본의 전략과 연동하면서 나온 것이라 할 수 있다. 동시에 이것은 타자의 사회를 바라보는 서구 제국의 시각을 일본이 근대기에 어떻게 자기 이미지로 만들어 상품화했는지를 알려주는 대표적 예가 된다. 러일전쟁의 승리로 제국의 반열에 오른 일본이 한국과 만주 관광을 개척했을 때 이 방식은 거꾸로 다시 한국과 만주에 적용되기 시작했다.

기생 이미지가 조선 풍속이라는 제목으로 소개되었던 것도 이러한 맥락에서 볼 수 있다. 일본의 게이샤가 서양인에게 이국적 흥미를 자아내는 인기 품목이었듯이 기생은 관광객에게 소개하는 조선 풍속의 대표적 예로서 일본인 관광객의 최고의 관심사였다. 일례로 창가에 서서 환하게 웃고 있는 기생을 촬영한 엽서 오른편에는 "조선 여행에서 가장 인상에 남는 것이 무엇이냐고 물으면 누구나 기생이라고 한다. 그 정도로 그녀들의 매력은 대단하다"라는 문구가 쓰여 있는 것을 볼 수 있다. 흔히 엽서는 '조선 풍속집'과 같은 제목으로 8매, 10매 등 한 세트로 판매되었는데 초기에는 기생 이미지가 다른 이미지와 함께 조선 풍속의 일부로 소개되었으나 점차 그 인기가 많아지면서 1930년대에서 1940년대에 제작된 엽서의 경우에는 '조선미인집(朝鮮美人集, 다이쇼사진공예소 발행)', '기생염자팔태(妓生艶姿八態, 히노데상행 발행)', '기생염려집(妓生艶麗集, 다이쇼사진공예소 발행)' 등의 제목으로 단독 판매되었

▌도6 조선 풍속 관기(官妓, The Keesan)

　자료: 대정(大正) 2년(1913) 3월 4일 소인(消
　　　印), 고려미술관(교토) 소장.

▌도7 조선미인집(1920년대)

　자료: 다이쇼사진공예소, 고려미술관(교토) 소장.

다.^{도6, 도7} 이미지도 초기에는 관기의 복식과 가무 장면을 정면에서 전신 촬영
해 복식이나 악기, 춤 등의 풍속 기록적 성격을 띠었던 것에 반해 1930년대
이후로 가면서 당시 유명했던 기생들의 미소 띤 얼굴을 클로즈업한 반신상,
기생의 각종 생활과 자태를 설명문과 함께 담은 사진 등으로 다양화되는 것
을 볼 수 있다. 병풍을 친 실내 공간에서 가야금을 켜거나 난을 치는 모습,
기생학교로 유명했던 평양 기생학교의 전경, 대동강변에서 뱃놀이를 하는
기생들의 자태, 경성의 가장 유명한 요리점이었던 명월관 무대에서 공연하
는 기생의 모습, 박람회 무대의 집단 공연 모습에서부터 춤추는 자태에 이르
기까지 기생의 공간과 활동은 다른 어떤 유형의 조선인보다 자세하게 소개
되었다. 이 이미지들은 기생이 조선의 전통적 서화, 춤, 음악의 계승자임을,
권번(券番)이 그들의 예술 활동을 교육시키는 새로운 교육기관임을 보여주며
요리점, 박람회와 같은 공적 공간뿐 아니라 병풍이 쳐진 기생의 사적 공간까
지도 점유 가능함을 보여준다.[1]

---

[1] 조선 시대 궁중관기 제도는 1907년 폐지되었다. 이어 1908년 「기생 및 창기 단속 시
행령」이 제정됨으로써 모든 기생은 기생조합소에 조직되어 가무영업허가를 받아
활동하게 되었다. 이처럼 기생에 대한 감독과 통제 시스템이 만들어지면서 실질적
으로 조선 여악의 전통은 해체되기에 이른다. 이후 1908년 한성기생조합을 시작으
로 다동기생조합(대정권번), 광교기생조합(한성권번), 신창기생조합(경화권번) 등
의 기생조합이 만들어짐으로써 전통 여악을 계승하면서 민간화시키는 역할을 담당
하게 된다. 조합은 1917년 이후 일본식 명칭인 권번(券番)으로 바뀌었다. 권번은 기
생 양성소를 두고 기생들의 가무(歌舞)를 교육시킨 후 요리점의 요청이 있을 때마다
기생들을 출화시켜 기생과 요리점 사이에서 중간이익을 추수했다. 이곳에서 기생들
은 전통 여악을 배웠으나 점차 서양댄스 같은 사교춤이나 일본 민요 등을 배웠으며
이는 고객층의 취향에 따른 전통 여악의 변화를 의미했다. 권번은 1940년 강제 폐지
되었다. 관기제도 해체 이후 근대 기생의 제도 및 전통 여악의 변화에 대해서는 권도
희(2004), 김영희(2006) 참조.

▌도8 『취미의 조선여행』에 실린 기생 김영월의 사진
자료: 木春三, 『趣味の朝鮮の旅』(조선인쇄주식회사,
    1927).

1920년대 조선 관광을 선전하기 위해 발행한 오오키슌조(八木春三)의 『취미의 조선여행(趣味の朝鮮の旅)』(1927)은 기생의 이미지와 제국의 식민지 관광이 어떤 방식으로 결합되는지를 잘 보여준다. 이 책의 서문에서 조선 철도국 이사는 다음과 같이 주장한다.

조선의 합병은 동양 영원의 평화, 상호 민족의 행복 증진을 위한 것이며 …… 조선은 일본의 덕택으로 상당한 근대화를 이루게 되었으며 …… 동양 영원의 평화를 위해서는 내선융화가 반드시 이루어져야 한다〔木春三(八木春三), 1927: 12 이하〕.

내선일체, 일선융화에 의한 동화 이데올로기의 창출을 위한 전형적 문구들을 접한 독자가 그다음 페이지를 열면 컬러 사진으로 된 금강산과 함께 엽서 속의 기생과 같은 조선의 기생이 다소곳한 모습으로 앉아 있다.^{도8} 이 사진의 기생은 앞서 본 조선미인집 우편엽서 속의 기생 김영월(金英月)^{도7}임을 알 수 있다. 여기서 그녀는 일본의 속국(屬國), 일본과 한민족이며 일본의 수혜를 온몸으로 받고 있는 조선을 대표한다. 일본 관광객은 보는 쪽, 보호하는 쪽, 남성이며 조선의 기생은 보이는 쪽, 보호받는 쪽, 여성의 관계가 된다. 이 관광 책자와 그 속의 기생 사진을 본 관광객이 열차나 호텔, 박람회장, 관광지 등에서 쉽게 사는 것이 바로 기생 사진이 인쇄된 관광 엽서다. 이때 기생은 욕망의 대상으로서 식민지의 은유가 된다.

2. 남성 작가의 시선: 전람회 공간 속의 미인, 조선 풍속, 기생

우편엽서에서 승무를 추는 여성은 조선 풍속으로서의 기생을 가리킨다. 그녀는 조선을 관광하며 권번, 요리점, 박람회 등지에서 당시 기생춤 중 하나였던 승무를 추는 현실의 여성인 동시에 식민지 조선을 표상하는 대표 이미지다. 그러나 일제강점기의 시각 매체 속에 재현된 기생의 이미지가 모두 제국 남성의 시선에 의해 타자화된 조선을 표상하지는 않는다. 현실 속의 기생이 관기제도의 해체 이후 더러는 대중 음반을 내는 가수, 전통춤의 전수자, 배우 등과 같은 근대의 예능인으로 대중의 주목을 한 몸에 받는 스타가 되는가 하면 많은 수는 근대의 가족 담론이 형성되는 과정에서 가정을 파탄시키는 존재로, 공창제와 사창제의 몸을 파는 창기와 구별이 안 되는 서비스 걸로 전락하는 존재가 되는 등 복합적인 양상을 띠었듯이 근대 조선인이 만들어낸 이미지 속의 기생도 단일한 시선 속에 포착되지 않는 부분이 더 많았다. 그 대표적 예가 고급 미술 속의 기생이다.

1) 최초의 모델

사실 기생과 근대 미술의 관계는 근대 음악사나 무용사, 연극사만큼 직접적인 관계가 있는 것은 아니다. 이것은 전통문화에서 근대 문화로의 이행기에 미술이 다른 분야만큼 기생의 역할이 두드러지지 않았다는 말이다. 즉 연극이나 음악, 무용과 같은 분야에서 기생이 관기의 신분을 벗고 대중 앞에 선 근대적 예능인으로서의 역할을 한 첫 주자들이었다면 미술의 경우 근대 미술의 형성 과정에서 기생이 화가로 자신의 정체성을 만들어간 경우가 거의 없다고 해도 과언이 아니다. 1907년 경성 박람회에서 기생이 대중 앞에서 직접 그림을 그리는 것을 시연함으로써 박람회의 선전적 효과를 높였다거나 조선미술전람회에 기생이 서화를 출품했다는 기사가 신문에 간헐적으로 보도가 되기도 했지만 흥밋거리 이상을 넘지는 않았다. 이것은 미술 문화를 주도한 주체가 남성이었기 때문이다. 사대부와 화원으로 대표되는 전통 시대 미술 제작의 주체가 모두 남성이었듯이 근대 미술의 제작 주체 역시 대부분 남성이었다. 여성의 경우는 나혜석(羅蕙錫, 1896~1948)처럼 해외 유학을 갈 수 있을 정도의 부를 가졌거나 예외적인 사회 상층부 계급이 고급 미술의 영역에 어렵게 진입할 수 있었을 뿐이다. 그것도 여자미술학교(女子美術學校)의 현모양처 교육의 틀 내에서의 도화 교육이었다. 실질적으로 신여성 대부분이 신식학교를 졸업하고 미술을 배우기 위해 일본에 유학을 갔지만 현모양처 교육을 목적으로 설립된 여자미술학교에서 그들이 가장 많이 배웠던 것은 남성 화가들이 그린 본을 따라 수를 놓는 자수 교육이었다(김철효, 2004).

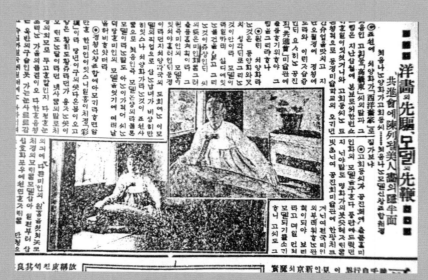

▌도9 양화의 선구(先驅), 모델의 선편(先鞭): 처음나는 양화가 고희동 씨, 처음나는 모델인 신창조합 채경
자료: ≪매일신보≫, 1915.7.12.

　반면 기생은 제작 주체로서가 아니라 그려지는 대상으로서 누구보다 일찍 근대 미술과 관계를 맺고 있었다. 본격적으로 신여성이 등장하기 이전까지, 즉 적어도 1910년대까지 미술 속에 그려진 여성 또는 모델이 되었던 여성은 기생이었다. 가령 1915년 한국 최초의 서양화가인 고희동(高羲東, 1886~1965)이 조선물산공진회에 출품했던 〈가야금 타는 여인〉도9은 당시 유명했던 기생 '채경'을 모델로 했다. 아무도 모델이라는 낯선 역할을 하겠다고 나서지 않던 시절 과감하게 나선 그녀의 미담은 고희동의 그림과 함께 신문(≪매일신보≫, 1915.7.12)에 소개가 될 정도였다. 고희동의 그림은 모델이 기생이었다는 점 외에 그 소재 자체가 악기를 다루는 기생이었는데 이것은 한국 근대기 대표적인 채색 인물 화가인 김은호(金殷鎬, 1892~1979)가 같은 해 정동 프랑스 공사관에서 열린 조선미술협회에 출품했던 작품이 〈승무〉였다는 데에서도 알 수 있듯이 서양화가 도입되고 전람회라는 근대적 형식이 도입된 초기에 예술의 이름으로 재현된 첫 여성 인물은 기생으로부터 시작되었다고 해도 과언이 아니다.

2) 기생인가? 조선 풍속인가? 배제와 은폐의 시선

그렇다면 보이는 대상으로서의 기생은 미술이라는 영역 속에 어떻게 재현되었나? 그런데 이 문제는 매우 모호하다. 왜냐하면 일본인이 기생을 모델로 그린 작품의 경우에는 대부분 '기생'이라는 단어가 분명하게 들어간 것에 반해 조선인 작가의 경우는 단 한 점도 기생이라는 단어가 들어간 작품이 없기 때문이다. 예를 들어보자. 일본인 작가 나카자와 히로미츠(中澤弘光)의 〈조선가기(朝鮮歌妓)〉(1918, 문부성전람회 출품), 마츠시마 핫코(松島白虹)의 〈기생(妓生)〉(1922, 제국미술전람회), 이왕가(李王家)에서 구입해 화제를 불러 모았던 츠지다 바쿠센(土田麥遷)의 〈기생의 집(妓生の家)〉(1935)과 같은 회화 작품에서부터 ≪경성일보≫(1939.6.22~24)에 일본 화가 야마카와 슈우호(山川秀峰)가 그린 삽화 〈기생삼제(妓生三題)〉에 이르기까지는 직접적으로 기생을 그린 것이다. 일본 작가들이 어떤 과정을 통해 기생을 그리게 되는지의 한 예가 일본의 대표적 서양화가인 이시이 하쿠테이(石井柏亭, 1882~1958)가 쓴 조선 여행기 『여행의 그림(旅の繪)』이다. 그는 1918년과 1920년 두 번에 걸쳐 조선을 여행했는데 이때 기생 여러 명을 스케치했다.도10 이때 그린 그림 중 〈채선(彩仙)〉은 경성 명월관에 모델을 요청해 만난 기생 '채선'을 그린 것이며 〈옥엽〉, 〈장고〉, 〈선유(船遊)〉는 평양 대동강에서 선유 놀이를 하면

서 같이 배를 타고 장구 치며 노래하던 옥엽과 영월을 그린 것이다. 요리옥
화춘관(華春館)에서도 역시 기생 모델을 요청해 만난 산월(山月)을 그렸는데
이들은 대부분 일본어에 능숙해 일본 옷을 입고 일본 가무를 하기도 하는 기
생들이었다. 그중 산월에 관한 인상을 적은 글을 보면 그녀는 키가 크고 날
씬했으며 부채를 잡고 창가에 기대앉은 자세로 포즈를 취해주면서 완성되지
도 않은 그림에 자꾸 비평을 해 방해가 되기도 했다고 되어 있다(石井柏亭,
1921: 73). 이처럼 일본인 작가의 작품은 관광지나 요리점에서 만나는 실제의
조선 기생을 이국적 풍경의 일종으로 사생하는 데 주력한 경우가 많다. 반면
조선인이 전람회에 출품했던 작품들은 설사 기생을 모델로 했다고 하더라도
그것은 모델일 뿐 실제의 작품 제목에서 기생임을 직접적으로 표방한 작품

은 찾아보기 어렵다. 기생의 방을 소재로 삼았던 김은호의 초기 작품 〈간성(看星)〉(1927)을 제외하면 기생의 일상생활과 관련된 이미지가 그려진 적은 없다. 김은호의 〈미인승무도〉(1922, 조선미술전람회), 〈승무복〉(1926, 일본 쇼오토쿠태자 기념전)^{도11}, 〈탄금도(彈琴圖)〉(1926, 일본 제국미술전람회), 〈승무〉(1939, 조선미술전람회), 〈승무〉(1943, 조선미술전람회), 김은호의 제자인 김기창(金基昶, 1913~2001)의 〈미인〉(1930년대), 장우성(張遇聖, 1912~2005)의 〈승무〉(1937, 조선미술전람회), 〈푸른 전복〉(1941, 조선미술전람회)과 같은 대표작에서 볼 수 있듯이 기생과 관련된 소재는 승무

▌도11 김은호, 〈승무복〉(1926)

나 승무복 그 자체, 또는 검무복을 입은 여성과 가야금 타는 여인으로 한정된다. 김기창의 〈미인〉은 이화여전 사학과 여학생을 모델로 삼았던 것으로 알려져 있다. 이러한 예에서 볼 수 있듯이 일본인의 작품 속에서 재현된 이미지와 기생의 동일시는 조선인의 작품 속에서는 일어나지 않는다. 따라서 이 그림들이 기생을 재현한 것인지는 매우 모호해질 수밖에 없다.

그렇다면 당대의 관객은 이러한 그림을 어떻게 보았을까? 각 작품에 대한

비평문이 다양하게 나오지 않아 일반화하기에는 무리가 있지만 1943년 김은
호의 〈승무〉에 대해 윤희순이 했던 평은 이러한 작품 경향을 실질적으로
이끈 사람이 김은호였다는 점에서 참고가 된다. 그는 이 그림에 대해 "미인
화(美人畵)뿐 아니라 향토 작가로서도 높은 경지에 올랐다"고 높이 평가했다
(≪매일신보≫, 1943.6.7). 즉 그의 평에 의하면 〈승무〉는 미인을 그린 미인화
이며 향토, 즉 조선의 민족적 전통을 높은 경지로 표현한 작품이다. 기생이
라고 지칭하지는 않는다. 여기서 미인화란 미인을 그린 그림으로 일본 근대
기 관전(官展)을 통해 만들어진 근대 풍속화의 한 종류로서 근대기 한국 화단
에 도입되어 조선미술전람회의 주류로 자리 잡은 새로운 장르를 말한다.

　한편 일제강점기 비평문 속에서 기생을 지칭하는 평문이 나온 경우를 살
펴보면 신랄한 비판적 어조인 것을 볼 수 있다. 가령 1933년 조선미술전람회

에 출품되었던 오주환의 〈어느 저녁〉도12에 대해 '보통 가정을 그린 것인데 부인 맵시가 기생 같은 것이 아깝다'(≪조선중앙일보≫, 1933.5.18~27)라든가 '타락한 매미류(賣美類)의 생활, 소부르(주아) 화가의 미적 관점의 동요(動搖), 현실과의 유리, 도피, 예술적 탐욕을 보여주며 …… 풍속화로서 악독한 경향을 가진 것'이라는 신랄한 평가를 받았다. 또 한 예로 같은 해 서양화부에 출품한 권구현의 〈춘희〉에 대해서는 "기생관월지도(妓生觀月之圖)라 해야 한다. …… 전체 포즈가 싸구려 벽화지에 가까운 …… 수준 이하의 작품으로 광한루 이몽룡이 보았으면 다시 덤벼들 춘향전식 취미"라고 쓰고 있다(한국미술연구회, 1999: 347, 354). 이처럼 가정부인의 대립어로서의 기생, 타락한, 저급한, 싸구려 취향, 악독한 풍속을 지칭하는 기생은 미인화를 그리는 작가의 입장에서는 지양해야 할 대상이 되는 셈이다. 승무와 승무복, 전복, 탄금은 조선 풍속으로 허용되고 성공적인 경우에는 수준 높은 향토적 특질이 되나 그 속에는 현실의 기생에 대한 은폐와 배제의 시선이 작동하고 있음을 볼 수 있다.

사실 이처럼 미인화가 미인 풍속을 그리되 고상한 취미를 앙양해야 한다는 것은 근대기 관전 속에서 탄생한 미인화 장르가 지녔던 기본적인 구조이자 한계점이었다. 미인화 장르를 탄생시킨 일본의 경우를 살펴보자. 일본에서 원래 미인화는 에도(江戶) 시대에 민간 화단에서 우끼요에(浮世繪)라는 목판화로 유녀(遊女)들을 재현해 대중에게 판매하던 전통에서 비롯된 것이다. 그러나 미인화라는 것이 독립된 장르로 형성된 것은 1907년 창설된 문부성 전람회(약칭: 문전)부터다. 국가가 주도하는 관전(官展)이 만들어지면서 여성상은 대중적 볼거리를 제공하기 시작했으며 점차 역사적 내용이나 우끼요에 전통과 다른 새로운 여성상, 즉 당대의 여성을 화면에 담은 미인화가 문전의 주요 장르로 부상했다. 한편 1915년 문전에 미인화실이 따로 마련될 정도로 미인화가 유행하자 비평가들 사이에서는 공적 공간에 사적이고 비속한 주제가 나오는 것이 적합하지 않다는 비판이 쇄도하게 된다. 이로 인해 1918년에 문전이 제국미술전람회(약칭: 제전)로 바뀐 후에는 여성상의 수가 현격하게 감소했다. 그러나 제전 후기가 되면 미인화가 다시 증가하기 시작하는데 대체로 두 종류의 여성상, 즉 새로운 도시 풍속을 제재로 한 여성상과 농촌 여성상이 주류를 이루었다. 주목할 것은 이들이 모두 미인화가 아니라 부인 풍속화로 여겨졌다는 점이다. 미인화가 다시 관전의 인기 장르로 부상할 수 있었던 것은 풍속화라는 큰 범주에 미인화를 포함시키고 두 가지 모두를 사회적 삶을 그린 그림으로 범주를 확장했기 때문이다(하마나카 신지, 2005: 203~244). 이때부터 미인화는 당대의 사회적 삶을 그린 풍속화의 일종이 된다. 관전을 통해 성장했고 근대기 가장 대표적인 미인 화가로 알려진 도쿄(東京)의 카부라키 키요가타(鏑木清方, 1878~1972)와 교토(京都)의 우에무라 쇼엥(上村松園, 1875~1949)은 이처럼 당대의 풍속을 그리되 저급하지 않은, 고상한 취미를 가진 여성상의 모범을 제공한 작가들이었다.

조선에도 1921년 조선미술전람회라는 관전이 창설된 이후 일본식의 관전형 미인화가 새로운 당대 풍속화의 일종으로 빠르게 자리를 잡아갔다. 초기에는 가야금을 타거나 승무를 추는 여성 등 기생과 관련된 여인상이 주를 이루었으나 점차 신여성, 가정부인으로 여인상의 소재가 확장되었다. 이러한 상황에서 1930년대 후반에 장우성이나 김은호, 김기창이 〈승무〉나 〈전복도〉와 같은 기생과 관련된 미인화를 왜 다시 그리게 되었는지는 생각해볼 필요가 있다. 1930년대 후반 군국주의가 강화되면서 조선미술전람회에서는 조선적 특질에 대한 요구가 내외적으로 지속되고 있었다. 장우성은 〈승무〉(1937)^{도13}를 제작하기 위해 거의 사라져가던 승무 복식과 승무를 출 줄 아는 기생을 수소문해야 했다. 즉 이 그림 속에 승무는 사라져가는 조선 전

도13 장우성, 〈승무〉(1937)
자료: 국립현대미술관 소장.

통, 재현해야 하는 조선 고유의 풍속, 조선색이 된다. 동시에 여기서 기생은 당대의 기생이 아니라 사라져가는 전통으로서의 승무로 추상화된다. 기생이 고급 미술 속에 들어올 수 있는 것은 조선 전통의 맥락을 통해서다. 이때의 조선 전통은 일본인이 우편엽서 속에서 보는 식민지의 표상이 아니라 조선 적 정체성을 구현하기 위해 찾아낸 조선의 전통이다. 조지훈의 시 「승무」의 '고이접어 나빌레라'의 정서가 요리점 무대에 선 기생의 승무가 아니라 불교 적 공간 속에 미학화된 비구니의 춤을 그리듯이, 근대 춤의 주체가 기생에서 최승희(崔承喜, 1911~1967)와 같은 근대적 무용가로 넘어가면서 승무는 기생의 춤이 아니라 전통 예술로서 미학화·추상화되기 시작한다. 따라서 근대기 남성 화가의 시선 속에 재현된 미술 속의 기생은 현실의 기생이 배제·은폐된 채 전통으로 이상화된, 민족적 전통의 기표로서의 춤이고 복식이다. 다시 말해 고급 미술 속에 기생을 모델로 하는, 또는 기생의 춤과 복식을 조선의 전통으로 재현하는 남성 화가의 시선 속에는 그들이 재현하고자 한 것이 기생이 아니라 조선의 전통임을, 곧 예술임을 주장하는 배제의 시선이 들어있다.

3) 허용의 한계: 사당에 모신 열녀 기생

그렇다면 기생이 기생의 이름으로 근대기 미술 속에서 재현된 경우는 없는가? 그 매우 예외적인 예가 채용신의 〈운낭자상(雲娘子像)〉(1914)과 김은호의 〈춘향상〉(1938)이다. 김은호의 〈춘향상〉에 대해서는 이미 자세하게 논한 글이 있으므로 여기서는 채용신의 〈운낭자상〉[도14]만 간략히 살펴보자(권행가, 2001a). 운낭자는 홍경래의 난(1811) 때 가산군(嘉山郡)의 관기(官妓) 최연홍(崔蓮紅, 1785~1846)이다. 그녀는 평안도 정산(定山)의 군수를 모셨는데 홍경래의 난이 일어나서 군수와 그의 아들이 반란군에게 죽임을 당하자 부자의 시체를 거두어 장례를 지내고 다 죽게 된 시동생을 살려냈다고 한다. 난이 진압된 뒤 왕실에서 운낭자의 이와 같은 행적을 높이 사 관기의 적을 빼주고 전답을 하사했을 뿐 아니라 1846년 그녀가 죽고 난 다음 계월향(桂月香, ?~1592)의 사당인 충렬사에 초상화를 그려 모시게 해 후대에 모범이 되도록 했다고 한다(熊谷宣夫, 1951). 계월향은 평안도병마절도사 김응서(金應瑞)의 애첩이었는데 임진왜란 때 일본군에 의해 몸이 더럽혀지자 적장을 속여 김응서가 적장의 머리를 베게한 후 자신은 자결했다고 한다. 당시 계월향의

┃도14 채용신, 〈운낭자상〉(1914)
자료: 국립중앙박물관 소장.

사당에 운낭자를 모셔졌다는 것은 논개와 마찬가지로 이 기생들이 열녀의 모범이 되었기 때문이다.

1914년 채용신이 그린 〈운낭자상〉은 화면 오른쪽에 '운낭자이십칠세상 (雲娘子二十七歲像)'이라 쓰여 있어 홍경래의 난 당시의 최연홍의 모습을 상상 해 그린 것임을 알 수 있다. 현재 국립중앙박물관에 소장된 이 그림이 제작 된 경위는 정확하게 밝혀져 있지 않다. 단 화폭의 상단 좌우에 술 장식이 달

┃도15 카를로 로세티, 〈한국여인의 기이한 복식〉
(1900년 전후)

자료: 카를로 로세티, 『코레아 코레아니』, 서울학
　　연구소 옮김〔숲과 나무, 1906(원저: 1904)〕.

린 것으로 보아 사당에 모시기 위해 제작했다는 것을 미루어 짐작할 수는 있다. 그런데 흥미로운 것은 이 작품에 보이는 여성상이 전례가 없는 모자상이라는 점이다. 작품 속의 운낭자는 정면을 향해 다소 곳이 서서 벌거벗은 어린 아이를 안고 있는데 손가락에는 쌍가락지를 끼고 있고 짧은 저고리 아래로 가슴이 반쯤 드러나 있다. 카를로 로세티(Carlo Rossetti)를 비롯해 개화기 이후 국내에 들어온 많은 외국인에 의해, 그리고 일본인의 관광용 사진엽서 속에 가슴을 드러낸 여성[도15]이 '조선 여인의 기이한 풍속'으로 비문명화, 원시성의 대표적 표상 역할을 했다면 채용신 작품 속의 가슴을 드러낸 여성은 분명하게 모성의 이미지다. 여기서 운낭자는 기생에서 이상화된 어머니로, 열녀로 자리바꿈을 한다. 이 작품은 김은호의 〈춘향상〉과 함께 근대 가족 담론이 형성되는 과정에서 가정부인의 경계의 대상이자 사회적 악으로 배제되었던 기생이 어떻게 기생의 이름으로 재현의 대상이 될 수 있는지를 보여주는 매우 예외적인 예라 할 수 있다.

3. 전복의 시선: 새장 속의 기생

그렇다면 수없이 재현의 대상이 되었던 근대의 기생들 자신의 시선은 없었는가? 1927년 기생들이 모여 만든 동인지인 ≪장한(長恨)≫의 표지화는 매우 이례적이지만 기생의 시선을 담고 있는 흥미로운 예다. 이 잡지는 여성해방운동이 전개되면서 공창폐지운동이 일어나고 기생에 대한 신여성과 사회 각계의 비판이 거세지는 상황 속에서 이에 대응해 기생들이 모여 그들의 목소리를 대변하기위해 만든 잡지라 할 수 있다(손정목, 1986: 223~243; 손정목, 1996: 442~519).[2] 김월산(金月山)이 쓴 창간사에 의하면 기생제도가 폐지되어야 하는 것은 마땅하나 현재 사회제도 속에서 그 존재를 부인할 수 없는 상황이니 기생으로서 사회에 끼치는 해독이 없도록 모든 점에서 향상과 진보를 해야 한다는 취지에서 향상진보기관의 하나로 잡지 ≪장한≫을 발행한다고 밝히고 있다.

창간호 표지화와 2월호 표지화는 전혀 다른 이미지로 구성되어 있지만 당시 기생들이 이 잡지를 통해 발언하고자하는 바를 함축적으로 드러낸다. 우선 창간호의 표지화[도16]를 보면 합성된 사진으로 보이는데 조롱, 즉 새장 속에 턱을 괸 채 앉아 있는 기생을 재현한 사진 주위로 "동무여 생각하라 조롱 속의 이 몸을"이라는 문구가 크게 적혀 있는 구성이다. 이 이미지는 근대기 수없이 재현된 스테레오타입의 기생 이미지와 전혀 다른 매우 이례적인 이

---

2 1920년대에는 공창이 현저히 감소하는 대신 요리점을 중심으로 사창이 일반화된다. 공·사창의 증가와 함께 포주들의 착취도 심해지면서 1920년대 후반에서 1930년대 전반 10년 동안 기생들의 노동쟁의와 소작쟁의운동이 빈번하게 일어났다. 매춘이 사회적인 문제가 되면서 20년대에 공창폐지운동이 일어나나 실제로 공창이 폐지된 것은 미군정 시기다.

도16 《장한》 창간호의 표지화(1927.1)

도17 월터 하월 데버렐(Walter H. Deverell),
〈애완동물(The Pet)〉(1853)

자료: 런던 테이트 미술관(Tate Gallery)
소장.

미지다. 원래 새장과 여성은 서양에서 19세기 빅토리아조 시대에 일부일처
제의 가부장적 가족 이데올로기가 구축되는 과정에서 남편에 순종하는 여
성, 거리의 여성에 반대되는 가정 속의 여성을 상징하는 흔한 도상이었다.[도17]
값비싼 새를 수집하는 것은 17세기 이후 유럽에서 귀족들 사이에 유행한 취
향으로 흔히 그림 속에서 귀족의 부와 권력을 과시하는 지물로 등장하곤 했
다. 19세기가 되자 새 기르기는 부르주아지들의 취미로 보편화되어 수많은
새 기르기 안내서가 쏟아져 나왔다. 동시에 고전적인 그림에서 새장 속의 새
와 여성은 남성에게 순종하는 여성, 그가 제공하는 보살핌에 만족하는 여성

을 상징하는 전형적 도상으로 자리 잡았다(Shefer, 1985: 437~448).
20세기가 되면 이 새장과 가정 내 여성의 동일시는 일본에도 전해져 일본 근대기 대표적인 미인 화가인 카부라키 키요카타(鏑木 淸方, 1878~1972)가 그린 〈결혼을 기다리는 소녀들〉(1907)처럼 결혼을 앞둔 귀족 계층의 소녀를 재현한 미인화에서도 등장하는 것을 볼 수 있다. 그런데 ≪장한≫ 표지화 속의 새장은 이 도상을 전복적으로 사용하고 있다. 즉 이때의 새장은 안락한 가정이라

▌도18 ≪장한≫ 제2호 표지화(1927.2)

는 테두리가 아니라 기생이 갇힌 현실, 기생제도, "기생이라는 이름을 주어 종신 징역을 시키는 생감옥"〔매헌(梅軒), 「우름이라두 맘껏 울어보자」〕, "모순인 차별의 계급 관렴"(김채봉, 「첫소리」), "하루에도 열두 번씩 벗어나고 싶지만 못 벗어나는 구렁"〔김난홍, 「기생생활(妓生生活) 이면(裏面)」, 제2권〕, "인육경매장"〔배화월(裵花月), 「화류계에 다니는 모든 남성들에게 원함」〕이다. 동시에 이 조롱(鳥籠)은 세상이 다 떠나가고 그들에게 남겨진 조롱(嘲弄)〔매헌(梅軒), 「우름이라두 맘껏 울어보자」〕이기도 하다(손종흠·박경우·유춘동, 2008). 그리고 그 안에 갇힌 기생은 말 그대로 깊고 깊은 한(恨), 즉 장한을 가진 존재다. 그러나 '동무여 생각하라 조롱 속의 이 몸을'은 이 잡지가 단순히 모여서 한풀이해보자는 것이 아니라 스스로 자신을 새장 속의 존재로 만듦으로써 현실

에 대한 자각을 강조하고 있음을 드러낸다. 이것을 분명하게 밝힌 것이 2월 호 표지화[도18]다. 이 표지화는 사진 이미지가 아니라 삽화인데 떠오르는 태양을 배경으로 두 여성이 손을 잡고 앉아 환하게 웃는 자매애를 표현하고 있다. 커튼과 상단의 테두리 장식은 아르데코(art deco) 스타일을 차용해 전체적으로 도시적·현대적 느낌을 주도록 했으며 손을 잡은 두 여성 중 왼쪽은 머리에 쪽을 지고 한복을 입은 여성, 오른쪽은 단발머리에 양장을 한 여성을 배치함으로써 역시 엽서나 그림과는 전혀 다른 현대의 여성으로 자신들을 재현한 것을 볼 수 있다.

　　가무 그것은 예술이며 적어도 우리는 예술가로다. …… 언제 이 세상에는 부인해방운동과 남녀평등 주창과 심지어 여자 참정권운동까지 실현케 되었으며 공창폐지운동까지 점점 맹렬하게 이러나니 우리 자신도 자각이 잇서야 될 것이다. 엇던 악제도하에서 미친 폐해로 인하여 우리의 입장을 미워했음인 즉 서로 용긔를 내여 일대 혁신이 잇도록 할지어다. 우리는 우리의 가무로써 사회에 공헌함이 잇고 인류 행복에 도움이 잇서야 될 것이다(김녹주, 1927).

　　기생도 정정당당한 노동자다. 일 년에 육십 원이라는 사업세를 경성부에 바친다. …… 우리 기생된 노동자는 철저한 노동을 하여서 철저한 노동자 되기를 단결하여야만 되겠다(전란홍, 1927).

위 글은 ≪장한≫ 제2집에 실린 기생의 글 중 임의로 뽑은 두 글이다. 이 글에서 보이는 예술가·노동자로서의 기생의 직업의식에 대한 주장과 단결에 대한 요구는 밝게 떠오르는 태양 앞에 손잡고 앉은 두 여성이 꿈꾸는 방향의 일례로 보인다. 물론 이 잡지는 2회로 끝이 났으며 예술가로서, 노동자로서 인정받는 사회는 오지 않았다.

4. 나가며

근대기 기생이라는 존재는 한편에서는 전통적인 성 풍속과 연희 문화가 근대의 유흥 문화로 전환되는 시기에 철저하게 상품화되었던 여성이며, 다른 한편에서는 전통적 예능이 근대적 대중문화로 변용되고 조선 풍속, 조선적 예술로 민족적 정체성이 부여되는 시기에 그것을 전수·담당했던 주체였다. 기생학교와 권번이 소멸하고 해방 이후 근대적 교육 과정 속에 미술, 음악, 무용이 모두 포괄되면서 이들은 자연도태될 수밖에 없었던 식민지 근대 속에서 성장하고 식민지 근대 속에서 소멸한 존재들이었다. 이들에 대한 사회의 시선은 볼거리가 된 여성 신체에 대한 욕망의 투사 대상이자 상품화의 도구이기도 했고 근대 가족 이데올로기 형성 과정에서 은폐·배제되어야 하는 사회적 악이기도 했다. 즉 이미지로서의 기생은 제국, 남성, 성 이데올로기, 여성의 신체, 민족적 정체성, 전통의 창출과 같은 식민지 근대의 담론이 충돌하는 시각적 장(場), 텅 빈 실체였다고 할 수 있다.

그러나 우편엽서나 사진집에 실린 기생은 수많은 해체적 읽기가 가능한 텍스트이기도 하다. 즉 타자화의 시선을 떠나 이 사진들을 다시 보면 그 속에는 근대기 기생의 복식과 유행의 흐름, 춤, 악기, 무대 공간 등 음악사와 무용사, 복식사, 사진사 등에서 읽어낼 수 있는 수많은 정보가 숨어 있다. 동시에 기생의 이름이 적힌 사진집이나 엽서는 활발했던 그 예능인들의 초상 기록이기도 하다. 이 이미지들이 만들어진 시기와 유포된 시기에 대한 구별과 같은 좀 더 철저하고 실증적인 작업이 전제가 된다면, 원래 만들어진 맥락으로부터 이 이미지들을 끌어내 재구성함으로써 근대를 살아간 기생들의 또 다른 목소리를 이끌어내는 것은 흥미롭고도 의미 있는 일이 될 것이라 생각한다.

참고문헌

권도희. 2006. 『한국근대음악사회사』. 민속원.

권행가. 2001a. 「김은호의 〈춘향상〉 읽기: 이상화된 한국적 여성 이미지의 생산과 소비 과정」. 한국근현대미술사학회. ≪한국 근대미술사학≫, 제9집.

_____. 2001b. 「일제강점기 우편 속에 나타난 기생 이미지」. 한국미술사연구소. ≪미술 사논단≫, 제12집.

권혁희. 2005. 『조선에서 온 사진엽서』. 민음사.

김녹주. 1927. 「나의 생애(生涯)에 비초여 동지제매(同志諸妹)의게 소(訴)함」. ≪장한≫, 제2집.

김영희. 2006. 『개화기 대중예술의 꽃 기생』. 민속원.

김철효. 2004. 「근대기 한국 '자수'미술개념의 변천」. ≪한국근대미술사학≫. 제12집.

로세티, 카를로(Carlo Rossetti). 1906. 『꼬레아 꼬레아니』. 서울학예연구소 옮김. 숲과 나무.

≪매일신보≫. 1943.6.7. "동양 정신과 기법의 문제".

배상철. 1933.5.18~27. "조선미전평". ≪조선중앙일보≫.

서지영. 2004. 「식민지 시대 근대 유흥풍속과 여성 섹슈얼리티」. 한국사회사학회. ≪사 회와 역사≫, 제65집.

손정목. 1986. 「韓國居留 日本人의 職業과 賣春業, 고리대금업」. 『한국 개항기 도시사회 경제사 연구』. 일지사.

_____. 1996. 「賣春業-公娼과 私娼」. 『일제강점기 도시사회상 연구』. 일지사.

손종흠·박경우·유춘동. 2008. 『근대 기생의 문화와 예술: 자료편』. 보고사.

이갑기. 1933.5.24~27. "제12회 조선미전평". ≪조선일보≫.

이경민. 2005. 『기생은 어떻게 만들어졌는가: 근대기생의 탄생과 표상공간』. 아카이브 북스.

전란홍. 1927. 「기생도 노동자다-ㄹ가?」. ≪장한≫, 제2집.

최인진. 1999. 『한국사진사』. 눈빛.

하마나카 신지(濱中眞治). 2005. 「일본 미인화의 탄생, 그리고 환영」. 미술사학연구회.

≪미술사학보≫, 제25집.

한국미술연구소. 1999. 『조선 미술전람회 기사 자료집』. 시공사.

角田 拓朗. 2007. 「美人畵から風俗畵へ - 鏑木淸方の官展再生論」. 明治美術史學會. ≪近
    代畵說≫, 16.

木春三. 1927. 『趣味の朝鮮の祇』. 조선인쇄주식회사.

木下直之. 1986. 『寫眞畵論』. 岩波書店.

石井柏亭. 1921. 『旅の繪』. 日本評論社.

細馬宏通. 2006. 『繪葉書の時代』. 靑土社.

有山輝雄. 2002. 『海外觀光旅行の誕生』. 吉川弘文館.

Schor, Naomi. 1992. "Carte Postales: Representing Paris 1900." *Critical Inquiry*.

Shefer, Elaine. 1985. "Deverell, Rossetti, Siddal, and The Bird in the Cage." *Art
    Bulletin*. Vol.67.

제**8**장

법 안의 성매매
일제시기 공창제도와 창기들

박정애

숙명여자대학교 역사문화학과 강사

1. 들어가며

이 글은 한반도에서 정치권력이 성매매를 합법화하고 관리했던 시기에 일어났던 일들에 대한 보고다. 한국 역사에서 합법 성매매의 역사는 제국주의 일본의 한국 침략의 역사와 함께했다. 정치권력에 의한 성매매 관리가 한국을 식민지로 두고 제국주의 확대의 자양분으로 삼으려는 일본의 정치적 의도와 더불어 시작된 것이다.

'합법 성매매 제도', '허가 성매매 제도'라는 뜻으로 한국에서 더 익숙한 공창제(公娼制)라는 말은 사실 일본어에서 온 것이다. 공창제가 오늘날 종종 초(超)역사적인 개념으로 쓰이고 있긴 하지만 역사적으로 공창제가 실시된 지역 – 공창제라는 명칭으로 성매매를 관리했던 지역 – 은 일본의 본국과 식민지, 조차지(租借地), 위임통치 지역 등 모두 근대 일본의 지배와 관련된 지역이었다.

근대 일본의 침입이 있기까지 한반도에서 제도상으로 성매매가 공인된 적은 없었다. 조선 정부는 엄숙한 도덕주의를 내세운 성리학 이념 아래 "음란한 풍속은 법으로 엄하게 다스린다"는 방침으로 성매매를 금지했다. 15세기 성종 대에는 "음란한 짓을 하여 이득을 꾀"하는 자는 화랑(花娘)이나 유녀(遊女)로 칭하고 간통죄에 한 등급을 더해 처벌하겠다는 뜻을 밝혔다〔『성종실록』, 성종3년(1472) 7월 10일〕. 16세기에는 처벌을 강화해 화랑과 유녀는 양가의 자녀이면 피폐한 고을의 노비로 만들고 천인의 자녀이면 몽둥이〔杖〕 100대, 귀양〔流〕 3,000리의 벌을 주었다〔『중종실록』, 중종8년(1513) 10월 3일〕. 18세기에 들어와서도 화랑과 유녀의 체류를 금지하거나 제한해 성매매 금지 방침을 이어갔다(손정목, 1980: 105~106).

그러나 일본의 강제 개항(1876년 강화도조약) 이후 일본인 거류지를 중심으로 일본의 공권력이 성매매를 공인하고 관리하기 시작하면서 '성매매 엄금'이라는 조선 정부의 오랜 방침은 무너졌다. 여전히 강고했던 정조 이데올로기와 변화하는 성 문화, 정부의 정책 수립이 서로 갈등하고 타협하면서 시행착오를 겪을 사이도 없었다. 일본이 세력을 확대하면서 조선의 성매매 관리 지역 또한 확대했고 조선인이 새롭게 성매매 관리 대상에 들어갔으며, 일본이 조선을 강점(1910년)한 이후에는 전국에 공창제를 실시하기에 이르렀다. 총독부가 조선 내외의 비판과 반대운동에 직면하면서도 공창제를 포기하지 않았던 이유는 '위생 유지와 사회질서 확립, 창기(娼妓, 법적인 성매매 여성)의 인권'이라는 명분 때문이었다.

그렇다면 식민지 기간 내내 실시되었던 공창제는 어느 정도 그 효과를 거둘 수 있었을까. 일본이 본국에서는 공창 폐지를 어느 정도 실현했으면서도 식민지 조선에서는 끝끝내 공창제를 유지했던 진짜 이유는 무엇이었을까. 세금을 내고 일하면서 법적으로 '직업여성'에 해당했던 창기들은 '인권'을 누릴 수 있었을까.

이 글에서는 이러한 의문에 대한 역사적 경험을 추적하려 한다. 성매매를 합법화하고 관리했던 경험에 대한 고찰은, 성매매 문제의 대안으로 성매매 합법화에 기대려는 움직임이 있는 오늘날의 한국 사회에도 많은 시사점을 줄 수 있을 것이다.

2. 공창제, 일본의 근대화 프로젝트

한국 사회에 익숙한 유곽(遊廓)이라는 말 또한 일본어에서 비롯되었다. 공인된 성매매 집결지인 유곽은 16세기 후반 일본에서 처음 출현했다. 도요토미히데요시(豊臣秀吉)의 막부 정권은 치안과 풍기 단속을 명목으로 '유녀' 등 성매매 관련자들을 한곳에 몰아넣고 주위에 도랑과 울타리(廓)를 쳐서 외출을 제한했다. 여기에서 유곽이라는 말이 유래했다(樺山紘一, 1994: 583~685). 이 창기제도는 포주가 '몸값'을 지불하고 창기의 평생을 구속하는 인신매매에 기초를 두었다.

이것이 공격을 받은 것은 일본이 근대국가를 세운 이후인 1872년의 일이었다. 그해 6월, 수리를 위해 요코하마(橫浜)항에 정박했던 페루 배 마리아루스(Maria Luz)호에서 중국인 노동자가 탈출하자 일본 정부가 노예제도는 근대적 가치인 인도(人道)에 반한다며 이들을 해방시켰다. 그러자 페루 측에서도 창기제도를 두고 있는 일본은 노예 매매를 비판할 자격이 없다고 강력하게 항의했다. 뒤늦게 열강 대열에 합류하면서 서구와 문명 경쟁을 겨루던 일본은 창기제도에 대해 어떤 식으로든 입장을 정할 필요가 있었다.

일본 정부는 같은 해인 1872년 10월 「창기해방령」을 공포하고 창기에 대한 인신매매를 금지하겠다고 선언했다. 발 빠른 대처였다. 그러나 이것이 창기의 실질적인 해방으로 이어지지는 않았다. 다음 해인 1873년 12월에 도쿄를 중심으로 새로운 성매매 관리법령[1]을 만들었던 것이다.

일본 정부는 근본적으로 성매매는 근절될 수 없는 것이라고 여겼다. 따라서 「창기해방령」 이후 일본 정부의 과제는 어떻게 인신매매 문제를 해소하면서 창기를 관리할 것이냐였다. 특히 부국강병에 사활을 건 근대국가체제에서 성매매 문제는 적극적인 관리의 대상이었다. 성매매 문제를 군인과 노동자, 곧 국가의 근대화를 담당하는 남성 집단에 대한 효율적인 관리 차원에서 사고했던 것이다. 근대적인 위생 담론 속에서 대두된 성병(性病)에 대한 위기의식 역시 창기 관리를 부추겼다.

창기제도에 대한 비판 속에서 창기제도를 재정비한 일본 정부의 입장은 이러했다.

「창기해방령」은 창기의 인신매매를 금지한 것이지 창기업 자체를 금지한 것은 아니다. 생활상의 문제로 창기 스스로 원하는 경우 창기업을 계속하는 것을 허가하겠다. 그러한 의미로 종래 유녀옥(遊女屋)이라 불렀던 업소는 이제 대좌부(貸座敷)라 명명한다. 창기는 스스로의 의지로 포주로부터 방〔座敷〕을 빌려〔貸〕 영업을 하는 것이다.

이로써 창기의 평생 구속은 금지되고 창기는 계약을 통해 영업을 개시하거나 그만둘 수 있다는 것이다.

주체 의지와 계약 형식을 내세워 인신매매 문제를 방어한 일본 정부는

---

1   대좌부영업규칙〔貸座敷渡世規則〕, 창기규칙(娼妓規則) 등.

1873년부터 몇 차례의 개정을 거쳐 공창제 체제를 완성해나갔다. 창기의 등록과 거주제한, 정기적인 성병 검진, 세금 사항 등을 규정했다. 경찰이 창기의 직접적인 관리를 맡았다.

한편 같은 시기 일본에서는 천황을 정점으로 하는 통치체제의 기본단위를 '이에〔家: 호주가 지배하는 일가 친족〕'에 두고 이에를 창출하기 위해 호적법(1871년), 민법(1898년), 형법(1880년) 등을 정비해나갔다. 호주는 이에의 장〔家長〕으로서 모든 가족들에 대해 법적인 권한을 가졌다. 호주와 가족의 관계는 군신의 통치 관계와 같이 간주되었다. 새롭게 정비된 가족 질서 아래 여성은 거의 무권리 상태에 놓였다. 법적인 행사는 호주의 승인 내지 감시를 받아야 했기 때문에 여성은 단독으로 법적인 주체가 되기 어려웠다.

따라서 창기의 자유의지에 따른 계약 행위를 내세운 공창제는 이에 제도와 양립하기 어려운 것이었다. 1900년에 완성된 공창법인 「창기취체규칙(娼妓取締規則: 창기단속규칙)」에 따르면 창기가 되려는 자는 부모나 호주의 승낙서를 첨부해야 했다. 일본 정부는 창기의 자발적 선택이라는 수사(修辭)로 인신매매 문제를 피해 가려고 했지만 실제로 창기 본인의 의지 위에 있는 것은 부모 또는 호주의 의지였다. 승낙서만 있으면 법적으로 문제될 것이 없었기 때문에 위조된 승낙서로 창기 매매를 합법화하는 일도 있었다.

한편 일본의 근대 공창법에서는 창기가 '자유 폐업'을 할 권리가 있었다. 창기가 폐업 의사를 밝히면 경찰은 창기 명부에서 그 이름을 삭제하도록 규정했다. 그런데 전차금(前借金), 곧 빚이 남아 있을 경우 창기는 폐업을 한 이후에도 업주에게 빚을 갚아야 했다. 이 때문에 창기가 폐업의 용단을 내리기란 쉬운 일이 아니었다. 창기들은 대부분 목돈의 빚을 지고 있었고 빚은 하루가 다르게 늘어나고 있었기 때문이다. 이 때문에 '자유 폐업' 또한 형식상의 조항에 그치는 경우가 많았다. 그나마 1916년에 확립된 식민지 조선의 공창법에는 '자유 폐업'의 조항마저 찾아볼 수 없었다.

이처럼 일본의 근대 공창제는 근대성의 표징인 문명의 옷을 입고 창기의 자유라든가 권리, 법률에 근거한 계약 행위 등을 강조했다. 그러나 이에 제도와 돈의 굴레 속에서 창기의 '자발적 선택'은 왜곡될 수밖에 없었다. 그리고 일본의 공창제는 이에 제도와 함께 타이완, 조선, '남양군도(南洋群島, 미크로네시아의 섬들)' 등으로 이식되어갔다. 공창폐지운동 세력이나 서구 열강의 시야에서 먼 이들 식민지, 위임통치 지역들의 공창제는 더욱 왜곡, 열악해진 형태로 자리를 잡았다. 형식상이나마 일본 내 공창법 안에서 명문화되었던 창기 대우 개선에 대한 내용이 대폭 삭제된 채로 시행되었던 것이다.

3. 조선의 공창제 도입 과정

1) 일본군, '가라유키상', 성매매 관리

이른바 쇄국정책의 시기에 조선 정부는 조선인이 일본인과 접촉하는 것을 엄격하게 금지했다. 여성의 경우는 더 말할 나위도 없었다. 17세기 후반 부산의 초량에 일본인 거주지인 왜관이 설치된 뒤에도 일본 여성은 거주할 수 없었다. 조선 여성이나 일반 조선인들 또한 왜관을 출입할 수 없었다. 이는 같은 시기 네덜란드의 상업소(商館)가 있었던 일본 나가사키(長崎) 데지마(出島)에 일본인 '유녀'의 출입이 허가되었다는 사실과 대비되는 부분이다. 여성에 대한 정조 이데올로기를 배경으로 남녀 간 윤리관이 엄격했던 조선 후기의 사정이 투영되었기 때문이었을 것이다.

19세기 후반 열강들의 압력 속에서 조선 정부는 1876년 일본과 조일수호

▌1902년에 부산 일본인 거류지에 들어선 유곽. 아래 사진은 동그라미 부분을 확대한 것

안락정(安樂亭)이라는 이름의 이 유곽은 부산 최초의 3층 건물로서 부산의 도시화를 촉진했다고 한다.
자료: 부산광역시 중구청, 『부산·부산포 130년』(2005).

조규(강화도조약)를 맺고 일본에 처음으로 문호를 개방했다. 1876년 부산, 1880년 원산, 1882년 서울, 1883년 인천의 문을 열었고 이들 지역을 중심으로 일본인이 거주하기 시작했다. 군대와 관리, 무역상이 조선으로 들어왔고 이들을 고객으로 노린 성매매 업자들 또한 속속 넘어왔다. 조선행 여권 발급 수속이 간편해진 1878년 이후에는 그 수가 더욱 급증했다.

조선으로 건너온 성매매 업자들은 일본에서 실패를 맛보고 새로운 활로를 구하는 이들이 많았다. 1878년 12월 10일 자 일본의 ≪아사노신문(朝野新聞)≫에는 도쿄 요시와라(吉原) 유곽에서 영업이 잘되지 않는 성매매 여성 5명을 데리고 와서 조선에 유곽을 세웠는데 날로 번성해서 30개에 이르렀다는 기사가 실렸다. 또한 이즈음 부산의 일본인 예창기들은 나가사키 유곽에서 일자리를 잃었거나 시모노세키(下關)에서 흘러온 사람들인데 그중에는 자포자기한 사람이 10명 중 8~9명이라는 내용이 ≪아사히신문(朝日新聞)≫에 보도되었다(다카사키 소지, 2006: 28) 이러한 소문이 일본인 성매매 업자들의 조선행을 촉구했을 것이다.

부산과 원산의 일본 영사관은 일찍부터 일본 국내에 준하는 성매매 관리를 시작했다. 1881년 초 「창기유사의 단속(娼妓類似の取締)」을 공포하고 같은 해 11월에는 부산에서, 그리고 12월에는 원산에서 성매매 및 성병 관리 법령[2]을 제정했던 것이다(송연옥, 1998: 220). 순조로운 듯했던 성매매 관리는 다음 개항지인 인천에서 난관을 맞았다. 성매매 허가 및 관리를 요청하는 인천 영사관의 요구에 일본 외무성이 난색을 표한 것이다. 일본 외무성은 미국이나 영국 등 서구 열강들이 잇따라 조선과 조약을 맺고 있는 상황에서 '일본이 남의 나라에서 그러한 추업(醜業, 추한 업종)을 허락한다는 것은 국가의 체

---

2   대좌부영업규칙, 예창기취체규칙 등.

면' 문제이기 때문에 더는 허락할 수 없다고 했다(송연옥, 1998: 224). 일본과 청나라의 영사관만 존재했던 부산과 원산에 비해 인천에는 서양 각국의 영사관이 들어와 있었기 때문에 눈치를 보았던 것이다.

이후 1916년에 「대좌부창기취체규칙」이 나올 때까지 법령상에서 대좌부라는 말은 사라진다. 공식적으로는 일본이 조선에서 성매매를 허가하지 않았던 것이다. 그 대신 일반 요리점과 구분해 을종요리점이라든가 특별요리점, 제2종요리점이라는 것을 두고 이곳의 고용 예기들에 대해 거주제한 및 성병 검진의 의무 규정을 두었다. 공창제하 창기에 대한 관리 방식과 다를 바가 없다고 하겠다. 일본은 대좌부라든가 창기와 같이 노골적으로 공창을 의미하는 용어 대신 특별 및 을종요리점이라는 애매모호한 용어를 써서 성매매를 관리하는 것으로 '국가의 체면' 문제에 대한 부담을 덜려고 했던 것이다.

조선에서 성매매 관리가 서구 열강에 대한 '국가의 체면' 문제와 관련이 있었던 만큼 조선에 대한 지배가 확대되고 그것이 국제사회의 승인을 얻어갈수록 일본의 성매매 관리 정책은 더욱 노골성을 띠어갔다. 그 과정은 대체로 다음의 세 단계를 거친다. 첫 번째는 개항장의 일본인 성매매 관련자를 대상으로 집결지를 만들어가는 것이고 두 번째는 1906년 통감부를 설치한 이후 일본인 거류지뿐만 아니라 조선 사회에 대한 성매매 관리를 시작하는 것이다. 세 번째는 조선을 강점한 뒤 「대좌부창기취체규칙」을 공포하고 조선 전체에 공창제를 실시하는 단계다(山下英愛, 2006: 675).

조선의 식민지화가 분명해질수록 새로운 시장을 노리고 조선으로 넘어오는 일본인 성매매업 관련자도 늘어났다. 조선에 대한 일본의 주도권을 결정지은 두 차례의 전쟁, 청일전쟁과 러일전쟁 뒤에는 눈에 확 띌 정도였다.

아산 둔포에 콩볶는 소리가 들린 지도 이제는 삼십년이 지났다. 병정의 꽁 무니를 따라서 현해탄을 건너온 '니혼 무스메(日本娘)'의 역사도, 어느덧 삼십 년이 되었는가 보다. 조선이라고 옛적엔들 기생이 없었으리오만은, 창기니 작부니 하는 새 이름을 가진 여자가 분 냄새와 함께 정조를 팔고 술판에 헛웃음을 실어 남자의 등골을 빼게 되기는 역시 갑오년(甲午年)이후의 일일까 한다(≪동아일보≫, 1924.5.10).

일본군이 만주 벌판에서 적군을 몰아내니 점령지는 날로 넓어졌다. 하얼빈에서 만주에서 도망쳐 돌아오는 예창기들이 줄지어 들어왔다. 가까운 한국으로 들어가기를 희망하는 자들이 많다는 것을 예상해서인지 부산, 인천, 경성에 재류하며 음식영업을 하는 일본인 모씨 등이 자금을 모아 세 곳에 대형유곽을 만들 것을 기획하고 이미 인가를 받아 거류지 한쪽 구역을 차지했다(≪후쿠오카일일신문(福岡日日新聞)≫, 1904.10.5; 스즈키 유코, 2010: 325~ 326에서 재인용).

첫 번째 예문은 갑오년, 곧 청일전쟁이 일어났던 1894년 이후 창기니 작부니 하는 새 이름을 가진 일본 여성(니혼무스메)이 늘어났던 상황을, 두 번째 예문은 러일전쟁이 터지면서 조선(당시에는 대한제국)에 들어가기를 희망하는 일본인 예창기들이 많아지고 있는 상황을 말해준다.

이러한 여성들을 당시 일본에서는 '가라유키상(唐行きさん)'이라고 불렀다. 일본의 대륙 진출과 함께 일본을 떠나 성을 팔았던 여성들을 두루 칭하는 말이다. 당시 언론에서는 '해외추업부(海外醜業婦)', '낭자군(娘子軍)' 등으로 부르며 이들을 조롱하고 선정적인 시선을 보냈다. 하지만 그 뒤에서 성매매 업자와 '제겐〔女衒〕'이라 불렸던 인신매매 업자 또한 몹시 바빴다는 사실

을 기억하면 '가라유키상'의 활발한 이동은 농어촌의 빈곤 상황을 악용한 업자들의 인신매매가 있었기에 가능한 것이었다.

한편 '가라유키상'은 일본 팽창의 주역으로서 적극 장려되기도 했다. 청일전쟁에서 승리한 다음 해인 1896년 1월 18일 후쿠자와유키치(福澤諭吉)는 자신이 주관했던 신문 ≪시사신보(時事新報)≫에 "인민의 이주와 창부의 돈벌이(人民の移住と娼婦の出嫁)"라는 글을 써서 '창부 수출'을 적극 권장했다. 일본 인민의 해외 이주와 식민사업의 발전에 따라 홀로 부임하는 남성들의 '욕구'를 해결하고 해외 각지에 주둔하는 병사들의 사기를 진작시키며 '창부' 스스로도 돈을 벌어 가족을 도울 수 있으니 필요하다는 주장이었다(스즈키 유코, 2010: 321).

각지의 영사관에서 '가라유키상'들을 신속하게 관리했던 것을 볼 때 일본 국내의 '창부수출론'은 일본 정부와 공명하는 부분이 있었던 것 같다. 일본의 팽창을 위해서 성매매 여성은 필요악이라는 인식이다. 다만 일본이 신경을 썼던 것은 '국가의 체면' 문제였다. 이 때문에 1896년에는 이민보호법을 선포해 창기의 해외 진출을 금지하기도 했다. 그런데 이때의 이민보호법에는 조선과 중국이 그 대상 지역에서 빠져 있었다. 청일전쟁의 결과 식민지로 삼은 타이완[臺灣]에 일시 거주자가 늘어나자 일본 내부에서 이들을 영구 거주시켜 식민사업을 안정화하기 위해서는 창기를 수출하고 공창제를 시행하는 일이 필요하다는 목소리를 내기 시작했던 것이다(모리사키카즈에, 2002: 109~111). 이 때문에 조선으로 건너가는 '가라유키상' 또한 금지 및 억제의 대상이 아니라 장려 및 관리의 대상이 되었다. 일본의 팽창과 식민사업을 위한다는 명분이었다. 대표적인 폐창운동가 야마무로 군페이(山室軍平)가 개탄했던 것처럼 "해외에 추업부를 수출하는 일본 같은 나라는 이 세상 어디에도 없"었다(山室軍平, 1914: 252; 스즈키 유코, 2010: 320).

2) 조선의 공창제 시행

조선에서 공창제는 일본군의 상주사단이 창설되기 시작하는 1916년에 확립되었다. 그해 3월 31일 「대좌부창기취체규칙」을 공포하고 5월 1일부터 본격적으로 공창제를 시행했다. 경찰은 그 이전까지의 성매매 정책은 '준공창'의 형태였다고 이해했다. 경찰에게 허가를 얻어 성매매를 묵인받고 정기적인 성병 검진과 거주제한을 받는다는 점에서는 "대체로 창기의 단속과 동일"했으나 "창기라는 명칭을 붙이지 못해서" 모두 제1종의 영업허가를 받고 보호 규정도 제대로 받지 못했다는 것이다(永野淸, 1916: 269).

1916년의 법령은 기본적으로 일본의 공창법에서 그 기본 틀을 가지고 왔다. 창기업의 허가 조건과 경찰의 권한, 창기의 건강진단 규정 등이 대동소이했다. 서로 차이가 나는 부분도 있었다. 조선에서는 17세 미만은 창기가 될 수 없었는데 일본에서는 18세 이상이어야 창기가 될 수 있었다. 조선은 일본보다 1살 적은 17세 이상부터 창기업을 허가받았던 셈이다. 두드러지게 차이가 나는 부분은 창기의 '자유 폐업' 규정이었다. 1900년에 확립된 일본의 공창법에서 보이는 구두(口頭)나 우편에 의한 폐업신청 인정, 폐업 즉시 창기 명부의 삭제를 명기했던 내용이 1916년에 확립된 조선의 공창법에서는 보이지 않았다. 식민지의 공창제는 본국에 견주어 창기의 권리보다는 업자의 이익을 우선시하고 있음을 알 수 있다.

또 하나 큰 차이는 식민지 공창제에서는 부칙(附則)을 통해 조선인의 영업에 대한 예외 규정을 두었다는 점이다. 부칙 제42조는 조선인 창기 일을 목적으로 하는 대좌부 업자는 당분간 제3조의 규정, 곧 대좌부 영업은 경무부장이 지정한 지역 내에서만 해야 한다는 규정을 지키지 않아도 된다는 내용을 담고 있다. 조선인 창기의 경우 지정 지역을 벗어나 성매매를 하는 것이

가능하다는 얘기다. 허가 성매매 제도를 두는 경우 일반적으로 사회질서 유지와 성병 예방을 위한다는 명목으로 집결지 방식을 취한다는 것을 생각할 때 조선인 창기들은 일반적인 의미의 '공창'의 범주에서 비껴나 있었음을 알 수 있다.

경찰은 이에 대해서 "내지인(內地人: 일본인)은 내지(內地: 일본)의 많은 예와 같고 조선인은 대부분 창기가 일가(一家) 안에서 영업하는 풍습"이 있기 때문이라고 밝혔다. "이것을 동일시하면 단속하는 것이 곤란"하므로 "조선인〔鮮人〕의 사실상 영업 형태를 인정하고 점차 정해진 장소에 집단 이주〔集住〕를 시켜 내지인과 조선인 모두 단속하는 데 유감이 없을 때까지 변화를 시키겠다"는 계획이라는 것이다(中野有光, 1916: 110).

경찰 스스로 밝히고 있듯이 1916년의 공창제는 성매매 여성들을 모두 집결시킨 상태에서 법령을 시행한 것이 아니었다. 재조 일본인 업자와 창기 같은 경우에는 처음부터 집결지 형태로 들어와 있었기 때문에 대좌부 지역을 지정하는 것이 큰 문제가 되지 않았다. 그러나 개항 이후에 비로소 성매매 업자가 생겨나기 시작한 조선인의 경우 집결 상태도 느슨하고 공·사창의 구분도 모호해서 지정 지역을 설정하는 것이 쉽지 않았다. 이러한 상황에서 총독부는 최대한 창기를 창출하고 적극적으로 관리하는 쪽으로 정책 방향을 잡았던 것이다.

일반적인 범주와는 다른 공창의 출현에 대해서 사창(私娼)을 허가하는 것으로 인식하는 시선이 있었던 것 같다. "공창 허가, 사창 허가라는 문제가 근래에 논의가 되는 모양이어서 조선에서는 과연 언제 허가할까라고 묻는 경우가 있다"는 것이다. 이에 대해 경찰은 "조선의 매소부(賣笑婦)가 자기 집에서 손님을 맞는 일을 결코 사창으로 볼 수 없다. 내지인은 집단시키는 것에 반해서 이들은 각각 영업하는 것만으로도 공창이라고 할 수 있다"고 강변했

▌서울의 대좌부 지역 신마치〔新町〕
재조 일본인의 거주 지역에 설치되었으며 대표적인 대좌부 지역이었다.
자료: 총독부 발간 자료.

다(中野有光, 1916: 111).

  그렇다면 무리수를 두면서까지 조선에서 공창제를 서둘러 시행했던 이유
는 무엇이었을까. 같은 글에서 경찰은 "금일은 이미 내지인 이주자도 다수에
올랐고 조선인으로 내지인과 동일 상태에 이른 것도 다수에 이르렀다. 따라
서 이 업태(業態)의 것들과 일반이 접촉하는 기회도 나날이 빈번"해져서 "편
리, 풍기(風氣), 위생상에서 획일적인 법을 둘 시기에 도달했다고 생각했기
때문"이라고 했다(中野有光, 1916: 108). 일본인의 조선 이주가 늘어난 것을 배
경으로 대좌부 등을 이용하는 사람이 많아져서 법령 정비가 필요하다는 것
이다.

지레 염려가 된 까닭인지 "내지인을 위해서 공창을 허가하는 것만은 아니다"라고 밝히고 있지만(中野有光, 1916: 111) 1916년의 공창제 시행은 우선 일본인 이용객의 "편리와 풍기, 위생"을 고려한 결과임을 알 수 있다. 더불어 식민 정책의 안정화를 위해 일본인의 조선 이주를 장려하려는 뜻도 있었다. 따라서 조급한 공창제의 시행은 우선 조선 내에 블록화되어 있던 일본인 사회를 정비하는 차원이 컸다고 할 수 있다. 이 과정에서 조선인 사회의 공창과 사창 문제는 더욱 애매해져 버리고 말았다. 불법 성매매인 사창으로 여겨졌던 업소들이 경찰의 허가를 받고 영업한다는 인식을 낳았고 그만큼 성매매 문화와 조선인의 거리는 한층 좁혀졌던 것이다.

4. 법 안의 성매매, 창기 되기와 그만두기

1) 창기 되기와 인신매매

공창제 아래서 창기가 되려는 자는 경찰의 허가를 받아야 했다. 경찰의 허가를 받기 위해서는 「대좌부창기취체규칙」 제16조에 따라 다음과 같은 요건을 갖추어야 했다.

창기업을 하려는 자는 본적, 주소, 씨명, 기명(妓名), 생년월일 및 돈벌이 장소를 기재하고 대좌부 영업자의 서명을 받은 원서를 다음의 서류들과 함께 첨부해서 스스로 경찰서장에게 제출하고 허가를 받아야 한다.

부친의 승낙서. 부친을 알지 못할 때, 사망했을 때, 집을 떠났을 때, 또는 친권을 행사할 능력이 없을 때에는 모친의 승낙서. 모친도 사망했을 때, 집을

떠났을 때, 또는 친권을 행사할 수 없을 때에는 미성년자의 경우 후견인, 성년
자의 경우 호주 또는 부양 의무자의 승낙서. 또는 승낙할 자가 없다는 것을
소명하는 서면.

전호에 거론한 승낙서의 인감증명서.

호적등본 또는 민적등본.

창기업 및 전차금에 관한 계약서 사본.

경력 및 창기를 하려는 사유를 적은 서면.

경찰서장이 지정하는 의사 또는 의생(醫生)의 건강진단서.

전항 1호에서 계부, 계모 또는 부친의 본처(嫡母)는 후견인으로 간주함.

(≪조선총독부 관보≫, 1916.3.31).

곧 창기 원서 및 위의 여섯 개 조항의 서류, 그러니까 총 일곱 가지의 서류
를 갖춰 경찰서에 제출해야 했다. 창기가 되기 위해서는 꽤 복잡하고 번거로
운 절차를 거쳐야 함을 알 수 있다.

문제는 창기가 되는 여성 대부분이 교육 수준이 매우 낮았다는 점이다.
1928년 조사에 따르면 창기 포함 조선인 접객 여성의 75%가 학교를 다니지
않았거나 보통학교를 중퇴했다고 한다(≪동아일보≫, 1928.11.14). 또한 한 푼
이 아쉬운 빈곤층 출신 여성이 대다수였으니 이러한 교육 수준과 계급적 배
경을 가진 17세 이상의 여성들이 창기가 되기 위해 필요한 서류들을 스스로
준비하기란 매우 어려웠을 것이다. 이 때문에 경찰과 업주, 창기 사이에는
창기업을 주선하는 소개업자들이 개입해서 영업을 했다.

창기의 존재 이유는 첫째 먹지 못하는 데 있고, 둘째로 돈을 벌 수 없는 데
있으며, 셋째로는 이 틈새〔虛隙〕에서 돈을 모으겠다는 특종 인육업자가 발생

된 데 있는 것이니……(≪동아일보≫, 1932.12.19).

위 인용문에서 '인육업자'란 소개업자를 가리키는 것이다. 창기 등 접객여성의 소개는 1922년부터 「소개영업취체규칙」에 따라 허가를 받고 영업을 하는 인사소개소에서 이루어졌다. 그 이전 소개업자의 영업은 1913년부터 시행된 「주선영업취체규칙」에 의해 단속되었다. 인사소개소는 인신매매의 온상으로 일제시기 내내 비난을 받았다. 사람 고기를 파는 업자라는 뜻의 '인육상(人肉商)'이라든가 유괴하는 마귀라는 뜻의 '유괴마(誘拐魔)'는 이 시기 공공연하게 인사소개업자를 부르는 말이었다. 그럼에도 인사소개업자는 무분별하게 경찰의 영업 허가를 받아서 "악덕영업을 그대로 허가하는 심사를 해석키 어려운 바"라는 한탄을 들을 정도였다(≪조선일보≫, 1924.11.9). 창기들은 공창법체제에서 합법적인 과정을 거쳐 창기가 된 것으로 해석되었지만 실제 여성들이 창기가 되는 과정은 인신매매와 다를 것이 없었다.

> 대개가 인신매매를 영업으로 하는 주선업자의 꾀임에 빠져 한번 들여놓은 발을 빼지 못하고 있는 자가 1,743명이나 되며 그의 친권자에게 팔린 자도 적지 않아 1,485명이나 되며 정부(情夫)에게 속아 넘어간 자도 상당히 많다고 한다(≪동아일보≫, 1928.11.14).

당시 언론에서 창기가 되는 경로의 대다수가 소개업자의 인신매매였다고 밝히고 있는 것에서 볼 수 있듯이 이 시기 공창제를 유지시킨 것은 인신매매였다. 국제연맹 부인아동위원회에서 1930년부터 동양의 여러 나라를 대상으로 '부인아동매매 실지조사'를 한 적이 있었다. 조선과 일본 등은 1931년에 방문해서 조사했는데 조사단이 1933년에 제출한 보고서에서 "일본에 와

┃인신매매 비판 기사의 삽화
1925년 8월 ≪시대일보≫는 5회에 걸쳐 조선의 인
신매매를 진단하고 비판하는 기사를 실었다.
자료: ≪시대일보≫, 1925.8.26.

보고 가장 놀란 것 중의 하나가 예기창기 소개업이 공인되어 있는 일"이라고 했다. 이 때문에 소개업자가 "비합법적 또는 비밀적인 방법을 사용할 필요가 없다"는 것이다(「국제연맹 동양부인 아동매매 조사위원회 보고서 개요」, 1933.3.4).

소개업자가 인신매매를 통해 이익을 얻는 방식은 여러 가지였다. 1차적으로 해당 여성 및 부모의 무지와 빈곤을 이용해 각종 감언이설로써 선불금을 주고 여성을 데려온다. 그리고 창기로 보내는데 이때 각종 비용 명목의 빚을 씌워 매매가를 올리기도 했다. 또한 같은 여성을 여러 번 매매해서 이득을 취하기도 했다. 이 때문에 "반드시 그 여자와 연락을 끊지 않고 비밀히 뒷기약"을 해두었다. 피해 여성은 여러 번 매매되면서 "기한이 자꾸 늘어가고 값도 보태져서" 창기업에서 빠져나오기가 더욱 어렵게 될 뿐만 아니라 "영영 성한 사람이 될 수 없는" 지경에 이르기도 했다("인육시장 5", ≪시대일보≫, 1925. 8.28).

인신매매 지역은 전국적이었다. "부내 각 처에 있는 인사소개업자들 중에 시골에 있는 순진한 처녀를 유인하여 호적을 위조하여 가지고 각 지방으로 전매를 하는 일이 비일비재"(《매일신보》, 1937. 11. 20)했고 "서울서 팔려 시골로 가기도 하고 시골서 서울로 오기도 해 오늘 충청도, 내일 경상도로 넘어" 다녀 "앉은 자리가 더울 새 없이 끌려다니는"(《시대일보》, 1925. 8. 24). 상황이었다. 업자들은 외국으로 인신매매하는 것을 더 선호했는데 "외국에 팔면 돈을 곱절이나 더 받는 바람에 욕심이 치밀뿐더러 조선 어디다 두었다가 만약 모든 죄악이 사출이 나고 보면 두수없이 콩밥 신세를 지게 되기 때문에 돈 더 받고 뒷 염려까지 없애느라고 될 수 있는 대로 외국으로 보내려 하는 까닭에 그처럼 많이 가게 된다"(《시대일보》, 1925. 8. 24)는 것이었다.

소개업자 혼자 인신매매에 나서는 경우는 드물었다. 여성을 유인해 오는 지역과 또 파는 지역이 광범위했던 만큼 인신매매 중개인이 지역 곳곳에 분포해 조직적·체계적으로 움직였다.

> 서울 있는 뚜쟁이도 시골 뚜쟁이가 아니면 사고팔 수 없으며 시골 있는 뚜쟁이도 서울 뚜쟁이가 아니면 역시 팔고 살 수가 없어 서로 연락을 취하는 기관과 암호가 있어 그녀의 통신하는 수단과 사람 얽어 넣는 거미줄같이 경찰 당국자의 죄인 잡는 것같이 기민하게 되어 서로 보도 못하던 이도 한번 명함을 내놓고 암호로 말하면 아주 동업자라고 못할 말이 없게 되며 암호는 군데군데 달라 평양서 쓰는 암호와 마산서 쓰는 암호가 다르다 한다(《시대일보》, 1925. 8. 24).

이렇게 확보된 여성들은 가장된 합법적인 방식을 통해서 창기가 되었다. 소개업자들은 문서를 위조해서 창기 허가에 필요한 서류를 갖추었다. 대부분 호적등본과 승낙서가 위조되었다. 인신매매된 여성들은 대부분 허가 연령 미만이었거나 승낙서가 없었기 때문이다. 소개업자들은 해당 여성의 호적을 위조하거나(≪동아일보≫, 1925.6.19) 아내나 동생, 친딸로 위장해 소개업자의 호적에 넣기도 했다(≪매일신보≫, 1939.2.7). 다른 사람의 호적을 훔쳐 쓰기도 했는데(≪동아일보≫, 1927.5.29) 이미 사망한 자의 호적이 이용되기도 했다(≪동아일보≫, 1936.3.5). 이때 소개업자 스스로 문서위조를 하기도 했지만 관공서의 서기나 대서인이 개입되는 경우도 많았다.

이렇게 인사소개소가 "비록 경찰서장의 허가를 받는다 하지만 그 내막이 실로 암담하기 짝이 없는"(≪매일신보≫, 1939.12.3) 상황에서 무허가 소개소 또한 난립했다. 인사소개소에 대한 법 규정이 철저하지 않았고 경찰의 단속 또한 느슨한 상황 속에서 무허가 소개소는 탈세 이익까지 올렸다. 이들은 드러내놓고 영업을 했으며, 마찬가지로 인신매매에 주력했다. 인사소개소 가운데에는 무허가 소개소와 연계해 인신매매된 여성을 확보하기도 했다(≪조선중앙일보≫, 1934.5.25). 공창제하에서 인신매매는 합법과 불법의 경계를 넘나들면서 구조화되어가고 있었던 것이다.

2) 창기 그만두기와 빚 문제

공창법에는 창기의 권리를 보장한 듯한 조항을 몇 가지 싣고 있었다. 대좌부 업자는 창기의 의사에 반해 계약을 변경할 수 없었고 임신이나 질병 중에 일을 시키거나 학대해서는 안 되었으며, 창기가 함부로 비용을 쓰지 않도록 해야 했다. 또한 함부로 창기의 계약, 폐업, 통신, 면접을 방해할 수 없었고 창기가 질병에 걸렸을 때에는 신속하게 의사의 치료를 받도록 해야 했다(「대좌부창기취체규칙」 제7조 제14~18항).

그러나 법을 준수하는 업자는 거의 없었다. 일제시기에 발간된 신문과 잡지 등에는 업자의 비인도적 처신을 고발하거나 비판하는 기사들이 끊임없이 실렸다. 업자들은 창기를 속여가며 영업을 했기 때문에 창기들은 "계약의 기간이 넘었는지 넘지 않았는지를 모르고 포주의 무리한 학대와 속임에 빠져" 있기도 했고(≪매일신보≫, 1917.6.19), 임신 중에도 강제로 일을 시키거나 낙태를 강요하기도 했다(≪조선일보≫, 1925.8.19).

업자들 중에는 마을의 대표자[총대(總代)]나 부(府) 의원이 될 정도로 유력자가 많았기 때문에 업자들이 관헌의 비호 아래 있었다는 것은 공공연한 비밀이었다[≪개벽≫, 제45호(1924.3)]. 경찰은 업자의 불법행위에 대해서 엄벌에 처하겠다고 으름장을 늘어놓기는 했지만 실제로 업자의 학대가 드러난 사건에 대해서는 훈계나 경고에 그치는 경우가 많았다. 1931년 평양에서 '창기 구타 금지', '계약 위반행위 반대' 등을 내걸고 창기 3명이 파업을 벌였을 때, 이것은 일종의 노자쟁의임으로 내용 간섭은 하지 않고 사실 조사만 하겠다는 평양 경찰서의 태도는 그 대표적인 사례라고 할 수 있다(≪조선일보≫, 1931.6.24).

공창법의 내용과 상관없이 업자의 이익이 관철되는 현실 속에서 창기가 영업을 그만두기도 만만치 않았다. 공창법상 업자는 창기의 폐업을 방해할 수 없었지만 창기의 폐업을 가로막는 것은 업자가 채권자인 '빚'이었다. 빚은 창기가 폐업을 하는 데 가장 중요한 요건이었다. 빚을 다 갚았다면 계약 기간이 남아 있어도 창기가 폐업을 할 수 있었지만 빚이 남아 있다면 계약 기간이 지났어도 폐업을 할 수 없었다. 법률상으로는 가능했지만 업자는 빚이 남은 창기를 놓아주려 하지 않았다. 갈등 끝에 창기가 도망을 쳤을 경우, 업자는 사기죄로 경찰에 신고를 했다(≪조선일보≫, 1931.5.8).

창기의 빚은 미리 받은 전차금과 일을 시작하고 난 후에 생긴 추가 빚, 그리고 그에 대한 이자 등이었다. 1920년대 조선인 창기는 대체로 전차금 300원 내지 400원에 4년 또는 5년의 기한으로 계약을 맺고 있었다(≪조선일보≫,

1924.7.6). 그러나 빚은 "줄어가기는 고사하고 점점 늘어간다는 바 그것은 대개가 원금에 대한 이자와 추차금(推借金)이라는 것이며 의복 대금과 화장품, 목욕대 같은 사소한 것까지도 모두 창기들에게 부담을 시킨 까닭"이었다 (≪조선일보≫, 1928.3.17). 따라서 창기 일을 통해서 빚을 갚는다는 것은 도저히 불가능했으며 계약을 갱신하면서 되팔릴 때마다 창기의 빚은 불어나기만 할 뿐이었다. 더욱이 이익 배분 및 빚에 관한 장부를 업자가 보관하고 창기에게 제대로 보여주지 않은 경우도 많았기 때문에 창기는 자신의 벌이와 빚이 얼마나 되는지 알지 못하기도 했다.

사실 공창제하에서 창기는 빚이 남아 있어도 폐업할 수 있었다. 이를 자유 폐업이라고 불렀는데 공창폐지운동의 압박에 밀려 완성된 일본의 공창법에서는 이에 관해 분명히 규정하고 있었다. 반면 식민 권력의 이해가 앞선 가운데 완성된 조선의 공창법에서는 이에 관한 내용이 삭제되었다. 그렇다고 조선에서 창기의 자유 폐업이 불가능한 것도 아니었다. 그러나 업자의 준수 사항 정도로 강제성도 약했고 내용이 모호해서(유해정, 2001: 10) 현실적으로 유명무실했다.

드물지만 자유 폐업에 성공한 사례도 있었다. 1921년 경남 통영의 김야물은 1년 전에 계모의 감언이설에 속아 300원의 빚을 지고 3년 기한으로 창기가 되었다. 김야물은 선교사에게 구원 요청을 했고 영국인 선교사들은 김야물을 대신해서 창기 자유 폐업을 신청했다. 그러나 경찰에서는 계약 기한과 채무 이행이 남았다는 이유로 허가를 내주지 않았다. 선교사는 자유 폐업의 권리를 강하게 주장하는 한편 일본 법률을 동원하기도 하고 총독부 법무국에 질문을 하기도 하는 등 강력하게 대응했다. 결국 김야물은 자유 폐업의 기쁨을 맛볼 수 있었다. 하지만 빚은 고스란히 떠안아야 해서 김야물은 30개월 동안 매달 10원씩 갚는다는 계약서를 써야 했다(≪동아일보≫, 1921.9.23~26).

自由廢業問題로
娼妓樓主와 格鬪
自己를 대항하는 창기가 미워
일안포주부부가 별안간폭행
同題만흔局 山本樓主抱主

┃창기와 업자의 자유 폐업 갈등
경남 마산의 업자 야마모토(山本筆次)
는 창기들이 업자의 강간 등에 항의하
며 자유 폐업을 요청하자 폭력을 행사
했다.
자료: ≪중외일보≫, 1926.12.14.

김야물은 선교사의 주선으로 일본의 재봉학교에 입학해서 비교적 해피엔
딩으로 이야기를 마감했다. 그러나 업자 및 경찰과 자유 폐업에 대해 논쟁할
수도 없고 남은 빚을 갚을 길도 없었던 수많은 창기들은 자살하거나 도망치
거나 파업을 일으켜 죽기로 저항할 수밖에 없었다. 온갖 고통 속에서 자유
폐업을 선언한 함북 웅기의 김향심은 실제로 빚이 300원에 불과한데 700원
이라고 주장하는 업자와 "백방으로 위무하며 조정에 힘"쓰는 경찰, "웅기에
있는 창기들에게 큰 영향을 끼칠"까 염려해 "향심을 굴복시키려고 각 방면으

로 활약'하는 옹기 요리조합과 싸워야 했다(≪매일신보≫, 1931.6.20). 경남 마산에서는 업자 부부에게 강간과 구타를 당한 송금화를 비롯해 창기 6명이 경찰서에 자유 폐업을 신청했지만 거절당했다. 그리고 그날 밤 이 중 두 명 이 도주를 해버린 일도 있었다("자유 폐업 속출", ≪동아일보≫, 1926.12.10).

결국 공창법에서는 창기가 폐업할 권리를 규정하고 있었지만 현실에서 이 보다 앞서는 것은 업자의 빚 받을 권리였다. 연령 미달의 여성을 민적을 위 조해서 창기로 삼은 것이 들통 났을 때에도 경찰은 창기 허가만 취소할 뿐이 지 업자가 피해 여성에 대해 빚 독촉을 하는 것은 개입하지 않을 정도였다 (≪동아일보≫, 1925.1.21~22). 창기를 속박하는 빚 문제나 이에 대한 업자의 부당 행위는 대표적인 공창제 폐해의 하나로 지목되어 경찰에서 그 개선책 을 강구하기도 했다. 그러나 전차금을 통제하는 정도에 머물 뿐이지 전차금 제도를 근본적으로 검토하거나 추가로 덧붙는 빚 문제를 언급하지는 않았 다. 또한 창기에게 전가되는 비용의 업자 부담을 확인해주기도 했는데 이는 개선안이라기보다는 창기에게 함부로 비용을 쓰게 하지 않는다는 공창법의 내용을 재확인하는 것에 지나지 않았다

5. 나가며

근대 사회에 들어와 재탄생한 일본의 공창제에서 강조된 것은 창기의 자 유의지였다. 이에 제도와 각종 빚의 굴레 속에서 여성 스스로 창기 되기와 그만두기를 선택할 수 있는 여지는 거의 없었지만 '창기의 자발성'이라는 레 토릭(rhetoric)은 근대 공창제하에서 벌어지는 여성 매매와 속박의 면죄부로 작용했다.

더욱이 일본의 침략과 함께 식민지 조선으로 넘어온 공창제는 더욱 창기에게 열악했다. 불행을 서로 비교하는 것은 비극적인 일이지만 일본 본국의 일본인 창기보다 조선으로 건너온 일본인 창기가, 그보다 조선인 창기가 좀 더 차별을 당해야 했다. 공창제의 시행으로 조선 사회는 인신매매가 만연했으며 가부장적인 가족제도와 열악한 교육환경, 빈곤과 실업의 고통 속에서 인신매매는 구조화되어갔다. 공창제는 남성의 '본능'과 성병 예방, 일반 여성 및 아이들을 보호하기 위해 어쩔 수 없이 필요하다는 인식 속에 인간으로서 창기가 가지는 존엄성이란 애초부터 없었다. 법적으로 보장된 창기의 권리란 자본과 권력의 이해, 남성 중심의 성 윤리와 성 문화 앞에서 국가권력의 체면용에 지나지 않았다. 성과 계급, 가족과 민족, 모든 것이 평등하지 않은 사회구조 속에서 창기의 자유의지란 신기루일 뿐이었다.

참고문헌

국제연맹사무국동경지국. 1933.3.4. 「국제연맹동양부인아동매매조사위원회보고서개요」.

다카사키 소지(高崎宗司). 2006. 『식민지 조선의 일본인들: 군인에서 상인, 그리고 게이 샤까지』. 이규수 옮김. 역사비평사.

모리사키 카즈에(森崎和江). 2002. 『쇠사슬의 바다』. 채경희 옮김. 박이정.

송연옥. 1998. 「대한제국기의 「기생단속령」 「창기단속령」: 일제 식민화와 공창제 도입의 준비과정」. 『韓國史論』, 제40집. 서울대학교.

스즈키 유코(鈴木裕子). 2010. 『일본군 위안부 문제와 젠더』. 이성순·한예린 옮김. 나남.

유해정. 2001. 「일제시기 공창폐지운동에 관한 연구」. 고려대학교 사학과 석사학위논문.

≪개벽≫, 제45호(1924.3). 「공창폐지운동과 사회제도」.

≪동아일보≫. 1921.9.23~26. "자유로 폐업한 창기의 실화(1)~(3)".

≪동아일보≫. 1924.5.10. "여인학대, 공창폐지는 매소부 자신이".

≪동아일보≫. 1925.1.21~22. "기구한 운명에 오인(嗚咽)하는 애사(哀史)".

≪동아일보≫. 1925.6.19. "부녀유인".

≪동아일보≫. 1926.12.10. "자유 폐업 속출".

≪동아일보≫. 1927.5.29. "구직 처녀를 유인하야 대만 벽지에 밀매, 민적까지 위조하야 팔아".

≪동아일보≫. 1928.11.14. "영업자 간계에 일생을 희생, 한 번 발 들이면 평생을 버려, 시장에 나오게 된 경로".

≪동아일보≫. 1928.11.14. "최근조사 전조선 예창기 수, 대개는 무식 여성".

≪동아일보≫. 1932.12.19. "여성의 비애, 점증(漸增)되는 실업여성의 기창화(妓娼化)".

≪동아일보≫. 1936.3.5. "유령의 사생아로 입적시켜 허무인(虛無人)과 결혼까지".

≪매일신보≫. 1917.6.19. "계약연한 경과된 예기를 해방".

≪매일신보≫. 1931.6.20. "포주의 압박에 반항하고 자유 폐업한 창기".

≪매일신보≫. 1937.11.20. "시골색시를 꼬여내어 팔아먹는 못된 놈들".

≪매일신보≫. 1939.12.3. "인사소개업을 명랑케".

≪매일신보≫. 1939.2.7. "부녀 십수 명 유인, 올케 삼았다가 창부로".

≪시대일보≫. 1925.8.24. "인육시장 3".

≪시대일보≫. 1925.8.26. "인육시장 4".

≪조선일보≫. 1924.11.9. "인사소개인가 인신매매인가, 전율할 평양의 인사소개소".

≪조선일보≫. 1924.7.6. "창기를 위하는 인천서의 복안".

≪조선일보≫. 1925.8.19. "흡혈귀같은 일본인 창누주(娼樓主), 매음시키고자 강제 낙태".

≪조선일보≫. 1928.3.17. "낯선 곳으로 팔려가는 부녀".

≪조선일보≫. 1931.5.8. "빚 갚기 망연하여 자유로 귀가한 창기를 포주가 사기죄로 고소 제기".

≪조선일보≫. 1931.6.24. "평양 대범 창기 우복(又復) 맹파".

≪조선중앙일보≫. 1934.5.25. "매소부의 피를 빼는 악소개업자에 철퇴".

警務摠監部 保安課長 警務官 中野有光. 1916. 「鏡臺の油斗に勘定帖を持っている芸妓」. 『朝鮮及滿州』, 通卷107号.

山下英愛. 2006. 「朝鮮における公娼制度の實施とその展開」. 『日本軍 「慰安婦」 關係資料集成』. 明石書店.

孫禎睦. 1980. 「開港期 韓國居留 日本人의 職業과 賣春業·高利貸金業」. 『韓國學報』, 18集.

永野淸. 1916. 『朝鮮警察行政要義』. 巖松堂書店.

樺山紘一. 1994. 「遊廓」. 『歷史學事典─第2卷 からだとくらし』. 弘文堂.

제9장

일본군 위안부제도*

정진성 |

서울대학교 사회학과 교수

1. 들어가며

　일본군 위안부(慰安婦) 동원은 극비 정책으로 이루어졌으며 전후에 관련 문서가 일본 정부의 명령으로 파괴되었으므로 문서 자료 자체가 극히 드물었다. 그뿐 아니라 미국의 전후 아시아 정책에 의해 일본에 대한 전쟁의 책임 추궁은 최소한으로 이루어져 도쿄 재판에서 군 위안부 문제는 거론되지 않았다. 이후 경험자와 피해자들도 가부장제 사회에서 굳게 입을 다물었다. 전후로부터 1980년대에 이르기까지 군 위안부 문제는 한국과 일본에서 신문 기사, 소설, 영화 및 연구서 등의 형태로 산발적으로 문제 제기가 이루어져 왔으나 1980년대 말에 이르러서야 비상한 사회적 관심을 받으며 한일 간뿐

---

* 이 글은 한일관계사연구논집 편찬위원회, 『한일역사의 쟁점 2』(경인문화사, 2010)에 실린 「군 위안부」를 수정한 것이다.

아니라 아시아 전체에서 중요한 사회적 이슈로 드러나게 되었다. 이후 피해자의 증언과 관련 군 문서의 발굴로 겨우 역사적 사실로서 모습을 갖추기 시작했으나 아직도 명확하게 모든 사실이 밝혀지지는 못한 상태에서 한국과 일본의 역사 교과서는 이 문제를 조금씩 다루기 시작했다.

2. '일본군 위안부' 개념

1980년대 말 군 위안부 문제가 사회의 관심을 받기 시작하면서 '위안부(慰安婦)'라는 용어는 적지 않은 혼란을 일으켰다. 일제강점기에 일제가 수많은 여성을 강제로 끌어갔다는 사실이 사회적으로 공론화되지는 않은 채 정신대(挺身隊)·처녀 공출·보국대 등의 개념으로 우리의 인식 속에 혼재되어 있던 차에, 이 문제가 '정신대 문제'로서 갑자기 부각되었던 것이다. 신문을 비롯한 언론·방송 매체는 물론, 이 문제를 위해 조직된 단체들도 정신대라는 용어를 사용했다(한국정신대연구회, 한국정신대문제대책협의회 등). 그러나 같은 시기에 일본에서는 이 문제가 '종군 위안부 문제'로서 사회의 주목을 받기 시작했다.

일본군 '위안부'제도가 용어의 혼란을 빚고 있는 것은, 이 제도가 비밀리에 시행되어 공식적으로 거론되지 않고 음성적으로만 이야기되어왔기 때문이다. 더욱이 군 위안부는 「여자정신근로령」처럼 공포된 법령에서 사용된 공식적인 용어가 아니었다. 그뿐 아니라 공식적으로 공포된 법령에 근거했던 여자근로정신대도 실제로 식민지 조선에서는 법과 관계없이 임의로 동원이 이루어진 경우가 많았으므로 노동 이외의 다른 목적(군 위안부 동원을 포함해서)을 위해서도 이 명칭이 널리 오용되었던 것이다.

1) 여성 근로 동원의 공식 용어, 여자정신대

1931년 만주사변을 기점으로 일본은 준전시체제로 돌입하면서 여성을 포함한 조선인에 대해 노동력 동원을 강화하기 시작했다. 농촌에서는 여성에게 야외 노동이나 부업을 하도록 강요했다. 1941년에는 여성에게 갱내 노동을 금지해왔던 법을 해제했고 구체적인 법령 및 관의 알선에 의해 노동 동원이 여러 이름으로 행해졌다. 1941년 11월의 「근로보국협력령」에 의해 학생에서 일반인, 25세 미만의 미혼 여성까지 근로보국대로 동원되었다. '여자추진대'는 법령 없이 관청에서 알선하는 방식으로 이루어졌다. 주로 국민총력조선연맹[1]의 지방 연맹에서 20~30세의 국민학교 졸업 이상의 학력을 가진 여성을 뽑아 읍·면 단위로 여자추진대를 편성했는데, 이들은 여성의 노동을 장려하는 운동이나 황민화 정책을 시행하는 데 이용되었던 것으로 보인다.

1940년대에 엄청난 위력으로 조선에서 여성을 동원한 제도가 '정신대'였다. 정신대(挺身隊)란 자발적으로 몸을 바친다는 뜻으로 일제가 무상으로 노동력을 동원하기 위해 만든 제도인데 식민지 조선에서도 시행되었다. 정신대는 남자·여자를 모두 포괄하고 보도, 의료, 근로 등 여러 분야에 걸쳐 동원되었다. 기록상 확인할 수 있는 최초의 정신대는 1939년 함남 함흥에서 '농촌정신대'라는 이름으로 각 군에서 국책 공사에 동원한 것이다. 1941년 시행한 '내선일체(內鮮一體)정신대'는 소학교 6학년을 졸업한 청소년 600명을 뽑아 조선에 지점 또는 지소가 있는 일본 공장 혹은 사업장에 보내 2~3년간 기

---

[1] 1938년 일제는 국민정신총동원조선연맹을 만들어 각 하부 조직에 지부를 만들었으며, 최말단 실천 기구로서 10호를 단위로 하는 애국반(愛國班)을 만들었다. 1940년 국민정신총동원조선연맹을 국민총력조선연맹으로 재편성했고, 1943년에는 광산, 공장을 비롯한 직장 연맹의 기저 조직인 애국반을 고쳐서 사봉대(仕奉隊)라고 했다.

■일본 도야마(富山) 소재 후지코시(不二越) 공장
에 동원된 여자근로정신대를 선전하는 신문기사
자료: ≪매일신보≫, 1944.10.31.

술을 배우게 한 후 다시 조선의 지점이나 지소에서 근무하게 한 제도다. 그
밖에 '증산운동정신대', '부인농업정신대', '의용봉공의 정신대', '근로보국정
신대', '학도정신대', '국어보급정신대', '보도정신대', '인술정신대' 등 여러 종
류의 정신대가 결성되어 조선에서 남녀를 동원했다. 여성만을 대상으로 한
'특별여자청년정신대'는 1944년 1월 취사를 위해 조직된 것이었고, 1944년
12월에 구호 활동을 위해 '여자구호정신대'가 조직되었다는 기록이 있다.

무엇보다 여성을 동원하는 데 여자정신대 또는 여자근로정신대라는 이름
이 광범위하게 사용되었다. 그것은 주로 군수 공장에서의 노동을 위해 동원
된 것으로 1944년 8월 23일 일왕 서명의 칙령으로 공포된 「여자정신근로령」

에 의해 공식화되었으며, 여자정신대로 약칭되기도 했다. 이 법령에 따르면 여자정신대는 지원에 의해 갈 수 있다고 했으나 기본적으로 중등학교 정도의 광공업계 졸업자인 국민 등록의 요(要)신고자를 대상으로 했으므로 조선에서는 대상자가 극히 한정되어 있었다. 사실상 조선에서 여자정신대는 이 법령이 공포되기 수년 전부터 이 법령이 한정하는 대상에 관계없이 여러 방법으로 광범위하게 동원되었으므로 일본에서와는 달리 당시 조선의 여자근로정신대는 명확하게 공식적인 제도로 시행된 것은 아니었다. 따라서 당시 널리 사용되었던 정신대라는 이름으로 여성을 동원해 위안소로 보낸 경우가 많았던 것이다.

2) 여성의 성 동원: 작부, 추업부, 종업부, 위안부 등

근로 동원이 이와 같이 여러 공식적인 제도에서 확인되는 데 비해 성 동원의 경우는 군 문서에서 산발적으로 발견되고 있을 뿐이다. 1932년 재(在)상하이(上海) 총영사관에서 발행한 문서에 해군 '위안소'라는 용어가 쓰였고, 당시 일본군 문서에는 그 밖에 간혹 '구락부(俱樂部)', '군인회관' 등의 용어도 발견된다. 이 위안소에서 성 노예로 일하는 여성을 부르는 명칭은 다양했다. '작부(酌婦)'라는 용어가 가장 많이 발견되며 그 밖에 '위안소 종업부(從業婦)', '위안소 추업부(醜業婦)', '위안소 부녀', '예기', '창기', '특종 부녀', '접객 부녀' 등도 사용되었다. 1939년경부터 '위안부'라는 용어가 자주 쓰이기 시작해 이후 거의 위안부로 용어가 정착되어간 것을 볼 수 있으며, 그와 함께 '군 위안부'도 간혹 발견된다.

3) 일본군 위안부제도

일본에서 사용하는 종군 위안부라는 용어는 종군간호부, 종군기자 등에 준거해 만들어낸 것으로 추측되는데, 이것은 간호부나 기자와 같이 자의에 의해 군대를 따라다닌다는 함의가 있으므로 받아들일 수 없다는 것이 피해 자 측의 입장이었다. 한국 정부는 1992년 7월, 중간 보고서를 내면서 '군대 위안부'라는 용어를 사용했다(「일제하 군대위안부 실태조사 중간 보고서」, 1992. 7.31).

이런 혼란 속에서 정신대연구소는 당시 일본군 문서에 '군 위안소'라는 용 어가 등장하며(陸軍省, 1943), 당시 간행된 신문인 ≪매일신보≫(1944.10.27, 11.1)에 '군 위안부 급모(急募)'라는 광고가 실린 점에 주목하고 당시 사용되 었던 용어에 가장 가까운 '군 위안부'라는 용어를 사용하는 것이 적절하다는 주장을 제기했다. 이후 한국정신대문제대책협의회(정대협)에서도 '일본군 위 안부(Japanese military sexual slavery)'라는 용어를 사용하기로 결정하면서 이 것이 우리 사회에 정착되었다.

한편 유엔(UN) 등 국제 활동의 장에서는 군대 성 노예(military sex slave)와 군대 성 노예제도(military sexual slavery)라는 용어가 사용된다. 1996년 유엔 인권위원회에 제출된 라디카 쿠마라스와미(Radhika Coomaraswamy)의 보고 서와 1998년 인권소위원회에 제출된 게이 맥두갈(Gay McDougall)의 보고서 는 이 문제를 명확하게 전시하 군대 성 노예제(military sexual slavery in wartime)로 규정했다. 이러한 국제적 상황을 주도한 정대협의 영어 명칭은 'The Korean Council for the Women Drafted for the Military Sexual Slavery by Japan'이다.

3. 일본군 및 정부의 일본군 위안소 설립

일본군 위안소는 대체로 1931~1932년경부터 설립되기 시작했으며 일본군이 중국을 점령한 1937년경부터 좀 더 체계적으로 확장되어 전쟁 말까지 계속되었다.

1) 군 위안소의 전기적 형태: 1905년경

일본에서는 국가가 창기를 관리하고 창부에 대한 체계적인 정기검진을 실시한 공창제도가 일찍이 수립되어 있었으며 무사(武士)들이 공창의 중요한 사용자였다. 1894년 청일전쟁 시부터 민간이 주도하는 군 위안소 형태를 발견할 수 있고 1905년 러일전쟁 시에 이미 군이 위안소를 설치했다는 병사들의 회고를 찾을 수 있다. "음부매매옥(淫婦賣買屋)을 설치해서 …… 대부분 중국 여성이라 말이 통하지 않았다", "군 공인(公認)의 집이었으나 ……" 등이 있다.

2) 군 위안소의 형성: 1932년경

1932년 초 상하이사변(上海事變) 때 병사들에 의한 강간 사건이 다발(多發)하자 상하이 파견군 참모총장 오카무라(岡村寧次) 중장은 나가사키현(長崎縣) 지사에게 군 위안부를 보내달라고 요청했다. 이후 오카무라 중장은 위안부가 송출되어온 후로 강간죄가 없어졌으므로 기쁘다고 회고했다. 오카무라가 위안부 요청을 동지(同地) 해군을 모방했다고 한 것을 보면, 해군 위안소는 이보다 빨랐다는 것을 알 수 있다. 1932년 12월 상하이의 일본 총영사관은 해군 위안소가 17개소 있다고 기록했는데 이 숫자는 이미 위안소들의 개업과 폐업을 수차례 걸친 후의 통계라는 점을 명기해, 해군 위안소 설립이 더 이른 시기에 시작되었음을 시사해준다. 군 위안소의 위안부들은 군인 이외의 다른 손님을 받지 못하게 하고 육전대원 및 당관 경찰관의 입회 아래 작부의 건강진단이 전문의에 의해 실시되며 작부에 대한 건강진단이 육전대원 및 당관 경찰관의 입회 아래 전문의에 의해 실시되며, 해군 측과 협조 단속이 엄격히 이루어진다고 기록되어 있다. 또한 이 자료들은 군 외의 일반인이 영업에 참여했다는 사실도 보여준다.

3) 본격적인 군 위안소 정책의 수립과 시행·확대: 1937년 말 이후

분산적으로 지역에 따라 시행되던 군 위안소 설립이 육군성이 주도해 하나의 정책으로서 본격적으로 일본군 전체에 체계적으로 시행된 것은, 1937년 시작된 중일전쟁이 예상외로 확대·장기화되고 일본은 본격적인 전쟁체제로 돌입해 국내와 식민지에서 전쟁 수행을 위해 산업 구조를 재편하고 물자와 인력에 대한 총동원의 구조를 정비해갔던 시기부터다.

일본 육군성이 각 파견군에게 설립을 지시한 기록을 몇 가지 보자.[2] 1937

---

2 陸軍省兵務局兵務課起案,「軍慰安所從業婦等募集に關する件」, 1938.3.4; 南京總領事館,「在留邦人の各種營業許可及取締に關する陸海外三省關係者會同決定事項」, 1938. 4.16; 在上海總領事發信,「昭和13年7月5日附在上海總領事發信在南京總領事宛通報要旨」, 1938.7.5; 教育總監部,「戰時服務提要」, 1938.5.25;「金原節三業務日誌摘錄」前篇その1のイ, 1939.4.15; 陸軍省副官送達,「支那事變の經驗より觀たる軍紀振作對策」, 1940.9.19; 北支那方面軍參謀長 岡部直三郎,「軍人軍隊の對住民行爲に關する注意の件通牒」, 1938.6.27 등.

년 12월 중지나(中支那) 방면군은 군 위안소 설치를 지시했으며 같은 시기에 제10군 참모는 헌병을 지휘해서 호주(湖州)에 군 위안소를 설치했다. 1938년 3월, 육군성 병무국 병무과는 북지(北支) 방면군 및 중지(中支) 파견군 참모장에게 "위안부 모집은 파견군에서 통제해 인물 선정을 주도적절하게 하고, 헌병과 경찰 당국과의 연계를 밀접히 할 것"을 지시했다. 1938년 5월 일본 교육총감부에서 편찬한 『전시복무제요(戰時服務提要)』에서는 "성병에 대한 적극적 예방법을 강구하고 위안소 위생 시설을 완비함과 동시에, 군이 지정한 이외의 매춘부 및 지역의 사람들과의 접촉은 엄격히 금한다"고 명기했다. 1939년 4월 육군성 의무국 과장회보에서 제21군의 마츠무라(松村) 군의부장은 "성병 예방을 위해 군인 100명당 1명꼴로 위안부를 수입한다. …… 치료 비용은 영업주가 부담한다. 검진은 주 2회"라고 보고했다. 육군성은 1940년 9월에도 군기 풍속에 관한 지도 단속에 각별히 유의할 것을 지시했다. 이렇게 육군성 중앙의 통제가 이루어지는 중에도 방면군, 군 및 대대, 연대 등의 수준에서 군 위안소 설치, 위안소 규정의 제정, 위안소 업무 상황의 보고 등의 업무가 이루어졌다. 예컨대 1938년 6월에 북지나 방면군 참모장은 가능한 한 조속히 성적 위안 설비의 정비가 긴요하다고 말했으며, 연대 본부에서 각 대장에게 위안소에 관해 구두로 지시한다는 기록 등이 있다.

1941년 일본이 미국, 영국, 네덜란드 등을 상대로 전쟁을 본격적으로 준비하면서 육군성은 일본군 주둔지의 군 위안소 설치를 미리 기획한 것으로 나타났다. 이것은 중국에서의 경험을 바탕으로 한 것인데, 이러한 기획으로 일본은 실제로 동남아 지역에서 군인이 주둔할 경우 시간을 끌지 않고 지체 없이 군 위안소를 설치했다.

한편 이미 소련의 극동 군비 증강에 대응해 육군의 대대적인 증강을 추진해온 관동군은 1941년 7월경 관동군특종연습(관특연)을 실시했다. 이때 병참을 담당한 관동군 참모는 중일전쟁의 경험에서 군 위안부 2만여 명이 필요하다고 산출하고 조선총독부에 의뢰해 이를 징집하려 했으나 실적은 8,000명에 그쳤다고 증언했다.

1941년 12월 태평양전쟁이 일어난 후, 중국에도 군 위안소가 계속 증가하는 한편 홍콩, 말레이시아, 싱가포르, 인도네시아, 필리핀 등지에 위안소가 속속 설립되었다. 1942년 3월 12일 대만군 사령관은 육군대신(陸軍大臣)에게, 남방총군으로부터 보르네오행(行) 위안토인(土人) 50명을 파견해달라는 요청이 있어 헌병이 조사·선정한 경영자 3명을 도항하도록 했으니 인가해달라고 요청했고, 육군성은 16일에 이를 인가했다는 기록이 있으며 그 후 6월 육군성은 대만군 참모장에게 소수의 인원보충교대는 적절히 처리하라고 지시했다. 남방과 남양의 각 지역에 일본의 점령지가 확대되던 1942년 9월, 육군성은 좀 더 전체적인 시각을 가지고 일본군 주둔지 전체에 군 위안소 설치의 안을 내놓았다. 1942년 9월 3일 과장회보에서 육군성 인사국 은상과장(恩賞課長)은 장교 이하의 위안소 시설을 북지(北支) 100개, 중지(中支) 140개, 남지(南支) 40개, 남방 100개, 남해 10개, 화태(樺太) 10개, 총 400개소를 설치하고 싶다고 발언했다. 육군성은 또한 각 군 위안소를 위해 체계적으로 콘돔을 보내고 위안부 수입을 위해 자금을 지원했다.

이렇게 육군성에서 군 위안소의 구체적인 설치에 대한 전체상을 가지고 통제하는 가운데에도, 점령지 각 지역, 각 수준의 군대 조직에서는 위안소에 대한 지휘·감독을 적극적으로 수행했던 것을 볼 수 있다. 기록에 따르면 중국 파견군 총사령부에서 콘돔의 지급 문제를 통제했고, 필리핀에서 군정감부(軍政監部)가 군 위안소 지휘·감독을 관장했으며, 미얀마 만달레이(mandalay)는 주둔 사령관이, 말레이시아에서는 군정감이 위안소 설치 및 규정의 제정을 관장했고, 네덜란드령 인도네시아에서는 민정부장관이 위안소 시설

설치·감독을 책임졌다. 1944년 5월부터 1945년 2월까지 오키나와에 남지구 사령부, 사단, 대대 및 중대 수준에서 군이 직접 위안소를 건축했고 기타 제반 위안소 문제에 대해 논의한 기록이 다수 발견되었다.

여타 일본 정부기관의 참여도 보인다. 위안부나 위안소 경영자들의 출입국 관리에는 외무성의 협조가 필요했다. 예컨대 1940년 9월 대만총독부 외사부장은 외무성 아메리카국(亞米利加局, 미국 담당 부서) 제3과장에게 "도항자는 도중(渡中) 사유증명서가 필요하겠지만 위안소 종업원의 도항은 시급하므로 특별히 허가하도록 했으니 양지하라"는 통보를 했다. 내무성의 개입도 주로 위안부 및 경영자들의 출국 관계에서 나타난다. 1938년 2월 내무성 경보국장은 '추업(醜業)'을 목적으로 하는 부녀자의 도항은 현지의 실정으로 볼 때 필요 불가결한 것이라 보고 이들의 중국으로의 출국은 당분간 묵인하기로 하며, 부녀자의 모집·주선의 상황을 잘 단속할 것을 지시한다. 내무성은 1940년 자료에서도 특수 부녀의 도항 목적을 "정주(定住)하기 위해"라고 기재하도록 조치했던 것을 보여준다.

조선총독부와 대만총독부의 협조도 중요했다. 1920년대부터 시행되기 시작한 출국허가제도는 점차 그 요건이 까다로워졌고, 1938년 이후 극심한 인력동원 정책이 시행되면서 더욱 엄격해졌다. 따라서 조선총독부의 개입 없이 조선인 여성의 동원이 이루어졌다는 것은 생각할 수 없다. 조선총독부 관계 자료는 1938년 초부터 중국으로의 위안부 및 위안소 관계자들의 도항 상황을 파악하고 있었음을 보여준다. 앞서 언급한바, 1941년 7월 관동군이 조선총독부의 도움을 받아 위안부 8,000명을 동원했으며, 1942년에도 조선총독부 경무국장이 일본척무성 조선부장과 각 도 경찰부장 및 재중 각 파견원에게 예창기를 포함한 직업별 도항 상황을 보고한 자료가 있다.

대만총독부의 역할도 대체로 도항과 관련이 있다. 특히 대만의 경우 남양 방면에 위안소를 개설할 위안소업자의 처우에 관한 사항이 많다. 앞서 언급한 대만군 사령관의 보르네오행 위안소업자에 관한 보고 사항에서도 볼 수 있듯이 대만에서 남양 방면으로의 도항을 책임진 경우가 많았던 것으로 생각된다.

4) 위안소 설립의 직접적 동기

위안소를 설립하면서 그 필요성을 논의한 군의 여러 문서 자료를 보면 군위안소 설립의 직접적 목적은 다음과 같이 요약할수 있다. 첫째, 군인의 사기 진작을 위해서였다. 전쟁이 계속되는 가운데 군인들의 사기가 저하되고 그 정신적 영향은 매우 심각해, 특히 점령지에서 이로 인해 많은 문제가 발생하고 있었으므로 이를 다스리는 방법의 하나로 성적 위안 시설의 확충이 중요하다고 보았다. 둘째, 군인들은 외부의 위안 시설을 사용할 수 없고 군인만 사용할 수 있는 군 위안소를 만들어 이것을 이용하도록 한 제도의 설립에는 군인들의 성병을 예방하기 위한 목적이 중요했다. 일본 군대가 시베리아에 출병했을 때(1918~1922) 군인들의 성병이 매우 커다란 문제가 되었다는 사실은 널리 알려진 바와 같으며, 이 경험이 군 위안소 설립의 중요한 동기가 되었다. 군 위안소에 대한 군대의 통제와 감독 중 위안부에 대한 정기 성병 검사가 매우 중요했다는 점도 이와 관련된다. 셋째, 일본 군인은 점령 지역에서 약탈, 강간, 방화, 포로 참살 등으로 문제를 일으켰으며, 특히 강간은 점령지 주민들로부터 예상외의 심각한 반일 감정을 폭발시켰다. 이로 인해 점령지의 통치에 곤란을 겪음에 따라, 일본군은 "군인 개인의 행위를 엄중히 취체함과 동시에 속히 성적 위안의 설비를 정비할" 것을 지시한 것이다. 그 밖에 군대가 직접 설립·경영하지 않고 민간인에 의해 영업이 이루어진 군 위안소에 대해서는 영업세 또는 특별전매세라는 명목으로 세금을 부과했던 사실로 보아, 군의 독자적 재원의 확보를 목적으로 군 위안소의 설치에 좀 더 적극적이었다는 지적도 있다.

5) 군 위안소의 성격 및 경영 형태

1930년대 초부터 종전에 이르는 동안 일본 군대의 위안소가 세워졌던 지역은 "일본군이 주둔했던 모든 곳"이라고 해도 과언이 아니다. 일정한 체계를 갖추면서 군 위안소는 다음의 특성을 나타냈다. 첫째, 군 위안소는 극히 드문 예외를 제외하고는 기존의 공창제도에 따른 유곽과는 별도의 체계로 군인들만을 위해 이루어진 것이다. 둘째, 일본군의 군 위안소는 군대의 강제적 규정에 의해 군인과 군속만이 사용하도록 되어 있던 곳이다. 이 군 위안소는 지방관민의 사용이 일절 불가능했고 다른 한편 군인, 군속은 군 위안소 이외의 다른 위안소의 이용 및 매음부, 토민과의 접촉이 엄격히 금해졌다. 셋째, 군 위안부는 군이 지정한 의사에게 정기적으로 성병 검사를 받았다. 넷째, 위안부의 이동을 포함한 위안소의 제반 상황은 군의 엄격한 통제 아래 놓여 있었다.

군 위안소는 설립, 경영, 위안부 모집을 군이 직접 하거나 민간에 위임해 시기와 장소에 따라 다양한 형태를 나타냈으나 어느 경우에나 군대의 보호, 감독 및 엄격한 통제를 받았다. 위안소의 설립은 군대가 설립한 경우, 민간이 설립해 군의 허가를 받은 경우, 그리고 기존의 민간 위안소를 군이 지정해 군 위안소로 편입·정리한 경우 등으로 나누어진다. 여기서 민간이 설립한 경우에도 군 위안소가 되기 위해서는 반드시 군의 허가를 받고 군으로부터 면허증을 교부받아야 했다. 민간 영업자는 매월 일정 금액을 영업세로 납부

▌위안소 앞에서 기다리고 있는 일본군

자료: 麻生徹男, 『上海より上海へ』(石風
社, 1993).

▌성병검진을 받으러 가는 위안부들

자료: 麻生徹男, 『上海より上海へ』(石風
社, 1993).

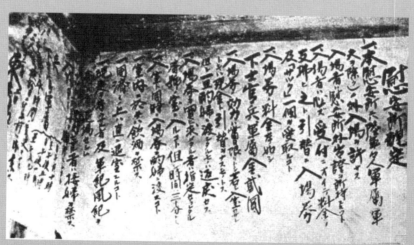

▌위안소 이용에 관한 규정

자료: 麻生徹男, 『上海より上海へ』(石風社, 1993).

했다. 경영은 군대가 위안소를 설립한 경우, 군이 직접 설립한 경우와 군이 민간인에게 위임한 경우로 다시 나뉜다. 민간인이 설립한 경우는 대부분 민간인이 경영했던 것으로 보인다. 민간이 설립·경영한 군 위안소의 경우에도 위생 도구와 위안부에 대한 군의(軍醫)의 정기검진을 군으로부터 제공받았으며, 군이 정한 위생·청결 사항을 엄수해야 했고 이 밖에도 군에서 정한 위안소 규정의 여러 내용에 따라야 했다. 정기적으로 군대에 업무 보고를 하게 되어 있었고 위안부의 이동까지도 군의 명령에 의해서 이루어졌다.

군 위안소는 각기 군이 정한 위안소 규정에 따라 운영되었다. 위안소의 규정에는 군인들의 계급별·이용시간별 요금이 명기되어 있었다. 규정된 요금의 액수는 장소와 시기에 따라 달랐고 위안부의 국적에 따라 요금을 달리 규정한 위안소도 있었다. 혼잡을 방지하기 위해 요금은 대부분 표〔切符〕로 지불하도록 했다. 이러한 규정에도 위안부에 대한 급료의 지불은 거의 대부분 제대로 이루어지지 않은 것으로 보인다. 피해자들 대부분은 보수를 전혀 받지 않았거나 군인들로부터 표는 받았지만 관리인에게 그것을 주고 돈으로 정산해 받지는 못했다.

위안부에 대한 정기적인 성병 검사는 군 위안소제도에서 매우 중요한 사항이었다. 일주일에 한 번 또는 2주, 한 달에 한 번씩 군의에 의한 위안부 검진을 명기한 위안소 규정이 많은 군 문서와 연구 자료에서 발견된다. 일본군은 군인들 사이에 성병이 퍼지는 것을 막기 위해 군인들에게 또는 위안소에 피임구를 공급하고 반드시 이것을 사용할 것을 지시했다. 피해자들의 증언에 의하면 피임구가 부족해 세탁해서 중복 사용한 경우도 많았다. 이러한 모든 위생 규정이 있었음에도 다수의 위안부들이 성병에 걸린 사실과 성병으로 입원 치료를 받은 기록이 많다. 피해자들의 증언에 의하면 성병에 걸렸을 때는 '606호'라는 주사[3]를 맞았으며, 성병이 심해 격리 치료를 받다가 위안소로 다시 돌아오지 못한 사람도 있었다는 증언이 있다.

4. 일본군이 주도한 군 위안부 강제 연행

피해자에 대한 조사에 따르면 사람들 대부분이 취업 사기와 폭력에 의한 강제 연행을 통해 위안소로 가게 되었다. 여기서 일본군에 의한 강제 연행 사실은 일본 정부에서 계속 부인하고 있지만 이를 보여주는 많은 증거가 있다.

1) 군 위안부 동원의 방식

좋은 곳에 취직을 시켜주겠다는 약속을 받고 따라나섰다가 군 위안소로 가게 된 피해자들이 증언하는 '좋은 곳'의 종류는 다양했다. 가장 많이 등장하는 것은 일본의 공장이었다. 몇 년간 일을 잘하면 돈도 벌 수 있고 언제든 희망하면 돌아올 수 있다는 것이었다. 조금 더 사실에 가까운 것으로 병원의 부상병을 위해 일하는 것, 종군간호부의 일을 하는 것 등의 취업 약속이 피해자들의 마음을 끌었던 것이다. 가난 때문에 어느 곳의 수양딸로 보내졌다가 그 집에서 팔아 버린 경우, 일하던 식당이나 가게의 주인이 판 경우, 가장 비참한 것으로 친아버지가 판 경우 등이 있다. 이 밖에 공출, 봉사대, 근로대

---

3 이 주사는 현재 동물에게만 사용하는 매우 독한 주사로, 당시 이 주사는 성병 치료와 함께 임신 시에는 낙태의 효과도 나타냈으며, 계속적인 투하로 불임의 결과를 가져왔다.

나 여자정신대 등의 명목으로 끌려갔다고 증언한 여성들이 다수 있다.

2) 강제 연행: '협의의 강제성'

2007년 미국 하원에서 일본군 위안부 관련 결의안(HR121)이 논의·통과되는 과정에서[4] 아베 당시 일본 수상은 '협의의 강제성'은 없었다고 강력히 주장했다. 여기서 협의의 강제성이란 관헌이 물리력을 사용해 행한 강제 동원을 일컫는 것이다. 2007년 6월 14일, 60명의 일본 국회의원, 교수, 평론가들이 ≪워싱턴포스트(The Washington Post)≫에 "사실(The Facts)"이라는 제목으로 낸 광고에서도 강제 연행은 없었다는 내용이 주를 이루었다. 이 이른바 협의의 강제성에 대한 집착은 일본의 보수 집단 전반에서 나타난다. ≪요미우리 신문(讀賣新聞)≫은 "종군 위안부 문제의 핵심은 관헌에 의한 강제 연행이 있었는가 여부다"라고 주장했다.

---

4   미국에서 일리노이 주의 하원의원인 윌리엄 리핀스키(William Lipinski)가 1997년 처음으로 일본군 위안부 관련 결의안을 하원 외교위원회에 제출한 이래, 2000년부터 다섯 차례에 걸쳐 같은 일리노이 주의 레인 에번스(Lain Allen Evans) 의원이 결의안을 제출했으나 번번이 좌절되었다. 2007년 1월에 캘리포니아 주의 하원의원인 마이크 혼다(Mike Honda) 의원이 다시 시도해 2월에 미 의회 사상 처음으로 위안부 피해자의 증언을 포함한 공청회가 열렸고, 6월에는 하원 외교위원회를 통과했다. 그리고 마침내 7월 30일 하원에서 만장일치로 일본 정부에 공식 사죄를 요구하는 결의안이 통과되었다.

3) 강제 동원에 대한 여러 나라 피해자 및 경험자의 다중적 증언

　앞서 언급한 일본 우파의 주장에는 강제 연행에 관해 증언만이 있을 뿐 문서 자료가 없다는 것인데, 그것은 증언은 믿을 수 없다는 생각에 바탕을 둔 것이다. 이미 2000년 여성국제법정에서 11개국의 피해자들이 강제 연행의 피해를 증언했다. 2004년 필자가 인도네시아의 발릭파판(Balikpapan)에서 행한 조사에서 한 여성은 "인도네시아 연극단 주인이 연극배우를 시켜준다고 속여 따라갔는데 위안소였다"고 말했으며, 다른 한 사람은 "길에서 강제로 머리채를 잡혀 조그만 트럭에 태워졌는데 그 트럭에는 이미 어린 여성 네 명이 타고 있었다"고 증언했다. 한국 피해자 증언에서 나타난 강제 연행의 형태와 거의 일치하는 증언이었다. 이후 위안소로의 수송 과정, 성병 검사, 위안소 사정 등에 관한 증언의 내용도 한국 피해자들의 증언 내용과 거의 흡사했다.

　일본 군인들의 증언도 적지 않다. 1992년 일본에서 일본군 위안부 문제가 사회적으로 환기되기 시작했을 때 일본 군인의 증언을 받아 책으로 묶은 『종군 위안부 110번(從軍慰安婦110番)』에는 강제 연행을 포함한 다양한 증언이 포함되어 있다. 1960년대 이후에 출판된 일본 군인들의 회고록에서 강제 연행을 말하는 부분을 발견하는 것은 어렵지 않다. 미얀마에서 위안소에 갔던 경험을 말하는 한 군인은 다음과 같은 위안부의 목소리를 전한다.

　　동경 군수 공장에 간다는 이야기로 모집이 있었습니다. …… 인천에서 배를 탔는데 남쪽으로, 남쪽으로 와서 …… 버마로 왔습니다. 걸어서 돌아가지도 못하고 도망갈 수도 없어서 포기했습니다.

▌1944년 8월, 미얀먀 포로 수용소에 수용되어 있는 여성들

자료: NARA(미국 정부기록물보존소).

▌1944년 9월, 중국 윈난 성 라멍(拉孟=松山)에서 발견된 조선인 위안부들

자료: NARA(미국 정부기록물보존소).

▌1944년 9월, 중국 윈난 성 라멍에서 중국군에게 발견된 한국인 '위안부' 4명이 심문을 받고 있다.

자료: NARA(미국 정부기록물보존소).

미얀마 경험을 말하는 또 한 군인은 다음과 같이 증언한다.

……19세에서 20세 정도의 조선 여성들이 타이피스트나 여급, 사무원 명목으로 몇백 명이나 사냥되었고 어용선에 실려 왔더니 …… 어떤 여성은 고등교육을 받은 좋은 집안의 처녀인데 …… 집단적으로 끌려왔다고 한다.

파푸아뉴기니에서 참전했던 한 일본 군인의 증언은 다음과 같다.

라바울(Rabaul)에는 장병을 위해 세 개의 위안소가 있었는데 본인의 의지와 상관없이 완전히 강제적으로 조선에서 젊은 여성들을 배에 태워 끌고 왔다고 한다.

중국 평양진(平陽鎭)에서 위안소를 경험한 한 일본 군인의 증언은 좀 더 생생하다.

내가 익숙한 위안부는 직업용 일본명을 마사오라고 불렀다. 집안은 강원도의 가장 가난한 농가였는데 어느 날 갑자기 촌장이 와서 "군의 명령이다. 나라에 대한 봉공으로 딸을 내놓아라"라고 했다. 봉공의 뜻을 금방 이해했기 때문에 부모는 손을 빌며 큰소리로 "아이고"를 거듭했으나 촌장은 듣지도 않았다. 이 면에는 8명의 할당이 있었는데 면에는 처녀가 5명밖에 없으니까 한 사람도 놓치면 안 된다고 했다. 촌장 뒤에는 칼을 가진 일본인 순사가 있었다. 5명의 마을 처녀가 돌과 같이 트럭에 실려서 마을 경계인 다리를 건너간 것이 고향과의 이별이었다. …… "매일 15명을 손님으로 받아요. 몸이 안 되겠어요. 살아 있는 것이 불가사의해요"라고 그녀는 말했다.

4) 연합군 조사 보고서

연합군이 동아시아 여러 나라에 진주했을 때 군인들 속에 섞여 있는 여성들을 보고 의아해했다는 것은 연합군의 전쟁 포로 관련 여러 보고서에 기록되어 있다.

2002년 미국 정부기록물보존소(The US National Archives and Records Administration: NARA)에서 발견된 문서[5]는 중국 쿤밍(昆明) 지역에서 1945년에 미군에 의해 작성된 것으로서 "생포된 한국인 여성 23명이 모두 위안부였는데 이들은 모두 강제(complusion)와 사기(misrepresentation)에 의해 위안부가 되었다"고 기록되어 있다.

1993년에 오오무라(大村哲夫)가 잡지 ≪세계(世界)≫에 일부 소개했으나 2007년 네덜란드의 정부기록물보존소에서 한국의 연구팀이 발굴해 전면 공개된 「일본 해군 점령기에 네덜란드령 동인도 서(西)보르네오에서 발생한 강제 매춘에 대한 보고서(Report on enforced prostitution in Western Borneo, N.E.I. during Japanese Naval Occupation)」(문서번호: AS5309)는 네덜란드어와 영어로 동시에 작성된 네덜란드 정보부대(Netherlands Forces Intelligence Service: NEFIS) 문서로서 일본 군인에 의한 무차별한 강제 연행이 매우 명확하게 기록되어 있다. 인도네시아의 서보르네오 지역에서 일본 해군의 특경대(特警隊) ─ 해군의 군 경찰, 육군의 헌병대에 상당한다 ─가 위안소의 설립과 위안부 조달의 책임을 맡고, 거리에서 마구잡이로 여성들을 체포해 신체검사를 받게 한 후 위안소에 넣었으며, 위안소에서 탈출할 경우 그 여성의 가족이 체포되어 모진 대우를 받게 되고 심한 경우 죽임까지 당했다고 기록되

---

5   "Korean and Japanese prisoners of war in Kunming," April 28, 1945.

ALGEMEEN RIJKSARCHIEF
Tweede Afdeling

ALGEMENE SECRETARIE
EN DE DAARBIJ
GEDEPONEERDE ARCHIEVEN
(1942 - 1950)

Inv.nr: 5309

▌2002년 미국 정부기록물보존소(NARA)에서 발견
된 문서 "Korean and Japanese prisoners of war in
Kunming," April 28, 1945

어 있다.

2007년 일본 학자들이 도쿄 대학교 도서관에서 찾아내 공개한 도쿄 극동국제군사재판에 각국의 검찰이 제출한 연합군 문서에도 중국과 인도네시아, 베트남을 포함한 동아시아에서 일본 군대가 행한 위안부 강제 연행이 생생하게 기록되어 있다. 네덜란드 정보부대가 바타비아(Batavia)에서 작성한 문서인 「오하라 세이다이 진술서(Statement by Lt. Ohara Seida)」(1946.1.13)의 기록은 다음과 같다.

1944년 9월 인도네시아의 모아 섬(Moa Island)에서 내가 군인들을 위해 위안소를 조직했다. …… 여기에 5명의 여성을 강제 동원했는데 그것은 그들의 아버지가 폭동을 일으킨 것에 대한 처벌이었다.

네덜란드 정보부대 문서에는 성 노예 피해자의 진술도 있다. 「심문조사구술서: 빌만-발레 구엔에 대한 조사 개요(Affidavit of Interrogation: Summary of Examination of J.Beelman-v.Ballegooyen)」(1946.5.16)는 1944년 1월에 모엔틸란(Moentilan) 수용소에 억류되어 있던 여성들이 위안소로 끌려가 성 노예가 된 상황을 보여준다. 여성들이 저항했을 때 남편에게 책임을 물을 것이라고 협박했던 것이 진술되어 있다.

「로이 안토니오 누메스 로드리게스에 대한 조사 개요(Summary of Examination of Lois Antonio Numes Rodrigues)」(1946.6.26)는 마을 유지를 이용한 일본군의 위안부 강제 연행의 만행을 보여준다.

다음은 포르투갈인 로드리게스(Rodrigues)의 진술이다.

1942년 2월 포르투갈령 티모르(동티모르)의 딜리(Dilli)에서 일본인들은 촌장에게 여성들을 위안소에 보내도록 강제했다. 만약에 그러지 않으면 촌장의 친척들을 위안소로 데려가겠다고 협박했다.

또 다른 조서도 베트남에서의 위안부 강제 연행을 보여준다. 「구술서: 뉴엔-티-통(Affidavit: Nguyen-thi-Thong)」(1946.9.6)에서도 일본인이 프랑스 군인과 살고 있는 베트남 여성들을 띠앤옌(Tien Yen)에 세운 위안소로 강제로 데려갔다고 되어 있다.

5) 연합군 재판 기록

바타비아 임시군법회의는 1946년 인도네시아의 바타비아에서 열린 군사법정인데, 위안부 관련 건으로 1948년에 판결을 내렸다. 1944년 2월 인도네시아 스마랑(Semarang)의 수용소에 억류되어 있던 네덜란드 여성 35명을 강제로 위안소로 데려와 성 노예로 사용한 것에 책임을 물어, 12명이 재판을 받았는데 그중 직급이 가장 높은 장교 한 명에게는 사형이 집행되었다. 일본은 1952년 샌프란시스코조약에서 여러 전쟁범죄법정의 판결을 수락했다. 일본 군대의 위안부 강제 연행을 연합국과 동시에 일본 정부도 인정한 것이다. 네덜란드 여성에 대해 이러한 강제가 이루어졌을 때 아시아 여성에 대해서는 더욱 잔혹한 강제 연행이 이루어졌음을 짐작하는 것은 어렵지 않다.

6) 네덜란드 정부 보고서

네덜란드 정부가 정부공문서보관소에 보관된 문서들을 정리해 1994년에 발표한 「일본점령하 네덜란드령 동인도에서의 네덜란드 여성에 대한 강제매춘에 관한 네덜란드정부 소장 문서 조사보고(Report of a study of Dutch governments on the forced prostitution of Dutch women in the Dutch East Indies during the Japanese occupation)」(1994. 1.24)에서도 위안부 강제 연행 사실을 다음과 같은 여러 곳에서 확인할 수 있다. 1942년 3월 일본군이 자바(Java) 섬에 상륙, 1주일 후에는 네덜란드령 동인도를 점령했다. 병첨 담당 장교가 위안소 면허의 발행과 면허 조건을 지키도록 하는 책임자였다. 1943년 9월 보르네오의 해군이 위안소를 직접 관리하고, 특경대는 여성을 모집하는 책임을 맡았다. 침략 초기 자바 섬에서는 네덜란드령 동인도 정부 관리가 적당한 여성을 찾도록 압력을 가했다. 1943년 후반에는 육군과 헌병대가 억류소와 그 밖의 장소에서 여성을 잡아오기 위해 무력 행사를 했다. 자바 여성과 소수의 유럽 여성을 주위 여러 섬의 위안소에 보내기 위해 직접 모집에 나섰던 것이다.

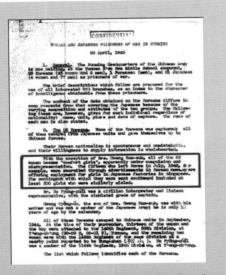

█「일본 해군 점령기에 네덜란드령 동인도 서보르네오에서 발생한 강제 매춘에 대한 보고서(Report on enforced prostitution in Western Borneo, N.E.I. during Japanese Naval Occupation)」(문서번호: AS5309)

7) 전쟁 중 조선총독부 법원 판결문

1938년 일본 군대가 중국을 점령하고 위안소를 체계적으로 확장하기 시작했을 때 조선 반도에서 대대적인 위안부 강제 동원이 이루어졌다는 사실을 간접적으로 말해주는 또 다른 문서 자료가 있다. 당시의 조선총독부 법원 판결문이 그것이다. 대구복심법원, 대구지방법원, 부산지방법원 밀양지청, 대전지방법원 강경지청 외 여러 지청, 광주지방법원 장흥지청, 정주지방법원, 광주지방법원 등 여러 법원에서는 1938년부터 1944년에 걸쳐 수많은 사람들을 유언비어·조언비어(造言飛語) 유포죄로 처벌했는데, 그 유언비어의 내용은 관헌이 어린 여성들을 잡아 중국의 위안소로 보낸다는 것이었다. 다음은 처벌을 받은 유언비어의 예다.

■ 순창 경찰서에서 순창의 통안(通安)에 사는 양 모의 딸(17~18세)을 전지에 연행하기 위해 조사하여 동녀(同女)는 걱정하여 3개월 동안 음식도 먹지 못하고 울기만 한다.
■ 이번 지나 사변에 출정하는 군인을 위안하기 위해 16세 이상 20세에 이르는 처녀 및 16세 이상 30세에 이르는 과부를 강제적으로 수집하여 전지에 보내 낮에는 취사 및 세탁을 시키고 밤에는 군인과 성적 관계를 하게 한다.
■ 최근 당국에서 17~18세의 미혼 처녀를 모집하여 북만주에 연행하여 목하 전쟁 중인 일본군 장병을 위해 취사 또는 위안을 하려고 계획 중이므로 빨리 딸 석순(16세)을 결혼시키라.
■ 우리 이웃 마을에는 처녀 세 명이 공출되어 만주로 가게 되었다. …… 당신 딸이 있으면 시집보내라.
■ 전남 광주와 정읍에서는 처녀 공출이 성행하고 있고 칠보면에도 처녀 두

명이 공출되었다. 그 관계로 처녀의 결혼이 많아 칠보면에 살고 있는 내 동
생도 일찍 결혼했다.

- 전주에 가서 보니 처녀는 전부 공출되었고 김제에도 근일 중에 처녀는 전
부 공출된다 하니 너희들도 빨리 고향으로 돌아가서 시집가는 것이 좋다.

여기에 든 예는 「육군 형법」 제99조, 「해군 형법」 제100조, 「조선임시보
안령」 등에 의해 4개월 형부터 수년에 이르는 구형을 받은 것으로서 이 밖에
도 다수의 판결문을 찾을 수 있다. 1938년부터 이러한 판결이 확산되었고 여
러 지역에서 동일한 내용이 말해진 것으로 보아, 이것은 1938년부터 급격히
증가한 위안부 강제 동원의 실제를 어느 정도 반영하는 것이라고 생각된다.

5. 피해자의 성격과 역사적 사실의 은폐

피해자들은 어린 나이의 빈곤한 가정 출신이 많았고 전쟁 후에 살아남은
사람들도 매우 고된 삶을 살았다. 이 문제는 여러 국내적·국제적인 요인에
의해 은폐되었다.

1) 피해자의 가정 배경과 나이, 연행 지역

피해자들의 가정 배경은 거의 예외 없이 빈곤한 농가였으며 학력 수준도
매우 낮았다. 피해자들의 연행 시 나이는 11세의 어린 나이부터 시작된다.
1993년 한국 정부에 신고한 175명 중 27세에 연행된 사람도 한 사람 있으나
가장 많은 사람들이 14~19세, 그중에서도 16세와 17세에 집중되어 있다.

1993년 정신대연구소에서 심층 면접한 19명의 피해자 조사에서도 같은 결과를 보인다. 흥미로운 사실은 아직 위안소가 크게 확대되지 않았던 시기인 1932~1936년에는 피해자의 나이가 14~19세에 집중되었던 것이, 이후 위안부의 수요가 크게 늘어나면서 나이의 상한과 하한이 폭넓게 늘어났다는 것이다. 피해자들이 연행된 곳은 대체로 농촌 지역이었지만 서울, 부산, 광주, 대구 등 도시 지역에서도 광범위하게 연행이 이루어졌다.

2) 패전 후 처리

패전 시에 군대가 위안부들을 데리고 귀향한 경우는 드물었다. 전(前) 일본 군인들의 여러 증언에 의하면 위안부들을 위안소에 유기한 경우, 일본 군인들과 함께 자살을 강요한 경우 등 패전 시 일본군의 위안부에 대한 처리는 조선에서의 모집 과정과 위안소에서의 대우보다 더욱 잔혹했다. 많은 피해자들이 어느 날부터 갑자기 군인들이 위안소에 오지 않았다고 증언했다. 이들은 많은 어려움을 겪으면서 스스로 귀국했거나 미군 수용소에 있다가 귀국한 경우가 대부분이다.

귀향 후 위안부들은 위안부였다는 자격지심, 위안부 생활에서 얻은 병, 주위의 편견 등으로 인해 정상적인 결혼 생활을 하지 못했다. 대부분 현재 혼자 살고 있으며 경제적으로 또 건강 면에서 매우 곤란한 생활을 하고 있다.

3) 은폐의 요인

이러한 엄청난 사실은 전후 거의 역사 속에 묻혀 있었다. 그 이유는 무엇보다도 일차적으로 일본 정부와 군의 자료 은폐 때문이었다. 일본군은 극비

리에 위안부 정책을 수행했을 뿐 아니라 종전 직후 담당 군인들에게 자료 폐기의 명령을 내렸다는 사실[6]이 군 문서에서 발견되고 있다. 둘째, 일본은 진상을 밝히는 작업과 배상·처벌을 포함한 전후 처리가 독일에 비해 거의 이루어지지 않은 것도 이 일에 대한 문제 제기의 길을 막은 것이다. 그것은 일본 정부의 아시아 국가들에 대한 경시의 태도와 독일의 경우와는 달리 주변국들이 취약한 경제적·정치적 조건 및 사회운동의 상황 때문에 일본에 올바른 전후 처리를 강하게 요구할 수 없었다는 점 때문이라고 볼 수 있다. 일본이 아시아 여성에게 행한 범죄에 대해서는 전후에 전혀 처벌이 이루어지지 않은 데 비해, 1946년 네덜란드 정부가 인도네시아 바타비아 시의 임시군사법원에서 행한 재판에서 인도네시아에 거주하던 네덜란드 여성들을 일본군 위안부로 강제 동원한 혐의로 일본군 9명에게 형이 집행되었다는 사실은 이러한 취약한 아시아 피해국의 상황을 극명하게 보여준다.

이와 아울러 아시아에 자본주의를 정착시키는 데 일본의 역할을 고려한 미국의 일본에 대한 대응에도 크게 기인했다고 볼 수 있다. 미국은 미소 냉전 중에 일본을 미국 편으로 만드는 것을 최우선 요소로 고려해 일본의 부정의를 단죄하는 일에 소홀했으며, 아시아 국가에 대한 일본의 지배권을 다시금 보장하는 데 일조를 했던 것이다. 오스트레일리아의 전쟁범죄수사원으로서 도쿄의 연합군 최고사령부(General Headquarters: GHQ)에서 수사를 했던 제임스(James Gowing Godwin) 대위는 일본군 위안부라는 심각한 문제에 대해서 수사원 간에 논의가 있었으나 연합군 최고사령부 상부로부터의 압력

---

6 "제48사단 자료는 정전 시 그 대부분을 상사의 지령에 의해 처분하고, 또 나머지도 호주군에 제출했으므로 정확한 자료 대부분이 없다. 그러므로 장병들의 기억을 종합해서 …"라고 명기하고 있다(「第48師團戰史資料竝終戰狀況」, 1946.7).

때문에 수사를 중단했다고 기록했다(James MacKay, 1996).

무엇보다 중요한 요인은 가부장적 사회 분위기다. 가해자와 피해자를 포함한 실제 경험자들이 죄책감 또는 수치심 때문에 침묵한 상황은 이 사실이 표면화되는 것을 막았다. 더욱이 이러한 엄청난 여성 인권의 유린 문제에서 가해자의 폭력을 비판하기보다 오히려 피해자에게 사회적 낙인을 찍는 가부장제의 사회 분위기는 군 위안부 문제를 은폐시켜온 가장 치명적인 온상이 되었다고 볼 수 있다.

이 밖에 일본의 지식인과 사회운동이 아시아에 대한 일본의 전후 책임에 눈을 돌리지 못했다는 점과 일제강점기 피해사, 특히 이 시기의 여성사 분야의 연구가 부진했던 것도 이 사실의 발굴을 지연시킨 주요인이다.

6. 나가며

일본군 위안부 문제는 아직도 그 역사적 진실이 완전히 밝혀지지 않았으며, 진실을 둘러싸고 피해자와 일본 정부 간, 시민 사이에도 공방이 오가고 있다. 그러나 이미 국제사회에서 이것은 엄청난 인권침해 범죄라는 것이 인정되었으며 그 역사적인 과오에 대해 광범위하게 학습이 이루어지고 있다. 다시는 그러한 일이 되풀이되어서는 안 된다는 생각이 확산되고 있는 것이다. 이에 따라 기념관 설립, 교과서 기술, 결의안·보고서 작성 등이 다각적으로 이루어졌는데 불행히도 일본의 역사 교과서에는 최근 위안부 관련 기술이 대폭 삭감되었다. 반면에 한국의 교과서는 이 역사적 피해 문제를 비켜가지 않고 정면으로 다루기 시작했다. 이 모든 상황으로부터의 학습은 우리의 몫이다.

참고문헌

정진성. 2004. 『일본군성노예제』. 서울대출판부.

천성림. 2008. 「새로운 여성사: 쟁점과 전망」. ≪역사학보≫, 제200집.

타와라 요시후미(俵義文). 2001. 『위험한 교과서』. 일본교과서바로잡기 운동본부 옮김. 역사비평사.

한국외무부 정신대문제실무대책반. 1992.7.31 「일제하 군대위안부 실태조사 중간 보고서」.

한국정신대문제대책협의회. 1997. 『일본군위안부문제의 진상』. 역사비평사.

鈴木裕子. 1992. 『從軍慰安婦·內鮮結婚』. 未來社.

「第48師團戰史資料竝終戰狀況」. 1946.7.

吉見義明. 1992. 『從軍慰安婦資料集』. 大月書店.

吉見義明·林博史 編著. 1995. 『共同研究: 日本軍慰安婦』. 大月書店.

麻生徹男. 1993. 『上海より上海へ』. 石風社.

伊藤孝司. 1992. 『〈證言〉 從軍慰安婦·女子勤勞挺身隊』. 風媒社.

俵義文. 1997. 『敎科書攻擊の深層』. 學習の友社.

Coomaraswamy, Radhika. 1996. "Report of the Special Rapporteur on Violence against Women, its Causes and Consequences"(E/CN.4/1996/53/Add.1). International Commission of Jurists, 1994. *Comfort Women: An Unfinished Ordeal.*

MacKay, James. 1996. "Betrayal in High Places"(Stockport, U.K.: A Lane Publishing).

제 **4** 부
신여성
페미니즘과 민족주의

제10장 근대 여성 문학사와 신여성_ 이상경

제11장 조선은 그녀들에게 무엇이었나: 식민지 조선에 살았던 일본 여성들_ 안태윤

제**10**장

근대 여성 문학사와 신여성

이상경

카이스트 인문사회과학부 교수

1. 신여성과 여성 작가

근대 여성 문학이라 이름을 붙일 때는 거기에는 '모성'이라는 기존의 윤리(가부장제에서 여성에게 요구하는 자질)에 대항하는 '여성'이라는 각성한 주체의 요구(여성 자신의 애욕과 선택 가능성 등)가 들어 있어야 한다. 근대 국가는 여성을 '국민'의 어머니이며 아내인 '현모양처'라는 역할로 공적 영역 속에 처음 등장하게 했다. 이는 국민이라는 이름으로 가족 안에서의 여성의 역할에 새롭게 의미를 부여하고 여성에게 자존감을 주는 것이었다. 그런데 공적 영역으로 나오게 된 여성들은 곧 어머니이거나 아내라는 남성 중심 체계 속의 존재가 아닌, 독자성이 있는 개인이고자 했다. 일제강점기의 신여성이 추구한 것이 이것이었다.

여성에게 강요되거나 내면화된 어머니와 아내의 역할에 맞서 인간으로서의 욕망에 충실하게 자신의 운명을 선택하고자 하는 근대 여성의 목소리로

제10장 근대 여성 문학사와 신여성 | 이상경 295

서 여성 문학은 남성 중심 가부장제의 불합리함과 거기에 기반을 둔 가족 구조의 불안정성을 폭로하고 새로운 가족 관계를 모색했으며 개인으로서 여성의 자유로운 선택을 가로막는 각종 질곡에 저항해왔다. 여성이 어떤 전략으로 남성 중심의 사회구조에 저항하는가, 그런 저항을 통해 여성은 어떤 새로운 삶을 모색하는가에 대한 탐색은 여성 문학의 중요한 영역이다.

그런 점에서 여성 문학이 추구하는 여성성이란 여성이 처한 현실에서 여성과 모성의 갈등을 얼마나 깊이 파고들고 정면에서 대면했는가, 그리고 그것을 통해서 기존에 구축된 여성성이나 모성을 해체하거나 개념을 바꿈으로써 여성의 자유로운 선택을 가능하게 하는 데 어떻게 얼마나 기여했는가로 평가될 것이다. 또한 사회적 약자, 소수자의 입장에서 여성 자신의 삶의 조건에 대한 성찰은 동시대를 살아가는 다른 약자들의 성찰로 시선이 넓어져야 진정성을 가질 수 있다. 또한 식민지하라는 특수성 속에서 보면 자율적인 여성 주체를 추구하면서 가부장적 가족에 대한 비판이 근본적일수록 식민주의에 대한 저항 또한 확고하다.

일반적으로 중등 정도 이상의 신교육을 받고 개성에 눈뜬 근대적 인간으로서의 신여성이 현실에서 추구한 것을 한마디로 말한다면 봉건적 가부장제에서 벗어나는 것이다. 인습이 지배하는 가족의 억압에서 벗어나 자유로운 연애를 통해 배우자를 만나는 것, 각종 경제적 예속에서 벗어나 자유로운 개인으로 살아가는 것이다. 그런데 여성이 봉건적 공동체를 벗어나 개성을 찾아 나서는 길은 많은 경우 가출, 자살, 일탈 등으로 귀결되었다. '인형의 집'을 떠난 노라처럼 방황하다가 백기를 들고 귀가하거나, 연애의 갈등으로 자살하거나 병들어 죽고 궁핍에 내몰려 매춘으로 살아가는 패배의 길이었다. 그리고 그 다른 한편에 여성 자신의 힘을 믿으며 공동체의 인습에 저항하고 새로운 공동체를 지향하는 노력이 있었다. 성적·경제적 해방은 동시에 추구해야 했으며 그것은 쉽지 않은 과제였다. 거기에 식민지라는 조건 속에서 민족의 해방은 더 큰 과제이기도 했다.

여기서는 이러한 신여성의 꿈과 현실을 여성 작가의 작품을 통해 살펴본다. 당시 저널리즘의 각종 지면에 오르내린 신여성 중에서 문학 분야에서 활동한 이들만이 연애와 결혼을 둘러싼 일화 수준의 보도 기사를 넘어서서 좀더 체계적이고 지속적으로 여성 자신의 생각을 표현하는 글을 남길 수 있었기 때문이다. 식민지 시대에 활동했던 여성 작가를 서술의 편의를 위해 시기별로 나누어 살펴볼까 한다. 그 구분은 다음과 같다. 1910년대 말에 등장해 성적 억압으로부터의 자유를 추구한 이들을 제1세대, 1920년대 중반에서 1930년대 초에 등장해 개인적인 자유주의만으로는 여성의 해방은 어렵다고 하면서 여성의 해방은 계급의 해방으로부터 가능하다고 생각하는 데서 출발한 제2세대, 그리고 1930년대 중반에 등장해 여성 개인의 자각이나 계급적 해방도 식민지라고 하는 조건에서는 쉽지 않다고 생각하게 된 제3세대로 나누었다(이상경, 2004).

2. 신여성의 개인적 자각

제1세대 작가인 나혜석(羅蕙錫, 1896~1948)과 김명순(金明淳, 1896~1951), 그리고 김일엽(金一葉, 본명은 金元周, 1896~1971)은 모두 1896년생으로 1910년대에 여학교를 다녔다. 그들은 당시 희귀했던 일본 유학생 출신으로 3·1운동 이후인 1920년대 전반기에는 자타가 공인하는 신여성의 대표가 되었다. 근대 계몽기에 설립한 사립학교와 일제가 식민 통치를 시작하면서 설립한 공립 소학교를 거쳐 여성들도 중등교육을 받을 수 있게 되었고 이들 중 일부는 외국 유학길에 오르기도 했다. 1910년대에 여학교를 다녔던 많은 여학생은 3·1운동에 참여했고 3·1운동 이후 1920년대에 성인으로 대중 앞에 나서서 사회적 활동을 시작했다. 1920년대 초반의 신여성은 개인적 주체를 세우는 것이 곧 사회적 자아를 세우는 것이라고 생각했다. 실제로 중등교육을 받고 '신여성'에 대한 기대를 안은 채 학교 밖으로 나온 신여성들은 무엇보다도 결혼 문제에 직면했다. 신여성은 조혼과 자유연애의 과도기에 처한 희생양이었다. 또한 신여성은 남성의 지배에서 벗어나 진실로 해방을 얻기 위해서는 무엇보다도 경제적으로 자립해야 한다는 생각을 하기 시작했으나 그 생각을 현실화할 수 있는 직업을 가질 수가 없었다. 또 겨우 일자리를 얻는다 해도 그것이 경제적 자립을 보장할 만하지 않았다. 이렇게 신여성은 결혼이든 취업이든 뜻대로 되지 않는 상황에서 개인적으로 그 해결을 모색해야 했다. 성공적인 결혼은 나머지 문제를 해결해주는 것처럼 보였다. 그래서 연애와 결혼은 신여성 자신들에게 가장 중요한 화두였다. 그런데 이들 신여성의 연애와 결혼의 상대자로 간주된 '신남성'들은 신여성을 결혼의 상대로 상정하고 동경하면서도 한편으로는 그들의 자기주장이 가부장제에서 남성이 누리는 특권을 위협할지도 모른다는 생각으로 두려워했고 조혼 등과 같은 기존의 관습에서 벗어나기도 쉽지 않았다. 이런 상황에서 신여성의 연애와 결혼이라는 개인적인 문제는 곧 사회의 풍속이나 관습에 도전하는 사회적 실천이 되었다. 이는 당사자도 그렇게 생각했고 다른 이들도 그렇게 받아들였다. 그런 점에서 봉건적 가부장제에 맞서 여성 개성을 내세우는 문제, 그중에서도 연애, 결혼, 정조 등 여성의 성적 자기 결정권에 관련된 문제에 관심과 논의가 집중되었다.

1) 여성의 인간 선언: 나혜석

일본 유학 중인 신여성을 주인공으로 신여성의 이상을 조선 현실에서 구현하는 구체적 방법을 모색한 나혜석의 자전적 소설 「경희」(1918)의 내용을 보면, 일본에서 공부하다가 방학 때 귀향한 경희는 좋은 혼처가 생겼으니 공부를 그만두고 결혼하라는 아버지의 말을 거역한다. 작가 나혜석은 방학 때 귀향했다가 아버지가 더는 학비를 주지 않겠다는 바람에 1년간 소학교 교원 노릇을 해 돈을 모은 다음 다시 유학길에 올랐던 경험이 있다.

소설에서 신여성 경희는, 일상생활에서는 봉건적 관념에 찌든 여성들을 설득하기 위해 노력하고 결혼 문제를 두고 아버지와 충돌한다. 유학 가기 전보다 더 열심히 가사 노동에 힘쓰고 여자가 공부를 하면 돈도 벌 수 있다는 것을 알려주려 노력한다. 여성도 인간임을, 인간답게 살 권리가 있음을 차근차근 설득해가는 과정이다. 그런 경희가 결혼 문제에서는 아버지와 일대 전투를 벌인다. 경희의 아버지는 "계집애라는 것이 시집가서 아들딸 낳고 시부모 섬기고 남편을 공경하면 그만이니라", "그리로 시집가면 좋은 옷에 생전 배불리 먹다 죽지 않겠니?" 하면서 문벌 좋고 재산 있는 집안의 아들과 결혼할 것을 강요한다. 거기에 대해 경희는 "먹고만 살다 죽으면 그것은 사람이 아니라 금수이지요. 보리밥이라도 제 노력으로 제 밥을 먹는 것이 사람인 줄 압니다. 조상이 벌어놓은 밥 그것을 그대로 받은 남편의 그 밥을 또 그대로 얻어먹고 있는 것은 우리 집 개나 일반이지요"라고 반대한다. 여성으로서의 성적 자결권을 주장하는 대목에서는 타협이 없고 생에 대한 열정이 넘치는 '경희'는 계몽주의자로서 남성과 동등한 인간적 권리를 요구한다.

그런데 외부로 향한 당당한 선언 이면에는 불확실한 미래에 대한 불안감이 깔려 있다. "편하게 전과 같이 살다가 죽읍세다"라는 안일한 생활의 유혹

자료: 이구열, 『에미는 선각자였느니라』(동화출
　　　판공사, 1974).

과 "남들이 다 하는 것쯤의 학문으로 나 같은 것이 무얼 하나"라는 자기 성
찰, "그리 많이 해 무엇 하니, 사내니 고을을 간단 말이냐? 군 주사라도 한단
말이냐? 지금 세상에 사내도 배워가지고 쓸 데가 없어서 쩔쩔매는데"라는
현실 인식이 솔직하게 표출되고 있다. 이것은 경희의 불안이자 작가 나혜석
과 동시대를 살았던 신여성 모두의 불안이다. 이들은 시대의 선각자였을 뿐
아니라 특히 여성이기에 이상과 현실의 괴리를 더 심각하게 느낄 수밖에 없
었던 것이다.

　나혜석의 개인사를 살펴보면 그녀는 동시대의 다른 여성에 비해 최고로
혜택받은 인물이다. 얼치기이긴 하지만 아버지는 개화파여서 딸도 공부시켜

야 한다고 생각했고 경제적 능력도 있었다. 거기에 누이동생의 재주를 아끼는 오빠도 있어 그녀의 일본 유학을 응원해주었다. 나혜석이 여성으로서의 부당함을 심각하게 느낀 것은 아버지가 내놓은 결혼 문제에 부딪혔기 때문이라고 할 수 있다. 이렇게 나혜석은 연애와 결혼 문제에 부딪히면서 여성 문제를 깨달아간 것이기에 연애와 결혼 문제가 성공적인 결혼으로 일단락된 다음에는 겉보기에는 평온한 결혼 생활을 하면서 결혼 생활 내부에서 여성으로서의 정체성을 자신에게 계속 물어나갔다.

결혼 후 나혜석은 여성이 어머니가 되면 인간으로서의 자기 발전에는 엄청난 장애가 된다는 점을 뼈저리게 느끼면서, '자식은 모체의 살점을 떼어가는 악마'라고 '모성의 신화'를 부정하는 글 「모(母)된 감상기(感想記)」(1923.1)를 발표했다. 이 수필에 의하면 어머니가 되는 것은 나혜석에게 공포였다. 기대하지 않았던 임신이었고 예술가로서의 앞길을 가로막을 장애물이었다. 게다가 산고는 엄청났다. 나혜석은 산고를 직접 경험한 사람으로서 솔직하고 생생하게 그 고통을 이야기했다.

차라리
펄펄 뛰게 아프거나
쾅쾅 부딪게 아프거나
끔벅끔벅 기절하듯 아프거나
했으면
무어라 그다지
10분간에 한 번
5분간에 한 번
금세 목숨이 끊일 듯이나

그렇게 이상히 아프다가

흐리던 날 햇빛 나듯

반짝 정신 상쾌하며

언제나 아팠는 듯

무어라 그렇게

갖은 양념 가(加)하는지

맛있게도 아파야라

어머님 나 죽겠소,

여보 그대 나 살려주오

내 심히 애걸하니

옆에 팔짱 끼고 섰던 부군

"참으시오" 하는 말에

이놈아 듣기 싫다

내 악 쓰고 통곡하니

이 내 몸 어이타가

이다지 되었던고.

그동안 여성이 겪는 산고는 그냥 당연한 사실일 뿐 그 고통에 관해 객관적인 문자로 기록한 것은 모두 남성 작가가 쓴 추상적이고 비현실적인 것뿐이었다. 그런데 나혜석은 용기, 혹은 글쓰기에 대한 여성적 자의식을 가지고 분만 시의 엄청난 육체적 고통을 시를 통해 솔직히 표현했다. 이는 여성의 육체에 대해 논의를 기피해온 금기를 깨뜨린 것이다. 출산 후에는 육아 문제에 당면했다. 그래서 아이가 돌이 지난 뒤에 자신의 '어머니 되기'의 과정과

첫거시무어선고

시숙양금이라든가

앗다그기집애건방지다 꺼

거룰누가데려가나

두양반의평

고것참잘못다장가나안드

럿더면……민시가동수

옛난구나

쳐다니보아야인사나종회

보지

어늿청년의큰려정

▎김일엽이 주재하던 잡지 《신여자》 제2호에 실은 나혜석의 목판화 만평

바이얼린(양금)을 들고 가는 신여성을 보고 구식 양반은 "아따 그 기집애 건방지다. 저것을 누가 데려가나"고 비난하고 신식 청년은 "고것 참 이쁘다. 장가난 안 들었더라면……" 하고 탐을 낸다. 신여성이 한낱 흥밋거리로 비치는 현실의 한 순간을 포착했다.

자료: 《신여자》, 제2호(1920.4).

고통을 정리해보니 "자식은 모체의 살점을 떼어가는 악마"라는 극언까지 생각날 정도였다.

나혜석은 이런 솔직한 자기분석을 바탕으로 과연 무조건적인 사랑이라는 '모성'이 가능한 것인지 그렇다면 왜 자기에게는 그것이 자연스럽게 샘솟아 오르지 않는지 등을 생각하기에 이르렀고, 그 결과 모성이라는 것은 모든 여성이 태어날 때부터 가지고 있는 것이 아니라 사회적으로 구성되고 교육되는 관념이며, 자식을 기르는 동안에 갖게 되는 정이라고 규정했다. 더욱이 아들을 귀하게 여기고 딸을 천하게 여기는 풍습은 모성이 생래적이고 절대적인 것일 수 없다는 중요한 증거라고 보았다. 나혜석은 모성을 절대시하고 신비화하는 그 수많은 전래의 언설을 여성으로서의 자신의 경험을 근거로 단호하게 부정할 수 있었고 남존여비의 인습까지 가차 없이 비판할 수 있었다. 그리고 여성의 육체를 가진 존재로서 다른 여성들에게 자매애를 느꼈다. 아마 이 인식이 이후 나혜석이 여성으로서 겪어낸 연애, 결혼, 출산, 육아, 연애, 이혼 그리고 신생활의 의지까지 개인적인 경험들을 공적인 담론으로 만들어내게 한 근거가 되었을 것이다. 나혜석은 그동안 아무도 드러내놓고 말하지 못했던 것, 단지 여성으로 태어났다는 이유로 겪는 말하기 어려운 감정과 고통을 앞장서서 말함으로써 다른 여성들의 입을 열게 하는 역할을 '선구자'로서 기꺼이 받아들였던 것이다.

이후 이혼당하고 현모양처의 자리에서 밀려난 뒤에 나혜석은 여성도 남성과 동등한 성적 욕망을 가진 존재임을 선언하고 남성도 배우자에 대해 정조의 권리와 의무를 질 것을 요구한다. 나아가서는 정조는 취미일 뿐이라며 정조 관념의 해체를 주장하게 된다. 다음은 나혜석의 「신생활에 들면서」(1935)의 일부분이다.

정조는 도덕도 법률도 아무것도 아니요, 오직 취미다. 밥 먹고 싶을 때 밥 먹고, 떡 먹고 싶을 때 떡 먹는 것과 같이 임의용지(任意用志)로 할 것이요, 결코 마음에 구속을 받을 것이 아니다. …… 다만 정조는 그 인격을 통일하고 생활을 통일하는 데 필요하니 비록 한 개인의 마음은 자유롭게 정조를 취미화할 수 있으나 우리는 불행히 나 외에 타인이 있고 생존을 유지해가는 생활이 있다. …… 그러므로 유래(由來) 정조 관념을 여자에게 한하여 요구하여 왔으나 남자도 일반일 것 같다. 왕왕 우리는 이 정조를 고수하기 위하여 나오는 웃음을 참고 끓는 피를 누르고 하고 싶은 말을 다 못 한다. 이 어이한 모순이냐, 그러므로 우리 해방은 정조의 해방부터 할 것이니 좀 더 정조가 극도로 문란해가지고 다시 정조를 고수하는 자가 있어야 한다. …… 저 파리와 같이 정조가 문란한 곳에도 정조를 고수하는 남자 여자가 있다니 그들은 이것저것 다 맛보고 난 다음에 다시 뒷걸음치는 것이다. 우리도 이것저것 다 맛보아가지고 고정(固定)해지는 것이 위험성이 없고, 순서가 아닌가 한다.

여기서 나혜석이 주장하는 것은 자신의 성적 욕망에 대한 결정권은 자기가 가져야 하며 그것은 취미와 같은 것이어서 개인의 선택에 맡겨둘 일이지 도덕이나 제도로 강제할 사항이 아니라는 것이다. 즉 정조를 지키느냐 지키지 않느냐 하는 것은 어떤 종류의 음식을 좋아하느냐 좋아하지 않느냐, 혹은 그것을 계속 먹느냐 먹지 않느냐와 같은 '취향'의 문제라는 것이다. 그리고 무엇보다 여성도 그런 성욕과 취향을 가졌다는 것을 인정하라고 했다. 강제가 아닌 자유로운 선택에 의한 것이라면 그 취향이 특정한 상대에게 일관되든지, 여러 대상에게로 흩어지든지 그것은 다른 사람이 혹은 사회가 관여할 문제가 아니라는 주장이다. 그래서 그 선택의 자유가 충분히 주어진 지점에서는 새롭게 정조를 고수하고자 하는 움직임도 있을 수 있지만 조선 사회는 고수보다는 자유로운 선택을 강조해, 기존의 도덕·정조 관념을 해체하는 것이 우선적으로 필요한 사회라는 주장이다.

남녀 동등하게 정조를 지켜야 한다고 하든 동등하게 지키지 않아도 된다고 하든, 사회적으로 규범화된 '정조 관념'은 억압성을 갖는다는 것을 간파하고 정조란 자발적으로 선택할 수 있는 취향·취미의 문제이지 규범화해 강제할 것이 아니라고 하는 나혜석의 주장은 기성의 도덕관념을 해체시키는 매우 선구적인 발언이다(이상경, 2000).

2) 신분 질서를 극복할 수 있는 신교육: 김명순

여성에 대한 신교육이 시작되던 시기에 유서 깊은, 행세하는 양반 집안에서는 딸에게 신교육을 잘 시키지 않았다고 하는 기록이 많다. 오히려 중인이나 평민 집안의 딸들이 학교의 문을 열심히 두드렸다. 그리하여 그들은 교육을 통해서 의사나 교사 등 존경받는 직업을 구하기도 했고 현모양처 신붓감으로 꼽힐 수 있었다.

김명순은 돈이 신분을 대신하게 되는 과도기에 평양의 부호였던 아버지와 기생 신분으로 부자의 첩이 된 어머니 사이에서 태어나 근대 교육을 받고 신여성이 됨으로써 자기가 타고난 신분을 넘어서려고 했다. 그러나 교육을 통해 갖게 된 자기 인식과 타고난 신분에 대한 다른 사람의 편견 사이의 괴리로 힘들어했다. 신여성으로서의 자의식과 타고난 신분 사이의 갈등은 김명순의 문학 활동을 추동하는 힘이면서 동시에 김명순의 자기 성장을 가로막는 걸림돌이었다. 남성 중심의 문단에서 배제된 자신의 반생의 이면을 알려주고 싶다는 욕망으로 쓴 자전적 소설인 「탄실이와 주영이」(1924)에서 김명순은 '공부'로서 신분의 결점을 넘어서려 했다고 공언한다. 돈이 있어 신교육

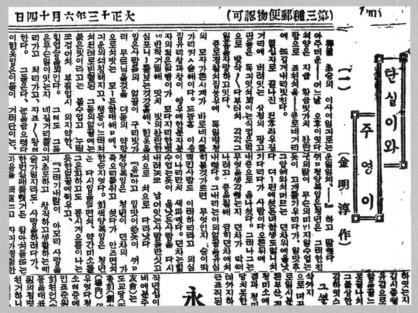

▋김명순의 자전적 소설 「탄실이와 주영이」의 연재 당시 모습

자료: ≪조선일보≫, 1924.6.14.

을 받을 수 있었지만 타고난 신분 때문에 괴로워하는 신여성 탄실이는 학교
에서 공부를 하면서 남의 첩이나 기생 노릇은 해서는 안 될 일로 생각한다.
그러나 그녀의 그런 주관적 인식과는 달리 주변에서는 여전히 양반의 서녀,
기생의 딸이라는 신분의 틀 속에서 그녀를 보려고 한다. 그나마 집안이 기울
고 빚을 지게 되자 주위에서는 신여성으로서 주체성에 눈뜬 새로운 성격을
인정하지 않고 '기생의 딸'이라는 타고난 신분의 질곡으로 다시 밀어 넣으려
고 했다. 다음은 소설 속 탄실이의 각오다.

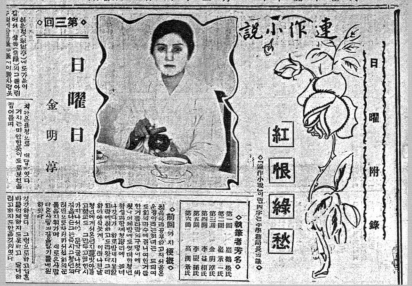

■≪매일신보≫의 연작소설 「홍한녹수」의 제3회분을 맡은 김명순
최서해, 최승일, 이익상, 이경손, 고한승 등의 작가들과 함께 연작소설 작업에 참여했다.
자료: ≪매일신보≫, 1926.11.28.

　나는 남만 못한 처지에 나서 기생의 딸이니 첩년의 딸이니 하고 많은 업신여김을 받았다. 그리고 내가 성장하는 나라는 약하고 무식하므로 남에게 이겨본 때가 별로이 없었고 늘 강한 나라에 업심을 받았다. 그러나 나는 이 경우에서 벗어나야겠다. 벗어나야겠다. 남의 나라 처녀가 다섯 자를 배우고 노는 동안에 나는 놀지 않고 열두 자를 배우고 생각하지 않으면 안 된다. 남이 겉으로의 명예를 찾을 때 나는 속으로 실력을 기르지 않으면 안 되겠다. 지금의 한마디 욕, 한 치의 미움이 장차 내 영광이 되도록 나는 내 모든 정력으로 배우고 생각해서 무엇보다도 듣기 싫은 '첩'이란 이름을 듣지 않을 정숙한 여자가 되어야 하겠다. 그러려면 나는 다른 집 처녀가 가지고 있는 정숙한 부인의 딸이란 팔자가 아니니 그 대신 공부만은 잘해서 그 결점을 감추지 않으면 안 되겠다.

김명순의 분신인 탄실이는 돈의 힘으로 신교육을 받음으로써 '기생의 딸'이라는 신분상의 불리함을 넘어 보통 사람들과 동등한 인격이 될 수 있을 것이라고 생각한다. 신교육이 불리한 점을 보완해줄 수 있다는 생각은 한 개인의 성취에는 추동력이 되었을 것이다. 그러나 신교육을 받으면서 갖게 된 자유연애의 사상과 그에 따른 '개인적인 실수'는 사상의 실천으로서가 아니라 타고난 신분의 문제가 되어 현실의 김명순을 옥죄었다. 김명순은 당시 여러 남자와 연애한 것을 두고 혈통이 '기생의 딸'이기 때문이라는 비난을 받고 문단에서 소외를 당하면서 정신 이상을 일으켰다고 한다. 그런데 김명순의 글을 읽어보면 김일엽 식의 '신(新)정조론'이라든지, 나혜석의 '정조는 취미'라는 식의 여권론적 입장의 글은 전혀 없다. 오히려 정조를 지키고 싶고 정숙하고 싶고 그렇게 노력했다는 해명성 발언만 끊임없이 나온다. 나혜석이나 김일엽과 달리 끊임없이 타고난 신분을 의식해야 했던 김명순은 자기 행동의 이론화까지는 나가지 못했다. 관심이 없었거나 아니면 관심은 있었으나 그럴 형편이 안 되었을 것이다.

김명순의 비극적 삶은 과도기에 처해 경제적 자립 능력을 갖지 못하고 남성과의 연애 관계 속에서만 자기를 규정할 수 있던 여성이 후원자로부터 배척당했을 때 어떻게 되는가를 보여준다. 공부를 통해 타고난 자기로부터 벗어나야 한다고 생각했으나 타고난 자기로부터 벗어난다는 것이 무엇을 지향하는지 분명하게 그릴 수 없었던 김명순은 나중에는 다시 일본에 가서 땅콩

장사 등을 하면서 고학으로 공부를 하려고 했으나 사정이 여의치 않았다고 한다. 구(舊)여성은 아예 집 밖에도 나오지 못하고 집 안에 유폐되어 소외되었지만 신여성 김명순은 일단 발을 내디딘 남성 중심의 사회에서 다시 추방되어 소외되는 형국이다. 그것은 광기로 귀결되었다.

이처럼 제1세대의 신여성인 나혜석이나 김명순의 경우 여성으로서 자기 개인이 부딪친 문제를 해결하기 위한 여러 길을 모색했을 뿐 다른 여성들과의 관계에 대해서는 시선을 뻗지 못했다. 나혜석의 경우는 출발 지점에서는 계몽의 대상으로서 구여성이나 하층 여성에 대한 배려가 있었지만 조선을 떠나 만주의 안둥 현〔安東縣, 지금의 중국 단둥 시(丹東市)〕에서 부영사 부인으로 당시 최상류층의 생활을 하면서 구여성이나 하층 여성으로부터 멀어져 갔다. 이혼 후 나혜석은 사회적으로 최하층으로 전락한 셈이지만 기존의 인간관계나 병고 때문에 다른 여성 집단과는 만나지 못했다. 김명순의 경우는 자기 자신의 문제에 사로잡혀 주위를 돌아볼 여유가 없었고 자신의 문제를 객관화시키지도 못했다.

3. 신여성의 사회적 자각

제2세대의 작가로는 박화성(朴花城, 1904~1988), 강경애(姜敬愛, 1906~1944), 최정희(崔貞熙, 1906~1990), 백신애(白信愛, 1908~1939)를 들 수 있다. 1919년의 3·1운동은 새로운 대중운동의 전기가 되었고, 러시아 혁명, 관동대지진 등으로 식민지 조선의 지식인들은 민족 문제와 계급 문제를 본격적으로 고민하게 되었다. 1920년대 전반 여학교 교육을 받고 1920년대 후반에 사회로 나온 여성들 역시 이러한 사회적 문제에 눈떠갔다. 신여성들이 자기 개인의 문제를 기반으로 사회적 문제를 고민하기 시작한 것이다. 신교육을 받은 여성의 수가 많아지면서 자유연애는 개인이 실천할 당위의 영역이 되었지만 경제적 독립 없이 개성의 독립이란 요원하다는 것, 개인의 힘으로 강고한 사회적 인습을 헤쳐 나가기란 쉬운 일이 아니라는 것을 여성들은 알게 되었다. 자유연애라는 화두의 혁명성이 사라진 자리에 계급이라는 새로운 인식 지평이 들어왔다. 계급적 관점에서 사회 현상을 볼 수 있게 되고 계급 해방이 이루어지면 여성도 해방될 수 있을 것이라고 생각하는 여성들이 등장했다. 여성 동우회 같은 사회주의 계열의 여성운동 단체도 결성되었고 좌·우파 여성들이 민족협동전선의 견지에서 근우회를 만들기에 이르렀다. 이런 분위기에서 신여성들은 각자가 처한 위치에 따라 대중에게 근대 문물을 전달하는 계몽자이고자 했고 활동가로서 사회운동에 투신하기도 했다. 박화성은 근우회 동경 지회 회장, 강경애는 숭의여학교 학생 맹휴의 주동자, 최정희는 카프(KAPF) 제2차 사건으로 검거된 유일한 여성, 백신애는 조선여자동우회와 경성여성청년동맹의 구성원이라는 경력이 있고 이것은 그들의 문학 세계에 크게 영향을 미쳤다. 제1세대의 여성 문인들에 대한 당대의 평가가 남성 문인들의 잡담거리 정도였던 것에 비하면, 이들 제2세대 여성 작가에 대해서는 '여류 문학론'의 모습으로 논의가 오고 갔다. 이들 중 최정희는 자신의 여성주의를 강화하면서 1930년대 후반 제3세대의 '여류' 문인으로 새로 출발한다.

1) 근대 문물을 전달하는 교사: 박화성

중등 정도의 여학교 교육을 받은 신여성이 가질 수 있었던 최고의 직업은 보통학교(초등학교) 교사였다. 평생직장은 아니고 결혼하기 전까지의 일이었지만 여성들이 존경을 받으면서 돈을 벌 수 있는 직업이 교사였다. 또한 보통 사람들이 가장 쉽게 가까이에서 접할 수 있는 신여성이 보통학교 교사였다.

식민지 지배는 폭력적 수탈과 근대의 이식이라는 양면을 가지고 있었는데 이런 폭력에 직면해서 민족 독립을 강하게 갈망할 것은 당연하고 '근대적인 것'에 대한 열망도 높았다. 특히 여성이 명분 있게 집의 울타리를 벗어나 바깥의 새로운 세계를 경험할 수 있는 사회적 활동이란 학교에 다니는 것이었다. 그러한 열망이 '배우고 싶다', '상급학교에 가고 싶다'는 것으로 나타났다. 그리고 '근대적인 것'을 동경해 지방에서는 서울로 서울에서는 도쿄로, 형편만 된다면 서구로 유학 가는 것을 열망했다. 이런 교육열의 수혜자이자 일본 근대 교육제도의 훌륭한 성과로서 동네마다 나타난 여교사들이 불러일으킨 반향은 컸다. 어쩌면 그들은 뒤떨어져 있는 조선 사회에 일본 지배체제가 낳은 새로운 가능성으로 나타났고 사람들의 다양한 불만, 욕구, 의지를 흡수해 그 결과 지배를 안정시키는 하나의 요소가 되는 한편 일본의 지배와 충돌하는 새로운 가치나 지식을 수입하고 전파하는 구실도 했다(朴宣美, 2000: 113~134). 여선생은 시골 사람들에게 학생들의 위생이나 환경 미화에 힘쓰고 풍금을 치며 창가를 가르치는 서구 문명의 이식자로 비쳤고, 교사 자신도 그런 역할에 대해 별다른 문제를 제기하지 않았다. 여교사 자신도 학생들의 위생이나 학교 환경의 미화에 힘쓰는 것이 여자 교사로서의 임무라고 생각했다. 거기에 더해 '행실'을 바르게 하는 것이 중요했다.

이런 여교사에 대해 남성 작가의 작품에서는 유치원 보모라든지 보통학교 교사라는데 알고 보니 방종한 신여성이었다는 식으로 그리는 경우가 많았다. 학교에서는 천사 같은 얼굴을 하고 순진한 학생들을 가르치지만 학교 바깥에서는 전혀 다르게 방탕한 생활을 하더라는 식으로, 신여성의 허위를 폭로하는 데 기여하는 극적인 장식품으로 여교사가 언급되는 것이다. 이런 상

황에서 현실의 여교사는 무엇을 해도 손가락질 받기 십상인 신여성이면서
무엇을 해도 존경받을 만해야 하는 교사라는 모순을 한 몸에서 조화시키기
란 쉽지 않았다.

　박화성은 1915년 목포 정명여학교를 졸업한 뒤 서울의 정신여학교를 거
쳐 1918년 숙명여고보를 졸업했다. 여학교를 마친 뒤 일본으로 유학 가고 싶
었으나 가정 형편상 일단 포기하고 15세의 어린 나이에 천안의 공립보통학
교 교사로서 사회생활을 시작했고 18세에는 영광 중학원에서 학생들을 가르
치면서 문학 습작기를 거쳤다. 어린 나이에 시골에서 드문 존재인 여교사 노
릇을 한 경험은 박화성의 작품 세계에 깊은 영향을 미쳤다.

　박화성의 자전적 장편소설 『북국의 여명』(≪조선중앙일보≫, 1935.4.1~12.
4)에 그려진 여교사로서의 경험은 동료 교사 혹은 지식인에게는 지나치게

방어적이고 폐쇄적이면서 민중에 대해서는 지나치게 시혜적인 면모의 여성 지식인을 주인공으로 하는 박화성의 문학 세계를 규정한다. 소설에서 작가의 분신인 백효순은 모든 사람으로부터 칭송을 받는 존재다. "열세 살에 고등과까지 졸업"하고 교사가 되었기에 조선 전체에서도 드문 존재로 칭송을 받지만 당사자로서는 그만큼 부담이 크고 언제나 남과 달라 보여야 하는 존재였다.

　　부모의 품에서 그리고 학교라는 보금자리에서 갑자기 넓은 세계로 날게 된 어린 병아리 같은 영재(백효순의 아명)에게는 스무 살이 훨씬 넘어 보이는 학생이 섞인 남자 학생들이 모두 징글맞고 무섭게 보였고 수염이 꺼뭇꺼뭇하게 난 남교원들이 죽 둘러앉은 사무실에 들어가기는 정말 두렵고도 싫었다.

　당시 신여성은 매우 드물어서 신기한 호기심의 대상이었으며 보통 사람들이 가장 가까이에서 접할 수 있었던 신여성은 여교사였다. 이들은 여교사를 통해서 신여성을, 그리고 근대를 감지하려 했던 것이며 그것은 매우 표피적인 것이었다. 그래서 선생과 학생 또는 선생들 사이에 연애 사건을 일으키거나 구설수에 여교사가 휘말리는 것은 절대 금물이었다. 게다가 전임자가 동료 선생과 연애 사건을 일으킨 탓도 있어 신여성으로서 연애 사건에 휘말리지 않고 자신을 정숙하게 지키는 것, 이것이 여교사 백효순이 교사 생활에서 추구한 최대치였다. 효순이 1년 만에 다른 보통학교로 전근을 가게 된 것도 어떤 여선생과 남선생 사이에 연애 사건이 생겨 남선생은 멀리 함경도로 보내고 여선생은 자리를 바꾸도록 했기 때문이다. 이 사건에서 백효순은 문제의 여교사에 대해 도덕적 우월감을 느끼며 자기를 고생시키는 존재로서 미워한다. 전근 간 학교에서 어느 남자 선생이 술에 취해 효순에게 애정을 호소하고 효순이 결백을 증명하는 사건이 벌어진 뒤 이 학교를 그만두었지만 오빠의 학비를 대기 위해 18세에 다시 사립 중학교의 교사가 된다.

효순이가 K읍에 있는 동안에도 남자들은 여러 가지로 효순이를 정복하려 하였다.

혹은 유학을 가자는 것으로, 혹은 돈으로, 지위와 명망으로, 혹은 재주로, 교회 목사에게 간접으로 청하기도 하고 당자의 부모들이 야학 교장에게 의논도 하여 보며 직접 효순에게 길고 긴 글로써 사랑을 구하기도 하였다.

효순이가 와서 R읍의 처녀애들을 그의 학교로 끌어냈다. 남자부에는 보통과 사 학년까지 그리고 속성과가 있었고 여자부에는 이 학년까지밖에 없었으나 효순이가 끌어낸 처녀들로(그들은 야학에서 이 학년 정도까지 수업하였다) 삼 학년을 만들었다.

열 칠팔 세나 되는 크나큰 처녀들이 길고 긴 머리채를 늘이고 백주 대로상을 활보하는 것을 R읍 사람들은 놀랜 눈으로 바라보고 혀를 내둘렀고 효순이가 지나가면,

"저 선생 때문에 우리 읍 큰 애기들 다 버리겠네."

하고 뒤에서 손가락질을 하였다.

이런 식으로 뭇사람들의 호기심과 선망의 대상이 되면서 여교사로서의 평판에 극히 민감하게 반응해야 했던 여교사 박화성은 소설에서 영웅적 면모의 여성 인물을 낳았다. 특히 신여성인 주인공의 연애는 도덕적인 자유연애이고 주변의 다른 인물들의 연애 감정은 비도덕적인 방종이라는 식으로 언제나 도덕적 지적으로 우월감을 갖는 인물을 등장시킴으로써 문학적 진실성

을 훼손하는 경우가 많았다.

　박화성 개인적으로는 영광에서의 교사 생활이 가장 좋았다고 회고하는데 이곳에서 동료 선생들과 교유하면서 문학 수업을 하기 시작했고 작가로 등단도 했기 때문이다. 1925년에 방적공장 여공이 된 가정부인의 고단한 삶을 그린 단편 「추석전야」(≪조선문단≫, 1925.1)로 문단에 등단했으나 계속 작품 활동을 한 것은 아니고 상급학교로 진학하고 1926년에는 일본에 유학해 영문학을 공부했다. 1928년 1월에는 근우회 동경 지회를 결성해 회장에 추대되었다. 근우회 동경 지회는 신간회 지회 사무소의 2층에 사무실을 두었는데 박화성은 학비 지원이 끊어져 1928년 봄에 학업을 중단하고 귀국할 수밖에 없었다. 고향에서 사회주의자와 결혼하고 남편과 함께 다시 동경에 가서 아이를 키우면서 공부했으나 둘째를 임신하면서 포기하고 1931년 목포로 돌아왔다. 그런데 곧 남편이 검거되어 징역을 사는 3년 동안 남편의 옥바라지를 하면서 본격적으로 작품 활동을 하게 되었다.

　작가로서 「홍수전후」(1935), 「고향 없는 사람들」(1936)에서 극도의 빈궁한 현실을 그렸다. 소작인으로 가난하게 살다가 자연재해로 인해 처절할 정도로 빈궁해진 사람들의 현실을 연민을 담아 그린 것으로 당시는 신경향파 문학과 프로 문학이 지배적인 시기였고 박화성도 그런 흐름에 같이했다. 중편 「하수도공사」(1932), 「신혼여행」(1931) 등에서는 사회주의자인 남성에게 지도받고 그들을 지원하는 여성 인물을 그렸다.

　1934년 출옥한 남편은 직장을 구하고 운동을 계속하기 위해 간도 용정으로 떠났고 목포에 남았던 박화성은 부자 사업가와 재혼하게 되었다. 박화성은 부자와 재혼하느라고 사회주의자 남편과 헤어졌다는 비난을 문단 안팎에서 받으며 고통스러웠고, 출산과 양육을 계속하면서 큰살림을 꾸리느라 일상생활에 매몰해 해방될 때까지 작품 활동을 하지 못했다.

박화성은 더는 교사 생활도 하지 못했다. 여성이 교사이면서 작가이기는 어려웠다. 남성 작가는 교사로 생계를 꾸리면서 작품 활동을 하는 경우가 많았지만 여성은 그렇지 못했다. 남성이 교사이면서 작가인 것은 근대 이전에도 익숙한 풍경이었다. 그러나 여성은 교사인 것도, 작가인 것도 매우 낯선 풍경이었다. 여성들 자신도 교사란 결혼하기 전의 일시적인 일로 생각했다.

2) 여성 활동가의 초상: 백신애

백신애는 경북 영천에서 태어났고 1924년 보통학교 교사로 있으면서 조선여성동우회와 경성여성청년동맹에 가입해 여성운동을 시작했는데 이 사실이 탄로나 학교에 더 있기 어렵게 되었다. 상경해 여성운동을 전개하다가 20세였던 1927년 시베리아 방랑길에 올랐다. 그 후 귀국하다가 두만강 국경에서 일본 경찰에 잡혀 혹독한 고문을 받았고 1928년에 고향 영천으로 돌아와 여성운동을 하면서 문학 수업을 했다. 1929년 ≪조선일보≫ 신춘문예에 「나의 어머니」가 당선되었다. 결혼을 강요하는 가족에 맞서 1930년과 1931년 사이 두 번 일본으로 가서 공부하고자 했으나 결국 귀국해 1933년 은행원과 결혼했다. 1934년 시베리아 방랑 경험을 담은 단편소설 「꺼래이」를 발표하면서 활발한 작품 활동을 했다. 1938년 남편과 별거에 들어갔고 반년 만에 이혼했다. 이혼 뒤 반년 만인 1939년 6월 병으로 사망했다.

이러한 간단한 전기적 사실에서 눈여겨볼 부분은 백신애가 여성운동에 직접 관여했다는 점이다. 백신애보다 앞선 시기에 허정숙, 정종명, 정칠성 등 사회주의 계열의 여성 운동가가 등장해 활동을 벌이고 있었고 백신애의 세대에는 더 많은 여성이 운동 전선에 나서 있었다. 그런데 이들 여성이 어떻게 개인적인 어려움을 이겨내며 운동 전선에 투신할 수 있었는지, 그들이 당

▌시베리아 방랑에서 돌아와 문학 수업을 하던 21세 전후(1928년 무렵)의 백신애

자료: 김윤식, 『백신애소설집 꺼래이』(조선일보사 출판국, 1987).

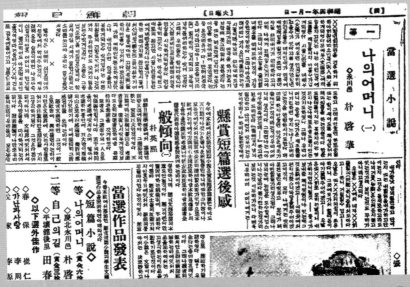

▌박계화라는 이름으로 투고한 단편소설 「나의 어머니」가 ≪조선일보≫ 현상 문예에 500편의 응모작 중 1등으로 당선되었다.

자료: ≪조선일보≫, 1929.1.1.

면한 개인적인 문제는 어떤 것이었는지 우리는 잘 알지 못한다. 이 지점에 백신애의 자전적 소설이 놓여 있다. 박화성도 일본 유학 시절 근우회 동경 지부의 일을 보았으나 가족으로부터 멀리 떨어져 상대적으로 자유로운 상태에서 활동을 했기에 백신애처럼 고향 집에서 가족에게 둘러싸여 사회 활동을 했던 것과는 차이가 있다. 그런 만큼 이 시기 사회운동에 투신했던 신여성의 활동상과 그들이 처했던 환경을 볼 수 있는 작품이 「나의 어머니」다.

사회운동을 하는 신여성 딸과 이 딸을 못마땅하고 불안하게 지켜보는 구여성 어머니 사이의 갈등은 우선 공부한 딸이 돈 버는 일은 하나도 하지 않으면서 집에도 붙어 있지 않는다는 데서 비롯한다. 그 딸이 하는 일은 이 소설의 시간적 배경인 1926년경 여성 활동가의 단면을 전한다. 이때 작가 백신애는 보통학교 교사로서 사회운동 단체에 가입한 것이 드러나서 이미 퇴직당한 상태였다.

어떤 때는 회관에도 나가고 또 어떤 때는 가까운 곳으로 다니며 여성 단체를 조직하기에 애를 쓰기도 하고, 그렇지 않으면 하루 종일 또는 밤이 새도록 책상 앞에서 책과 씨름을 하는 것뿐이다.

한 푼도 벌어들이지는 못하지마는, 어쩐지 나는 나대로 조금도 놀지 않은 것 같기도 했다. 그러나 우리 어머니는 종종 "아까운 재주를 놀리기만 하면 어쩌느냐"고, 벌이 없는 것을 한탄하시기도 한다. 벌이를 하지 않으면 아까운 재주가 쓸데없는 것이라는 것이 우리 어머니의 생각이다. 그러면 나는 "아이구 바빠 죽겠는데……" 하고 딴전을 들이댄다. "쓸데없이 남의 일만 하고 다니면서 바쁘기는 무엇이 바빠!" 하며 빈정대신다.

내가 밤낮 남의 일만 하고 다니는지 내 할 일을 하고 다니는지 그것은 둘째로 하고라도 나의 거동은 언제든지 놀고 있는 것같이 보이는 것도 무리가 아니라고 생각되었다.

　오늘은 ××에서 여자 ××회를 발기하니, 좀 와서 도와다오…… 하니 거절할
수 없고 …… 오늘은 ××가 저희 집이 조용하다니 그곳에도 가서 하려던 얘기
를 해주어야겠고 …… 오늘은 또 ××회로 모이는 날이니, 내가 빠지면 아니
될 것 …… 동무가 보내준 책이 몇 권이나 있는데 그것도 읽어야겠고, 이것이
모두 나에게는 못 견딜 만치 바쁘고 모두가 해야만 할 일같이 생각된다.

　그러나 남의 눈에는 한 푼도 수입이 없으니 나는 날마다 놀기만 하는 것같
이 보이는 것도 무리가 아니다.

　딸이 교사로 월급이나마 받아올 때는 무슨 일이든지 하고 싶은 대로 했고
말하지 않아도 어머니가 알아서 다 해주었다. 그런데 실직하고 나서는 몸이
아프다는 말조차 하기 힘들 정도로 눈치가 보이게 되었다.

　나혜석의 「경희」에서 구여성인 어머니는 딸이 공부하는 것에 대해 남자
라면 그 공부로 벼슬이라도 하겠지만 여자는 그럴 수도 없는데 왜 공부를 하
느냐며 공부하고 싶어 하는 경희를 이해하지 못했다. 그런데 이제 「나의 어
머니」의 어머니는 딸을 공부시키는 것에 대해서는 전혀 회의가 없다. 교육
을 통해서 여성이 더 잘살 수 있다는 기대를 갖게 되었고 실제로 교사나 의
사를 하는 여성도 있었기 때문이다. 그러나 돈벌이가 아닌 다른 공적 활동은
용납이 안 된다는 것이다. 물론 이것은 사회운동을 하던 남성들에 대해서도
적용된다. 그렇기는 하지만 남성에 대해 아내나 다른 가족이 무어라고 불평
을 하더라도 남성의 사회운동은 명분이 있는 '공'적인 일이고 인맥을 쌓는 일
이며 언젠가는 그것이 '벼슬'로 연결되리라는 기대도 있으므로 남성이 도덕
적·지적 우위에 서서 나머지 가족들을 설득하거나 무시할 수 있었다. 그러나
여성의 경우는 돈을 버는 것 이외의 공적인 자아는 전혀 인정되지 않았다.

그러니 돈벌이가 아니고서는 여성이 돌아다닌다는 것은 용납되지 않으며 밤 늦게까지 집 밖에 나가 있다는 것, 더구나 남자들과 어울려서 무엇인가를 한다는 것은 큰일이 나는 일이었다. 「나의 어머니」에서는 청년회 문예부를 책임진 딸이 청년들 연극 연습을 시키느라 밤늦게 들어오니 어머니는 혹시 딸이 잘못될까 봐, 남들이 딸의 행실을 흉볼까 봐 전전긍긍한다.

나혜석의 「경희」에서 신여성 경희와 어머니는 공부냐 결혼이냐를 두고 갈등한다. 백신애의 「나의 어머니」에서 신여성 '나'는 단순한 공부가 아니라 사회운동을 하고 있다. 행실을 곱게 해서 시집을 가고 다른 집 딸들처럼 평범하게 살기를 바라는 어머니와 그럴 수는 없다며 사회적 책무를 다하고자 힘쓰는 딸의 갈등이다. 개인의 자아실현이라는 것을 넘어서서 사회에 대한 지식인의 책무로 신여성의 시야가 넓혀진 것이다(이상경, 2003a).

그러나 이러한 모녀 갈등은 쉽게 해결되는 것이 아니었다. 백신애가 이혼한 뒤에 발표한 「혼명에서」(1939)도 이런 갈등은 여전하다. 작품은 이혼한 여성이 집안 식구의 인습적인 시선 때문에 괴로워하다가 우연히 왕년의 동지의 친구인 S라는 남자를 만나 주변을 설득하고 그와 함께 해나갈 미래를 꿈꾸어보는 '귀먹은 자의 독백'과 다시 만나기로 약속한 며칠 전 그 남자가 죽었다는 기사를 보면서 슬프지만 희망을 갖고 앞길을 개척해가겠다는 '천국에 가는 편지'로 이루어져 있다. 일종의 후일담 소설이다. 이혼한 여성의 후일담도 있고 왕년에 사회운동에 헌신하다가 이제는 한발 물러서서 전향한 활동가의 후일담도 있다. '혼명(昏冥, 어둡고 밝지 않은 일)'이라는 제목이 말하듯 이것은 아득한 어둠에 관한 묘사다. 천국에 띄우는 편지가 현실이 아닌 것처럼 그 편지 속에서 다짐하는 희망도 주관적이다. 이 소설의 핵심은 속했던 공동체로부터 떨어져 나온 한 여성의 외로움과 막막함이다.

주변 사람의 권유에 밀려 결혼했다가 이혼한 여성의 고백록 형식을 띤 이 작품에서 이혼한 당사자는 "하늘로 올라갔던 돌멩이가 이제 제가 있어야 할 자리로 모진 비바람 속을 뚫고 땅위에 내려앉은 셈"으로 '평화와 안심'을 얻었지만 주위의 가족들은 그 여성의 '타고난 본질을 이해하지 못'하고 불안해한다. 그러니 그들이 베푸는 위로와 사랑과 정성이 당사자에게는 고통이 된다.

> 나는 가족들의 정성을, 아니 그보다도 어느 때든지 그들을 배반하고야 말 인간임을 확실히 자인하면서도, 그들의 사랑을 배반할 수 없으며, 나에게 이 고통을 주는 가족을 미워해야 될 것이로되 그 반대로 지극히 사랑합니다.
> 왜? 나는 내 사랑하는 가족들을 기쁘게 해주며, 그들이 원하는 딸이 되지 못합니까?
> 왜? 나는 기어이 배반하고야 말 인간이거늘 그들의 사랑과 정성에 무슨 까닭에 감격합니까? 감격할 뿐만 아니라 그들에게 보답하기 위하여 이 생명이라도 바쳐버리고 싶을 때가 있습니다!
> 왜? 나는 그들을 배반할 것을 단념하지 못하며 왜 또 기어이 배반해보겠다고도 하는 것일까요!
> S!
> 나는 모르겠어요! 나는 모릅니다! 나는 약한 자일까요! 너무도 강한 자일까요!

가족 구성원으로서의 의무와 사회 구성원으로서의 의무 사이에서 갈등하는 신여성의 내면이 잘 드러난 부분이다.

이 가족의 사랑과 정성을 대표하는 것이 '어머니의 눈물'이다. 첫 작품인 「나의 어머니」에서 문제로 제기했던 구여성 어머니와 신여성 딸의 갈등은 백신애가 생전에 발표한 마지막 작품인 「혼명에서」도 여전히 문제로 되어 있다 (백신애는 1939년 6월에 죽었고, 그해 11월에 유작 「아름다운 노을」이 발표되었다). 그것이 적대적인 것이 아니기 때문에 신여성은 더 괴로운 것이다. 신여성의 이혼에 관한 흥미 위주의 기사나 일화는 많지만 여성 자신의 고백담은 의외로 많지 않다. 나혜석의 「이혼고백장」(1934)은 남성 중심적 가부장제에 대한 폭로와 고발의 글이다. 반면에 「혼명에서」는 인습에 밀려 결혼 생활에 들어선 자신에 대한 반성과 사랑과 정성이라는 미명으로 상대방을 고통 속으로 밀어 넣는 가족 관계에 대한 연민 어린 폭로가 있다. 직접 고백하는 수필과 일정하게 허구적 장치를 씌운 소설 장르의 차이에 기인한 바도 있겠지만, 더 크게는 나혜석과 백신애가 서 있던 자리의 차이인 것 같다. 나혜석에게 이혼이란 그 이전, 자신이 속했던 모든 공동체로부터 배제당하고 자기 자신이 쌓아왔던 자신의 논리로부터도 배신당하는 일이었다. 반면에 백신애의 경우는 가족의 사랑과 정성에 떠밀린 결혼이었고 그리하여 이혼이란 엉뚱한 자리에 있다가 자기 자신을 찾아 제자리로 돌아오는 과정이었다. 어머니에게는 배신의 과정이지만 신여성 자신에게는 본질을 되찾는 것이고, 되돌아온 곳에서 옛날의 동지를 만나는 즐거움도 있었다. 물론 소설에서 새로 시작하려는 사랑의 상대가 갑작스럽게 죽어서 희망은 다시 날아가고 현실에서의 백신애는 병들어 죽게 되지만 마음의 구조로 보면 나혜석에게 이혼은 '이탈'이었던 반면 백신애에게는 '귀환'이었다.

이 차이는 물론 나혜석과 백신애의 개인사의 문제겠지만 한편으로는 결혼이 개인의 선택이고 결혼 이외의 대안을 아직 생각할 수 없었던 제1세대 신여성의 세대와 사회운동의 성장으로 운동의 공동체를 경험하고 결혼이 아닌 다른 종류의 삶의 가능성을 볼 수 있었던 제2세대 신여성의 차이를 보여주는 지점이기도 하다.

3) 신여성의 계급적 자각: 강경애

강경애(1906~1944)는 어릴 때 아버지를 잃고 재혼하는 어머니를 따라 의붓아버지 밑에서 가난하게 자랐다. 어머니가 의붓아버지에게 애원해 겨우 소학교를 마칠 수 있었고 평양의 숭의여학교는 형부의 도움으로 다닐 수 있었다. 그 여학교에서 강요하는 기독교 교육과 여성 교육에 반발해 퇴학당한 강경애의 경력은 그 이전 시기의 나혜석이나 김명순과는 다른 길로 나아갈 것이라는 기대를 하게 한다.

여성이 작가가 되려면 최소한 중등교육을 받을 수 있는 경제적 여유와 쓴 글을 발표할 지면을 얻을 수 있는 관계망이 필요했다. 강경애는 그런 점에서 다른 여성 작가와는 성장 배경이 달랐다. 불우한 가정환경과 극한의 궁핍은 작가가 다양한 경험을 하는 기회가 된다. 남성 작가에게서 궁핍의 경험담을 듣는 것은 쉬운 일이다. 그러나 여성의 경우에는 그런 궁핍을 딛고 자기를 세울 수 있는 기회가 극히 드물었다. 궁핍한 환경의 여성들 대부분은 아예 교육을 받지 못하고, 자기 정체성을 세우는 성찰의 시간도 글을 쓸 만한 시간과 공간도 갖지 못했다. 그리하여 공식적인 기록물에 여성의 흔적을 남길 수 없었다. 그런 점에서 강경애는 드물게 하층 여성의 목소리를 공식 기록으로 끌어올린 식민지 시대 하층 여성의 대변자였다(이상경, 2005).

1932년 9월 ≪삼천리≫에 발표한 「그 여자」의 주인공 마리아는 잡지에 소곡(小曲)이 몇 편 실리면서 일약 여류 문사가 된 여성으로 자신의 외모와 재능에 높은 자부심을 가지고 있다. 용정의 여학교 교사였던 마리아는 농민을 대상으로 한 강연에서 뭐 하러 '내 땅'을 버리고 이곳까지 와서 고생을 하느냐고 비난하는 투의 연설을 했다가 봉변을 당한다. 서로에게 너무나 낯설고 전혀 이해할 수 없는 대상인 '여류 작가' 마리아와 농민의 이질감이 작가

■1949년 노동신문사에서 출간된 『인간문제』 단행본에 실린 강경애 사진

살아생전 작품집을 한 권도 갖지 못했던 강경애는 해방이된 후에야 연재소설 『인간문제』를 단행본으로 낼 수 있게되었다. 이 사진은 1931년 결혼한 이후의 사진으로 보인다.
자료: 강경애, 『인간문제』(로동신문사, 1949).

■장편소설 『인간문제』 연재 예고 기사

자료: ≪동아일보≫, 1934.7.27.

의 손끝에서 다음과 같이 표현되어 있다.

　　마리아는 입으로는 무엇이라고 지껄이면서도 속으로는 딴생각이 자꾸만
들어왔다. 말하자면 자기는 닭의 무리에 봉이 한 마리 섞인 듯하고 흑인종에
백인종이 섞인 듯한 느낌이었다. 따라서 저들이 나를 얼마나 곱게 볼까, 내
말에 얼마나 감복이 될까, 하는 생각이 들자 자기도 모르게 생각지도 않은 열
변이 낙수처럼 떨어졌다. ……
　　군중은 비 오다 그친 것처럼 잠짓하여 마리아가 놀리는 입술과 그 요리조
리 굴리는 눈동자를 바라보았다. 어쩐지 자기들과는 딴 인종 같으며 따라서
열과 피가 없고 말하자면 어떤 어여쁜 인형이 기계적으로 말하는 듯한 ㅡ 그
의 입속으로 노동자 농민이 굴러 나올 때 황송 거북스럽고도 미안하게 생각
되었다. 그리고 저가 어떻게 노동자 농민을 알게 되었는가? 하는 의문을 품
지 않을 수가 없었다.

　마리아는 서로 이렇게 거리감을 가지고 바라보는 상황에서 간도 농민들에
게 자기 땅과 민족을 버리고 왔기에 간도 땅에서 더 고생하는 것이라고 윽박
지른다. 농민들은 마리아의 연설을 듣자 지주에게 쫓겨나던 일이 생각나 "민
족이 뭐냐! 내 땅이 뭐냐!"고 소리치며 마리아를 밀치는 것으로 소설은 마무
리된다. 「그 여자」는 기독교 계통 여성들이 주가 된 민족주의 여성운동에 대
한 비판을 담고 있다.
　강경애는 남성과의 대립 개념으로서 여성보다는 자본가에 대립하는 노동
계급의 문제를 전면에 내세웠다. 그러므로 강경애 작품에서 신여성은 속한
계급과 그 입장에 따라 고민과 해결책이 다르다. 그의 첫 장편소설 『어머니
와 딸』(1931~1932)에서 시어머니인 산호주가 옥이에게 자기 아들 봉준이를

챙겨달라고 부탁했지만 옥이는 자신을 키워준 산호주에게 의리를 지키는 것과 그의 아들인 봉준이를 사랑하는 것은 별개의 문제로 생각한다. 신여성으로 성장한 옥이는 자신의 계급적 지향을 따라 노동자인 영실 오빠를 따르는 것이다.

『인간 문제』(1934)는 일제강점기 식민지 자본가와 농민·노동자의 대립 구조 속에서 농민과 노동자가 현실의 문제를 해결하고자 하는 주체로 성장하는 과정과 그들의 조직적 투쟁을 현실성 있게 그려낸 작품이다. 소설의 전반부는 가난한 사람들의 눈물로 구두쇠 장자의 집터가 커다란 연못이 되었다는 원소(怨沼) 전설을 안고 있는 황해도 용연 마을에서 지주이자 면장인 정덕호의 착취와 압박에 신음하는 빈농들의 비참한 삶과 울분을 보여준다. 소작농의 딸인 선비는 덕호에게 성폭행을 당하고 용연 마을을 떠나 인천 대동 방적 공장의 여직공이 된다. 그리고 선비와 똑같은 사정으로 앞서 노동자가 된 친구 간난이의 지도로 공장 내 조직 활동에 관여하게 된다. 또한 첫째는 타작마당의 억울함에 동료들을 선동했다가 땅을 떼이고 인천의 부두 노동자가 된다. 거기서 자신의 가정 내 갈등과 소시민성을 떨쳐내기 위해 위장 취업한 신철이를 만나면서 첫째는 의식의 변화가 일어나고 인천 부두 노동자의 파업에 주도적으로 참여한다. 도시 공업지대로 옮겨와 노동자가 된 선비와 첫째는 노동운동의 지하 조직에 관여하면서 폐쇄적인 농촌 사회의 수동적이며 순응적인 농민 의식에서 벗어나 선진적인 노동자 의식을 갖게 되고 능동적인 성격으로 변화한다. 그래서 그들은 서로 자신이 눈뜨게 된 새로운 세계에 대해 상대방에게 알려주고 싶어 했지만 결국은 선비가 공장에서 얻은 폐병으로 죽어 시체가 된 뒤에야 첫째와 만날 수 있었고, 그 자리에서 첫째는 인간의 본질적인 문제는 노동자 계급인 자신들만이 해결할 수 있는 것임을 더욱 확연히 깨닫는다.

작가로서 강경애는 스스로는 자유연애를 실천했지만 자신의 작품에서 신여성의 자유연애는 매우 부정적으로 그렸다. 『인간 문제』에서 옥점이의 자유연애는 희화화되고 부정적으로 묘사되어 있다. 작가가 사랑하는 인물인 농촌 하층 계급의 첫째와 선비의 자유연애를 비극적으로 묘사해 계급적 현실에서 개인의 자유연애가 자유로울 수 없음을 크게 부각시켰다.

　　이 점이 전 시기의 신여성과 이 시기의 신여성을 구별 짓는 중요한 대목이다. 이미 자유연애는 이론 속에서는 당연한 것으로 받아들여졌고 개인적 생활에서 그것을 어떻게 실천하느냐 하는 것은 개인에게 맡겨졌기 때문이다. 자유연애 자체는 통속 소설의 등장과 함께 대중문화의 중요한 주제가 되었다. 이제 자유연애는 당위의 명제가 되었고 실천의 문제이지 주장하는 것 자체는 그다지 사회적 의미를 갖는 것이 아니었다. 자유연애라는 화두가 사라진 자리에 계급이라는 새로운 인식 지평이 들어왔다. 신여성이 여성 개인의 자아를 실현하는 문제를 넘어서서 시야를 사회로 확장한 것이다.

　　강경애가 ≪동아일보≫에 『인간 문제』를 연재하고 받은 원고료 이백 원의 용도를 놓고 남편과 벌인 부부 싸움을 소재로 한 「원고료 이백 원」은 신여성의 계급적 차이를 문제 삼고 있다. 소설 속에서 싸움은 모처럼 생긴 돈으로 옷을 사고 싶다는 아내와 그 돈으로 동지를 도와주자는 남편 사이에서 벌어지고 아내가 자신의 소시민성을 반성하고 남편의 주장을 접수하는 것으로 마무리되지만, 실제로는 당시의 '모던 걸'에 대한 비판을 주제로 한다. '모던 걸'이란 "머리를 지지고 볶고 상판에 밀가루 칠을 하구 금시계에 금강석 반지에 털외투를 입고 입으로만 아! 무산자여 하고 부르짖는 그런 문인"이나 염문만 퍼뜨리는 신문 기자, 타락한 유학생 같은 부류다. 이렇게 되고 싶은 자신에 대한 아내의 반성은 당시의 유행으로 사회주의를 하는 얼치기 신여성이나 이른바 "풍문만 요란하고 작품은 없는" 당대 문단의 '여류' 작가들에 대한 신랄한 비판을 담은 것이다.

강경애는 간도 지방에 거주하는 조선 민중의 궁핍한 삶과 그러한 삶을 강요하는 억압 세력, 그 세력에 맞서 싸우는 항일운동 세력에 지속적인 관심을 보이며 그들을 형상화하는 노력을 기울였고 간도 지방의 정세 변화는 강경애의 작품 세계에 큰 영향을 미쳤다. 「모자(母子)」(1935), 「번뇌」(1935), 「어둠」(1937)과 같은 작품들은 1930년대 초의 최성기 이후 항일 무장 조직이 점차 간도 지방에서 패퇴하면서 전향해가는 사람들과 남겨진 가족들의 고난에 대해 이야기하면서 간도의 운동가들 운명에 촉각을 곤두세우고 주의를 환기시키는 작품들을 썼다. 「어둠」은 그 대표적인 작품으로 간도 공산당 사건으로 사형당한 청년의 누이동생을 내세워 국내의 모든 사람이 침묵으로 넘기는 사건에 대해 이야기했다. 이 시기 국내에서는 일제의 군국주의가 강화되면서 지식인에게 전향이 강요되었고 자발적으로 전향하는 사람들도 생겨났다. 문학 작품 역시 그 전 시기에 민족과 계급을 이야기하던 것에서 벗어나 일상의 궁핍과 감정의 갈피에 대해 섬세하게 묘사하기 시작했다. 강경애의 작품 경향도 이와 궤를 같이하기는 하지만 강경애의 「지하촌」(1936)은 그 궁핍의 극한 지점을 지긋지긋할 정도로 세밀히 묘사해 독자가 거기에 그려진 궁핍한 현실을 외면하고 싶어 하면서도 외면할 수 없게 했다.

4. 신여성의 국가와 민족

제3세대의 여성 작가로는 최정희 외에 임순득(任淳得, 1915~?)과 지하련(池河連, 1912~?)을 들 수 있다. 1930년대 후반부터 해방까지 박화성, 강경애, 백신애가 이제 작품 활동을 하지 못하는 상황에서 소설가로는 최정희, 이선희,

장덕조, 시인으로는 모윤숙과 노천명이 작품 활동을 했고 신진 작가로 지하련, 임순득, 임옥인이 등단했다. 그런데 최정희, 모윤숙, 노천명은 이미 1930년대 전반에 등단해 문인으로서의 입지를 굳혔을 뿐 아니라 잡지사나 방송국, 신문사의 기자로서 작품 발표와 다른 사회 활동을 활발하게 해 각종 저널리즘에 자주 등장했고 해방과 전쟁을 거치면서 남쪽 사회 여성 문단의 중심부에 있었기 때문에 1930년대 후반 여성 문인이라면 보통 이들을 떠올렸다. 특히 작가 최정희는 긍정적 의미에서든 부정적 의미에서든 '여류 작가'의 대표로서 일제강점기나 그 이후 남한의 문학사에서 '여류 문학' 논의의 중심 대상이었다.

그런데 일제 말기 최정희, 모윤숙, 노천명의 활동이 결국은 일제에 적극 협력하는 것으로 귀결되었기에 '친일 문학'을 논할 때면 곧잘 이들 여성 문인의 이름이 전면에 나오곤 한다. 그리고 유명했던 여성 문인 모두가 '친일 협력'의 길을 걸었다는 점에서 여성으로서 사유하는 것과 민족 구성원으로 사유하는 것은 서로 배치될 수밖에 없다는 유력한 증거가 되었다. 그리하여 민족주의 입장에서는 '여성'의 문제를 사유하는 것은 민족을 분열시키는 것이라는 비판이, '여성적' 입장에서는 여성 작가의 '친일 문학'이란 '민족'의 허약한 엘리트 남성에 대한 반발이라는 원초적 페미니스트 감정을 바탕에 깐 것이라는 일부 긍정적 견해가 나왔다(이상경, 2003b). 그러나 신진 작가라고 부를 만한 임순득과 지하련의 작품을 보면 '여성'임을 강조하는 것이 '민족'의 문제를 사유하는 것과 전혀 배치되지 않는다.

1) 현대 여성에서 군국의 모성으로: 최정희

1930년대에 여학교 교육을 받은 여성들의 수가 급증하면서 이제 '신여성되기'는 자라나는 여성들의 당연한 목표가 되었다. 1930년을 전후해 유명한 신여성들의 이혼, 자살 등의 사건을 계기로 신여성의 부정적 측면에 대한 논의가 무성했지만 구여성의 삶으로 돌아가자는 주장은 이미 비현실적인 것이었다. 다만 '참된' 신여성이 되어야 한다든지, '현대' 여성이어야 한다든지 하는 식으로 용어를 바꾸면서 여성에게 가정과 모성을 더 적극적으로 강조하는 분위기가 조성되었다. '현대 여성'이란 1930년대 후반 '신여성' 대신에 널리 쓰이게 된 용어로 좀 더 중립적이거나 전통과의 조화를 강조하는 절충적 성격을 띤다. 또한 유행이나 사치, 허영 등 외형적으로만 신생활을 추구하는 '신여성'의 부정적 측면을 경계하면서 '뿌리 있는 교양', '현대적 의식'을 강조한다. "구여성은 교육의 혜택을 받아 종래의 위치에서 벗어나"고 "인텔리 여성은 가족제도나 사회제도에 조화되는 위치"로 나아갈 때 이들 '현대 여성'이라는 논의는 실상 신여성을 다시 가정의 영역으로 소환하는 의미를 가지고 있었다(김양선, 2000). 이의 연장선상에서 일제의 총동원체제에 호응해 '군국의 어머니' 되기를 꿈꾸는 신여성도 나타났다. 그런가 하면 다른 한편에는 거기에 저항하면서 조선 민중을 새롭게 발견하고 남성과 진정으로 대등한 관계에 설 수 있기를 꿈꾸는 신여성도 있었다.

최정희가 전주사건으로 검거되어 9개월간 감옥살이를 하고 나온 후 발표한 「흉가」(1937)는 1930년대 전반, 등단 초기 최정희가 시도했던바 계급이 처한 조건 속에서 사회적 존재로서의 여성의 삶을 드러내는 방식에서 벗어나 남편이나 자식이라는 가족 관계 속에 고립된 여성 화자의 내면의 목소리를 담는 데 주력했다. 「흉가」는 환경과의 관계 속에서 인물의 심리 변화의 계기나 필연성 같은 것을 드러내는 대신 주어진 상황을 '운명'으로 여기고 자학적으로 반응하는 여성의 내면을 생생하게 묘사했다. 이 작품이 호평을 받으면서 여성 화자의 고백체를 활용한 「정적기」(1938)와 「인맥」(1940.4)을 창

■1930년대 후반 문단에서 '여류 문인'의 대표자로 간주되었던 이들이 한 잡지사의 좌담회에 모였다.
왼쪽부터 노천명, 이선희, 최정희, 모윤숙, 중간의 남자는 사회를 맡았던 박계주.
자료: ≪삼천리≫, 제12권 제8호(1940.9).

작했고 「지맥」(1939.9), 「천맥」(1941.1~4) 역시 여성 인물의 복잡한 내면 묘사에 주력한 작품이다. 「정적기」는 '여성적 경험'에 대한 진솔한 기록이다. '나'는 남편이 미워서 시집에다 아이를 데려가라고 한다. 내심으로는 아이를 내어줄 생각이 없었는데 정작 시어머니가 와서 아이를 키우라고 하니 순간적으로 화가 나서 아이를 보낸 다음, 또 아이가 그리워서 어쩔 줄 몰라 한다는 이야기다. 자식을 떼어 보내고 그리워하는 어머니의 마음뿐만 아니라 '홧김'에 본래 마음과 반대로 행동하는 '미묘한 여성 심리', 불합리하고 욕망에 어긋나는 것을 운명이라 여기고 순응하는 자세는 1930년대 말 '여류 문학' 논의의 기준이 되었던 최정희의 '여류스러움'의 주요 내용이다.

「지맥」은 모성과 부계 혈통을 우선시하면서 여성으로서의 욕망(애욕)을 접는 이야기다. 은영은 남편이 죽은 뒤 아이 둘을 데리고 온갖 고생을 하면서도 결혼하자는 상훈의 호소를 뿌리친다. 아이들의 성을 바꿀 수가 없었고 상훈 또한 의붓아들을 얼마나 사랑할 수 있을지 신뢰가 가지 않아서다. 「인맥」 역시 애욕을 좇아 방황하지만 결국 모성으로 애욕을 억누르는 이야기다. 선영은 친구의 남편인 허윤을 사랑하며 방황하다가 당구장의 공 같은 여자가 되지 말란 허윤이 말에 도로 집으로, 남편 곁으로 돌아온다. 아이가 태어나자 그 아이에게서 남편이 아닌 허윤의 얼굴을 보면서 그 아이를 위해 살겠다고 한다. 「천맥」은 아이를 위해 재혼했으나 오히려 아이를 괴롭히는 꼴이 되자 아이를 데리고 보육원의 교사로 들어가 자기 아이에 대한 사랑과 보육원 원장에 대한 사랑을 보육원생에 대한 사랑으로 승화시킨다는 내용이다. 이렇게 '삼맥'의 여성 인물들은 아이 때문에 다른 남성과의 사랑을 포기한다.

이런 최정희 소설의 여성 고백체 및 모성 제일주의에서 풍기는 여성성을 찬양한 것이 1930년대의 '여류 문학론'이었다. 여류 작가의 대표로 떠오른 최정희는 이러한 현실 순응적 여성성을 바탕으로 쉽게 일제의 총동원체제에 부응하는 '군국의 어머니'상을 그려냈다.

최정희는 일본 남성과 조선 여성의 연애를 통해 내선일체의 이상을 구현하는 소설 「환영 속의 병사」(1941.1)[7]에서 서로에 대한 개인적인 이해를 바탕으로 그 공감의 폭을 개인이 속한 공동체까지 넓혀가는 것이 내선일체의 길이라고 쓰고 있다. 이런 논리는 조선적인 것을 없애고 일본인과 똑같아질 때 조선인에 대한 차별이 없어질 것이라는 이광수식의 내선일체론과는 다르다. 그러나 한 개인을 통해 그가 속한 공동체 전체를 느끼고 그에 융합되어 간다는 연애의 최대치를 이야기하면서도, 일본 남성 야마모토는 동양 전체를 자기 것으로 느끼고 조선 여성 영순이는 일제가 치르는 전쟁을 자기 자신의 전쟁으로 느끼게 된다. 여성의 희생과 헌신이라는 미명으로 그 전쟁에 휩쓸려 희생당하는 식민지인의 운명을 호도하는 것이다. 「여명」(1942.5)은 서

---

7 여기서는 김재용·김미란 편역, 『식민주의와 협력』(역락, 2003)에 실린 번역판을 참고했다.

■1930년대 후반의 최정희와 지하련
두 사람은 매우 가까운 친구였다.
자료: 서정자, 『지하련전집』(푸른사상사, 2004).

양인이 경영하던 여학교를 다녔던 혜봉이 서양 사람이었던 교장과 영어 선생에 대한 그리운 추억 때문에 일제가 부르짖던 '영미귀축(英米鬼逐)'에 쉽게 동조하지 못하자, 같은 경험이 있는 여학교 동창 은영이가 학교에서 철저한 군국주의 교육을 받는 아이들을 위해, 즉 아이들이 아무런 의혹 없이 학교생활을 잘하고 황국신민으로 거리낌 없이 자랄 수 있도록 '군국의 어머니' 역할을 받아들이라고 설득하는 작품이다. 「2월 15일의 밤」(1942)과 그것을 확대한 「장미의 집」(1942)은 아내가 가정 안의 일에 충실할 것을 요구하는 남편에 맞서 싱가포르 함락을 계기로 애국반 반장 일을 맡고 나서는 이야기다. 그 이전의 '신여성'을 사치와 허영에 들떠 가정을 돌아보지 않는 나쁜 여자로 치부하는 것은 남편이나 아내나 같으나 남편은 아내더러 그러니까 나대지 말고 집에 있으라 하고 아내는 가정을 제대로 돌보는 여성 활동이 가능하고 또 '국민'으로 여성이 해야 할 일이라고 주장하는 점이 다르다. 1920년대의 신여성이 1930년대에 비판받고 퇴출당하는 지점에서 여성들이 새로운 활동을 모색하는 형국인데 이 시기 전쟁 동원에 여성이 자발적으로 나서게 되는 기제를 보여준다는 점에서 흥미로운 작품이면서도 그 참여의 폭이 식모를 내보내고 손수 집안일을 하며 절약하는 것에 그치고 이를 다른 가정에 권유하는 애국반 활동이 제한되어 있다는 점에서 최정희류의 가족 중심주의와 순응주의를 볼 수 있다. 「야국-초」(1942.11)는 자기를 버리고 떠난 유부남의 아이를 낳아 키우던 여성이 아이와 함께 지원병 훈련소를 견학한 뒤 강인한 어머니가 되겠다고 다짐하는 내용이다. 「여명」에서와 마찬가지로 아들이 씩씩한 군인으로 자랄 수 있도록, 여성 스스로가 아들이 죽더라도 눈물을 흘리지 않을 '군국의 어머니'로 거듭남으로써 자기를 버린 남성에게도 복수하고 그에게서도 벗어날 수 있다는 것이다(이상경, 2002).

그런데 이렇게 최정희가 식민주의의 총동원체제에 협력하면서 쓴 작품에 등장하는 여성 인물의 태도는 그 이전 시기의 최정희 작품에 등장하는 여성 인물들의 남성 중심주의와 내적 연관성이 있다는 점에서 최정희식 여성 문학의 문제성이 드러난다. 이들은 교육 정도나 생활 방식으로 보아 1930년대의 신여성인 셈인데 이들의 가족-부계 혈통과 모성-회귀는 1920년대 신여성이 도달했던 지점에서 오히려 퇴행한 것이다.[8] 최정희 작품의 여성 인물들은 잠시 일탈하지만 자신의 욕망을 끝까지 밀고 나가지 않고 지배 담론에 순응해 남성 중심의 관계로 되돌아온다는 점에서 '남성 중심주의'를 극명하게 드러낸다.

또한 최정희의 여성 인물이 회귀하는 것처럼 보이는 모성은 더 문제다. '삼

---

8 일찍이 나혜석이 감행한 가족으로부터의 탈출(「경희」)이나 모성의 해체(「모된 감상기」)와 비교하면 이 점은 분명하다.

맥'뿐 아니라 「여명」에서도 그렇듯이 최정희 작품의 남성 중심주의 아래에서 아이들은 부차적이다. 최정희 소설의 여성 인물은 아이를 독립된 개체로 인정하지 않고 다른 것 — 남편이나 연인 — 의 대체물로 바라본다. 「야국 — 초」의 마지막 대목은 이 점을 더 극명하게 보여준다.

> 저는 아이의 손을 더욱 꽉 쥐었습니다. 아이도 잡힌 자기 손으로, 제 손을 꽉 쥡니다. 그 힘찬 손의 감촉은, 당신에게 잡혀서 외나무다리를 건넜을 때와는 다른, 힘찬 그 무엇이 있었습니다. 당신의 손 이상으로 제게 희망을 갖게 하는 손입니다. 당신의 손 이상으로 제게 기쁨을 안겨주는 손입니다.

> 이제 저는 아무것도 생각하지 않고, 승일이를 키우듯이 승일이를 위해 들국화를 아름다운 꽃, 강인한 꽃으로 가꾸기로 했습니다. 그게 제게 하셨던 당신의 행위에 대한 복수가 될 테니까요, 그럼 안녕히.

아들의 손으로 당신의 손을 대신하고 당신에 대한 복수로 강한 어머니가 되어 아들을 황국의 병사로 키운다는 것이 최정희 작품의 모성 귀착점이다. 아이는 그 자체로서 사랑의 대상이 아니라 남성, 혹은 그것으로 대표되는 이념의 대체물인 것이다.

2) 민족과 여성에 대한 새로운 사유: 임순득

전시 총동원체제하 남성 중심 문단의 한 모퉁이에서 '여류'로서의 특권을 누리던 최정희는 동화의 논리를 수용해 작품에서 내선일체론, 신체제론, 대동아공영권론을 여성의 시각으로 풀어내면서 전쟁의 참여를 권유한 반면 끝까지 해방에 대한 전망을 포기하기 않고 새로운 삶을 모색하는 그룹에 속해 있던 임순득은 적극적으로는 민족 현실을 재발견하면서 민족의 해방과 여성의 해방을 함께 추구하는 길로 나아갔다.

이러한 갈라짐은 이미 1930년대 후반 '여류' 문학 논의에서 여성의 문제를 고립된 여성 개인의 문제로 보는가, 사회 속 여성의 문제로 보는가 하는 시각과 문제 해결에 대한 전망의 차이에서 일부 예견된 것이다. 임순득은 최초의 여성 평론가로서 1930년대 후반의 왜곡된 '여류 작가' 논의에 맞서 「여류작가의 지위」(1937.6), 「여류작가 재인식론」(1938.1), 「불효기에 처한 조선 여류작가론」(1940.9) 같은 평론을 써서 삼중의 억압에 맞서는 문학으로서 '부인 문학'을 논리적으로 정리했다.

임순득은 1930년대 초 격렬했던 학생운동권 출신으로 1930년대 후반에 작품 활동을 시작했다. 1931년 이화여고보 3학년일 때 학생 맹휴를 주동해 퇴학당한 뒤 동덕여고보에 편입했는데, 당시 동덕여고보에는 박진홍, 이순금, 이경선과 같은 사회주의 여성 활동가들이 있었고 그들은 노동 현장의 조직가로 성장하고 있었다. 임순득 역시 이들과 연계를 가졌고 양심의 고통을 받는 사람들과 전향의 논리에 맞서고자 하는 사람들 편에서 자기 세대 여성들이 도달한 지성과 감성을 대변하는 작가로서 자기를 세워나갔다. 1930년대 초반의 그 여학생들이 1930년대 후반에도 전향하지 않고 남성에게 의존하지도 않으면서 현실을 버티려는 고투를 보여주었고, 그 이후 계속 일제의 정책을 적극적으로 비판하는 지점으로 나아가면서 그때까지 논의되었던 것과는 다른 새로운 여성성과 모성을 상상했다. 그리고 여성들 사이의 연대, 여성들의 우정을 이야기했다.

임순득의 자전적 요소를 많이 담은 등단작 「일요일」(1937)에서 여학교를 마친 혜영은 직장에 다니면서 윤호의 옥바라지를 한다. 감옥에서 헌 옷을 가

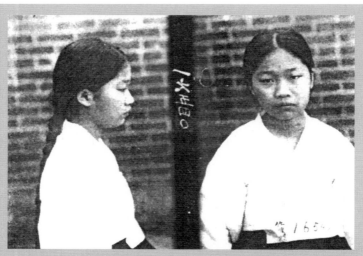

■1931년(17세) 6월 서대문 경찰서에 연행되었을 때 작성된 '신상 기록 카드'에 첨부된 사진
당시 임순득은 이화여고보 3학년으로 동맹휴학을 주동했다가 체포되어 3개월간 「치안유
지법」 위반 혐의로 가혹한 조사를 받은 뒤 기소유예로 풀려났다.
자료: 국사편찬위원회, 『한민족독립운동사자료집』, 별집 7(국사편찬위원회, 1993).

져와 빨기도 하고 결말에서는 윤호에게 넣어줄 털실 스웨터를 짜는 것으로
세속적인 유혹에 흔들리는 자신을 다잡는다. 윤호는 혜영에게 생활의 표식
이다. 그러면서도 혜영은 그것이 윤호와의 대등한 관계를 해치는 것은 아니
라고 한다. 즉 남성에 대한 사랑을 가장 중요한 것으로 생각하고 사랑하는
남성에게 순종하고 희생하는 여성은 되지 않겠다는 것이다. 실제 활동가들
사이에 이론과 실천에서 스승이고 남편인 남성에게 여성이 의존하고 종속되
는 현상이 있었고 혜영은 이런 현상에 비판적 인식을 보였다. 여성 운동가가
직접 사회운동에 나서기도 하지만 운동 전선에서도 여전히 보조적인 '하우
스 키퍼(housekeeper)' ― 활동가들의 생활과 연락을 위해 마련한 집을 지키고 살림

을 꾸려 가면서 연락원 등의 활동을 병행하는 역할 — 라는 전통적인 '여성의 역할'에 제한되어 있거나 아니면 그 일까지 겸해야 하는 것, 인간의 해방을 말하면서도 성별 분업과 여성에 대한 도구적 관점에 고착해 여성을 대상화하는 것에 대해 문제를 느끼기 시작한 신여성이 혜영이다.

이후 남성 중심의 문단에서 논의되는 최정희식의 '여류' 문학이 아니라 여성 '작가'의 문학으로서 '부인 문학'을 주장한 임순득은 내선일체의 동화 정책이 폭압적으로 추진되는 시점에서 오히려 그에 맞서 조선적인 것을 발견하고 지키려 노력하는 신여성을 그렸다. 근대적인 것, 서구적인 것, 도시적인 것을 거의 동시적이고 동일한 것으로 추구했던 신여성의 시야에 드디어 '민족적인 것'이 들어온 것이다. 임순득은 시골에서 교사를 하다가 서울에 다니러 온 친구를 통해 '조선적인 것'을 경험을 수필 「작은 페스탈로치」(1939.11)에 썼다.

"나 있는 데는 말야 저 봉산탈춤인가 뭣인가 요즈음 갑자기 유명해진 거 있잖어 그것과 같은 것이 있는데 단옷날 밤에 횃불을 피워 놓고 그 속에서 노는데 참 뭐라고 할 수 없이 좋아. 그리고 그것을 구경하는 사람들도 물론 남녀노소 할 것 없이 시간 가는 줄도 모르고 놀이하는 사람들의 심정과 한데 엉키어 있는 그 융합된 미란 뭐라면 좋을까."

그는 소견머리 없는 보수주의자처럼 '조선 것'이라는 것을 억지로 좋다는 것은 물론 아니었다. 그것이 비록 거칠고 소박할지언정 인간이 가지고 있는 진지한 것을 표현하는 데 그 미(美)를 보았다는 것이다.

그런 친구를 따라 박물관에 가서 처음으로 고려자기를 보면서 이전에 세상 사람들이 고려자기의 좋은 점을 선전하는 것을 대책 없는 보수주의자라고 치부해버렸던 관념이 실물 앞에서 여지없이 깨어지고 "새로운 눈으로 새로운 세계를 보아야 하는 것"을 느낀다. 신여성의 도시적인 것이 시골스러운 것과 만나고 신여성의 근대적인 것이 전통적인 것과 만나는 지점에 대한 묘사인데, 이 만남은 같은 시기에 진행된 '현대 여성' 논의에서 전통과의 조화를 말하는 입장과는 다르다. '현대 여성'은 여성이 지켜야 할 가정과 모성을 강조하면서 국가의 어머니와 아내라는 식으로 식민지 국민화로 나아갔으나 임순득의 '조선적인 것'의 발견은 식민지 동화 정책에 저항하는 민족적인 것의 강조로 나아간 것이다.

임순득의 「대모」(1942.10)는 일본어로 발표된 소설이지만 평론가인 내가 조카에게 이름을 지어주는 문제를 소설가인 친구에게 의논하는 것을 소재로 일제의 창씨개명 정책을 우회적으로 비판하면서 동시에 당시 운동권의 가부장적 관습과 거기에 순응하는 여성 자신의 의존성까지 비판하는 문제작이다. 태어날 조카가 여자라면 굴원(屈原)이 『초사(楚辭)』에서 지조의 상징으로 사용한 풀이름을 따서 혜원(蕙媛)으로, 남자라면 유대 민족의 해방자 모세(毛世)와 굴원의 이름을 한 자씩 따서 세원(世原)으로 짓기로 한다. 단 한마디도 '창씨개명'을 거론하지 않지만 이름이라는 것이 한 인간에 대해 갖는 상징성과 이름에 빗대어 한 인간에게 기대하는 해방의 열망을 강렬하게 제시했다.

"신혜원이라는 네 히로인에게는 형제나 사랑하는 사람이나 친한 남자가 있을 거 아냐. 그런 사람들 이름은 전부 뭐라고 부르니?"

"그녀는 말야, 형제도 없고 거의 고아나 다름없는 고독한 사람이야. 그리고 사랑하는 사람이 좀처럼 나타나지 않는 거야. 적어도 신격화되지 않은 모세(毛世)와 거만하지 않은 굴원(屈原)을 반씩 합한 것 같은 성숙한 인격이 아니면 결코 사랑할 수 없는 사람이거든."

■여성 평론가로서의 진면목을 보여준 평론 「불효기에 처한 조선여류작가론」 발표 당시의 모습

자료: ≪여성≫(1940.9).

"만약 그런 사람이 나타나지 않는다면?"

"타협은 하지 않을 거야."

그 이름에는 그들이 살아가야 하는 시대, 그들이 갖추어야 할 품성, 즉 그 인간의 정체성이 담겨 있다. '혜원'이 사랑할 수 있는 남자인 '세원'—"신격화되지 않은 모세와 거만하지 않은 굴원"을 반씩 합한 인격의 소유자—은 작가인 임순득의 이상적 남성상이기도 했을 것이다. 민족해방운동에 종사하면서 지조를 지키는 인물은 임순득과 그 주변 여성들의 입장에서는 너무나 당연한 필요조건이다. 아마도 1940년대 전반, 일제의 억압이 극심했던 세월에 전향을 거부하고 옥살이를 계속하거나 신분을 숨기고 지하활동을 계속했던 인물일 것이다. 식민지에서 무엇보다 민족의 해방이 삶의 중심에 놓여 있다고 하는 것은 「일요일」에서부터 임순득이 견지한 입장이며 그는 일제강점기 끝까지 식민주의에 협력하지 않았다. 그런데 이 작품에서 더 유심히 읽어야 할 것은 '신격화되지 않은', '거만하지 않은'이라는 측면이다. 신출귀몰하는 재주를 가지고 강건하게 해방운동을 벌이지만 그가 하는 행동이 모두 다 옳거나 비판이 허용되지 않는 무오류의 신일 수는 없다는 것, 스스로 일관된 입장을 가지되 자신의 지조를 내세워 남을 경멸하거나 상처를 주지 않아야 한다는 것이다. 물론 그런 조건을 갖춘 남자인 '세원'이 현실에 있기 어렵다는 것은 안다. 모세나 굴원 같은 인물도 쉽지 않은 당시의 상황과 운동 풍토이지만 진정한 인간 해방은 여성해방 없이는 있을 수 없다는 것을 작가는 이렇게 쓰고 있다. 그리고 그런 인물이 나타나지 않을 수도 있겠지만 "타협은 하지 않을" 것이란다. 이 지점이 여성 작가로서 임순득의 날카로움이 빛나는 대목이다. 해방자 모세이고 지사 굴원이라는 필요조건을 갖추면서 동시에 신격화되지 않고 거만하지 않은 남자란, 체현되어야 할 해방된 인간으로서의 충분

조건이며 그것들이 서로 분리되어 구현되거나 추구되어서는 안 된다는 것이다.

그는 진정한 해방은 다른 사람을 억압하면서는 이루어질 수 없다고 생각한다. 거기서 더 나아가 '나'는 그런 인간이 존재하기도 쉽지 않지만 더 큰 문제는 그 남자가 어떤 남자냐보다는 한 남자에 매달리면서 자기의 생활을 찾지 못하는 여성의 의존성이라고 생각한다. 중요한 것은 과거가 아니라 현재이며 여성 자신의 주체적 입장과 정신적 자립이 필요하다는 것이다.

난 그저 괜찮은 여자들이 이미 유물이 되어버린 과거의 애정 관계에 대해 언제까지나 소중하고 아련한 생각을 품는 바로 그 포즈가 여자 스스로를 비참하게 하는 게 안타까울 뿐이야. 허세라도 좋으니까 어째서 어깨를 펴고 의연하게 여자의 생활을 고집하려고 하지 않는 거야? 흔히 말하는 여자의 프라이드라는 것이 바로 그거 아냐?

이렇게 임순득이 작품에서 그린 신여성의 자화상은 가부장적인 남성이나 인습에서 독립한 자율적인 주체이면서도 개인주의에 함몰되지 않고, 식민 지배하에 있으면서도 거기에 맞서 저항의 자세를 견지하는 성숙한 여성 주체다. 그리고 이렇게 성장한 그녀는 같은 시대를 살면서 비슷한 경험을 했을 다른 여성들에 대해서도 무한한 신뢰와 애정을 견지한다. 「가을의 선물」(1942.12)은 한 지식인 여성이 번잡했던 도시 생활을 잠시 접고 시골의 부모님 곁에 와서 작은 정성의 소중함을 깨달아가는 이야기인데 일제 말기의 작품치고는 지나칠 정도로 맑고 낙관적인 정신의 소유자를 그리고 있다.

시골에서 태어나 시골에 고향이 있고 유년기는 그렇다 치고 그 소년 시대에 싹터 오르는 정신을 고(故) 방정환 씨의 수많은 아름다운 이야기들로 보낸 그대 — 그런 그대들은 처음으로 피가 용솟음치는 것을 깨닫고 인생에는 감동할 만한 아름다움이 많이 있다는 데 눈을 뜨고 행복으로 전율한 기억이 틀림없이 있으시겠지요.

그대들은, 자신의 인생을 더럽고 탁한 것에 물들이지 않고 살아가기 위해 언제나 마음의 창인 자기 눈동자의 초점을 모으고 계시겠지요.

그대들은 지금 어디서 어떤 생업을 하고 계시며 어떤 생활을 하고 계십니까. 저는 한없는 그리움으로 미지의 그대들을 부르고 싶은 그런 행복한 환회를 가슴 가득 느끼고 있습니다.

이렇게 임순득이 그린 신여성은 여성이 근대 교육을 받으면서 추구해온 것들 — 여성의 성적 자기 결정권, 사회적 존재로서의 책임과 의무, 인습에 지배받는 통념과 이상의 괴리를 극복하는 현실의 발견, 황국신민화에 맞선 민족적 주체의 형성 — 을 통합된 것으로 구현해내는 성숙한 존재다.

당시 교육자와 문인 등 여성 지도자들이 신체제론에 발맞추어 내세운 '생활개선'이라는 것의 반민중성을 우회적으로 비판한 「달밤의 대화」(1943.2)를 마지막으로 임순득은 해방이 될 때까지 침묵에 들어갔다. 이미 「대모」에서 조선이란 여성이 자립하기 가장 어려운 공간이라고, 조선 민족이면 누구나 어렵지만 여성은 더 어렵다고 간파했던 임순득은 그 마지막 시간을 「대모」의 여성 인물이 말하듯 "생각에 잠겨 남산이나 쳐다보"면서(悠然見南山) 버텨나갔을 것이다. 도연명의 시 「음주(飮酒) 5」의 한 구절인 이 구절은 고래로 어지러운 세상 속에서 그 세상을 피해 사는 고상한 선비의 자세를 상징하는 구절이 되었다. 산속으로 피해 갈 수도 없는 시대, 외국으로 망명할 수도 없는 처지, 시끄러운 세상 속에서 휩쓸리지 않고 살기, 임순득은 '내적 망명'을

■공식적으로 등단하기 전 '임화 씨 부인 이현욱'이란 이름으로 ≪여성≫ (1940.10)에 실린 지하련의 일기
자료: ≪여성≫(1940.10).

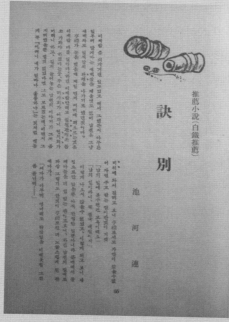

■데뷔작 「결별」의 발표 당시 모습
자료: ≪문장≫(1941.4).

시도했을 것이다(이상경, 2009).

3) 새롭게 규정된 여성성: 지하련

지하련이 등단한 것이 1940년 12월인데 이때는 이미 일제가 전시 총동원체제를 구축하기 시작한 이후였다. 특히 1939년 10월의 조선문인협회의 결성은 일제가 조직적으로 작가들에게 '국책'에 적극 협조할 것을 강요하고 각종 선전에 작가를 동원하기 위해 이루어졌다. 식민지 시대 내내 일제는 검열을 통해 식민지 조선의 작가가 무엇인가를 쓰지 못하게 억압해왔지만, 이 시기가 되면 거기에 더해 이제는 총동원체제의 선전물이 될 무엇인가를 쓰라고까지 억압을 가하기 시작한 것이다. 둘 다 작가에게 억압적이지만 그에 대한 저항의 행동 양식은 달라질 수밖에 없다. 무엇인가를 쓰지 못하게 검열하고 억압할 때 저항하는 방법은 각종 방해를 무릅쓰고 무엇인가를 쓰고 전달하는 것이다. 쓰고 싶은 것을 쓰지 못할 뿐 아니라 내키지 않는 무엇인가까지 쓰라고 억압받는 상황에서 작가의 저항은 겉으로는 강요하는 것을 쓰는 척하면서 이면으로는 딴소리를 하든가, 아니면 시국과는 전혀 상관없는 이야기를 쓰거나 아예 아무것도 쓰지 않고 침묵하는 것이다.

1928년 이현욱이란 이름의 동경 유학생 시절 지하련은 근우회 동경 지회의 열성적인 회원이었고 카프 동경지부 출판부원으로 이름을 올리기도 했다. 그러니 작가로 등단하는 것은 다른 여성들에 비해서 늦은 편이다. 당대 문단의 유명한 시인이자 평론가였던 임화의 아내로 먼저 알려졌지만 작가로서 지하련은 아주 분명한 자기의 세계를 내보였다. 「남성폭격좌담회」(1939. 9)에서 지하련이 남성 일반을 비판하는 핵심은 '자기중심주의'와 '비굴' 그리고 '농녀주의(弄女主義)'다. '비굴'이란 "어디까지든지 정열을 다해볼 용기가 없"는 것이며 따라서 여성에 대해서도 "본질적인 근거가 있는 정열로써" 하지 못한다. 나아가 "여자는 생리적으로부터 다른데 게다가도 모든 괴로움을 여자에만 지울랴는 것"이 농녀주의 ─ 여성의 생리적 차이를 약점 잡아 여성을 농락하는 것 ─ 다.

지하련의 등단 작품인 「결별」(1941)은 바로 이 남성의 '자기중심주의'와 '비굴'을 정면에서 폭로하는 작품이다. 「결별」에서 형예가 남편에게 자기가 다른 남자(친구의 남편)에게 마음을 빼앗겼다고 고백했는데 무심한 남편은 "괘니 평지에 불을 일궈 튀각태각하면, 그 모양이 뭣 되우. 그저 당신은 아무것도 아닌 것 가지고 이러지 말우에. 내 암말도 않으리다"라고 말한다. 아내가 온 생을 걸어 하는 생각, 하는 일에 대해 남편은 자기 편할 대로만 해석하는 '자기중심주의'를 드러내 보인 것이다. 그런 남편에 대해 아내는 "관대하고 인망이 높고 심지가 깊은 '훌륭한 남편'이 더할 수 없이 우열한 남편으로, 한낱 비굴한 정신과 그 방법을 가진 무서운 사람"으로 생각되었고 "완전히 혼자인 것을 깨닫는다". 그래서 제목이 '결별'일 것이다. 심리적으로 남성과 완전히 결별한 여성의 고독이다.

지하련 소설의 여성은 '고독'을 느끼지만 모성이나 가족 같은 것으로 그 고독을 대체하려고 하지 않는다. 남의 신망을 받는 남편이 있고 사랑스러운 아이가 있어도 그것으로는 채워지지 않는 부분이다. 그러니 그 고독이란 개체화된 '여성'이 느끼는 자각인 셈이다. 이 자리에 주체로서의 근대 여성이 서게 된다. 앞서의 좌담에서는 그런 남성의 자기중심주의 때문에 남녀 관계는 그저 여성 쪽에서 '늘 속을 썩이고 평화를 유지하는' 것이라고 한다. 지하련의 작품은 겉으로 평화로워 보이는 부부의 이면은 남성의 '자기중심주의'로 인해 언제라도 깨어질 수 있다는 불안정성을 폭로하는 데 초점을 둔다.

「가을」(1941)은 아내의 친구 정예로부터 사랑한다는 고백을 받은 남성이 자신의 허위의식을 드러내고 '비굴'을 자기비판하는 작품이다. 정예는 이미 아내가 살아 있을 때부터 자기에게 감정을 드러냈었다. 그런 정예가 아내가 죽은 뒤에 굳이 찾아와서 "젤 고약하고 숭 없는 나의 이야기를 단 한 분 앞에서만 하고 싶었어요"라고 고백을 하고 갔다. 여성으로서의 욕망을 가졌고 자기 욕망에 솔직했다가 현실에서 패배한 정예를 보며 '그'는 정예가 흉악하기는 하지만 비굴하지는 않다고 생각한다.

「산길」(1942)에서 아내의 친구와 관계를 가졌던 남편은 아내더러 자기의 행동이 실수일 수도 연애일 수도 있지만 뭐라고 규정할 수 없다면 아무튼 사과한다고 무마한다. 그 순간 아내는 "당신 개헌테도 나한테도 나쁜 사람"이라고 비난한다. 이 소설에서 남성은 남편으로서도 애인으로서도 불성실하고 자기 편한 대로 세상을 해석하는 인물이며 그런 남성에 의해 여성은 애인의 자리에 있든 아내의 자리에 있든 상처받는다는 점에서 동류다.

이렇게 지하련은 철저하게 '여성'의 입장에서 남성의 '자기중심주의'와 '비굴'을 폭로하고 문제의 근본, 절망의 바닥까지 담대하게 이르는 여성을 그림으로써 '여성성'을 추구했다. 자기 개인의 욕망이나 정열에 충실하고 환경과 타협하지 않는 것, 이것이 지하련이 그 시대에 소망한 여성의 자세였다. 그리고 그것이 일반 사람의 눈에는 '흉악'해 보일 것이라는, 환영받지 못하리라는 것까지 각오하고 있었다.

이러한 지하련의 '여성'적 시선은 일제 말기, 특히 전시 총동원체제하에서 생산적이고 건강하고 명랑한 '남성'적인 문학이 요구되는 상황에서 그와는 정반대로 쓸모없고 병약하고 우울한 '여성'적인 인물들의 '지리한 날의 이야기'(「종매」의 부제다)를 쓰는 것으로 저항의 자세를 드러낸다. 특히 지식인의 내면을 소재로 한 지하련의 소설은 발표된 시기가 1940~1943년임을 염두에 두고 읽어야 하는 암호투성이의 글이다. 쓸모없는 삶, 어리석은 삶, 유폐된 삶이 이 시기 지하련 소설에 등장하는 인물들의 삶이다.

「종매: 지리한 날의 이야기」(1942.4)에서 석희는 수년간 감옥살이를 하고 나온 인물이다. 어렸을 때부터 친하게 지낸 사촌누이 정원이 방학이 되었는데 집으로 오지 않고 석희에게 운각사라는 절로 오라는 편지를 보냈다. 가보니 정원이 철재라는 병든 화가 청년을 데리고 와서 섭생을 시키는 중이었다. 철재의 건강이 조금씩 회복되면서 정원과 철재의 사이는 약간 서먹해지고 석희와 철재가 더 친해진다. 그때 석희의 친구 태식이가 나타나는데 태식이는 석희와 정반대의 성격이다. 석희는 주변이 없고 내성적이고 침울한 반면 태식이는 웅변이고 개방적이며 화려하다. 석희는 강한 자기주장은 있지만 겉으로 강하게 표현하지는 않는 편인데 태식이는 내놓고 표현한다. 철재는 병약하기도 하거니와 석희와 유사한 성격으로, 한 편이 "가을엔 우리 마구 돌아다닙시다" 하면 다른 편에서 "바깥엔 다녀 뭘 하겠소"라고 시무룩하게 대답하고 함께 마음이 어두워지는 사람이다. 요컨대 "가슴속 어느 한 곳에 무엇으로도 메울 수 없는 커다란 구멍이 하나 뚫려 있는" 상태다.

여러 가지 암시로 보아 철재나 태식이나 석희 모두 1930년대 중반까지 특별한 사상운동에 관여했던 인물인데 이제 석희(가 돌보는 철재를 포함해)와 태식은 일제 말기의 시점에서 세상을 대하는 두 가지 상반되는 태도를 대표한다. 파시즘의 시대에 쓸모가 있는 삶과 쓸모가 없는 삶 중에서 지하련은 쓸모가 없는 삶에 애정을 기울였고 희망과 절망 중에서 절망 쪽이 진실하다고 생각했다. '같은 기간과 같은 하늘 아래 살면서' 전혀 상반되는 두 가지 삶의 자세가 있다는 것이 일제 말기 가장 힘든 시기에 작품 활동을 시작한 지하련의 작가적 문제의식이다. 삶의 태도로서 희망과 절망은 쉽게 어느 한편이 더 옳거나 더 진실하거나 더 좋다고 말할 수는 없다. 그러나 이런 문제를 제기하는 시기가 일제 말기라는 것은 좀 더 특수한 독해를 요구한다. 파시즘으로

치달으면서 병, 나태, 어두움, 절망 같은 것들이 '악덕'으로 치부되는 시기에 철저한 절망을 이야기한다는 것은 그러한 파시즘에 대한 저항 혹은 적어도 비협력의 의미를 내포하기 때문이다. 반면 건강하고 밝고 약삭빠르게 쓸모 있는 삶을 살겠다는 인물은 당시의 시대 분위기에 발맞추어 혹은 잘 적응하며 사는 인간 군상이다. 그리고 철재와 태식 사이에서 태식을 거부한 정원 역시 고약하고 '숭 없는' 여성 인물로 그려진다. 석희가 느끼는 정원이의 분위기다.

문득 눈앞에 원의 얼굴이 떠올랐다. 역시 갸냘프고 맑은, 서먹서먹 사람을 대한 눈을 가진 얼굴이다. 그러나 다음 순간, 얼마나 고약한 또 하나의 모습인가? – 인색하다기보다는 훨씬 탐욕적인 그 용모는 아무리 보아도 숭없었다.

여기서 '탐욕'이나 '숭없음'은 자기 욕망에 충실하면서도 남성에게 휘둘리지 않고 자기주장이 뚜렷한 여성을 묘사하는 단어다. 이렇게 지하련이 지식인의 삶의 자세를 주제로 쓴 「체향초」(1940), 「종매」(1942), 「양」(1943)에서 여성의 '존경'을 받는 어리석은 인물들은 자신을 유폐시키고 산다. 지하련은 이들의 유폐된 삶을 '승천'을 꿈꾸는 이무기에 비유한다. 이무기는 미처 용이 되지 못한 구렁이다. 그는 용이 되어 승천하기를 천 년 동안이나 기다리고 있는 존재다. 민담 속에서 이무기는 욕심을 버리고 용이 되기도 하고, 공력이 미치지 못해 하늘로 반쯤 오르다가 떨어져 죽기도 한다. 이무기가 '승천'한다는 것은 유폐된 공간에서 벗어나 세상으로 나가는 것이고 '등용'처럼 과거에 급제해 출세하는 것을 의미하기도 했다. 유폐되어 초조하게 승천을 기다리는 존재로서의 이무기는 지하련의 소설에서는 엄혹한 시기에 양심을 지키며 살아가고자 하는 약한 지식인의 자기 상징이다. '승천'에 필요한 '여의

주'를 갖지 못했거나 혹은 두 개나 가지고 있는……. 지하련이 어떤 이무기를 염두에 두었는지를 텍스트 안에서 알 수 없지만 일제강점기 발표된 마지막 작품 「양」에서 '승천'을 꿈꾸는 것은 현재 처해 있는 곳이 '지옥'임을 강조하는 반어법이라고 생각된다. 바닥 깊은 절망, 허무를 깔고 있는 단어다.

일제 말기 남녀 사이의 애정 문제를 소재로 한 최정희의 작품이 강요된 여성성으로부터 일탈을 꿈꾸었지만 결국은 기존의 모성으로 회귀하는 것에 반해, 지하련은 일탈을 끝까지 밀고 나가며 이를 통해 남성의 가부장 의식과 위선을 폭로한다. 이런 바탕 위에서 '국책'을 선전하는 문학이 요구되었을 때 최정희는 '강한 어머니'를 추구하며 군국주의 모성을 찬양으로 나아가는 반면 지하련은 우울하고 병약한 인물들의 내성의 세계를 파고들며 더는 바깥 세계에 눈 돌리지 않다가 절필함으로써 '시국'에 대한 비협력의 자세를 견지한다(이상경, 2012). 이렇게 여성이 자신의 주어진 삶의 조건을 정면으로 바라보면서 문제의 본질에 육박하는 자세는 여성 자신이 살고 있는 식민지 현실의 본질 또한 회피하지 않고 바라보는 자세로 이어지는 것이다.

참고문헌

강경애. 1931.8~1932.12.「어머니와 딸」.≪혜성≫.

_____. 1932.「그 여자」.≪삼천리≫, 9월호.

_____. 1934.8.1~12.22.「인간문제」.≪동아일보≫.

_____. 1935a.「모자」.≪개벽≫, 1월호.

_____. 1935b.「번뇌」.≪신가정≫, 6~7월호.

_____. 1935c.「원고료 이백원」.≪신가정≫, 2월호.

_____. 1936.3.12~4.3.「지하촌」.≪조선일보≫.

_____. 1937.「어둠」.≪여성≫, 1~2월호.

김명순. 1924.6.14~7.15.「탄실이와 주영이」.≪조선일보≫.

김양선. 2000.「식민주의 담론과 여성 주체의 구성: '여성'지를 중심으로」.≪여성문학연구≫, 제3호.

김윤식. 1987.『백신애 소설집 꺼래이』. 조선일보사출판국.

나혜석. 1918.「경희」.≪여자계≫, 3월호.

_____. 1923.1.1~1.21(4회 연재).「모된 감상기」.≪동명≫.

_____. 1934.8~9.「이혼고백장」.≪삼천리≫.

_____. 1935.「신생활에 들면서」.≪삼천리≫, 2월호.

박화성. 1925.「추석전야」.≪조선문단≫, 1월호.

_____. 1932.「하수도공사」.≪동광≫, 5월호.

_____. 1934.11.6~11.21.「신혼여행」.≪조선일보≫.

_____. 1935.「홍수전후」.≪신가정≫, 3월호.

_____. 1935.4.1~12.4.「북국의 여명」.≪조선중앙일보≫.

_____. 1936.「고향 없는 사람들」.『신동아』, 1월호.

백신애. 1929.1.1~1.7.「나의 어머니」.≪조선일보≫.

_____. 1939a.「아름다운 노을」.≪여성≫, 11월호.

_____. 1939b.「혼명에서」.≪조광≫, 5월호.

이상경. 2000.『인간으로 살고 싶다: 영원한 신여성 나혜석』. 한길사.

———. 2002. 「일제 말기의 여성 동원과 '군국의 어머니'」. ≪페미니즘연구≫, 제2호.

———. 2003a. 「신여성의 자화상」. 『신여성』. 청년사.

———. 2003b. 「식민지에서의 여성과 민족의 문제」. ≪실천문학≫, 통권 제69호.

———. 2005. 『2005년 3월의 문화인물 강경애』. 문화관광부.

———. 2009. 『임순득, 대안적 여성주체를 향하여』. 소명출판.

———. 2012. 「식민주의와 여성문학의 두 모습: 최정희와 지하련」. 『페미니즘 비평』. 한국문화사.

임순득. 1937. 「일요일」. ≪조선문학≫, 2월호.

———. 1937.6.30~7.5. 「여류 작가의 지위: 특히 작가 이전(以前)에 관하여」. ≪조선일보≫.

———. 1938.1.28~2.3. 「여류작가 재인식론: 여류문학 선집 중에서」. ≪조선일보≫.

———. 1939.11.5. 「작은 페스탈로치」. ≪매일신보≫.

———. 1940. 「불효기(拂曉期)에 처한 조선여류작가론」. ≪여성≫, 9월호.

———. 1942. 「대모(代母)」(원제: 名付親). ≪문화조선(文化朝鮮)≫, 10월호.

———. 1942.12. 「가을의 선물」(원제: 秋の贈り物). ≪每日寫眞旬報≫.

———. 1943. 「달밤의 대화」(원제: 月夜の語り). ≪春秋≫, 2월호.

지하련. 1940. 「결별」. ≪문장≫, 12월호.

———. 1941a. 「가을」. ≪조광≫, 11월호.

———. 1941b. 「체향초」. ≪문장≫, 3월호.

———. 1942. 「산길」, ≪춘추≫, 3월호.

———. 1943. 「양」. ≪춘추≫, 5월호.

———. 1948(1942.4.집필). 「종매」. 『도정』. 백양당.

최정희. 1937. 「흉가」. ≪조광≫, 4월호.

———. 1938. 「정적기」. ≪삼천리문학≫, 1월호.

———. 1939. 「지맥」. ≪문장≫, 9월호.

———. 1940. 「인맥: 별의 전설」. ≪문장≫, 4월호.

———. 1941. 「천맥」, ≪삼천리≫, 1~4월호.

———. 1941. 「환영 속의 병사」(원제: 幻の兵士). ≪국민총력≫, 2월호.

_____. 1942a. 「2월 15일의 밤」(원제: 2月15日の夜). ≪신시대≫, 4월호.

_____. 1942b. 「야국 - 초」(원제: 野菊-抄). ≪국민문학≫, 11월호.

_____. 1942c. 「여명」. ≪야담≫, 5월호.

_____. 1942d. 「장미의 집」. ≪대동아≫, 7월호.

朴宣美. 2000. 「柳原吉兵衛의 研究 - 地域における ― 帝國の 新しい 担い 手の 登場―」.
　　京都大學文學部 現代文化學 研究室 內 20世紀研究 編輯委員會 編. ≪20世紀研究≫,
　　創刊号.

제**11**장

조선은 그녀들에게 무엇이었나
식민지 조선에 살았던 일본 여성들

안태윤
경기도가족여성연구원 연구위원

1. 조선과 일본의 사이에서: 경계에 살았던 여성들

현재 한국에는 67만여 명의 외국인 여성들이 살고 있다. 언제부터인가 '다
문화 사회'라는 말이 생겨나고 텔레비전에는 외국에서 결혼 이주한 여성과
한국 남성의 행복한 결혼 생활을 보여주는 프로그램도 인기리에 방영 중이
다. 그런데 이렇게 많은 외국 여성이 한국에 와서 살기 시작한 것이 최근에
일어난 일은 아니다. 한국에는 19세기 말부터 일본인이 들어와 살기 시작했
고 해방 당시에는 일본인이 무려 70여만 명이었다. 이는 당시 인구의 3%에
이르는 숫자다. 일본 여성만 약 35만여 명이 살고 있었으니 지금과 비교해도
매우 많은 숫자다. 그러면 해방 후 그들은 다 어디로 갔을까? 한국 남성과
결혼한 소수의 일본 여성들은 한국에 남았지만 일본 여성 대부분은 해방 이
후 일본으로 돌아갔다. 그리고 68년이 흘렀다. 일본으로 돌아간 여성들은 생
존해 있다 해도 적어도 68세 이상의 노인이 되어 있을 터다. 당시 조선에 살

았던 여성들은 어떤 여성들이었을까? 조선에는 왜 왔으며 무엇을 하며 살았을까? 그녀들은 일본으로 돌아간 후 자신들이 살았던 조선이라는 나라와 조선에서의 삶을 어떻게 기억하고 있을까? 또한 일본 여성으로서 일본과 조선, 다시 말해 지배와 피지배라는 피할 수 없는 당시 상황을 어떻게 인식하고 있었을까? 이 글은 이러한 물음에 대해 한 조각의 답을 제시하려고 한다. 그 답을 한 조각이라고 하는 이유는 전체적인 답을 제시하기에는 아직 자료와 문헌이 충분히 발굴되지 않아서다. 해방된 지 68년이 지났고 당시를 살았던 생존자는 자꾸 줄어들고 있지만 식민지 시기 조선에 살았던 일본인 여성에 대해서는 그다지 관심을 기울이지 않았다. 그것은 이들이 당시 '내지'라고 불렸던 일본에서 볼 때는 식민지에 사는 '외지인'이요, 조선에서 볼 때는 우리를 지배하고 있는 식민자여서 어느 쪽에도 온전히 소속되기 어려운 '경계인' 혹은 주변적인 위치에 있었기 때문이다. 더욱이 남성도 아니고 여성, 그중에서 특수한 계층도 아니고 유명하지도 않은 보통의 여성들이 어떠한 생각을 하며 어떠한 삶을 살았는가에 대한 사실들을 찾아내는 일은 흡사 퍼즐을 맞추는 일과도 같다. 이 퍼즐을 쯔다 세츠코(津田節子, 1902~1973)와 요시오카 마리코(吉岡万里子, 1925~)라는 두 명의 일본 여성이 남긴 글을 단서로 맞추어보고자 한다. 이 두 여성은 스승과 제자의 관계로 조선에서 만났다. 스승인 쯔다 세츠코는 조선에 있는 동안 여성 교육자로서 활발하게 사회 활동을 하며 많은 글을 남겼고 요시오카 마리코는 세츠코가 가르치던 일본인 여학교의 학생이었다. 마리코는 1945년에 귀국해 일본 남성과 결혼 후 딸 하나를 두고 지금까지 일본에 살고 있다. 마리코의 딸은 어렸을 때부터 어머니로부터 들어온 조선에 관한 이야기와 새로이 어머니를 인터뷰해 알게 된 어머니의 조선에서의 삶에 대한 기억, 그리고 모녀가 함께한 한국 여행에 관한 이야기를 더해 한 권의 책으로 출간했다. 이 두 여성이 남긴 조선에서의 생활 경험에 관한 기록을 토대로 엘리트 지식인 여교사와 여학생이라는 신분의 두 일본 여성이 그들이 살았던 시대의 조선과 조선 여성, 그리고 일본의 제국주의와 식민 정책, 나아가 당시 치열했던 일제 말기의 태평양전쟁에 이르기까지 어떠한 생각을 하고 있었으며, 식민자인 일본인 여성으로서 조선에서 어떠한 삶을 살았는지 더듬어 보고자 한다.

2. '문명국 여성'이 된 일본 여성들

19세기 말 이후 일본인들은 아시아의 다른 나라와 그 나라 여성에 대해 어떠한 생각을 하고 있었을까. 서양 문물을 받아들이고 개화를 추진하기 시작한 이 시기 일본 언론에는 다른 사회의 문명과 여성의 지위에 대한 논의가 빈번하게 등장했다. 계몽사상을 받아들인 남성 지식인들은 여성의 권익 보호와 지위 향상을 주창했지만 일본의 전쟁에 대해서는 매우 긍정적이었다. 청일전쟁이 일어나자 이 전쟁을 정의와 박애를 위한 전쟁으로 보고 '다른 아시아 여러 나라에 모범을 보이고 중국과 인도, 조선 등에 남녀평등의 새로운 사상을 갖게 하는 것이 일본 여성의 천직'이라고 했다(≪여학잡지(女學雜誌)≫, 1895.6.22; 井上輝子, 1968에서 재인용). 일본이 아시아의 다른 나라보다 앞선 나라이기 때문에 여성의 지위가 높고 따라서 일본 여성이 다른 아시아 여성의 지위 향상을 위해서 노력하는 것이 도리라는 것이다. 그런데 흥미로운 것은 일본이 전쟁 이전에는 서양은 선진국이고 일본은 후진국이라며 서양 여성을 기준으로 일본 여성의 현실을 비판했다는 사실이다. 그러다가 일본의 해외 팽창이 시작되자 이제까지 후진적이라고 비판하던 일본 전통을 서양과 동등한 훌륭한 것으로 말하기 시작했다(井上, 1968; 59). 그리하여 일본은 동양의 선진국이며 따라서 일본 여성은 다른 동양 여성을 이끄는 지도자적 위치에 있다고 말하기 시작한 것이다.

일본은 계속해서 러일전쟁도 승리하자 한국이라는 '아이'와 청나라라는 '노부인'을 이끌고 가야 하므로 일본 여성은 '세계 일등국의 부인'이고, 따라서 이에 걸맞은 품성과 식견을 가져야 한다고 했다(永原, 1997). 한일병합에 대해서도 일본의 침략이 아니라 조선의 '오랜 악정과 국민의 무지' 때문에 초래된 결과라고 보았다. 그리고 조선은 여성이 칩거하고 내외법에 의해 남녀별거의 관습이 있는 미개한 사회이기 때문에 이러한 뒤떨어진 사회를 문명국으로 이끌기 위해서는 일본 여성들이 조선의 가정을 개선해야 한다고 했다(永原, 1997). 특히 학과 교사보다 편물이나 세공과 같은 초보적인 수예를 가르치는 소학교 여교사가 조선에 많이 건너가 활동할 것을 제안했다(≪부녀신문(婦女新聞)≫, 1910.9.9.). 즉 일본 여성은 여교사로서 식민지에 나가 취업할 것을 장려하면서 조선 여성은 일본 여성과 차별을 두어 편물과 같은 단순 기술 교육에 중점을 두고자 한 것이다. 여교사의 조선 이주를 장려한 것은 여교사를 통해 조선 여성에게 일본식 가정생활을 배우게 해 조선의 일상생활을 일본화하려는 목적에서다. 조선에 대한 소식을 전하는 신문 기사는 조선의 가정과 생활 관습을 미개하고 야만적인 것으로 전했다(永原, 1997). 이러한 우월감은 일본을 방문한 조선의 상류층 부인이 '일본 가정의 장점과 일본 여성의 덕을 알게 해 일본 국민이 된 것을 명예롭게 생각하도록 해야 한다'고 한 사설에도 고스란히 담겨 있다(≪부녀신문≫, 1910.11; 永原, 1997: 115에서 재인용). 이와 같이 일본 지식인들은 식민 통치 이전부터 다른 아시아 사회와 여성에 대해 우월감이 있었으며 일본의 제국주의적 팽창론을 지지하고 교육받은 여성이 이에 동참할 것을 요구했다. 즉 남성들은 일본의 식민지 지배와 제국주의 침략에 교육받은 일본 여성이 적극적으로 참여하기를 요구한 것인데 아쉽게도 이에 대해 문제를 제기한 여성은 찾아보기 어렵다. 조선에서 3·1 독립운동이 일어나자 일본의 민주주의자와 기독교인 중에서 3·1 독립운동에 대해 공감과 이해를 표명하는 이들이 소수 있었다. 그러나 여성 지식인 중에는 그러한 움직임이 나타나지 않았다. 당시 일본의 여성 지식인은 자신들을 가정에 구속하는 일본의 전통적인 가족제도나 여성에 대한 억압에는 반기를 들었으나 일본의 무력적 강압에 의한 조선 병합과 식민 침략에는 반대하지 않았던 것이다. 이와 같이 다른 민족이 식민 지배와 억압으로부터 받는 고통에 대한 일본 사회의 무지와 무관심은 식민지로 이주한 일본 여성의 식민지에 대한 인식에 영향을 미치지 않을 수 없었다. 일본 여성은 한일병합 이전 제국주의 시대부터 경제적 참여와 교육 기회의 보급에도 보수적 정치 때문에 그에 걸맞은 사회적 지위와 권리를 부여받지 못했다. 당시 일본은 가정을 '가족 국가' 관념에 의해 국가의 기초가 되는 공적인 장소로 규정하고 여성의 가장 중요한 역할은 가족 내에서의 봉사라는 '현모양처' 관념을 고수했다. 여성 교육의 기회는 확대되었지만 교육 목표는 현모양처를 양성하는 일이어서 여성은 받은 교육을 바탕으로 집 안에서 아내와 어머니, 며느리로서의 역할을 충실히 수행해야 한다고 교육되었다. 여성의 억압을 비판하고 나선 신여성들은 한때 여권운동을 전개했지만 이는 곧 억압에 부딪혔고 전쟁이 확대됨에 따라 여권운동은 국가체제에 순응하는 운동으로 변모했으며 이윽고 이들은 사회참여의 연장선에서 전쟁도 지지하게 되었다. 이러한 제반 사회적 맥락에서 소녀 시절을 조선에서 보냈던 요시오카 마리코의 삶과 엘리트 여성으로서 조선에 온 쯔다 세츠코의 사회 활동을 통해 조선과 식민 지배에 대한 그녀들의 인식을 살펴보고자 한다.

3. 제국의 여성이 경험한 식민지 조선

1) 일본 소녀의 조선에서의 혜택받은 삶

태어나면서부터 그곳은 불편 없이 일본어가 통하는 '자기들의 경성'이었
다. …… 어머니의 이야기에는 조선의 있는 그대로의 모습은 거의 나오지 않
는다. 조선인이라고 해도 잠시 일해 주었던 일하는 언니나 부자, 양반, 당시
식민지 정책에 협력했으리라 생각되는 사람들이 약간 등장할 뿐이다. ……
어머니는 아무런 의심 없이 그곳을 '일본'이라고 생각하고 살고 있었다(澤井
理惠, 1996).[1]

이 글은 앞서 말한 요시오카 마리코의 딸인 사와이 리에(澤井理惠)가 그녀
의 어머니 요시오카 마리코로부터 들은 이야기를 토대로 쓴 책에 나오는 글
이다.[2] 요시오카 마리코는 조선에서 태어나 1945년 패전으로 일본에 귀국할
때까지 20년간 서울(당시 지명은 경성)에서 살았다. 요시오카 마리코 일가가
조선으로 이주해 살게 된 경위는 이렇다. 상인이었던 마리코의 조부는 보증
을 서주었던 친척이 망해 그 빚을 떠맡게 되자 고향을 떠나 타향에서 새로운

---

1 이 책은 『어머니의 경성, 나의 서울』이라는 제목으로 번역·출판되었지만 이 글에서
   는 일본어판을 참조했다. 위에 인용한 글도 필자에 의한 번역이다.
2 이 연구를 위해 필자는 일본에서 이 두 모녀를 면접했다. 면접에 응해주신 사와이
   씨와 요시오카 씨, 그리고 요시오카 씨의 친구인 타카하시(高橋) 씨에게 감사드린
   다. 요시오카 씨와 타카하시 씨는 경성의 일본인 여학교 동창생으로 귀국 후 일본에
   서 동창 모임을 지속해왔다. 이들의 구술은 식민지 조선에서 살았던 일본 여성의 생
   활 경험과 멘탈리티를 이해하는 데 많은 도움을 주었다.

장사를 시작했다. 그러나 그 장사도 잘되지 않아 생계가 어려워지자 지푸라기라도 잡는 심정으로 가족을 이끌고 조선으로 이주했다. 1908년 마리코의 아버지가 소학교 5학년 때의 일이다. 당시 일본은 청일전쟁과 러일전쟁의 잇단 승리로 점차 국외로 세력을 확장해가고 있었지만 전쟁을 치르느라 들인 비용 때문에 서민의 삶은 결코 녹록치 않았다. 식민지는 이들에게 새로운 기회의 땅이 되었다. 조선으로 온 일본인들은 관리나 교사, 회사 직원, 군인뿐만 아니라 자기네 나라에서 살기 어려워 금광이라도 찾듯 더 나은 삶을 찾아 온 사람들이 많았다. 마리코의 아버지는 서울에서 소학교와 고등소학교를 나온 후 낮에는 총독부의 용원(傭員)으로 일하면서 밤에는 선린상업학교를 다녔다. 그는 연금도 없고 조선인도 무시하는 말단 직원인 용원으로 살기는 싫었다. 각고의 노력 끝에 보통문관시험에 합격, 판임관의 직위에 올랐다. 판임관부터는 관사에 살 수 있었다. 1925년에 태어난 마리코는 6년 후 생모가 병으로 사망하자 조선인 소녀의 보살핌을 받고 자랐다. 마리코의 가족은 이 조선인 소녀에게 '하나'라는 일본 이름을 붙여 불렀다. 당시 조선에서는 보통의 일본인 가정도 조선 여성을 가정부로 두는 일은 드문 일이 아니었다. 본국 일본에서야 부유층이 아니면 어려운 일이었지만 말이다. 마리코는 조선철도회사가 운영하는 유치원을 다니고 남대문소학교에 입학했다. 전교생이 1,800명이나 되는 남대문소학교는 경성에서 가장 큰 초등학교였지만 이 중 조선인은 거의 없었다. 마리코의 친구들의 아버지는 총독부의 관료, 회사원, 의사, 변호사, 상인 등 다양했지만 대부분 윤택한 생활을 했다. 아버지가 은행 간부였던 친구의 사택에는 테니스 경기장이 있었다. 고위 관리의 관사에는 이층집에 넓은 정원도 있었기 때문에 그런 친구의 집에 가서 마음껏 뛰어놀았다. 마리코가 살았던 일본인 거주 지역의 총독부 관사에도 자전거를 타고 다닐 만큼의 넉넉한 정원이 있었다. 학교 수업이 끝나면 집 근처

▮경성제1공립고등여학교운동장 전경(아래), 재봉교실 전경(위)

자료: 『白楊會 名簿』(경성제1공립공립고등여학교 재일본 동창회 명부, 요시오카 마리코 소장 및 제공).

의 덕수궁에서 친구들과 고무줄 놀이를 하며 놀았고, 일요일에는 부모님과 함께 당시 새로이 동물원과 식물원이 만들어진 창경원으로 가족 소풍을 갔다. 그러나 탑골공원에는 한 번도 가본 적이 없다. 종로의 북쪽은 조선인이 모여 사는 지역이기 때문이다. 동대문 시장에 어머니와 함께 가본 적은 있지만 조선인이 모여 사는 종로는 젊은 여성이 혼자 가서는 안 될 곳이라 생각했다. 마리코는 소학교를 졸업한 후 경성제1공립고등여학교(제1고녀)에 입학했다. 제1고녀의 1회 졸업생은 15명이었지만 이후 일본인의 이주 증가에 따라 학생 수가 급격히 증가해 1945년까지 총 졸업생이 6,065명에 이른다. 후에 제2고녀, 제3고녀까지 신설되었지만 모두 일본 여성만을 위한 학교였다. 조선 여성의 여학교 수요도 급증했지만 신설되지 않았던 것과는 사뭇 대조적이다.

1941년 12월 8일 아침, 마침내 일본의 진주만 공격으로 대동아전쟁이 시작되었다. 신문 지상에서는 연일 일본군의 진격 상황을 보도하면서 용맹성을 치하하고 전시체제에 협력할 것을 요구하는 글이 지면을 메웠다. 후방의 여학생들에게도 가혹한 전쟁의 입김은 어김없이 불어닥쳤다. 근로 동원으로 재봉틀이 늘어선 가정과 실습실에서 해야 하는 뜯어지고 낡은 군복 수리 작업은 먼지가 많아 마리코에게는 싫은 기억으로 남아 있을 뿐이다. 전장의 군인들에게 위문주머니를 만들어 보내는 숙제도 있었다. 1943년 여학교를 졸업하고 1년제 일본인 여학교인 청화여숙에 입학했다. 졸업 후 이 학교 졸업생 중 3분의 1 정도가 군사령부의 전화교환수, 사무원 등 군속(軍屬)으로 취직했다. 일반적으로 전시에는 남성의 동원으로 여성의 취업의 기회가 늘어나지만 조선에서 군속으로서의 일은 일본 여성에게만 주어진 기회임은 두말할 것도 없다. 전시의 물자 부족으로 의류 배급제가 실시되었지만 마리코는 값비싼 기모노를 여러 벌 해 입을 수 있었다. 졸업한 해 처음으로 동창회에 나갈 때는 새로 지은 기모노를 입고 머리는 파마를 했다. 본국 일본은 이미 한창 전시체제로 복장 단속과 머리 파마도 금지되었던 때이지만 조선은 외지이기에 가능한 일이었다. 1944년 청화여숙을 졸업한 마리코는 총독부 관리인 아버지의 연줄로 조선총독부 인사과 서무계에 취직했다. 급료 계산과 군대소집 연기와 같은 단순 사무를 담당했지만 월급은 본국의 소학교 교사보다 높은 파격적인 액수였다. 식민지이기에 가능한 일이었다.

전시였기 때문에 소방 훈련이 있으면 양동이를 들고 뛰어나가 불을 끄는 훈련에도 참여했고 어머니 대신 애국반 반상회에 나가기도 했다. B29 폭격기가 날아가는 것을 종종 보기도 했지만 실제 공습이 없었기 때문일까, 전쟁이라는 긴박감은 느껴지지 않았다. 마침내 일본의 패전. 8월 14일 근무처인 총독부에서는 내일 천황의 라디오 방송이 있으니 출근하지 않아도 좋다는 지시가 있었다. 일본의 패전은 한 번도 생각해본 적이 없는 일이었다. 그것은 입에 담아서는 안 되는 불온한 사상이었다. 패전 석 달 후 일본에 도착한 마리코에게 가장 먼저 문화 충격으로 다가온 것은 부두에서 육체노동을 하는 일본인의 모습이었다. 그것은 조선에서는 한 번도 본 적이 없는 모습이었다. 육체노동은 조선인이나 하는 것이라고 생각했었던 마리코에게 그 광경은 지금도 생생하게 뇌리에 남아 있다.

2) 식민지에 온 제국의 여성, 쓰다 세츠코

쓰다 세츠코는 1902년 도쿄에서 6남매 중 넷째로 태어났다. 네 살 때 쓰다 세츠코의 아버지는 대장성의 관리로 조선에 부임했고 어머니는 아이들을 데리고 시즈오카현으로 옮겨 시즈오카현립 고등여학교의 교사로 재직했다. 어머니 츠카모토 하마(塚本ハマ)는 선구적인 가정학자이며 여성 교육자로서 1900년 일본 최초의 가사 교과서인 『가사교본』을 저술한 여성이다. 이 책에는 가정생활의 단란함과 같은 서구적 가정생활을 소개하고 이를 예찬하는 내용이 담겨 있다. 세츠코가 자신의 어머니를 '생활개선의 급선봉이며 실행자,' '매우 진보적인 부인'이라고 할 정도로 하마는 전통적인 일본의 가정생활을 합리적으로 개선하는 데 앞장섰던 여성이다. 하마 자신이 일본의 전통 복장인 기모노를 활동에 편리하도록 개량해 입었고 자녀들에게도 서양식 놀이복과 잠옷을 만들어 입혔다. 세츠코는 어릴 때는 몸이 약해서 그다지 성적이 뛰어나지 않았지만 학년이 올라감에 따라 우등생이 되었고 반에서 가장 성실하고 예의 바른 학생으로 손꼽힐 정도가 되었다. 세츠코는 아버지가 조

선에서 귀국하자 도쿄로 돌아와 소학교를 마쳤다. 소학교를 다니는 동안 몇 번 전학을 했지만 항상 성적은 최상위권이었다. 1915년 도쿄부립 제3고녀에 입학한 세츠코는 노력형이어서 늘 좋은 성적을 유지했을 뿐만 아니라 책 읽기를 좋아하는 문학소녀였다. 여고를 졸업한 1922년 당시 게이오대학 의학부 강사였던 오빠 친구 쯔다 사카에(津田榮)와 약혼했다. 공부에 대한 의욕도 강해 여학교 졸업 후에는 도쿄여자고등사범학교(현재 오차노미즈여자대학)에 특설된 임시교원양성소 국한과에 입학했다. 이런 그녀의 향학열을 증명이라도 하듯 세츠코는 1924년 과에서 수석으로 졸업했다. 졸업식 바로 다음날 결혼식을 올린 세츠코는 경성제국대학 예과 교수로 부임하는 남편을 따라 경성으로 왔다. 일본에서 보낸 학창 시절의 세츠코는 문학과 연극을 좋아하는 총명하고 성실하며 지적인 여성이었다. 약혼 후에도 학문에 대한 의지를 관철해 공부를 계속했는데 당시로서는 흔한 일이 아니었다. 그뿐 아니라 남보다 앞서 서양 옷을 입고 유행하는 모던한 헤어스타일을 했으니 어느 모로 보나 시대를 앞서가는 엘리트 신여성이었음에 틀림없다.

1924년 경성으로 온 세츠코는 숙명여고의 학감이었던 후치자와 노에(淵澤能惠)와의 개인적인 친분으로 그해 4월부터 숙명여고의 교원으로 일본어를 가르쳤다. 2년 후 출산으로 학교를 그만두고 가사와 육아에 전념하는 한편 시어머니가 운영하는 다도 교실을 도왔다. 남편이 독일로 유학을 떠나게 되자 세츠코는 혼자 시베리아 열차를 타고 베를린으로 갔다. 그곳에서 남편과 합류해 여러 달 유럽과 미국을 여행하고 다시 조선으로 돌아왔다. 이후 시작되는 세츠코의 공적인 활동의 대부분은 남편이 설립한 '녹기연맹'과 관련된 것이다. 일찍이 대학 때부터 『법화경』에 귀의한 남편 쯔다 사카에는 조선에 온 후 제자인 경성제국대학 학생들을 모아 『법화경』 연구와 수양을 목적으로 '경성천업청년단'을 조직했다. 몇 년 후에는 세츠코가 주축이 되어 여성들

■청화여숙의 교사와 학생들
맨 앞줄 오른쪽에서 여섯 번째가 쓰다 세츠코.
자료: 요시오카 마리코 개인 소장품.

만으로 구성된 '묘관동인의 모임'을 만들었고 이 두 단체를 통합해 '녹기동인회'를 결성했다. '녹기동인회'는 종교적 수양을 표방했지만 국가주의적 경향이 강한 불교로서 이들의 종교 수양이란 국가주의적 이념 학습과 같은 것이었다(이승엽, 2000: 201~202). '녹기동인회'는 다른 일련의 단체들을 연합해 1933년 '녹기연맹'으로 재발족했다. '녹기연맹'은 초기에는 재조선 일본인과 그 2세들에게 일본 국민으로서의 자각을 주입하는 것이 주목적이었지만 총독부의 내선일체론을 논의하면서 내선일체 정책을 구체적으로 어떻게 할 것인가를 연구하는 것이 사업의 주목표가 되었다. 세츠코는 '녹기연맹'에 부인

부를 만들어 조선을 떠나는 1943년까지 10년간 녹기연맹의 부인부 부장으로 단체를 이끌면서 일본 여성의 국체의식 함양과 일본 문화의 보급, 생활개선 연구 등의 사업을 주도했고, 연맹의 기관지인 ≪녹기(綠旗)≫와 ≪신여성(新女性)≫에 조선의 문화와 가정생활, 전시 여성의 임무에 관한 많은 글을 발표했다. 세츠코는 전시체제가 되자 총독에게 전시 여성의 역할과 조선의 생활개선의 중요성을 역설하고 조선의 최고 엘리트 여성 지식인들을 규합해 '조선부인문제연구회'를 조직했다. 1934년에는 여학교를 졸업한 일본인 2세 여성들을 위해 청화여숙을 설립해 숙감으로서 실질적으로 이 학교를 운영했다. 청화여숙은 조선에서 태어난 일본인 2세 여성들을 위해 만든 한 학년 30명의 1년제 교육기관이다. 당시 조선의 일본인 사회에서는 조선에서 자란 일본 여성은 본국 여성에 비해 예의범절이 부족하고 여자답지 못한 말괄량이라서 신붓감으로 적당하지 못하다는 인식이 널리 퍼져 있었다. 이런 배경에서 만들어진 이 학교는 일종의 신부수업 학교로 다도와 요리, 재봉과 같은 가사 과목 외에도 국가주의 정신을 중시하는 '녹기연맹'의 부속기관답게 국체사상과 일본 정신을 함양하는 체제 교육에 주력했다. 다시 말해 외지에 사는 일본 여성들에게 일본 여성으로서의 정체성뿐만 아니라 국가주의 사상을 함께 주입하고자 했다. 1941년 숙장이었던 시어머니 쯔다 요시에(津田よし江)가 병으로 쓰러지자 세츠코가 숙장에 취임했다. 세츠코는 남편이 일본으로 귀국한 이듬해인 1943년 일본으로 귀국했으나 종종 경성을 방문해 방송과 강연 활동을 하고 글을 기고하기도 했다.

4. 제국의 신여성에서 식민지의 전통 여성으로

세츠코는 조선에서 살았던 일본 여성 중 드물게 활발한 사회 활동을 했고 많은 글을 남겼다. 본국에서 높은 수준의 근대적 여성 교육을 받은 그녀는 남편이 주도하는 녹기연맹의 기관지라는 매체를 통해 자신의 생각을 표현할 장을 가질 수 있었다. 그녀가 쓴 글을 자세히 읽어보면 자민족 중심주의에 기반을 둔 문화적 우월감과 천황주의, 전쟁 지지라는 크게 세 가지 주제를 담고 있다. 그리고 이 세 가지는 가부장주의라는 남성 지배 관념을 공통의 기반으로 한다. 이제 그녀가 펼친 이 세 가지 주장을 구체적으로 살펴보고자 한다.

1) 자민족 중심주의가 빚은 '문명화'의 사명감

녹기연맹에서 발행한 기관지인 ≪녹기≫와 ≪신여성≫에 기고한 일본 여성들의 글을 보면 놀랍게도 일본 여성들이 자신들을 조선 여성의 '언니'라고 칭하는 글이 매우 많음을 알 수 있다. 이들은 일본 여성은 '언니의 마음'으로 조선 여성을 이끌어가야 하고, 조선 여성은 일본 여성의 지도를 받아서 '철저하게 훈련을 받아야 행복해질 수 있다'고 생각했다. 세츠코 역시 '언니'로서 조선 여성을 지도하고 '계몽'시켜야 한다는 생각을 일관되게 가지고 있었다. '언니'라는 말에는 자신들이 조선 여성보다 진보적이고 문명적이라는 의미가 함축되어 있다. 세츠코는 자신이 조선 문화에 대한 '따뜻한 관심'에서 조선 문화를 배우고 있음을 드러내고자 했지만 잘 읽어보면 그녀의 조선 문화에 대한 생각에는 조선 고유의 역사적·사회적 조건 속에서 조선 문화가 형성된 것임을 이해하려는 노력과 관점이 결여되어 있다. 한 예로 세츠코는

'조선의 완구가 일본의 완구에 비해 부족하기 때문에 조선의 어린이는 불행하며 따라서 조선 문화는 빈곤'하다고 보았다. 그녀의 조선 문화에 대한 이해는 단순하고 피상적이며 자기 문화를 기준으로 다른 문화를 판단하는 자민족 중심주의적 관점에 갇혀 있었다. 세츠코는 무릎을 세우고 앉는 조선 여성의 자세에 대해서도 매우 여자답지 못한 것이라고 지적했다. 이 또한 일본 여성의 앉음새를 잣대로 평가했기 때문이다. 일본 여성이 입는 기모노는 옷의 폭이 좁고 가운데가 갈라져 있어 무릎을 붙이고 꿇어앉을 수밖에 없다. 그러나 치마폭이 넓은 한복을 입은 조선 여성이 무릎을 세우고 앉는 것은 조선의 관습상 하나도 이상한 일이 아니다. 일본식 기준으로만 생각했던 일본 여성들은 조선 여성의 이러한 앉음새는 여성으로서 단정하지 못하므로 자신들이 앉는 방식을 따라야 한다고 했다.

세츠코가 조선 여성을 '계몽'하는 우월자로서의 위치를 유지하고자 했던 측면을 잘 보여주는 것 중의 하나가 그녀의 복장이다. 세츠코는 대외적 활동에는 자주 한복을 입고 다니면서 자신이 한복 애용자임을 선전했다. 그런데 그녀가 일본에서 도쿄여자고등사범학교에 다닐 때는 반에서 거의 유일하게 양복을 착용한 학생이었다. 그녀는 양복과 모자를 직접 만들어 입었으며 '당시에는 드물었던 양복을 능숙하게 입고, 유행했던 귀가리 머리를 한 멋쟁이 동경 아가씨'였다(淸和の會, 1974: 166). 일본에서 여성의 양장 착용이 일반화되기 전인 1920년대에 이미 양장을 입고 다닐 정도로 진보적이었던 그녀가 조선에 온 후로는 양장을 입지 않고 오히려 의도적으로 한복을 입으면서 다른 일본 여성들에게도 한복을 권장했던 이유는 무엇일까. 이에 대한 답은 두 가지로 설명할 수 있다. 세츠코가 한복을 입기 시작한 것은 그녀가 청화여숙의 숙감을 맡아 일본 여성의 교육을 담당하고, 녹기연맹 부인부 부장으로서 조선 여성의 황민화를 위해 대외적인 사회 활동을 활발하게 전개하기 시작

한 때다. 이런 때에 일본 옷과 한복, 양장 중에서 전략적으로 한복을 택함으로써 조선 여성들에게 융합과 화합으로 포장된 내선일체를 선전하고자 했을 것이다. 그녀가 이해한 내선일체란 '부인의 손으로' 실현되며 그렇게 되기 위해서는 일본 여성이 '조선 여성의 언니로서 책임과 자각'을 가져야 한다는 것이다. 또 한 가지는 양장이 주는 진보와 서구화의 이미지 때문이다. 1920년대 일본에서도 여성의 양장 착용은 사회적 반감이 존재할 정도로 진보를 의미했다. 가정학자들은 실용적인 양장 착용을 권장·보급하고자 노력했다. 세츠코는 가정학자로서 생활개선운동을 이끌었던 어머니의 영향으로 일찍부터 양장을 입었다. 그러나 그녀가 조선에 온 후 갖게 된 생각은 일본이 조선의 '서구'가 되어 조선을 이끈다는 사명감이었다. 따라서 식민지 여성에게도 일본 여성과 동등하게 진보와 개화를 의미하는 양장을 장려할 마음은 생겨날 수 없었을 것이다. 더 진보적인 입장에서 조선 여성을 이끌어야 한다고 생각한 일본 여성들에게 조선은 항상 변하지 않는 전통과 재래로 인식되었고, 그렇기 때문에 조선 여성에게 양장을 권장한다면 일본 여성과 식민지 여성 간에 있어야 할 진보와 재래, 문명과 야만이라는 차이가 없어지기 때문이었다. 따라서 자신이 편리함과 합리성을 경험했던 양장을 일본 여성에게는 권장했지만 조선 여성에게는 그 대신 가정학자를 동원해 생활을 개선한다는 목적으로 한복 개량 문제를 논의하도록 했다.

한편 일본 여성의 우월감에 대해 조선 여성들은 어떻게 반응했을까. 일본 여성과 조선 여성 간의 공적인 교류는 식민지 말기에야 나타나는데 조선 여성들이 일본 여성이 느끼는 우월감을 그대로 인정하지는 않았다. 오히려 조선 여성들은 상호 동등한 입장에서 '생활양식과 문화의 교류'를 추구했다 (≪여성≫, 1940.1: 72). 조선 여성들은 "일본 여성들이 조선의 고유한 풍속을 모르는 것이 유감이며 이들이 알 때까지 지도하고 서로 계몽해야 한다"고 했다. 일본 여성과 밀접한 교류를 가졌던 한 여성 지식인은 조선에 사는 일본 여성들이 "조선의 문화를 모르고 조선의 식모만을 접하기 때문에 조선 여성에 대해 식모로서의 인상을 가지고 있다"고 지적했다. 또한 총독 부인을 만난 자리에서는 조선을 이해하기 위해서는 '조선말을 알고 김치를 먹을 줄 알아야 한다'고 건의했다(≪여성≫, 1939.3: 36, 1940.4: 16). 동등한 입장에서 두 문화의 상호 이해와 교류를 촉구하며 조선 여성이 일본 여성을 '지도'해야 한다고 한 것은 당시의 상황에서 매우 주체적인 사고다. 따라서 이러한 점에서 일본 여성과 조선 여성 사이에는 뚜렷한 간극이 있었을 것이다. 식민지 인도에서의 영국 여성처럼 일본 여성도 제국주의와 자민족 중심주의라는 당대의 가치와 태도를 넘어서지는 못했으며, 그것은 전반적으로 일본 여성들이 가지고 있던 조선 문화에 대한 무지와 무관심의 근간이 되었다. 세츠코 역시 조선 문화와 관습에 대한 관심을 한복을 착용하는 것과 같은 가시적인 방식으로 표현했지만, 실제로는 일본인 밀집 지역에 살면서 일본인들끼리만 교제하고 식모 이외에 조선 여성과의 직접적인 접촉이 거의 없었던 생활을 했기 때문에 자민족 중심주의와 제국주의적 우월감을 피하기는 어려웠다.

2) 신여성의 '전향': 여성주의 대신 천황주의를 지지하며

조선 여성을 자신들보다 열등한 존재로 보았던 세츠코는 조선 사회와 문화가 뒤떨어져 있어서 조선 여성은 매우 낮은 위치에 있으며 일본 여성보다 가부장제하에서 더 큰 억압을 받는다고 생각했다. 그녀는 조선 여성이 지닌 자율성의 부분을 발견하지 못하고 조선 여성이 유교적 가부장제하에서 외출이 부자유하다거나 소비의 결정권을 갖지 못하는 등 전통 사회의 폐습에 얽매인 상태에 있다고만 이해했다. 그럼으로써 자신들은 조선 여성보다 더 문명화된 상태에서 더 자유롭고 더 많은 권리를 갖고 있다고 생각했다. 특기할 것은 조선 여성 지식인의 여성주의적 생각에 대한 세츠코의 언급이다. 당시 가장 두드러진 여성 지식인 중의 한 명인 김활란이 일제 말기의 억압적 정책으로 앞으로의 부인운동은 내선일체운동이어야 함을 말한 글에 대해 세츠코는 조선부인운동의 새로운 선언이며 '훌륭한 전향'이라며 커다란 의미를 부여했다(津田節子, 1939: 56~59). 김활란의 내선일체에 대한 동의를 '사상적 발전'이라고 추켜세운 데는 그것이 천황주의와 식민 정책에 대한 찬동이기 때문만은 아닐 것이다. 김활란은 일본을 거치지 않고 직접 서양을 접한 여성이기 때문에 일본 여성의 우월적 위치를 불안하게 하는 존재로 느껴질 수 있었다. 따라서 그런 김활란의 식민 정책에 대한 찬동은 식민자로서 우월감을 갖고자 했던 일본 여성에게는 반가운 소식이었을 것이다. 세츠코는 조선 여성의 여성주의를 조선에서 자생적으로 발생·성장한 것이 아니라 무조건적인 서구 모방이고 숭배라고 폄하했다. 세츠코는 뿌리 깊은 남존여비사상과 남녀의 차별 교육을 비판하고 축첩을 반대하며 아내의 소비권을 요구하는 조선 여성들의 여권 주장을 한마디로 '역사적 오류'라고 규정했다. 세츠코는 청담사를 중심으로 한 일본 신여성들의 여권 제창에 대해서도 전혀 공감하지 않았다. 여권을 주장하는 것은 '남녀가 원수처럼 서로 권리를 주장하는 슬픈 일'이라는 것이다. 조선의 여권운동도 빨리 지나가야 하는 한때의 잘못된 생각이며 일탈된 행동이라고 보았다(津田節子, 1942). 그녀가 제시하는 올바른 여성운동이란 내선일체이며 천황주의였다. 즉 조선인의 진정한 행복은 일본의 황국신민이 되는 것이기 때문에 황국신민에 어울리는 여성운동을 해야 한다는 것이다(津田節子, 1939). 천황주의에 입각한 여성운동은 유교적 부도 (婦道)를 기반으로 하고 그 위에 천황에 대한 충성과 헌신이 더해진다(津田節子, 1944). 여기서 부도란 남편을 천황에 충성을 다하도록 만들고 더 나아가 여성 자신도 직접 충의를 다하는 것이고 이러한 부덕을 이루기 위해서는 남녀평등이나 참정권을 요구해서는 안 된다고 했다. 쓰다는 일본 봉건 시대의 유교적 여훈서가 본질적으로는 남존여비사상을 담고 있지만 시부모를 잘 모시고 시집 친척을 존경하며 남편을 잘 받들고 정숙·유순하며 질투하지 않는 것, 언행을 조심하고 예의 바를 것, 가사에 힘쓰는 것 등 그 구체적인 가르침은 훌륭하다고 평가했다.

그런데 현실적으로 세츠코는 여성 교육자의 딸로 태어나 어려서부터 서양옷을 입었고 근대적인 엘리트 여성 교육을 받았으며 결혼 후에도 활발하게 사회적 활동을 한 신여성이었다. 그런 그녀가 성차별과 가부장제에 대해 아무런 불만이 없었을까. 그 의문은 세츠코의 주(主) 활동 무대가 어떠한 곳이었는지 생각해보면 풀릴 것 같다. 그녀가 이끌던 녹기연맹 부인부와 청화여숙은 그녀의 남편 집안 전체의 사업체와 같은 것이었다. 녹기연맹 부인부는 그녀의 남편이 조직하고 시동생이 함께 이끌던 녹기연맹의 부설 기관이었고 청화여숙은 시어머니가 숙장으로 있었으며 그녀의 동서도 부인부와 청화여숙의 일을 함께했다. 즉 세츠코의 사회적 활동이란 남편인 쓰다 집안에서의 아내와 맏며느리로서 기대되는 역할과 임무 중의 중요한 일부였던 것이다. 세츠코는 공적 영역에서의 활동을 성실히 수행함으로써 동시에 전통적인 일본 여성의 부덕을 체현할 수 있었으며 가족제도에 헌신하는 현모양처가 될 수 있었다. 결혼 전 일본에서의 세츠코는 근대적 교육을 받고 남보다 앞서 양장과 단발을 했으며 삼종지도(三從之道)를 고리타분하게 생각하는 신여성이었다. 하지만 결혼 후 그녀는 에도 시대의 유교 여훈서를 다시 읽으면서 '삼종지도는 모든 여성을 가장 행복하게 해주는 길이며 천고의 진리'라고 말한다. 결혼에 대해서도 "시어머니가 있는 것은 좋은 일입니다. …… 일단 시집가면 안주할 곳은 뭐라 해도 시집입니다. …… 여자는 그런 운명을 가지

고 태어난 것입니다"라며 시집에 순종할 것을 강조한다. 신여성이 황도주의
자와 결혼해 식민지에 건너온 후 천황주의를 신봉하고 가부장제를 지지하는
전통적인 여성으로 변모한 것이다. 천황주의는 가부장제에 기반을 두고 가
부장제를 강화하는 것이다. 세츠코 자신은 그러한 가부장제하에 순응하고
타협함으로써 부덕을 체현하는 여성으로 인정받을 수 있었고, 이에 더해 여
성 리더로서 그 자신은 재조선 일본인 사회에서 사회 활동을 펼 수 있는 기
회와 이에 따른 공적 지위, 그리고 명예까지 부여받을 수 있었다.

3) 전쟁을 또 하나의 기회로

일제 말기로 갈수록 세츠코의 글에는 전쟁을 지지하고 여성의 협력을 요
구하는 경향이 농후해진다. 세츠코는 남성들의 제국주의적 침략 논리를 무
비판적으로 수용하고 지지했으며 여성도 남성과 마찬가지로 국가를 위해 봉
사해야 한다고 주창했다. 세츠코가 여성들에게 전쟁 협력을 요구하는 방식
은 크게 두 가지다. 첫째는 지원병제도와 징병제 실시를 앞두고 아들을 전쟁
에 내보내는 데 협조해야 하는 어머니의 역할이며, 둘째는 물자의 공출과 폐
품 회수, 장병 가족의 위문 등 전쟁의 후방 활동에 적극적인 주부의 역할이
다. 세츠코는 '군국의 어머니'가 되라는 일본 여성에게 기대된 역할을 조선
여성에게도 동일하게 요구했다. 즉 일본의 어머니들처럼 자식을 낳아 튼튼
하게 길러 용감한 일본의 병사가 되도록 하며 천황을 위해 아낌없이 바치는
것을 영광으로 생각하는 어머니가 되어야 한다는 것이다.

주부들을 전쟁의 후방 활동에 협력시키기 위해 조선의 생활을 '개선'한다
는 목적하에 여러 가지 활동을 전개했다. 세츠코는 미국과 일본에 유학한 조
선의 여성 교육자들을 규합해 '조선부인문제연구회'를 설립하고 이들과 더불

어 국민정신총동원 조선연맹의 '비상시 국민생활 개선기준'을 만드는 데 중심적 역할을 담당했다. 연구회의 주요 활동은 생활개선의 구체적인 방법을 연구하고 이를 일반에게 보급·인식시키는 일로 총독부의 후원을 받아 여러 차례 지방 순회강연도 다녔다. 또한 세츠코는 일본에 유학했던 조선의 가정학자들을 모아 조선 가정생활의 개선 방법을 논의하는 좌담회를 열고 그 내용을 책으로 발간했다. 세츠코의 조선 가정생활에 대한 기본적인 인식은 조선의 가정생활은 모순적이고 불합리하다는 것이다. 그녀는 조선의 생활을 일본식으로 만드는 것이 생활개선이고 내선일체라고 했다. 여기서도 그녀의 자민족 중심주의가 잘 드러난다. 그러나 전쟁이 급박해지자 세츠코의 생활 개선에 대한 인식은 합리적인 가사 운영으로 남는 시간과 여력을 국가와 천황을 위해 봉사하는 것이라는 다분히 천황주의적 국가주의와 전쟁에 대한 지지와 협력으로 그 성격이 변질되고 말았다.

세츠코는 식민체제와 전쟁을 지지하는 활동을 적극적으로 펴나감으로써 식민지 공간에서 여성에게는 제한된 사회참여의 기회를 얻을 수 있었다. 식민 정부와 조선에 거주한 일본인들 역시 가부장제에 순응하고 전통적인 아내와 어머니 역할을 충실히 수행하는 여성에게만 특권을 부여했기 때문이다. 그녀가 여성에게도 국민으로서의 의무가 있음을 강조하고 국가주의를 지지하게 된 데에는 본국이 아닌 외지에 거주하는 주변인으로서의 불안한 정체성을 극복하고, 여성으로서 남성과 같은 제국 시민으로서의 지위와 권리를 획득하고자 하는 욕망이 있었기 때문이다. 식민지라는 공간에서 소수의 엘리트 일본 여성들은 제국의 여성, 지배국의 여성으로서 모국에서는 갖기 어려운 사회적 활동의 기회를 얻을 수 있었지만 어디까지나 그러한 기회는 가부장제와 천황주의적 식민 정책에 순응하고 동조할 때에만 비로소 부여되는 조건적 특권이었다.

5. 균열과 모순, 그리고 '보이지 않는' 조선 여성

태어날 때부터 일본의 식민지였던 조선에서 마리코는 아무런 의심 없이 조선을 일본이라 생각하며 살았다. 조선어라곤 어릴 때 집안일을 돕던 조선 소녀에게서 배운 몇 마디 단어가 전부였다. 그녀는 조선에서 태어나 20년간 조선에서 성장기를 보냈지만 조선 아이들과 놀아본 적도 없고 학교는 일본인만을 위한 학교를 다녔다. 조선의 풍습에 대해서 아는 바도 관심을 가진 적도 없다. 그녀가 기억하는 지명조차 일본식 발음으로 고쳐진 것이었다. 조선 음식을 먹지 않았던 그녀는 일본어를 썼던 전차 운전수에게서 마늘 냄새가 났기 때문에 그가 조선인이었다고 기억한다. 조선인이 경영하던 화신 백화점에서는 물건을 사본 적도 없다. 그 대신 그녀가 조선을 회상하며 그리워하는 음식은 경성 시내 중심가에 있던 미나카이 백화점 식당에서 먹은 애플파이, 미츠코시 백화점의 카레라이스와 와플, 아이스크림과 슈크림이다. 그녀가 그토록 그리워하는 기억 속의 조선은 '가을의 높고 푸른 하늘', '봄에 노랗게 만개한 개나리', '겨울의 건조하고 찬 대륙성 기후'와 같은 자연 그 자체이며 조선인은 그 안에서 흡사 배경과 같은 존재일 뿐이다. 날 때부터 일본 땅이었던 조선, '즐겁고 그리운 소녀 시절을 보냈던' 조선, 지금도 마음의 고향이라 생각하며 그리워하는 조선에 대한 기억 속에 조선과 조선인은 실재하지 않는 것이다.

한편 마리코가 존경하는 스승이었던 세츠코는 어느 모로 보나 완벽한 당대의 일본 여성이었다. 그녀가 일본에서 습득한 근대적 여성 교육은 현모양처주의가 이념이었고 세츠코는 이를 성실하게 체화했다. 결혼과 더불어 조선에 온 그녀는 남편과 시집의 가족들이 운영하는 녹기연맹의 부인부와 청화여숙의 발전을 위해 헌신했다. 그녀는 현모양처 역할을 충실히 수행함으로써 여성의 지위를 끌어올릴 수 있다고 생각했으며 여성도 남성과 마찬가지로 국가를 위해서 봉사할 것을 주창했다. 그러나 세츠코가 지지하고 찬동한 가부장주의와 천황주의, 식민주의는 그녀가 가르친 마리코에게조차 동조될 수 없는 이념에 지나지 않는 것이었다. 남산 꼭대기의 조선 신궁은 마리코나 그녀의 친구들에게는 위압적이고 혐오스러운 건물로만 느껴질 뿐이었으며 신사참배는 형식에 치우친 우울한 순례에 지나지 않았다. 당시 전쟁의 와중에서 모든 여학생은 전쟁을 지지하는 '군국 소녀'가 되어야 마땅했지만 마리코는 어린 나이에 사관학교를 지원해 떠나는 남동생을 배웅하며 '나는 군국 소녀 따위가 아니야'라고 마음속으로 울부짖으며 눈물을 흘렸다. 어린 일본의 여학생도 전쟁과 절대적 천황 숭배에 반감을 가진 때에 세츠코의 전쟁을 지지하는 말과 글은 공허한 선동에 지나지 않았고 모순과 균열을 일으킬 수밖에 없었다. 그러나 세츠코는 재조선 일본인 사회의 가부장제에 순응하면서 점차 더 많은 발언권과 사회적 활동 영역을 확보해나갔다. 그럼으로써 일본 여성은 식민지에서 식민자로서의 특권을 부여받을 수 있었고 여성으로서 받는 차별과 억압에는 둔감할 수밖에 없었다. 그녀는 조선 여성에게도 천황주의와 전쟁에 협력할 것을 요구했지만 이는 식민 지배에 유용한 역할을 수행함으로써 제국의 일원으로서의 지위를 획득하기 위한 노력이었다. 즉 재조선 일본인 사회에서 식민 정책에 협력하는 책무를 수용함으로써 식민지 사회 내에서 지배국 여성으로서의 입지를 강화할 수 있었다. 이는 제국의 안정과 번영을 도모하고 가부장적 식민 지배를 공고히 하는 데 기여했지만 조선 여성에게는 이중의 억압을 가하는 것이었다. 세츠코는 조선 여성들을 '언니'의 입장에서 이끌고 '계몽'해야 한다고 했고, 자신들은 조선 여성을 이끄는 더 우월하고 진보한 입장에 있다고 생각했기 때문에 조선 여성을 가부장제하에서 억압을 공유하는 같은 여성으로 인식하는 것은 불가능했다.

그녀는 조선 여성에게 일본 여성의 책무를 동일하게 요구하고 일본 여성의 뒤를 따르게 하는 것이 조선 여성을 문명화하는 것이라 믿어 의심치 않았다. 마리코에게 조선과 조선인이 보이지 않았던 것처럼 세츠코에게도 조선 여성이 가부장 사회에서 억압을 공유하는 같은 여성으로 보이지 않았던 것이다.

참고문헌

안태윤. 2006. 『식민정치와 모성: 총동원체제와 모성의 현실』. 한국학술정보.

이승엽. 2000. 「내선일체운동과 녹기연맹」. ≪역사비평≫, 봄호.

이헬렌. 2008. 「제국의 딸로서 죽는다는 것」. ≪아세아연구≫, 제51권 제2호(통권 132호).

津田節子. 1939. 「최근 조선부인계의 동향」. ≪녹기(綠旗)≫, 8월호

_____. 1942. 「반도생활의 소화일신」. ≪녹기(綠旗)≫, 9월호.

_____. 1944. 『日本の母と子』. 興亞文化出版株式會社.

≪부녀신문(婦女新聞)≫. 1910.11(제546호). "朝鮮貴婦人に呈する書".

≪부녀신문(婦女新聞)≫. 1910.9.9(제538호). "朝鮮開發と婦人".

≪여성≫. 1939.3. 「청담회탐방기」.

≪여성≫. 1940.1. 「내선일체의 실천과 부인」.

≪여성≫. 1940.4. 「내선일체와 부인」.

≪여학잡지(女學雜誌)≫. 1895.6.22(385호).

高崎宗司. 1982. 「綠旗連盟と「皇民化」運動」. ≪季刊三千里≫, 31号.

綠旗聯盟. 1939. 『現代朝鮮の生活とその改善』. 綠旗聯盟.

永原和子. 1997. 「≪婦女新聞≫にみるアジア觀」. 『≪婦女新聞≫と女性の近代』. 不二出版.

任展慧. 1978. 「朝鮮統治と日本の女たち」. 『ドキュメント女の百年 5 女と權力』. 平凡社.

井上輝子. 1968. 「≪女學≫思想の形成と轉回: 女學雜誌社の思想史的研究」. *The Bulletin of the Institute of Journalism.* No.17. Tokyo University. The Institute of Journalism.

津田節子. 1944. 『日本の母と子』. 興亞文化出版株式會社.

清和の會. 1974. 『白き花』. 清和の會.

澤井理惠. 1996. 『母の「京城」・私のソウル』. 草風館.

Chaudhuri, Nupur and Strobel, Margaret. 1992. *Western Women and Imperialism,* Bloomington and Indianapolis: Indiana University Press.

서울대학교 여성연구소 Institute for Gender Research SNU

서울대학교 여성연구소는 한국 여성의 현실에 대한 체계적이고 객관적인 분석과 여성주의 이론 개발 및 여성의 역사 정립 등을 목표로 2001년에 설립되었습니다. 그동안 정책·운동·노동·가족·문화·일상 등 각 영역에 걸쳐 다양한 여성·젠더 관련 연구 프로젝트를 수행해왔으며, 일본군 위안부 문제나 모성의 사회적 구성 등 한국 여성의 역사적 경험을 드러내기 위한 자료 수집에도 노력을 기울여왔습니다. 우리 연구소는 총서 및 워킹페이퍼 발간, 학술대회와 집담회 등을 통해 여성학의 저변 확대를 도모하면서, 국내외 젠더 연구자들과의 교류를 통해 연구 네트워크를 구축하고 있습니다.

글쓴이들

정진성 서울대학교 사회학과 교수
박정애 숙명여자대학교 역사문화학과 강사
강이수 상지대학교 문화콘텐츠학과 교수
권행가 서울대학교 고고미술사학과 강사
김혜경 전북대학교 사회학과 교수
문소정 서울대학교 여성연구소 전 연구교수
서지영 캐나다 브리티시 컬럼비아대학교 아시아학부 박사과정
안태윤 경기도가족여성연구원 연구위원
양현아 서울대학교 법학전문대학원 교수
이상경 카이스트 인문사회과학부 교수
이정옥 대구 가톨릭대학교 사회학과 교수

한울아카데미 1567
서울대학교 여성연구소 총서 6

경계의 여성들
한국 근대 여성사

ⓒ 정진성·박정애 외, 2013

엮은이 • 서울대학교 여성연구소
지은이 • 정진성·박정애·강이수·권행가·김혜경·문소정·서지영·안태윤·양현아·이상경·이정옥
펴낸이 • 김종수
펴낸곳 • 도서출판 한울
편집책임 • 조인순

초판 1쇄 인쇄 • 2013년 7월 10일
초판 1쇄 발행 • 2013년 7월 15일

주소 • 413-756 파주시 파주출판도시 광인사길 153(문발동 507-14) 한울시소빌딩 3층
전화 • 031-955-0655
팩스 • 031-955-0656
홈페이지 • www.hanulbooks.co.kr
등록 • 제406-2003-000051호

Printed in Korea.
ISBN 978-89-460-5567-4 93330 (양장)
ISBN 978-89-460-4729-7 93330 (학생용)

* 책값은 겉표지에 표시되어 있습니다.
* 이 책은 강의를 위한 학생판 교재를 따로 준비했습니다.
  강의 교재로 사용하실 때에는 본사로 연락해주십시오.